무함마드

金容善 編著

明文堂

▲**금요일 아침의 이맘 광장**(廣場)
메카를 향하여 예배하는 사람들로 인산인해(人山人海)를 이루고 있다.

▲**카바신전**(神殿) 메카에 있는 성(聖)모스크의 중심으로 이슬람 신앙의 중심지이며 최고의 성역이다. 높이 15m, 남북 12m, 동서 10m로 항상 검은 비단으로 덮여져 있는 석조 신전이다.

▲**메디나에 있는 예언자 모스크**
무함마드가 최초로 세웠고 그의 성묘(聖墓)도 이곳에 있다.

▲ 부라크에 올라탄 무함마드
부라크란 머리는 인간인 여자, 몸은 노새, 꼬리는 공작인 전설상의 동물로, 한 달음에 멀리까지 갈 수 있다고 한다. 무함마드는 부라크를 타고 칠층천(七層天)을 통과하여 신(神)의 얼굴을 대하는 영광을 누렸다.

◀ 천사 가브리엘을 만난 무함마드
악령에게 사로잡히지 않을까 걱정하는 무함마드에게 천사 가브리엘이 나타나 "주는 그대를 버리지 않으시리라"고 예언하고 무함마드에게 그런 설명을 하라고 명했다.

▶ **메디나에 도착한 무함마드**
낙타를 탄 무함마드와 아부 바크르.

▼ **카바신전에서 기도하는 무함마드**

▼ **기도하는 무함마드**
알라신에게 비를 오게 해달라고 기도하고 있다.

◀ **바위돔의 내부**
모자이크가 아름답게 장식되어 있다.

▼ **예루살렘의 바위돔**
638년 이슬람교도들은 예루살렘을 정복했다. 이곳은 원래 유태교도의 성지(聖地)였는데 당시에는 기독교의 성지였으며 유태교도의 거주는 금지되었었다. 이슬람교도는 유태교도의 거주를 허락함과 동시에 그곳에 바위돔을 세웠던 것이다. 바위돔은 691년에 완성되었다.

▶ **카바신전(神殿)의 방위도(方位圖)**
원(圓)의 중심부가 카바신전으로서 주위의 아라비아문자는 이슬람권의 지명이다. 각기 그 지방에서 카바신전의 방위를 알 수 있다.

▼ **우마이야 모스크**
이 모스크는 우마이야 시대에는 반(半)가량이 이슬람 교도의 모스크, 반은 기독교 교회로 사용되었다.

▼ **한국에 세워진 이슬람 사원**
1976년에 세워진 서울 용산구 한남동의 사원.

▲ **무함마드의 승천도**(昇天圖)
무함마드는 632년 6월 8일 메디나에서 눈을 감았다(16세기, 이란).

머 리 말

　예언자 무함마드가 타계한 지도 1470년이 흘렀다. 이 오랜 세월이 흐르는 동안 이슬람 세계에는 여러 나라가 일어나기도 하고 없어지기도 하는 역사가 있었으며 이슬람의 교의와 문화 또한 고대 그리스 철학, 기독교 신학, 서구의 기술과 문화 등의 강렬한 자극을 받으면서도 그 원리는 변치 않고 역사의 변화에 응하면서 오늘에 이르고 있다.
　이슬람이 역사적인 소산이라 한다면 그 원점을 규명하는 것이 이슬람을 이해하는 첩경이 될 것이다. 그 원점은 예언자 무함마드이다. 무함마드는 사도 이상의 그 무엇도 아니라는 《코란》 구절은 그가 우리와 다름없는 인간이며 신이나 천사가 아니라는 단언이다. 그런데도 원점이다.
　신의 사도로서의 길은 험했지만 그는 생전에 신이 바라는 이슬람 공동체를 세웠고 아라비아반도를 이슬람의 기치 아래 통일했다. 무함마드의 추종자들이 생명을 바쳐가며 그와 함께한 것은 그에 대한 애정과 그가 설교했던 진리에 대한 굳은 신념을 갖고 있었기 때문이다.
　인간적으로도 그를 원점이라 부를 수 있다. 그는 영웅호걸도 아니며 비극의 순교자도 아니다. 그냥 신이 명하는 대로 삶을 성실하게 산 인간으로서 성공한 사람이다. 그의 삶은 성실하고 탓할 일이 없다. 가정에서는 아내의 일을 거들고 찢어진 옷을 스스로 기워 입는 사람이었다.
　그의 아내 아이샤가 전하는 바에 의하면 그는 여자와 향료와 예배를 좋아했다고 한다. 얼마나 적나라하게 그를 표현한 말인가. 인간다움과 성인다움이 함께한 사람이라는 것이다. 그는 기적을 보이라는 요구를 단연히 거부했다. 잘난 척하는 것을 싫어하고 금욕주의자가 아님에도 철저하게 검소한 생활을 원칙으로 하고 살았다. 그는 단순하게 행동하는 사람으로 유명했었다.

무함마드는 이슬람의 체계를 수립함에 있어 동족인 아랍의 감정에 맞도록 하였고 한편으로는 이를 초월하여 인류의 공통된 관념에 조화되도록 하였다. 그러기에 10억 이상의 사람을 자기와 동일한 믿음으로 전환시켜 놓을 수 있었다. 그것도 불과 40년 이내의 그의 가르침으로 인해서이다.

이 책에서는 그가 신의 사도로서 예언자로서 어떤 일을 이룩하였는지, 그리고 인간으로서 어떻게 삶을 영위했는지를 살펴 이슬람의 원점이 어디에 있는지를 보는 데 주안점을 두었다. 독자들에게 이슬람을 이해하는 데 도움이 되었으면 한다. 끝으로 이 책을 출판하는 데 물심양면으로 지원해 주고 격려해 주신 명문당 김동구 사장님께 감사를 드린다.

2003년 여름
저자 씀

차 례

머리말 / 9

1. 무함마드의 탄생 17
   이슬람 이전의 아랍 / 17
   무함마드의 청소년 시절 / 22
   무함마드의 청년시절 / 35

2. 결혼과 첫 계시 44
   결혼 / 44
   첫 계시 / 52

3. 무함마드의 사명 57
   메카에서의 이슬람 전파 시작 / 57

4. 쿠라이시부족의 이슬람 박해 74
   쿠라이시부족의 공격 / 74
   무함마드의 결연한 태도 / 76

5. 이슬람 신자들의 아비시니아 이주 88

신자들의 아비시니아(이디오피아) 이주와 메카 추격 / 88

6. 무함마드의 전도활동과 코란 100
   무함마드의 전도 / 100
   전도활동에 어려운 일 / 103

7. 하심가에 대한 쿠라이시부족의 박해 112
   무함마드의 씨족 하심가, 협곡에 거주 / 112

8. 무함마드의 야행(夜行)과 승천 127
   무함마드의 승천 / 127

9. 메카에서의 이슬람 전도 마지막 3년 146
   그의 사명 제10년 말부터 제13년까지 / 146
   메디나 사람들의 아카바에서의 첫 서약 / 150

10. 헤지라 159
    무함마드 살해 음모와 탈출 / 159
    무함마드의 쿠바 도착 / 167

11. 메디나 시대의 개막 *170*
    첫 2년(622~624년) / 170
    이슬람공동체와 유태인과의 조약 / 175
    무함마드의 메디나 생활 / 178
    메카와의 대결 / 182

12. 바드르 전투 *198*
    쿠라이시부족의 전투 준비 / 198
    무함마드의 바드르 진군 / 204
    그밖의 다른 일 / 223

13. 우후드 전투 *232*
    쿠라이시부족의 메디나측 공격 / 232
    우후드 전투 기록 / 238
    우후드 전투의 교훈과 그후 사태 / 255

14. 헤지라 제4년(625년)에 일어난 일 *259*
    이슬람을 모반하는 여러 세력 / 259
    유태 나디르부족 추방 / 266

일어난 여러 일 / 269
두 번째 바드르 원정에 관한 《코란》 / 271

15. 헤지라 5년(626~627)에 생긴 일 274
자르 알 레카 및 무스타리크부족으로 원정 / 274
이븐 우바이의 음모 / 277

16. 참호 전투 283
쿠라이시부족과 유목부족 및 유태부족 동맹 / 283
부족연합군의 메디나 포위 / 288
유태 쿠라이자부족과 연합군의 음모 / 290

17. 헤지라 6년(627~628)에 생긴 일 305
이슬람의 여러 지역 원정 / 305
무함마드의 봉사 / 307
인간 무함마드 / 307
무함마드의 메카 순례 시도 / 311
무함마드의 순례 시도와 후다이비야 조약 / 313
후다이비야 조약 / 316

18. 헤지라 제7년(628~629) ·················· 331
    하이바르 공격 / 331
    각국 지배자에 사절 파견 / 341
    무함마드의 메카 순례 / 352

19. 헤지라 제8년(629~630)에 생긴 일 ·········· 361
    무타 원정 / 361
    메카 정복 / 372
    후나인 전투 / 390
    이해에 일어난 다른 일들 / 402

20. 헤지라 제9~10년(630~632) ················ 406
    무함마드의 아내들 / 406
    타부크 원정 / 412
    무함마드의 아들이 죽다 / 418
    순례 대표자로 아부 바크르 임명 / 422
    대표단의 해들 / 425

21. 헤지라 10년(632~633) ····················· 437
    마지막 순례 / 437

22. 헤지라 제11년 *449*
    무함마드의 말년 / 449

[부 록]
    무함마드와 이슬람과 아랍 / 461
    인간 무함마드 / 463
    무함마드 연대기(年代記) / 478

1. 무함마드의 탄생

이슬람 이전의 아랍

 아라비아반도는 3백만 평방킬로미터를 웃도는 광막한 지역이다. 더구나 그 중의 10분의 9는 검붉은 자갈, 용암, 모래 등으로 덮인 나무 하나 자라나지 않는 불모의 땅이었다. 6~7세기경, 사람이 살 수 있는 곳이라고는 반도의 해안지대나 남부의 예멘 부근이었다.
 모래투성이인 광활한 사막 한가운데 섰을 때 시선을 가로막는 장애물이 아무것도 없다. 이슬람 이전의 6~7세기 초의 아라비아반도에 사는 사람들은 거의가 유목민이었고 극히 일부는 오아시스가 있는 제한된 지역에서 농경이나 상업에 종사하고 있었다. 우리들을 둘러싸고 있는 온난하고 습기를 머금은 온대지역의 풍토에서는 자연은 많은 경우 사람에게 혜택을 주는데, 사막적 환경은 이와 대조되게 사람에게 너무 혹독하고 엄하여 때때로 죽음 그 자체를 의미하기도 한다.
 사막에서 사람은 자연으로부터 극히 적은 혜택만을 기대한다. 강우량은 극도로 적은데 비올 때도 불규칙적이고 부는 바람은 열풍이나 모래바람이며 내려쪼이는 햇빛은 초목을 마르게 하고 동물은 갈증에 시달린다. 이같은 엄한 사막적 환경에서는 자연에 대항하여 살아야 한다.

아라비아는 지금은 풍부한 석유자원을 갖고 있어 신으로부터 혜택을 받았다고 다들 여기지만 6~7세기까지의 이곳 아라비아반도에 사는 아랍인은 엄한 사막적 환경에서 자연에 대항하여 자연으로부터 얼마 되지 않는 물질을 얻고 이 한정된 물질로 생활하기 위해서는 사람들은 격렬하게 다투고 약탈행위도 하지 않을 수 없었다. 이런 사막적 풍토에서 인간은 자연에 대항하여 살뿐만 아니라 인간에 대항하여 살아가야 했다.

아랍인은 그들의 조상이 가흐탄과 아드난 두 조상에서 나왔다고 생각한다. 그런데 그들은 헤브루인과 마치 한가지로 모든 인간은 인간의 조상 아담의 자손이라고 믿고 있기 때문에 두 사람의 조상 가흐탄과 아드난도 서로 어떤 의미에서 관계가 있게 된다. 일반적으로 가흐탄은 구약성서의 요구단에 해당한다고 보고 있고 이에 대해 아드난족은 이스마엘의 자손이라 간주된다. 가흐탄족 자손은 남부아라비아의 예멘, 그리고 가흐탄의 자손들은 '진정한 아랍'이라고 불려진다. 한편 아드난의 자손들은 아랍화된 아랍이라고 불려지나 아랍인 사이에서도 확실한 구별을 하지 않는다.

그러나 전체적으로 아드난계보다 가흐탄 쪽이 아랍으로서의 순수성이 있다고 할 수 있다. 그런데 가흐탄의 자손은 남부 아라비아반도 예멘의 여러 부족으로 그 발상지는 반도 서남부라고 한다. 한편으로 아드난의 자손은 북부 아랍으로 중부 이북에 최초로 나타났다고 한다. 그러나 이같은 전통적 구분은 충분해 근거가 있는지는 의심스럽다. 북부 아랍으로 아드난계의 아랍은 남부 가흐탄계처럼 아랍으로서의 고도의 순수성은 결여되어 있을지 모르지만 북부 아랍부족의 쿠라이시부족에서 예언자 무함마드가 나왔다는 데서 그들 북부 아랍부족의 위신이 높아졌다.

　남부 아랍부족 또는 북부 아랍부족의 차이점이라는 것은 이슬람시대가 가까워 오는 6~7세기에 이르러 커다란 문제가 되지 않았고 현실적으로 아라비아반도의 주민을 나누는 사실상의 구분은 크게 봤을 때 유목민과 정착민들이었다. 아라비아반도의 강수량은 일반적으로 매우 적고 또한 불규칙적이기 때문에 가축을 위한 자연의 목초지가 희소하여 유목민은 끊임없이 새로운 목초를 찾아 이동해야 한다. 그들은 가축의 사육 외에 수렵, 약탈, 전투 등으로 나날을 보낸다. 생존을 위한 투쟁이다. 이런 것은 이웃의 정주민에 대해서는 커다란 위협이었다.

　정주민은 주로 중부 아라비아의 오아시스나 해안에 마을이나 도읍을 이루어 살고 있었다. 메카나 메디나 등에 있는 중부아라비아반도의 정주민은 대추야자 재배를 주로 하는 농사를 하거나 낙타, 양 등의 동물성 기름 등을 유목민한테서 구입해 이를 이웃나라에 수출하는 중개인, 또는 향료를 비롯한 아라비아의 산물을 인도나 페르시아에 나르고 한편으로는 북쪽으로 시리아 등지에 교역하는 상인으로서 생활했다. 특히 메카와 홍해 근처의 정주민들은 외국과의 무역이나 교섭 등으로 일찍부터 다른 지역의 문화와 접촉하는 기회가 많아 이것이 아라비아 사회를 문화적으로 향상하는 힘이 되었다.

　이슬람 이전의 아랍 부족들 사이에는 아주 나쁜 풍습이 성행했다. 도박은 다반사였고 술을 마시면 난동을 부리고 혼인하지도 않고 남녀가 어울리고 정조관념이 없이 살며 여자는 마치 가축이나 식량을 거래하듯이 팔고 사는 물건취급을 하고 남자들의 노름 밑천이기도 했다. 결혼을 제대로 하고 사는 이들은 별로 없고 남자들은 마음대로 여자를 얼마든지 차지할 수 있었다. 그런데도 음탕한 생활은 악덕이 아니고 죄가 아니었다.

부자는 많은 노예를 갖고 제 마음대로 죽이거나 살리는 권한을 갖고 있었다. 이렇다 할 내세울 법도 없었다. 질서를 바로잡는 정부나 국가의 관념이 무엇인지도 모르고 있었다. 아랍 유목민들의 살아가는 양식은 거의 지난날 몇백년 전의 것이었다. 지난날에 했던 일은 좋든 나쁘든 신성불가침이었다. 사회가 발전할 길을 막고 있었다.

아랍의 각 부족마다 부족장 밑에서 독립적인 생활을 영위했고 타부족과의 살인적인 경쟁심과 치열한 반목만이 있어 조그마한 일에도 칼을 뽑는 유혈전이 빈번히 일어났다. 대를 이어 끊일 사이 없이 피 흘려 싸우고 전쟁을 하고 피에는 피, 생명에는 생명으로 대결했다. 이것이 이슬람 이전의 아랍 유목민의 생활의 일면이었다.

그러나 사막의 아랍부족은 그들 나름대로의 남자다움을 앞세우는 영웅주의, 자유애호, 손님에 대한 환대, 자존심을 갖고 있었다. 약자를 돕고 남에게 매여 살기를 싫어하는 것이다. 유목민의 사회적 단위는 개인이 아니라 무리를 이루는 집단이었다. 그리고 모두는 자기가 속하는 집단에 대한 권리와 의무를 갖고 있었다. 집단생활은 어려움에 닥쳐왔을 때 자기를 지키는 일과 사막생활에서 겪는 위험에 대처하기 위한 필요한 수단이었다.

무함마드의 생애를 살펴보면 그의 사상과 행동은 따로따로 떨어져 있는 것이 아니다. 사상은 언제나 구체적인 행동을 하는 데 표현되었다. 그래서 그의 생각이나 사상은 구체적인 역사 현장에서 행동으로 나타났다. 그가 놓여있던 현장이란 그가 살았던 사막의 오아시스라 할 메카와 메디나라는 도읍지이고 그 주변은 사막이다.

메카 주위는 암석뿐인 산으로 둘러싸여 있다. 분지인 계곡에 있는 메카는 암석이 많고 척박한 토지이기 때문에 농업은 거의 불가능했다. 그런데 아라비아반도의 서해안선에 따라 그곳에서 얼마간의 거리를 두면서 북쪽의 시리아와 남쪽의 예멘에 이르는 대상로(隊商路)와 다른 편으로는 동쪽 이라크에서 서쪽 아비시니아(이디오피아)로의 요로가 교차하는 지점에 위치하였기 때문에 상업도시로서는 아주 좋은 조건을 갖고 있었다.

  이에 덧붙여 메카와 그 주변에는 옛부터 아랍이 중히 여기는 성스런 장소가 많고 이들을 중심으로 매년 정기적으로 시장이 열리고 그곳에는 대상로를 거쳐 동서남북으로부터 여러 가지 상품이 들어오고 또 정주민들뿐만 아니라 아라비아 전토에서 유목부족들이 싸움을 잊고 모여들었다. 성소를 중심으로 시장이 열리기 때문에 메카는 물품을 서로 팔고 사는 데 더욱 중요한 위치를 차지하고 있었다.

  그런데 오래 전부터 메카에서는 권력을 둘러싸고 여러 부족이 그룹을 지어 갈라져 있었으나 5세기부터 쿠라이시부족이 메카를 차지했다. 예언자 무함마드는 이 쿠라이시부족 출신이다. 쿠라이시부족은 전 아랍부족들 중에서도 가장 훌륭한 부족으로 여기어졌고 후세의 칼리프(통치자)는 이들 가운데서 선출되었다. 그런데도 메카는 권력을 둘러싸고 쿠라이시부족 내에서도 여러 씨족이 갈라져 있었다.

  사막의 아랍부족의 위신이나 고귀함은 대개 무력에 의한 것이었다. 여러 부족 중에서 으뜸에 선다는 것은 적으로부터 가하여진 어떠한 상해나 살해에 대해 복수를 다하고 부족원을 완전히 보호하는 자이다. 무함마드가 속하는 쿠라이시부족이 당시 서부 및 중부아라비아의 부족 중 으뜸으로 솟은 것은 적에 대해 자유자재로 행사할 수 있는 무력이었다.

  한편 무함마드가 메카를 떠나 이주하여 이슬람 공동체를 이룩하는 토양인 메디나는 자연적 조건에서부터 메카와는 전혀 달랐다. 메카는 돌이 많은 토질 때문에 농경은 거의 불가능하며 교외에서 다소간 가축의 방목이 행해지는 외에는 사람들은 주로 상업에 종사하는 데 비해 메디나는 사막 가운데의 비옥한 오아시스로 주로 대추야자나 밀을 재배하여 생활해왔다. 또 여기에는 유태부족도 살고 있었는데 그들은 주로 수공업이나 상업 등에 종사하고 있었지만 그 규모는 메카에 비할 수가 없었다.

여기의 아랍부족은 아우스부족과 하즈라즈부족이 있었는데 그들은 서로 대립한 형태로 혼란이 끊이질 않았다. 메디나 사람은 오아시스에 정주하여 주로 농업을 영위하고 있었지만 이는 수세대에 걸친 것이고 그 이전의 그들의 조상들은 순수한 유목 또는 반유목의 상태에서 차차로 정주하게 되었다고 본다.

위와 같은 상황, 즉 사막의 유목적 환경, 메카와 같은 상업사회, 메디나의 농경적 환경의 토대에서 무함마드는 자라고 활동하며 이슬람을 구축하였다.

무함마드의 청소년 시절

하나님이 말씀하시는 음성이 이렇게 들렸다.

말해 주어라,
아! 자신의 영혼을 속이고 잘못을 저지른 나의 종들이여, 하나님의 자비를 바라는 희망을 버리지 마라.
— 《코란》 39장 53절

나는 너희에게 보내리라.
나의 택한 자,
모든 인류에게 자비를 베푸는 선각자,
빛나는 정신적 태양,
훌륭한 선을 갖고 태어난 자,
나의 사랑하는 자,
나의 친구,

타고난 훌륭한 행동자를.

그래서 압둘라와 아미나의 아들 무함마드가 왔다. 태양은 아직 떠오르지 않았으나 영광스러운 양, 정신적 빛은 예수 탄생 후 571년, 즉 코끼리 첫해 셋째달 아흐레 월요일에 세계 위에 떴다.

온 누리는 하나님께 절하고 자비에 대해 감사했다. 구원자는 오셨다. 하나님은 온 누리에 계전(啓典)과 지혜를 가르치고, 그들의 영혼을 깨끗이 할 것이다. 하나님을 믿건 안 믿건 온 인류는 하나님의 덕과 모범의 덕을 볼 것이다. 이미 잘못으로 운명이 지워진 사람은 자기의 종말을 볼 것이로되, 그 나머지 사람은 모두 은혜를 입을 것이다. 전 인류는 중간에 매개체 없이 바로 대하지 않더라도 영원히 그 은혜를 입을 것이다. 또 세계의 모든 사람은 하늘의 계전과 예언자들을 모두 확인할 것이다. 동쪽에서 서쪽까지, 북쪽에서 남쪽까지 온 세상에 '하나님은 위대하시다, 하나님은 위대하시다, 하나님은 위대하시다'는 고함 소리가 하루 다섯 번 울려퍼질 것이다. 하나님의 위대하심과 자비를 모른다고 핑계댈 사람은 한 사람도 없을 것이다.

페르시아의 황제 키스라스와 동로마의 황제 케사르의 궁성과 제국의 주춧돌은 흔들리고 그들은 영원히 멸망할 것이다. 그 기초가 의로움과 아름다움과 착한 것 위에 세워진 것이 아니라 인정이 없고 모자라며 깨끗하지 못한 위에 세워져 있기에 멸망한다. 노아, 아브라함, 모세, 예수의 기도와 예언은 이제서야 완수되었다. 무함마드는 하나님의 예언자들이 세운 신성한 궁성 위에 돌을 쌓기 위해서 왔다. 예언자들의 영광스러운 일을 완성하는 것이 무함마드의 책임과 특권이다. 이 책임과 권능을 위해 그는 하나님께서 받은 그의 지혜를 가지고 그의 군대와 싸움을 인도하는 장군이고, 모든 경전을 지키고 모든 예언자들을 확인한다. 그는 하나님과 천사들로부터 축복을 받기 때문에 또 모든 선한 자들에게서도 축복을 받는다.

> 참으로 하나님과 그의 천사들은
> 예언자에게 축복을 내리시었다.
> 오, 믿는 자들아! 너희도 그를 축복하고
> 그의 평안을 충심으로 기원하라.
> ―《코란》 33장 56절

그는 자기를 어떤 신이라고 주장하려 하지 않고 사람들을 하나님에게로 인도하고 사람들의 안내자가 될 영감된 자가 되고자 한다. 올바른 길은 모든 인류가 볼 수 있도록 밝아질 것이다. 이 때문에 눈을 가진 자는 볼 수 있을 것이나, 영혼의 눈이 어두운 자는 자기들의 불행 외에 불평할 여지가 없을 것이다. 이 눈부시게 찬란한 올바른 도의의 태양은 인간이 이 땅 위에 있을 때까지 꺼지지 않을 것이다. 인간은 땅에 묻힐 것이로되 인간의 영혼은 영생하여 진리를 사랑하는 남녀 모든 사람의 안내자가 될 것이다.

하나님의 영광과 하나님의 영원한 찬송은 이제 아버지, 어머니, 형제, 자매, 친척, 재산, 자손보다, 아니 자기 자신들보다 하나님을 더 사랑하려는 무함마드의 추종자들의 영혼 속에 확고히 건설될 것이다.

무함마드는 고아(孤兒)였다. 그래서 그의 추종자들 중의 고아는 누구나 그의 귀감(龜鑑)에 위로될 것이고, 고아에게 가혹할 수 있는 이슬람교도란 한 사람도 없을 것이다. 하나님은 고아를 특별한 은총으로 보호하신다.

> 너희는 고아를 괴롭히지 말라.
> ―《코란》 93장 9절

무함마드의 할아버지 압둘 뭇탈리브의 집안은 아담과 이브를 조상으로 메카에 뿌리 깊이 내린 이를테면 명가(名家)였다. 아랍의 전설에 의하면 아담과 이브는 악마의 술책에 빠져 하나님이 그들에게 금한 열매를 따먹고 천국의 낙원에서 쫓겨나 이브는 아라비아에, 아담은 인도로 추방되었다. 여러 고생 끝에 메카에 도착한 아담은 천국에서 가져온 돌로 성역인 카바를 축조했다.

메카로 오는 도중 아라파트 산중에서 이브와 재회했다. 그들이 헤어진 지 백년 이상이 되었으나 두 사람은 사랑을 하였고 자식을 얻게 되었다. 아담의 묘는 메카에 있다 하며 이브는 홍해 근처의 젯다에 매장되었다. 그들의 자손인 압둘 뭇탈리브 일족의 가계에는 아브라함이 등장한다. 그의 자손이 이스마엘이다. 이집트에서 온 하갈에게서 태어난 아들이다. 생업에 쫓기어 하갈과 이스마엘을 사막에 놔두고 떠났다. 며칠이 지나자 이 모자에게는 먹을 물이 한 방울도 남지 않았다. 모자는 하늘을 올려다보면서 하나님께 물을 달라고 탄원하면서 물을 찾아나섰다.

메카 바로 옆에 사파와 마르와라는 두 언덕 사이에 있는 골짜기에 있었을 때 일이다. 모자는 물을 찾아 이 두 언덕 사이를 한쪽 방향에서 세 번, 반대방향으로 네 번 달렸다. 그러나 '잠잠' 소리를 내면서 물이 솟아났다. 이 고사를 따라 오늘날에도 순례하는 이슬람교도들은 이 언덕 사이를 뛰면서 왔다갔다 일곱 번을 한다.

이스마엘은 메카의 처녀를 아내로 맞아 자손을 얻었다. 그의 자손이 아랍인이다. 이스마엘의 자손으로 이루어진 부족 중에 메카 주민인 쿠라이시부족이 있다. 압둘 뭇탈리브는 그의 선조를 자랑으로 삼고 있었다. 그가 무함마드의 할아버지이다.

이 이름 무함마드는 당시까지는 아랍 민족에게 흔치 않았으나, 알려지지 않은 이름은 아니었다. 아랍어는 3개의 자음을 갖고 여러 가지의 명사나 동사를 만든다. 이 3개의 자음을 말의 기본이 되는 어근 (語根)이라고 하는데 무함마드의 이름의 어근은 '하마다'로 그 뜻은 '찬양받은'이다.

무함마드의 탄생일은 역사가의 의견에 따라 다르다. 570년이란 설이 있으나, 대다수의 역사가는 코끼리의 해 제3월 아흐레 혹은 열이틀, 즉 571년 4월 20일 내지 22일이라는 설에 찬성하고 있다.

코끼리의 해란 우리가 생각하는 동물 쥐띠, 소띠 등의 12간지와 같은 것이 아니다. 예멘의 총독 아브라하가 메카를 공격하려고 코끼리 떼를 이끌고 왔다가 패망한 해이다.

그의 할아버지 압둘 뭇탈리브는 메카에서 가장 유력한 사람의 하나였으나 부양할 가족이 퍽 많았다. 그러나 그는 손자인 이 고아를 사랑했고, 아들 압둘라(무함마드의 아버지)에 대한 슬픔은 온 누리의 안내자가 될 자의 아름다운 얼굴을 봄으로써 가리워졌다. 할아버지는 양딸의 집으로 급히 뛰어가서 아기를 안고 카바로 가서 아기의 이름을 지었다.

할아버지는 고아에게 이름을 지어 준 다음에 아기를 그 어머니에게 돌려주고, 사드부족의 유모들이 메카에 올 때까지 기다리도록 부탁했다. 이 유모들 중 한 사람이 아기를 맡아 돌보게 된다. 생모가 직접 아기에게 젖을 먹이지 않는 것이 메카 귀족들의 관습이다. 지금도 메카 유지들은 갓난애를 낳으면 사막에 사는 유목부족의 유모에게 맡기는 풍습이 있다. 예언자가 탄생한 지 1주일 되는 날에 그의 할아버지는 잔치 준비를 하도록 했다. 메카의 쿠라이시부족의 유지들이 잔치에 초대되었다. 이들은 잔치 석상에서 어째서 선조의 관습에 따르지 않고 아기 이름을 무함마드라고 지었는가를 압둘 뭇탈리브에게 물었다.

할아버지는 '아기가 하늘에서 하나님을 위해 찬양되고, 땅에서 하나님의 창조물을 위해서 영광되기를 원하여' 그렇게 이름을 지었다고 대답했다.
 이와 같은 미리 결정된 의지는 일생 동안 예언자의 가슴속에 흐르고 있었다. 다가올 사건은 미리 그림자를 드리우며, 번성할 나무는 무성한 잎사귀를 가지게 마련이다. 이 아기는 행복한 이름을 가지고 인생을 출발했다. 그뿐이랴, 아기가 탄생하기에 앞서, 어머니 아미나도 안전하게 보호되고 만족스러운 부인이란 뜻의 이름을 가진 것이다. 단어의 근본은 아아만이다. 이것은 안전(安全), 보장(保障), 신앙(信仰), 정직(正直), 믿음직한 것이란 뜻이다. 같은 어근인 모민은 믿는 자, 안전한 자란 뜻이다. 아라비아어 아민(믿을 수 있는)과 아마낫(충성)은 동근유래어(同根由來語)이다.
 무함마드의 어머니 아미나는 사드부족의 유모들이 와서 이 아기를 맡기를 기다렸다. 아기는 그들이 오기 전에 스와이비아라는 여인에게 맡겨졌다. 그녀는 아부 라합의 하녀로 아부 라합은 아기의 숙부였다. 스와이비아는 예언자의 막내 삼촌 함자에게 젖을 빨렸다가 잠시 동안 예언자에게 젖을 먹였다. 그래서 함자와 예언자는 같은 젖형제였다. 이것은 또 하나의 우연한 일치이다. 함자보다도 더 용감한 사람은 아라비아의 어디에고 없었다.
 뒤에 함자는 이슬람으로 개종하여 이슬람의 사자(獅子)로 불릴 정도로 용감했고 예언자와 함께 있었다. 스와이비아는 예언자에게 불과 며칠 동안 젖을 주었을 뿐이나, 예언자는 이 여인을 친절히 대했으며, 여인이 살아 있는 동안 몇번씩이나 이 여인을 찾아다니곤 했었다. 예언자는 메디나에 이주한 후 7년 되던 때 예언자의 또 하나의 젖형제가 되는 유모의 아들에게서 유모의 안부를 듣는 말 가운데서, 유모가 세상을 뜬 지 벌써 오래되었다는 것을 알았다.
 예언자가 탄생한 후 한두 주일이 지났을 때, 사드부족의 유모들은 관습에 따라 그들의 젖먹일 아기를 찾기 위해 메카에 왔다. 이들이 고아인 무함마드를 보고도 모르는 척하고 그냥 지나간 것은 이 여자들이 아이들의 아버지로부터 보수를 기대하고, 어머니로부터 큰 재물을 얻으려는 소망이 이루어지지 않았기 때문이었다.

이중 한 사람의 유모 이름은 할리마였다. 이 여인은 처음엔 무함마드를 만나 보고 맡아 기르기를 거절했다. 이 여자는 좀 가난한 환경에 있었고, 몸이 매우 허약해 보였기 때문에, 자기 아기에게 이 여자의 젖을 먹이려는 어머니가 없었다. 그래서 무함마드를 위한 젖엄마도 없었거니와 할리마의 젖을 먹을 아이도 없었다.

사드부족의 여인들이 모두 메카에 모였다가 자기들 고향으로 내려가려는 때, 할리마는 남편 하리스에게,

"젖아기 하나 구하지 못하고 같이 온 사람들과 집으로 돌아가고 싶지 않아요. 꼭 이 고아 무함마드를 기르고 싶습니다."

라고 말했다. 남편은,

"당신은 그렇게 해야 하오. 그 아기와 함께 있으면 하나님께서 우리를 축복하실 거요."

하고 대답했다.

그래서 할리마는 무함마드를 데리고 사막에 있는 자기 집으로 왔다. 그녀가 이 고아를 데리고 온 후부터 양들이 살찌고 젖이 잘 나고 재산이 늘었다. 하리스는 말끝마다 이것은 모두 하나님의 축복이라고 했다.

이와 같이 온유한 여인 할리마는 무함마드를 이태 동안 돌보다가 나중에 이 여인의 딸 샤이마가 돌보게 되었다. 사막의 공기와 숨김없이 드러나 보이는 생활은 무함마드의 강하고 기운찬 기질을 길러주었다. 아기는 건강하고 힘차게 자랐으며 몸매는 아름답고 단정했다. 양육한 지 이태만에 할리마는 무함마드를 아기 어머니에게 데리고 갔다. 두 여인은 서로 반갑고 대견하고 즐겁기만 했다. 양모는 무함마드를

극진히 사랑했다. 이 아이를 다시 이태 동안 맡기로 하고 할리마는 아이와 함께 사막으로 돌아왔다. 소년은 다시 이태를 사막에서 보내는 동안에 당시의 도시 생활에서 오는 신체적 나약함에서 벗어날 수 있었다. 이때 두 천사가 사람 모습으로 나타났다. 무함마드가 세 살이 되기 전에 유모 할리마의 아들과 천막 뒤에서 놀고 있을 때 흰 옷을 입은 두 사람이 나타나 무함마드를 눕히고 그의 가슴을 갈라 젖혀놓고 악의 뿌리를 가슴속에서 모조리 빼내고 온 가슴을 하나님의 명령대로 만든 다음에 다시 꿰맸다는 이야기가 무함마드의 언행록에 기록되어 있다. 이들은 천사 가브리엘과 다른 또 하나의 천사이다. 우리는 이 이야기를 곧이곧대로 받아들일 필요는 없으나, 소년은 확실히 조숙했다.

이런 이야기는 《코란》의 다음 구절을 지나치게 글자대로 해석한 탓인 것 같다.

> 우리는 그대를 위해
> 가슴을 넓게 하지 않았더냐?
> 그리고 그대의 등을 누르고 있던
> 그대의 무거운 짐을
> 그 짐을 도려냈도다.
> 그리고 우리는 그대를 위해
> 너의 이름을 높이었도다.
> 고생이 있으면 낙(樂)이 있는 법,
> 확실히 고생이 있으면 낙이 따르는 법,
> 그러니 손이 쉬고 있으면
> 기도 속에서 근면하라.
> 한결같이 너의 하나님을 찾도록 기도하라.
> ―《코란》 94장

위의 《코란》 첫 구절의 뜻은 아주 뚜렷하다. 하나님은 무함마드의 마음을 넓혀서 진리를 받아들이게 하고, 한때 그의 마음 위에 매우 무겁게 지웠던 예언자의 짐을 나를 수 있게 하였다. 그러나 무함마드는 사명을 받기 훨씬 전에 탄식과 기도만으로가 아니라, 동포를 위해 선한 일을 함으로써 자신에게 지워진 정신 왕국을 위해 열심히 자신을 닦았다. 그리하여 다른 사람에게는 불가능했던 사업이 그에게는 쉬웠다. 그의 영혼은 커져서 하나님의 명령이란 짐을 받아도 쉽사리 운반할 수 있었다.

무함마드는 만 5년 동안 사드부족과 사막의 깨끗한 공기 속에서 인간적인 자유와 독립심을 기르면서 사막에 있었다. 여기서 무함마드는 순수한 아랍어를 배웠다. 그는 후에 교우들에게 나는 쿠라이시부족으로 사막에서 자랐으니 정말로 그대들과 함께 아랍인 중의 아랍인이라고 말하기도 했다. 이 초기의 몇해가 그의 몸과 마음에 끼친 영향을 아무도 과장할 수는 없다. 오늘의 심리학은 소년이나 소녀가 일생의 초기에서 배운 것이 가라앉아서 무의식을 형성하였다가 일생 동안 몇 번씩이나 나타나서 어른의 생활을 이루고 견제하는 사실을 우리에게 확인해 주고 있다. 여기서 다시 하나님의 의지는 역사하여서 무함마드의 일생을 인도하고 있다. 이 초기 동안에 무함마드가 섭취한 것은 무엇이었던가?

그는 무엇보다도 먼저 몇사람밖에 이겨낼 수 없는 굶주림과 목마름과 힘에 겨운 노동에 견딜 수 있는 튼튼한 몸을 만들었다. 그는 혼자서 열 사람의 힘을 가졌다. 그뿐 아니라, 온 인류 역사에서도 드문 독립심과 결단심을 단련했다. 이 몸과 마음의 힘에 못지 않게 중요한 것은 아랍어의 방언(方言)을 순화하는 일이었다. 도시의 언어는 사막의 아랍어에 비해서 거칠었다. 앞장에서 여러번 말한 바와 같이, 아랍어가 성격의 형성과 성격의 발전에 끼치는 영향은 아랍부족의 생활을 통제하는 데 필요한 여러 요소 중에서 가장 강력한 것이다. 아랍부족은 누구나 웅변적이고 그 음성도 웅변적이었다. 당시 아라비아반도에는 칼이나 펜으로써가 아니라 혀로써 통제되었다. 무함마드는 입버릇처럼 그의 동료들에게 이렇게 말했다.

"나는 너희들 누구보다도 유창한 언변가이다. 왜냐하면 쿠라이시부족이며 사드 빈 바르크부족 속에서 자랐기 때문이다."

무함마드의 의식생활(意識生活)에서 이 5년은 가장 길고 아름다운 영향을 받은 때였다. 스와이비아를 알뜰히 보살핀 이 남자는 할리마와 그 여자의 가족들을 일생 동안 존경하고 사랑했다. 스와이비아가 얼마 동안 그를 양육했기 때문이다. 그는 애정을 잊은 적이 없었다. 몇번씩이나 그들에게 은혜를 갚았다.

무함마드가 하디자와 결혼한 해에 기근이 있었다. 이 해에 유모 할리마가 찾아왔다. 그 여자는 예언자에게서 여러 물건을 실은 낙타 한 마리와 서른 마리의 양을 받아 가지고 사막으로 돌아갔다. 무함마드는 그 여자가 그를 만나러 올 적마다 자기 외투를 펴놓고 그 위에 앉게 했다. 이것은 그 여자를 존경하는 하나의 표시였다.

할리마의 딸 샤이마가 타이프 포위에서 포로가 되었다. 그리하여 무함마드 앞에 끌려왔다. 무함마드는 의매(義妹)를 알아보고 무척 대우를 했다. 그녀는 자기의 소원대로 가족들에게로 돌려보내졌다.

여섯 살 되던 어느 때 무함마드는 친어머니에게 돌아왔다. 할리마는 무함마드를 가족에게 데려다 주려고 찾았으나 아무 데도 그는 없었다. 부득이 할리마는 무함마드의 할아버지에게 와서 무함마드가 종적을 감추었다고 알렸다. 할아버지는 사람들을 풀어서 그를 찾게 했다. 와라카 빈 나우팔이 그를 찾았다.

할아버지는 손자를 자기가 기르기 시작했다. 모든 사람은 이 손자에게 관심을 쏟았다. 할아버지 압둘 뭇탈리브는 쿠라이시부족의 하심씨족 족장이고 메카의 장로(長老)였다. 그를 위한 특별 좌석이 카바에 마련되었다. 그의 아들은 아버지를 존경하는 뜻에서 이 특별 좌석 주변에 앉았다. 할아버지는 무함마드가 오면 제일 가까이 앉히고 그의 등을 쓰다듬어 주는 등 극진한 사랑을 표시했다. 할아버지와 손자 사이의 사랑은 나날이 깊어져 갔다. 세 사람 — 할아버지, 어머니, 손자 — 은 행복했다. '신은 고아인 그대를 찾아 보호해 주고 헤매고 있는 그대를 인도해 주었다'라고 《코란》에도 있다.

 그러나 세상의 행복은 오래 계속되지는 않았다. 어머니 아미나는 이제 첫 아기 소식을 친정 숙부와 숙모들에게 알리고 싶었다. 그래서 아미나는 아들과 움미 아이만(무함마드 아버지의 여종)을 데리고 메디나로 갔다. 아미나는 아이에게 아버지가 살던 집과 아버지가 묻힌 곳을 보여주었다. 그제서야 소년은 자기가 고아임을 알았다. 어머니는 소년에게 아버지에 대한 긴 이야기와 아버지가 메디나에 묻히게 된 사연을 말해 주었다. 예언자는 이 메디나에의 첫 여행담을 늘 기억하고 있었다. 그는 이 이야기를 때때로 그의 교우들에게 했다 — 예언자의 메디나에 대한 애착심과 사랑하는 아버지가 그곳에 묻혀 있다는 슬픔을 —.

 모자(母子)와 여종 움미 아이만은 한 달 동안 메디나에 머물렀다. 아미나는 메카로 되돌아갈 결심을 하고 자기 소유의 낙타 두 마리에 짐을 실었다. 이 일행이 메디나에서 메카로 돌아가는 중도에서 아미나는 병을 얻어 죽었다. 아미나는 그곳에 묻혔다. 움미 아이만은 고독한 아이와 남게 되었다. 어머니와 할아버지와 함께 메카에서 살았던 두 달이 이 고아에게 얼마나 행복했던가! 아버지의 어머니에 대한 사랑, 자기의 탄생과 어린 시절을 말해 주는 어머니의 이야기를 얼마나 즐겁게 들었던가!

 그러나 이제는 부모, 형제, 자매 한 사람도 없이 사막 속에 남겨진 몸이 되다니. 자기 아버지를 본 적이 없는 이 소년은 이제 두 눈으로 자기 어머니가 이 어린 마음을 달래줄 사람 하나 남기지 않고 사막에 묻히는 것을 똑바로 보아야 했다. 고향에서 멀리 떨어진 타향의 사막 속에서 고아가 된 고독한 신세는 어린 마음에 무서울 정도로 깊은 인상을 주었다.

이 어린것은 생애의 제6년을 채 넘기기도 전에 대다수의 사람이 예순이나 되어야 경험하는 슬픔을 가슴에 안았다. 그러나 이 운명은 하나도 남김없이 인류애에의 도움이 되었다. 슬픔의 고통을 받은 자와 약한 자를 돕는다는 뜻을 알았다. 그의 전 생애는 하나님을 숭배하고 인류에 봉사하는 일에 바쳐졌다. 그의 생애는 그렇게 역사되어 있었다. 그가 마흔 살이 되어 행복하게 살고 있을 때 하나님은 그에게 다음과 같은 것을 환기시켰다.

> 고아인 그대를 발견하고
> 그대를 비호해 주신 분이 아니신가.
> 길 잃은 그대를 발견하고
> 그대를 인도해 주신 분이 아니신가.
> ―《코란》 93장 6~7절

그래서 무함마드는 자신이 의지할 곳 없는 고아 시절을 회상하고 하나님의 은혜를 상기했다.

그러나 무함마드의 슬픔은 아직 끝나지 않았다. 이태 후에 나이 많은 할아버지가 팔순으로 또 세상을 떠났다. 울음이 그칠 줄 모르는 이 고아는 다정했던 할아버지의 시체를 따라 최후의 휴식처까지 갔다. 이 젊은 소년은 자기 어머니의 죽음에서와 똑같은 슬픔을 자기 할아버지의 죽음에서도 맛보았다.

위대한 노인의 죽음은 하심씨족 전체에 큰 타격을 주었다. 압둘 뭇탈리브의 자식 중에서 아버지를 대신할 만한 자식이 하나도 없었다. 무함마드의 숙부 아부 탈리브는 너무 가난했다. 예언자의 다른 숙부 압바스는 부유했으나 인색했다. 그는 순례자를 돌볼 비용과 다른 봉사에 필요한 비용을 부담하려고 하지 않았다. 압둘 뭇탈리브의 장자이며 무함마드의 숙부 하리스는 아주 쓸모없는 자식이었다. 아부 라합은 가문에 명예롭지 못한 망나니였다. 가장 관대하고 사람들에게서 사랑을 많이 받은 아부 탈리브는 겨우 순례자들에게 물을 공급하는 책임만을 질 수 있었다. 순례자에 대한 급식(給食 : '라파다'라 함)과 이상에 대한 의무는 우마이야 집안의 하르브의 아들인 아부 수피안에게로 넘겨졌다.

하심씨족의 권위는 모두 압둘 뭇탈리브의 죽음이란 타격으로 사라졌다. 한층 더 나쁜 것은 무함마드의 나이 40세부터 60세까지 하나님의 예언자로서 활약하고 있는 동안 아부 수피안이 무함마드에게 반대하는 가장 무정한 적의 한 사람이 된 것이었다. 그는 무함마드에 대해서 악의를 품고 있었다. 첫째는 그가 하심씨족의 가문에서 태어났다는 것이다. 전에 무함마드의 가문이 아부 수피안의 아버지 하르브와 할아버지 우마이야를 메카 지도층의 지위에서 떼어버린 일이 있었다. 둘째는 무함마드가 우상 숭배를 반대하는 것이다. 아부 수피안은 우상 숭배 때문에 아라비아 내에서 세력이 있었다. 특히 쿠라이시부족이 그렇다. 이 적의(敵意)는 무함마드가 그의 사명(使命)을 선포하고 예언자의 사명을 다하려 무함마드에게 끊임없이 행한 아부 라합의 핍박과 결탁했다.

그래도 하나님의 의지는 모든 위험과 여러 반대를 무릅쓰고 실천에 옮겨졌다.

압둘 뭇탈리브는 임종 때에 무함마드를 그의 숙부 아부 탈리브에게 부탁했다. 그는 압둘 뭇탈리브가 무함마드에게 베풀었던 사랑과 다름없이 조카를 친자식처럼 사랑했다. 무함마드의 성격이 정직하고 너그럽고 친절하고 고상한 데다 지혜가 있었기 때문이다.

무함마드에게는 아부 탈리브가 이제 친아버지나 다름없었다. 무함마드는 끊임없이 숙부와 할아버지에 대해서 좋게 말했다. 무함마드의 가장 큰 슬픔은 아부 탈리브 숙부가 이슬람에 귀의하지 않은 것이었다. 그러나 생활에서의 정은 가장 부드럽고, 가장 믿음직하였고, 가족들은 비록 다른 종교에 속했으나 가족들에 대한 참사랑은 변하지 않았다는 것을 보여주었다. 사실상 비록 아부 탈리브는 불신도였으나 무함마드의 믿음직한 보호자였고, 끝까지 예언자의 친구였다. 무함마드가 열두 살 되던 해에 아부 탈리브는 장사하러 시리아에 가기로 되었다. 그는 여행의 괴로움과 사막을 건너가는 무서움 때문에 무함마드를 데리고 가려 하지 않았다. 그러나 무함마드는 그의 숙부와 떨어지기 싫어서 시리아에 데리고 가 달라고 졸랐다.

무함마드의 청년시절

숙부와 조카는 시리아 남쪽에 있는 부스라에 도착할 때까지 함께 여행했다.

역사가들은, 이 여행에서 부하이라라고 부르는 그리스도교 성자가 무함마드를 보고, 그에게서 그리스도교 책 속에 기록되어 있는 약속된 예언자의 징조를 발견했고, 그가 아부 탈리브에게 그를 시리아에 데리고 가지 말라고 권하였다고 전한다. 그것은 유태인이 그 징조를 알고 그를 해칠까 염려되었기 때문이다.

이 여행에서 무함마드는 사막이 넓고 청청 하늘의 별이 무수히 반짝이는 것을 보았다. 그는 그곳에서 아랍 전설에 나오는 사무드부족이 살던 마디안과 쿠라계곡을 지나면서 아랍 유목민들의 옛 도시의 흔적과 역사에 대해 이야기하는 것을 들었다.

이날까지 그는 황량한 사막에서 살아 왔으나, 이제 메카 북쪽의 고원 도시 타이프보다 훨씬 윤택하고 푸른 기가 있는 시리아의 과수원 속에 있게 되었다. 이 얼마나 상쾌한 변화인가. 메카의 메마른 언덕과는 얼마나 대조적인가! 그는 황량한 돌산으로 둘러싸인 메카와 다른 모든 것을 두루 살폈다. 마치 구멍이 여기저기 뚫려 있는 메마른 땅이 하늘의 비를 빨아들인 듯했다.

그는 또 마디안과 와디 울 쿠라를 통과하고 사무드부족의 영역을 지났다. 그는 이곳의 폐허를 보았다. 무함마드는 시리아에서 비잔틴제국과 기독교 역사를 알게 되었고 불을 숭배한 페르시아와 싸우는 기독교의 성경이 갖는 정신을 보았다. 후에 그는 이때 보고 들었던 것이 무엇이 진실인지를 음미하게 된다.

그의 나이 아직 열두 살이었으나, 그의 부드러운 마음과 관찰력과 기억력은 하늘과 같이 넓고 우주와 같이 깊었다. 이것은 그의 예언자적 소질을 보여준다. 창조주인 하나님은 창조의 걸작을 완성시키고 있었다. 걸작이란 곧 무함마드였다. 그는 이 여행에서 여러 가지를 보고 들었다. 아부 탈리브도 여태껏 경험하지 못했던 이득을 이 여행에서 얻었다. 이후의 여행은 이와 같지 못하였다.

메카에 살던 다른 아이들처럼 성장한 무함마드는 숙부와 함께 살면서 그의 일을 돕는 생활에 만족했다.

무함마드는 숙부가 순례자들에게 물을 공급할 때나 그밖에 필요한 일을 할 때에는 최선을 다해서 숙부를 도왔다.

그는 우카즈, 미잔나와 줄 마자즈 등의 시장을 찾아가서 그리스도교와 유태교에 관한 연설에 귀를 기울였다. 무함마드는 또 시인들의 시 낭독을 듣고 연정(戀情)의 자랑, 선조들의 자랑, 전쟁·환대·자유와 방종의 자랑을 듣고 놀랐으나, 모든 좋지 않은 것으로부터 자기 영혼을 지켰다.

 그는 문자 그대로나 비유적으로나 진짜 고아였다. 하나님은 그의 보호자였고 선생이었다. 인류에게 줄 정신적 양식을 찧어야 할 방아가 완성되어갔다. 그의 여태까지의 경험 하나하나가 그 속에 목적이 있었고 미래에 인류를 인도하고 하나님의 말씀을 전하기 위한 사도로서의 준비였다.

 하나님은 무함마드가 장사와 종교 토론만 아니라 전쟁을 경험하도록 결정했을 것이다. 그가 열다섯 살인가 되던 해에 아랍부족 사이에 이어내려오던 대립으로 부정(不淨) 전쟁이 일어났다. 싸움은 신성한 달 — 당시 아라비아 달력의 1월, 2월, 11월, 12월 — 동안에는 금지되어 있는데도 일어나기 때문에 이런 이름이 부쳐졌다.

 이 전쟁의 원인은 다음과 같다.

 히라의 왕 누만 빈 알문지르는 캐러밴[隊商]을 매년 신성월에 한 번씩 우카즈 시장에 보냈다. 이 시장은 유명하여 이곳에서 아랍부족은 무역·종교·문학 등을 토론하기 위해 서로 만났다. 그는 사향을 팔고 돌아올 때에 수피(獸皮) 로프와 그밖에 예멘의 산물을 사 가지고 돌아왔다.

 카이스알키나니부족의 바라드 일행이 이 캐러밴을 체포했다. 이 캐러밴의 대장이고 하와진부족인 우르와는 나지드를 지나서 헤자즈로 오는 도중이었다. 이것을 바라드가 발견하고 우르와의 뒤를 쫓아가서 우르와를 죽이고 그의 대상을 체포했다. 바라드는 히라의 왕 누만에게 대상의 호위를 맡을 것을 제의했으나 히라왕 누만은 우르와를 선택했기 때문에 일어난 일이다.

 이때 쿠라이시부족의 어떤 사람이 하와진부족이 메카를 향해서 쿠라이시부족에 복수하러 온다는 소문을 퍼뜨렸다. 쿠라이시부족과 하와진부족은 메카를 둘러싸고 있는 성지 구역 바깥에서 만났다. 두 부족 사이에 싸움이 벌어졌다.

쿠라이시부족은 메카에 있는 성지에 피난처를 찾아 후퇴했다.

하와진부족은 우카즈에서 다음해에 와서 싸울 것을 선포했다. 이 유혈전쟁(流血戰爭)은 4년 동안 계속되었다. 해를 거듭함으로써 전쟁은 더욱 치열해졌다. 양편이 다 수십 명의 생명을 잃었다. 쿠라이시부족의 지휘자인 하르브(아부 수피안의 아버지)는 이 전쟁에서 죽었다.

드디어 쿠라이시부족측에서 화평을 제의했다. 이 부족은 적에게 20명에 해당되는 몸값의 보상을 지불했다. 이 숫자는 쿠라이시부족의 전사자 수보다 많은 하와진부족 사망병의 수이다. 평화가 강화되었다곤 하나 이 신성하지 못한 전쟁은 그후 오랫동안 이 나라를 약화시켰다.

무함마드는 이 싸움에 참가해서 적의 흩어진 화살을 거두고 그 화살을 그의 숙부 아부 탈리브에게 돌려주었다. 아부 탈리브는 이 싸움에서 하심가의 지휘자였다. 예언자는 어느 누구 하나도 죽이거나 해치지 않았다. 그는 단지 방관자에 지나지 않았다. 그러나 아라비아인의 전술에서 얻은 그의 지식과 그의 심정은 이후 그에게 큰 도움이 되었다.

아부 탈리브의 보호를 받고 있는 동안에 무함마드는 때때로 그의 숙부의 양치기로서 일해야 했다. 그러나 이에 대한 상세한 것은 알 수 없다. 그는 양치기를 하면서 명상에 깊이 잠기곤 했다. 신은 양치기 아닌 예언자를 보내지 않았다. 아브라함, 모세와 예수, 그리고 무함마드 이전의 여러 예언자들은 양치기였다. 양치기의 생활에는 인류의 양치기로서 활동하여야 하는 개혁자의 성격에 알맞는 무엇이 있는 것 같다. 예언자가 그의 교우에게 다음과 같이 말했다는 전설이 있다.

"나는 종종 메카 근처 카라릿에서 메카인들의 양을 지켰다."

또 다른 전설에 따르면, 무함마드는 나무에서 딸기를 따려면 검붉게 익은 것을 따도록 동료들에게 권했다고 한다. 이것은 그가 소년 시절에 양치기를 하면서 자신이 스스로 경험한 지식이다. 검붉은 것이 맛이 가장 좋은 것이다.

피자르 전쟁은 쿠라이시부족의 많은 사람들의 목숨을 빼앗아갔다. 지각 있는 몇몇 사람은 이런 극도의 무용성을 자각하였다. 그래서 그들은 앞으로 이런 일이 없도록 싸움을 막기로 결심했다.

사실상 무함마드의 모험적인 성격과 그의 숙부 아부 탈리브의 친절한 마음씨는 쿠라이시부족에게 도덕적 영향을 끼치고 있었다. 이런 사정으로 주바이르 빈 압둘 뭇탈리브, 즉 예언자의 숙부는 하심부족, 주후라부족, 타임부족의 대표자들을 압둘라 빈 자드암의 집으로 초대하여 연회를 베풀었다. 연회가 끝난 뒤에 하나님의 이름으로 다음과 같이 서로 약속하였다.

"우리는 제각기 여러 사람들의 임무가 크고 작건 간에 회복될 때까지 그들을 모두 돕겠다."

예언자는 젊었으나 이 동맹 정신을 발휘케 한 사람 중의 한 사람이었다. 이 동맹의 명목은 동맹이 형성된 이후 이 이상의 전쟁과 부패가 일어나지 못하도록 하는 데 있었다.

무함마드는 물을 공급해 주면서 순례자들을 돌보았다. 그의 이런 고귀한 성품은 곧 다른 젊은 사람으로서는 도저히 얻을 수 없는 명예와 명성을 얻을 수 있게 했다. 예언자는 나중에 이렇게 말하곤 했다.

"나는 붉은 낙타 선물보다 빈 자드암의 집에 있기로 맹세한 것을 좋아했다. 만일 내가 그런 연회에 초청된다면 서슴지 않고 받아들이겠다."

무함마드가 탄생하고 자라던 환경, 말하자면 그가 아직 태어나기 전 어머니 배 속에 있을 동안의 아버지의 죽음, 몇달밖에 같이 있어 보지 못하고 돌아가신 어머니, 겨우 여덟 살밖에 되지 않았을 때의 할아버지의 서거는 그의 타고난 생각하는 습성과 결합하여 그를 다른 야비한 동료와는 전혀 다른 사람으로 만들었다. 그는 장래가 촉망되는 동료를 갖지 못했다.

무함마드에게는 사막에서 양을 지키던 젊은 동료 한 사람이 있었다. 힘든 일에 지친 무함마드는 휴가를 얻어 시인들의 노래를 들으러 메카에 가려고 생각했다. 전에 그 친구가 자기에게 부탁했던 대로 자기 양을 그 친구에게 맡기고 무함마드는 메카로 떠났으나 메카에 다다르기도 전에 결혼 연회석에 끌려가서 거기에 머물게 되었다. 그는 잠깐 머물고 있는 동안에 잠이 들어 다음날 아침까지 깨지 못했다.

다음날에 다시 마을로 왔다. 밤이 다가옴에 따라 그는 어떤 음악 소리가 들리는 것 같았다. 그래서 주저앉아서 그 소리를 들었다. 그 소리는 세상의 음악 소리가 아니라 대기(하늘)의 반주에 맞춘 자기 영(靈)의 음악 소리였다. 그는 다시 이튿날 아침까지 잠에 빠져 있었다.

그는 언제나 우상 숭배가 아브라함이 옛날에 생각한 대로 쓸데없는 것임을 알았다. 무함마드는 정말로 필요하다고 생각되기 전에는 한마디도 입밖으로 내지 않았던 사람이었다. 그는 자신의 내적 자아(內的自我)와 낮과 밤마다 보았던 우주와 교제했다. 그의 기쁨은 묵상에 빠지는 것이었고 그의 즐거움은 자기 영혼을 자유롭게 발전시키는 일이었다.

그러나 그는 무슨 일이 있더라도 살아야 했다. 20년 동안 메카 부자의 대행자로서 낙타대상 캐러밴의 틈에 끼어 북으로 남으로 동으로 왕래했다. 여행을 하고 장사 거래를 하는 동안에 그의 마음은 친절해지고 행실은 믿음직해졌다. 그는 곧 알 아민(가장 믿음직한 사람)으로 알려지게 되었다. 어떤 환경에 있게 되어도 약속을 어기지 않았다. 그의 정직성은 의심할 여지가 없었다. 그는 곧 정직한 영혼 그 자체였다. 그는 남녀노소가 모두 마음으로부터 의지할 수 있는, 이 세상에 단 하나밖에 없는 사람이었다.

압둘라 빈 아비 알 함자는 이렇게 말한다.

"무함마드가 신의 소명을 받고 자기 사명을 선포하기 훨씬 전에 나는 그와 거래했었다. 나중에 거래하기로 하자고 그에게 말해 놓고는 내가 그만 약속을 어겼기 때문에 이 거래는 깨어지고 말았다. 사흘 지나서 약속한 곳을 지나다가 무함마드가 서서 나를 기다리고 있는 것을 보았다. 그는 성 하나 내지 않고 '당신은 사흘 동안이나 나를 여기에 있게 하는 괴로움을 주었습니다'라고 말했다."

인내, 불굴, 관용, 굳게 참고 견디며 굳은 의지의 성격은 무함마드의 사람됨이었다. 하나님의 손은 그를 아랍민족의 지도자로, 그리고 온 인류의 인도자로 인도했다. 그가 얼마나 현명한가를 사람들에게 보여줄 한 사건이 바로 일어났다.

그것은 네모난 신전 카바의 건설 때의 일이다.

네모로 된 신전 카바는 여러 언덕으로 둘러싸인 메카의 분지 속에 있다. 무함마드가 스물세 살 되던 해에 큰 홍수가 나서 물이 여기로 흘러들었다. 이 때문에 신전의 벽이 무너졌다. 이 물난리가 있기 바로 전에 쿠라이시부족은 지붕 없는 네모난 신전을 재건할 생각을 하고 있었다. 신전 안에 안치되어 있는 귀중한 물건들이 도둑맞을 위험성이 있었다. 그러나 미신을 믿는 탓으로 그들은 신전의 구조를 바꾸는 것을 매우 두려워했다. 그들은 신전의 재건을 금지 사항의 하나로 생각했기 때문이다. 그러나 이제 하나님께서 신전을 무너뜨렸던 것이다.

우연히 바쿰이란 사나이의 배 한 척이 이때 홍해의 항구 젯다 근처에서 암초에 걸렸다. 바쿰은 또 건축가였기 때문에, 쿠라이시부족들은 이 배의 파선 소식을 듣고 왈리드 빈 알 무기라를 보내서 바쿰으로부터 재목과 재료를 사 가지고 네모진 신전을 재건하는 데 도와 달라고 그를 데려오도록 했다. 바쿰은 로마 사람 아니면 그리스 사람이었을 것이다.

메카에 또 이집트의 건축가 한 사람이 있었다. 이렇게 하여서 신전의 재건은 시작되었다. 이 건축은 네 부분으로 나뉘었다. 각 부분의 폐허를 철거하고 재건하는 일을 쿠라이시부족의 4대 명문가 중의 한 씨족이 맡았다. 그러나 재앙을 내린다는 신들이 두려워서 카바신전의 잔해를 허물기 시작하는 사람이 하나도 없었다.

드디어 왈리드가 예멘 쪽으로 모퉁이 루쿤야마니란 부분을 끌어 잡아당기기 시작했다. 다른 사람들은 모두 왈리드가 하는 일의 결과만을 지켜보고 있었다. 아무렇지도 않았다. 그제서야 제각기 맡은 바 일을 하기 시작했다. 쿠라이시부족은 이웃 언덕에서 깎아낸 돌로 기초를 쌓았다. 건물이 사람 키만큼 올라갔다. 이제 동쪽 구석에 네모난 신성한 돌 현석(玄石)을 올려놓을 참이었다. 이 현석은 운석(隕石)의 일부분으로 아담이 천국에서 가져왔다고 믿어지고 있다.

이 현석을 안치하는 일은 영광 중의 영광으로 여겨졌다. 그래서 메카의 4대 명문가는 제각기 그 영광을 차지하려고 다투어 합의를 이루지 못했다. 싸움이 벌어질 듯하였다. 아브드 우드 다르씨족과 아디이씨족은 다른 사람에게 이 영광을 빼앗기지 않기로 굳게 맹세하였다.

아브드 우드 다르는 피가 든 잔을 들고 아디이씨족과 함께 그 잔 속에 손을 담그고 서로 맹세했다. 이후부터 이런 맹세 형식을 '피 핥기'라 했다.

유지 중에서 가장 나이 많고 존경을 받는 사람 아부 우마이야 빈 알 무기라는 일의 진척을 보고 그들에게 '제일 먼저 사파언덕 쪽에 면한 곳에서 신전에 들어오는 사람을 너희의 중재자로 삼아라'고 말했다. 이들은 무함마드가 최초로 그곳에 들어오는 것을 보고 '알 아민이다! 그의 심판에 따르자'고 외쳤다. 알 아민이란 무함마드의 별명으로 정직하다는 뜻이다. 이들은 무함마드에게 자기 사정을 털어놓았다. 무함마드는 그들의 위협적인 말도 들었고, 그들의 눈에 서린 적개심의 독기도 보았다. 잠시 생각에 잠겼다가 '천조각을 가져오너라'고 말했다. 천조각을 가져오자, 그는 그 천조각을 폈다. 한 손으로 현석을 들어서 펼쳐놓은 천 한복판에 놓았다. 씨족장들에게 각각 네 귀퉁이를 들게 했다. 명령대로 그들은 현석이 안치될 높이까지 들었다. 무함마드는 현석을 집어서 안치될 곳에 놓았다. 논쟁과 싸움의 위험도 사라졌다.

쿠라이시부족은 높이 36피트까지 건물을 쌓고, 들어가도 좋을 사람에게는 열어 주고 들어가서는 안될 사람에게는 닫혀질 문을 달았다.

무함마드는 현석에 대한 논쟁이 벌어지기 전에 신전 안에서 일을 돕고 있었다. 논쟁을 해결한 이 방법은 무함마드의 위대성과 그의 사명 선포 메시지를 받기 열이레 전 — 왜냐하면 선포가 이보다 나중에 나타났기 때문이다 — 의 아랍부족들에서의 그의 거룩한 위치를 하나님께서 보내신 하나의 징조였다. 이날부터 낡은 우상 숭배는 옛일이 되어 버렸고, 그 대신 새로운 현석이 박혀졌다는 것은 무함마드와 아라비아부족들에게 뚜렷했으나 메카인들에겐 그렇지 못했다.

그러나 이 꿈이 실현되자면 이때부터 37년 이상이란 세월이 다시 흘러야 했다.

2. 결혼과 첫 계시

결혼

　무함마드는 상인(商人)으로서 매우 정직하였으므로, 그를 메카 사회의 지표인 북극성으로 추대하게 했다. 이 무함마드의 정직성이야말로 모든 사람들로 하여금 무함마드를 그의 숙부이자 보호자인 아부 탈리브보다 더욱 존경하고 아끼게 하였다. 이상스럽게도 무함마드가 다루는 장사는 모두 번영하였다. 무함마드의 나이 스물네댓 살 되었을 때 우연히 하디자라는 부인이 장사 대행자를 구하고 있었다. 이 부인은 두 번이나 결혼한 재산 있는 귀족이었다. 두 번째 남편이 이 부인에게 상당한 재산을 남겼다. 두 번째 남편이 세상을 뜨자 이 과부에게 청혼하는 부자 남자들이 많았으나 모두 거절하였다.

　아부 탈리브는 이 부인이 대행자를 구한다는 소문을 듣고 재치있게 무함마드를 채용하도록 부인의 승낙을 얻었다. 그래서 무함마드는 대상을 이끌고 이 부인의 종 마이사라와 함께 시리아로 떠났다. 무함마드는 열두 살 때 숙부와 함께 시리아로 갔던 그 길을 그대로 밟았다.

무함마드는 이 여행에서도 여러 가지를 듣고 보았다. 시리아에 살고 있는 그리스도 수도승을 만났고 그리스도 교회에 대해서 많이 듣고 또 보았다. 이제 그는 많이 듣고 말이 적은 해박한 사람이었다. 무함마드의 장사는 놀라울 정도로 잘 되었다. 이 이득은 하디자가 여태까지 장사에서 경험하지 못했던 것이었다. 또 무함마드는 마이사라에게 인자하게 대했고, 깨끗하고 친절한 마음씨는 마이사라의 마음을 끌었다.

무함마드는 메카로 돌아올 무렵에 부인을 기쁘게 할 수 있음직한 시리아의 상품을 샀다. 메카 근방에까지 왔을 때 마이사라는 무함마드에게 귀띔해 주었다.

"빨리 하디자에게 가서 하나님께서 당신을 통해서 부인을 도우신 사연을 낱낱이 말해 주세요. 부인은 당신의 일을 궁금히 여기고 있을 테니까요."

무함마드는 낙타를 타고 뛰게 하여 앞서서 먼저 갔다. 정오 무렵에 메카에 들어섰다. 하디자가 자기 집 꼭대기에서 그를 보았다. 무함마드는 낙타 등에 앉아 있었다. 하디자는 무함마드가 집에 들어오자 내려와서 그를 영접했다. 무함마드의 여행과 사고 판 상품과 이윤 등의 이야기를 들었다. 그는 아라비아에서 으뜸가는 웅변가였다. 하디자는 마음을 활짝 열어놓고 조용히 행복한 마음으로 그의 매혹적인 이야기에 도취했다.

그리고 그 뒤에 마이사라가 따라 들어왔다. 무함마드의 고귀하고 정직하고 곧은 마음씨를 하디자에게 알렸다. 마이사라는 그의 여주인에게 무함마드의 우수한 성격이나 훌륭한 성품에 대항할 사람이 없다고 아뢰었다. 반짝이는 눈빛 속에서 하디자의 무함마드에 대한 호감은 사랑으로 변했다. 그 여자는 마흔 살이었다. 이 여인은 한때 지위로서나 재산으로서나 쿠라이시 귀족 중에서 으뜸가는 귀족의 구혼을 거절하였건만, 이제 이 젊은 사나이와 결혼하고 싶어졌다.

　이 사나이의 태도와 말 한마디 한마디가 여인의 마음을 완전히 점령했다. 하디자는 이 사랑을 자기 동생과 여자 친구 누파이사에게 알렸다. 그러나 그가 이 여인을 받아들일까가 문제였다. 그러나 이 여인들은 매력 있는 외교가들이었다. 하디자는 누파이사를 무함마드에게 보냈다. 누파이사가 그와 만나서 말을 주고받았다.

　"왜 결혼하시지 않지요? 당신이 결혼하시는 데 무슨 방해가 되는 것이라도 있나요?"

　"무엇으로 결혼합니까?"

　"그것을 문제삼지 않고, 당신을 아름답고 재산 있고 지위가 있고 명예가 있는 부인이 초대하시면 어떻게 하시겠어요?"

　"누구신데요?"

　"하디자입니다."

　"저 같은 것이 어떻게 감히 할 수 있겠어요?"

　"그런 것은 제게 맡기세요."

　"좋습니다."

　무함마드의 지혜는 마지막 말을 빼면 그의 대답은 모두 물음 형식으로 되어 있는 데서 엿볼 수 있다. 실상 무함마드도 마음속에 하디자의 사랑을 눈치채었으나, 그 여자가 자기보다 부자인 사나이를 거절했다는 사실을 알고 있었기 때문에 이쪽에서 먼저 구애하지 못했다. 그러나 그 여자에게서 먼저 청해 왔기에 무함마드는 반가이 그 사랑을 받아들였던 것이다.

　하디자의 마음을 사로잡은 무함마드의 사람됨과 용모는 어떠한가.

　그는 매우 우아한 용모를 가졌다. 키는 크지도 작지도 않은 보통 키이고, 앞이마가 넓었다. 콧등 위 중앙에서 서로 만나는 짙은 눈썹, 검고 커다란 눈, 약간 불그스름한 빛깔의 눈 흰자위, 기다란 속눈썹,

섬세하고 똑바른 코, 사이가 벌어진 이, 턱에 기른 텁수룩한 수염, 긴 아름다운 목, 넓은 가슴, 넓은 두 어깨, 짙은 오렌지 색깔의 두꺼운 손과 발바닥, 앞으로 몸을 구부리고 빠르고 건전하게 걷는 걸음걸이, 깊은 생각에 잠겨 있는 듯한 얼굴, 자기 일을 모조리 정복하고 자기 의지에 대한 만인의 굴복을 알리는 그의 시력(視力), 이런 강력한 인상을 나타내는 외모가 하디자의 마음을 사로잡았다.

또 한편 무함마드는 이보다 훌륭한 부인을 맞을 수는 거의 없었다. 무함마드가 그의 민족들이 믿을 만한 사람이었다면, 그 아내는 '타이라', 즉 순수한 여자였다. 이것은 무함마드와 하디자와의 결혼만이 아니라 '신앙'과 '순결'과의 결혼이었다.

하디자는 결혼을 늦추지 않았다. 이 여인의 아버지 파일라드는 부정의 전쟁 전에 세상을 떴다. 그래서 하디자의 숙부 오마르 빈 아사드가 무함마드를 조카사위로 삼았다. 그래서 무함마드의 생애에 새로운 페이지가 시작되었다. 훌륭한 남편이자 헌신적인 아버지의 생활이 시작되었다. 그러나 행복은 언제나 슬픔에 매여 있는 것, 무함마드는 자신이 어린 시절에 부모를 잃은 자식으로서의 슬픔에다 이제 아들을 모조리 일찍이 잃는 아비로서의 슬픔을 맛보게 되었다.

나이차에도 불구하고 25년 동안의 결혼생활에서 이 두 사람은 다툼이라는 것을 몰랐다.

이들의 결혼은 무함마드의 지위를 높였고 가정이 안정되어 사람들의 눈에 띄게 했다. 그러나 그는 전과 다름없이 겸손했다. 그는 사람들과 잘 어울리고, 그들이 편안하고 번영할 때만이 아니라, 가난하고 곤경에 처해 있을 때에도 그들을 도왔다. 특히 그는 가난한 사람, 고아, 외국인을 돌보았다. 그는 악수를 하고서도 손을 먼저 떼지를 않았다. 그는 몸을 굽혀 가면서 이야기를 조심성있게 들었다. 말은 적고 듣기를 많이 했다. 담화에서 한마디 말의 청을 받더라도 진리 외에는 말하지 않았다.

그는 웃을 때에는 입을 크게 벌리고 거침없이 웃어댔으나, 노했을 때에는 두 눈썹 사이에 핏줄을 세우면서까지 그 분노를 억눌렀다. 그는 마음이 너그러웠고, 모든 사람들에게 약속한 것을 충실히 지켰다. 어떤 일을 계획하고 결정하는 힘이나 계획을 빈틈없이 실천하는 그의 힘은 당시 아무도 따를 수 없는 것이었다. 이런 성품이야말로 그의 친구들을 그에게로 밀착시켰고, 누구든 그와 가까이한 사람은 그를 따르게 되었다. 이런 그의 미덕은 하디자와의 사랑을 굳게 하였다.

카바신전 증축을 하면서 현석을 놓을 때의 논쟁이나 이보다 앞서 있은 부정 전쟁으로 인해서 쿠라이시부족 중에서 생각 있는 사람들은 우상 숭배가 단지 조롱거리밖에 되지 않는다는 사실을 확신하게 되었다. 정확한 날짜는 알 수 없으나, 어느 날 쿠라이시부족은 나훌라라는 곳에서 여신 알 웃자를 기념하는 성찬식에 참가했다.

그때 쿠라이시부족 네 사람이 일어나서 우상 숭배를 거절하겠노라고 선언했다. 이 네 사람들은 자이드 빈 아므르와 오스만 빈 후와이라스와 압둘라 빈 자하시와 와라카 빈 나우팔이었다. 어느 한 사람이 또 일어나서,

"자, 여러분들, 잘 생각해 보십시오! 여러분들은 진리에 근거하지 않고 잘못 속에서 행동하고 있습니다. 듣지도 못하고 보지도 못하고, 해롭게도 못하고 이로움도 주지 못하는 돌멩이 앞에 앉거나 그 둘레를 도는 것이 무슨 소용이 있습니까. 희생물의 피가 그 돌멩이에 부어집니다. 오, 나의 동료들이여! 여러분들이 기대하는 것 외의 신앙을 찾으시오!"

라고 말했다.

와라카는 크리스천이 되어 신약성경을 번역했고 압둘라는 이슬람에 귀의하여 다른 이슬람교도들과 함께 아비시니아에 이주하였다가 그곳

에서 다시 그리스도교로 옮겨가서 그 신앙을 믿다가 죽었다. 압둘라의 미망인 움미 하비이바 빈트 아부 수피안은 나중에 이슬람교를 믿고 예언자와 결혼했다. 자이드 빈 아므르는 시리아와 이라크에 자주 여행하더니 자유 사상가가 되고 말았다. 그는 이런 말을 곧잘 하곤 했다.

"오 하나님! 당신을 믿는 방법이 내게 알려지면 믿겠습니다. 그러나 나는 그 방법을 모릅니다."

하디자의 한 친척인 오스만 빈 후와이라스는 동로마 비잔티움에 가서 그곳 황제의 총애를 받았다. 그는 메카를 정복하려는 생각을 했으나 메카인의 선동으로 독살되었다. 이 네 명의 반대자들은 모두 메카인에게 아무런 영향을 끼치지 못했고, 우상 숭배에도 세력을 미치지 못한 채 일생을 마치고 말았다.

몇해가 지났다. 무함마드는 하디자에게서 여러 여자 중에서 보다 참된 사랑과 보다 착한 선을 발견했다. 그녀는 몸을 바쳐 예언자를 사랑했다. 두 사람은 두 몸이었으나 한 영혼이었다. 그 여자의 영혼은 그 속으로 아주 스며들어갔다.

이 아내는 무함마드의 아들 둘과 딸 넷을 낳았다. 아들의 이름은 카심과 타히르(순결), 타이이브(깨끗함)라는 별명을 갖는 압둘라이다. 딸은 자이나브, 루카이야, 움미 쿨수움, 파티마였다.

두 아들은 모두 무함마드가 성스러운 사명을 받기 전에 어린 나이로 죽었다. 이 어린 꽃들은 부모의 마음에 깊은 슬픔의 상처를 남겼다. 그러나 부모는 참고 견디어 만족할 수 있는 것을 배웠다. 이들은 후계자가 될 아들을 간절히 바랐으나, 자신들의 후계자를 얻지 못했다. 그래서 하디자는 노예로 팔려 온 자이드 빈 하리스를 양자로 삼고 그 아이를 무함마드에게 주었다. 무함마드는 이 아이를 자유인이 되게 한 뒤에 양자로 삼았다. 사람들은 이 양자를 자이드 빈 무함마드라고 불렀다.

　맏딸 자이나브는 압둘 아스 빈 라비이 빈 아브드 샴스와 결혼했다. 그의 어머니는 하디자의 동생이었다.

　루카이야와 쿨수움은 각각 우트바와 우타이바와 결혼했다. 이들은 무함마드의 숙부 아부 라합의 아들이었다. 아부 라합은 무함마드가 이슬람 전도를 시작했을 때 그를 반대하여 아들을 이혼시켰다. 이리하여, 루카이야가 오스만 빈 압판에게 다시 시집가서 살다가 12년 만에 죽으니, 뒤를 이어 쿨수움이 이 남자의 아내가 되었다. 이 두 사람은 모두 무함마드보다 앞서 죽었다. 막내딸 파티마는 후에 알리 빈 아부 탈리브와 결혼하였고, 딸은 무함마드가 죽은 뒤에 남은 유일한 자식이었다. 그러나 이 딸도 아버지의 죽음으로 인한 슬픔과 충격으로 아버지가 별세한 지 반 년만에 숨을 거뒀다.

　아들들이 죽지 않았다면 그는 조용하고 평화스럽게 아내 하디자와 함께 살았을 것이다. 아들을 잃은 후에 무함마드는 메카 주민들의 종교와 유태교, 기독교에 대해 마음과 정신을 기울여도 봤고 깊이 생각한 끝에 전적으로 위대한 미지자(未知者)에 봉사하고 자기의 정신적 자아를 닦는 데 한 몸을 바치기로 결심했다.

　메카에서 약 10리 떨어진 곳에 히라산이 있다. 매해 9월(당시 아라비아 달력 라마단 달) 중에 무함마드는 이 산에 있는 동굴에 은거했다. 이곳은 지금 '자발앗 누르(빛의 언덕)'라 불린다. 이곳에서 무함마드는 단식과 기도에 몰두하여 아주 몰각상태(沒覺狀態)에 빠지곤 했다. 그가 묵상한 것은 무엇이었던가? 그것은 실재자(實在者) — 진리만을 위한 진리의 탐구였다. 사람과 그 외 생물이 어떻게 이 땅 위에 있게 되고…… 왜 있는가? 땅, 달, 해, 별들을 만든 자는 누구였는가? 사람이 나고 죽는 까닭은 무엇인가? 이 인생에 목적이 없다면 이 인생과 그 생존경쟁은 무슨 필요가 있단 말인가?

이 모든 의문은 틀림없이 하나님의 역사였다. 그러나 무함마드는 아직 적절한 해답을 얻지 못했다. 그가 보거나 상상할 수 있는 것은 모두 그가 볼 수 없었던 어떤 것에 대한 복종이었다. 사람은 났다가 죽는다. 사람들의 탄생이나 사망은 사람에 의해서 좌우될 수 없는 것이다. 이것은 다른 생물에도 적용된다. 땅, 태양, 별 등 역시 그것들이 복종케 하지 않을 수 없는 어떤 가혹한 의지에 복종한다. 우상숭배가 해결할 수 있는 것은 아무것도 없었다. 기독교회도 유태인 교회도 모두 쓸모가 없었다.

  기독교도들은 예수니 마리아니 성신이니 하는 또 다른 신을 만들었다. 유태인들은 그들의 제사장이란 신들을 만들었다. 눈앞에서 자신을 노리고 있는 죽음을 가진 사람은 확실히 신일 수는 없었다. 이 수수께끼를 풀기 위해 무함마드는 히라에 은거했다. 바깥 세계의 답을 얻지 못해서 그는 이 의문을 자신의 영혼에 던졌다. 자기 자신의 자아가 이에 대답해야 했다. 그러나 해답은 없었다. 그는 철석같은 결단의 사나이였다. 그는 이 실험을 매해 제9월 한 달 동안을 달이 떠서부터 다음 달이 뜰 때까지 히라산 동굴 속에 남아서 되풀이했다.

  수수께끼는 풀리지 않았으나 그의 속에서 치밀어 오르는 무엇인가가 있었다. 제9월만이 명상의 유일한 시간인 것은 아니었다. 이제 그의 생활 전체가 묵상의 생활이었다. 그렇다고 해서 그는 인간성으로부터 자신을 단절한 건 아니었다. 그는 계속해서 열두 달 중 한 달을 우주 속에 감추어져 있는 위대한 영혼에 봉사하는 달로 보존했다. 드디어 빛을 얻었다. 그는 평소에 보고 듣지 못했던 것을 꿈속에서 보고 들었다. 위대한 우주의 꿈을 보았던 것이다. 인간 생명에 일어날 사건들을 꿈에서 보았다. 그는 이 꿈을 하디자에게 알렸다. 꿈은 모두 진정이었다. 하디자는 그를 믿고, 노하기는커녕 실지로 권유하여 실재자를 찾게 하였다.

무함마드는 전보다 더 마음과 영혼을 자아탐구와 실재자 탐구에 바쳤다.

무함마드는 마흔 살 때에 그의 민족을 정도에 인도하기로 확신했으나, 아직 그 방법을 몰랐다. 단식을 연장하고, 더욱더 깊이 생각에 생각을 거듭했다. 이제 그는 낮이 되면 히라에서 내려와 사막으로 나섰다. 달이 뜨면 은둔 속에 들어가 다시 생각에 잠겼다. 이런 명상과 배회가 6개월 동안 계속되었다.

그는 이 어려움과 두려움을 하디자에게 말했다. 하디자는 두려워할 필요가 없다고 말했다. 무함마드는 선한 인격의 화신이었기에 악령이 그를 다칠 수 없었다.

첫 계시

히라산의 동굴 속에서 잠들고 있던 어느 날, 누군가가 와서 그를 깨우면서 '읽어라'라는 말을 듣고 그는 '나는 읽을 수 없소'라고 대답했다. 이때 무함마드는 그가 자기 목을 졸라 죽이려는 듯이 눌러 찌부러뜨리는 느낌이었다. 그러나 무함마드는 가만히 있었다. '읽어라'는 명령이 반복되었다. '나는 읽지 못해요'라고 무함마드는 대꾸했다. 이때 또다시 찌부러지는 것 같았으나 내버려두었다. '읽어라'는 세 번째 명령이 왔다. 무함마드는 할 수 없이 '무엇을 읽을 것입니까?'고 물으니 그는 이렇게 말했다.

창조자이신 그대의 주님의 이름으로 읽어라. 그는 인간을 한 덩어리의 피로 만들었다. 읽어라. 그대의 주님은 가장 관대하시다. 붓으로써 (인간을) 가르친 그는 인간이 모르는 것을 인간에게 가르치신다.

—《코란》 96장 1~5절

무함마드는 이것을 읽고 외웠다. 아랍어로 읽으라는 '이크라(Iqra)'에는 두 가지 뜻이 있다. 문자대로의 뜻은 '독서하다'이다. 이 뜻으로 보면, 우리들은 무함마드가 어떤 것을 읽도록 요구당했으나, 문맹자이기 때문에 읽을 수 없었다고 상상해야 할 것이다. 여하튼 무함마드는 읽으라고 명령받은 것을 따라 외기만 했다. 그는 무함마드를 두고 사라졌다. 그 명령은 무함마드의 마음에 새겨졌다. 무함마드의 곁을 두루 살펴보았으나 아무것도 없었다. 그는 이제 아주 깨었다. 읽어라는 것을 명령대로 외웠다. 이 명령을 지시한 이는 누구이며, 어디에 있었는가? 이 의심이 무함마드에게 남았다.

여하튼 그는 꿈을 꾸었을 뿐이다. 그렇다고 하나, 이 꿈은 꿈 이상의 어떤 것이다. 그 명령은 그가 찾던 실재자에 대한 직접적인 대답이었다. 아무도 발견치 못했으나, 결단력이 강한 사람이었기에 그는 잠시 동안 그곳에 머물러 있었다. 아무도 없음을 확신한 뒤에 그는 달리면서도 그 구절을 암송하고 의문은 계속되었다.

갑자기 한 음성이 들렸다. 그는 머리를 하늘로 쳐들었다. 전에 멀리 하늘 저쪽에서 보았던 사람 모양을 한 존재가 자기를 부르고 있는 것을 보았다. 어느 쪽을 보나 같은 환상을 보았고, 같은 음성을 들었다. 그는 하디자가 그를 찾으려고 사람을 보냈을 때까지 그곳에 머물고 있었다. 그러나 무함마드는 히라산 동굴 속에 없었다. 천사가 사라졌을 때 무함마드는 첫 계시에 가득찬 대로 집으로 돌아왔다. 그의 마음은 두려움과 떨림에 가득 찼었다.

무함마드는 하디자에게 '나를 덮어 달라'고 말했다. 부인은 남편을 덮어 주었다. 남편은 신열을 가진 듯이 고통 속에 있었다. 곧 공포는 사라졌다. 묻는 표정으로 그는 '하디자여! 내가 어떻게 됐소?'하고 도움이나 필요하듯이 사랑하는 부인을 바라보았다. 묻고 나서 일어났던 일을 부인에게 하나에서 열까지 모두 말해 주었다. 그러나 하디자는 여자로서의 참된 직감력을 가지고 있었고, 천사 같은 아내였기 때문에 조금도 놀라지 않고 의심을 품지 않았다. 하디자는 대단히 존경하는 태도로 남편을 바라보면서 그에게 영광을 돌리고 말했다.

"저의 숙부의 아드님!(하디자와 무함마드는 쿠라이시부족의 같은 선조를 가졌다) 행복하고 강건하시기를. 그의 손이 하디자의 생명이 되어 주시는 하나님에 의해서 저는 당신이 이 민족의 예언자가 되시기를 굳게 바라오. 하나님은 당신을 절대로 부끄럽게 하시지 않으리라고 저는 알라에게 맹세하오. 왜냐하면 당신은 동복의 부족을 통일시키는 사람이요, 당신은 당신의 말에 진실성이 있는 분이요, 다른 사람의 짐을 자신이 지시는 분이오. 손님을 환대하고, 그들도 진리를 찾기 위해서 고통 속에 있는 사람을 돕고 있습니다."

무함마드는 만족했고, 감사와 사랑의 얼굴로 하디자에게 감사했다. 그리고 극도의 피곤으로 무함마드는 잠들었다. 그는 전혀 다른 사람이 되어서 깨어났다. 이제부터 그는 이 세상의 보통 사람이다. 자기 속에 새로운 영혼과 새로운 생명을 가지고 새로이 탄생한 자와 같았다. 무함마드는, 우주의 주님은 '한 분'이요, 자기는 그의 사자(使者)이고, 불신자들이 아무리 거역하더라도 하나님의 빛이 이 세상에서 완전히 될 때까지 주님의 메시지를 인류에게 전달하는 자임을 알았다.

무함마드는 우주 속에 감추어진 실재자를 찾고 있었다. 첫 계시는 배우는 계전의 첫 시작이다.

무함마드에게 말하는 실재자는 랍브(아랍어로 주님)이다.

이는 우주의 창조자·양육자·관리자이고 주인이시다. 무함마드의 정신적 교과과정의 첫 과는 하나님의 이름으로부터 시작된다.

사람이란 원칙적으로 사람을 연구하는 것이므로, 무함마드는 인간을 한 덩어리의 피로, 즉 돌·나무·초목과는 달리 생명적인 어떤 것을 가지고 만드신 하나님의 목적은 인간이 지식을 가져야 하며, 자기를 둘러싼 우주를 의식할 뿐 아니라, 자기를 의식하게 되어야 한다는 데 있다는 것을 배웠다. 얻은 지식은 인간을 이 세상에 있는 그밖의 창조물과 구별하는 것이다.

이 얻은 지식에서 볼 때, 펜은 주요한 도구이다. 인간이 펜, 즉 글을 가지기 시작할 때 비로소 문화와 예술에 진보가 있었다. 무함마드를 통해서 인간이 기억하게 되는 하나님의 첫 속성은 하나님의 관용이다. 그래서 이슬람에서 지식과 관용을 배우는 바로 첫 순간이 모든 정신적 진보의 근거가 된다.

예언자는 다음과 같이 말했다.

"지식의 탐구는 이슬람교도인 모든 남녀 위에 걸머지워진 의무다."
《코란》 55장 '자비 깊으신 하나님'의 장은 다음과 같은 말로 시작된다.

"자비 깊으신 하나님은 인간에게 《코란》을 가르쳤고, 인간을 창조하고 말할 수 있도록 가르치셨다."

따라서 하나님 자신이 인간의 스승이고, 《코란》 자체는 독본, 즉 책이며 신의 말씀이다. 《코란》은 시가 아니라 지혜의 계전(啓典)이다. 다시 무함마드, 그리고 그를 통해서 이슬람교도들은 '주여! 나의 지식을 늘려 주소서'(《코란》 20장 114절)의 기도를 드리기로 되어 있다.

이 지식에는 두 종류, 즉 인간 자신의 경험으로써 인간에 의해서 둘러싸이거나 싸여질 수 있는 사물에 대한 지식과 인간의 경험을 넘어선 것에 대한 지식이 있다. 하나님은 이 두 종류의 지식 속에서 인간을 빛내고자 계획했다.

이것은 첫 계시가 '하나님은 인간이 모르거나 몰랐던 것을 인간에게 가르치신다'는 말로 끝나는 까닭이다.

하나님의 가르침을 제외하고는, 상상을 연장시키지 않거나 붓의 힘에 의하지 않고서는 인간은 죽음 뒤에 자신에게 무엇이 생기는지 알 수 없다.

《코란》은 하나님의 가르침을 인간에게 전해주고 다가오는 생명에 대비하는 방법을 인간에게 가르치는 계전이다. 그 생명은 참 생명이고, 이 세상의 존재는 그 생명을 위한 출발점인 것이다. 이생 아닌 다음 생에서야말로 인간은 목적하는 바를 이룰 수 있다.

그러나 이 세상의 생명도 중하지 않은 것은 아니다. 그 까닭은 다음 생이 전적으로 이생에 달려 있기 때문이다. 씨앗에 따라서 열매가 맺는다. 하나님의 법칙은 변함이 없다. 하나님은 관대하시고, 인간에게 기회를 주어서 오는 생에서 자기 동료가 되게 하시며, 이 오는 생에서 인간은 은총의 한 단계에서 또 하나의 은총 속으로 계속하게 될 것이다. 그러나 인간이 순종하지 않으면 그 인간은 영원히 후회와 슬픔의 상태에 있게 될 것이다.

다음에, 하나님의 지식에 관한 이 계전은 온 인류에게 공개적이다. 계전은 하나님을 위한 부양을 인간에게 요구하지 않는다. 하나님은 모든 부양을 넘어선 분이시다. 계전은 인간이 서로 관대하고 하나의 하나님만을 가지기를 바랄 뿐이다. 다른 신들은 없는 것이다. 인간에게 요구되는 하나님의 법칙(정신적·신체적)에 복종하는 것이다. 하나님께 복종하는 자는 구원을 받는다. 하나님의 명령을 등지고 자신의 현세적인 찰나적 행복과 향락만을 바라고 사리사욕만 취하는 자는 멸망뿐이다. 이것이 이슬람의 근본이고, 무함마드는 세상에 와서 설교하고 교훈한 것이다.

"알라, 즉 하나님 외에 하나님이 없고, 무함마드는 하나님의 사도이시다."

앞에서 여러 장을 거쳐서 이야기한 것은 이 사명이다.

3. 무함마드의 사명

메카에서의 이슬람 전파 시작

 히라산에서 돌아온 뒤 무함마드는 여전히 잠에 빠졌었으나 하디자는 잠에서 깨었다. 그녀는 잠들은 무함마드의 얼굴을 보았다. 지금까지 15년 동안의 결혼생활에서 그의 사람됨을 누구보다 가장 더 잘 알고 이해하고 있었다.
 무함마드는 누구보다도 더 관대했고, 가난한 자와 약한 사람에게 봉사한 사람이었고, 믿음직하고 정직했다. 그는 그 겨레를 야만에서 문화에로, 무지(無知)에서 유식(有識)으로, 증오에서 사랑으로, 암흑에서 광명으로, 죽음에서 생명으로 인도하도록 예정되어 있었다. 그러나 무함마드를 위해 빈자리를 채워 준 이 존재는 누구였고, 경탄해 마지않는 성구 몇 절 ─ 이제는 하디자도 독송하는 절 ─ 을 그에게 가르친 이는 누구였던가.
 하디자는 무함마드를 보면서 무함마드의 마음의 근저와 감동을 자신에게 그려보았다. 드디어 하디자는 감명을 받았다. 무함마드의 새끼 손가락의 상실은 자기 생명 이상의 손실이었다. 하디자는 무함마드가 다시 흥분하면 그의 마음을 가라앉히고 진정시키기 위해 무엇인가를 해야 했다. 그러나 그의 잠은 고요하고 행복스러운 잠이었고, 하디자도 행복했다. 그러나 사랑이란 두려움이 하나도 없지 않는 것이 아니다. 무함마드가 하디자에게 말한 것을 쿠라이시부족에게 말했다면 그에게 어떤 일이 일어났을까. 그리고 하디자가 할 수 있었던 일은 무엇이었을까. 하디자는 깊이 생각했다. 현명한 사람과 상의해야 했다. 마침내 그녀는 와라카 빈 나우팔을 생각했다. 그는 그녀의 친척이고, 기독교도이고, 성경을 연구해서 그 일부를 아랍어로 번역한 사람이다.

하디자는 무함마드가 아직 잠들고 있는 것을 보고 와라카에게 가서 사건의 전모와 무함마드에 대한 자기의 사랑과 그의 앞날에 대한 자기의 사랑과 소망을 간단하게 말했다.

와라카는 감동되어 말했다.

"거룩하고 거룩하도다! 생명이 나의 영혼을 관장하는 그분에게 맹세코. 오, 하디자여! 네가 나에게 말한 것이 사실대로라면, 모세에게 내렸던 위대한 법과 계명이 그에게 내린 것이다. 그는 이 겨레의 예언자임에 틀림없다. 흔들리지 말라고 일러라."

하디자는 급히 집으로 돌아왔다. 남편은 여전히 잠이 들어 있었다. 이제 아내는 자기의 위대한 영혼이 소유한 소망과 행복과 충실을 갖고 남편을 바라보았다. 여태까지 이런 부인을 가진 남편이 없었고, 이런 동반자를 가진 예언자가 없었다. 한참 동안 남편을 바라보고만 있었다. 갑자기 남편은 흥분했다. 호흡이 가빠지고 이마에서 땀이 흘렀다. 그는 잠을 깼다. 아내는 남편의 말을 들었다.

겉옷[外衣]을 뒤집어쓴 자여!
자, 일어나서 경고하게,
그대의 주님을 찬양하게,

그대 옷을 깨끗이 하게,
더러움을 피하게,
상을 받자고 친절을 베풀지 말게,
그대의 주님을 위해 참고 견디게나.
— 《코란》 74장 1~7절

하디자는 더욱 열띤 사랑과 행복감을 갖고 그에게 가서 조금 더 누워서 쉬도록 청했다. 그는 대답했다.
"오, 하디자! 잠자고 쉴 시간은 지났어. 가브리엘이 나의 민족에게 경고하고, 그들을 하나님에게로 불러와서 하나님에게 봉사하게 하라고 내게 말했소. 누구를 부를 것이며 누가 나의 부름에 응할 것 같소?"

하디자는 그의 일이 쉽게 진전되고 이룩되기를 바라면서 와라카의 말을 열성스럽게 무함마드에게 말하고, 하나님은 한 분이시라는 것과 무함마드가 예언자임을 믿는다고 선언했다.

이 일이 있은 후에 천사 가브리엘이 하나님의 계시를 갖고 올 때마다 하디자는 예언자의 머리를 자기 무릎 위나 가슴 위에 얹고 그를 편하게 했다. 남편이 하나님의 계시(啓示)를 받았다는 사실을 조금도 의심하지 않았다.

이런 일이 있은 지 며칠 후에 무함마드는 카바신전에 갔다. 이곳에서 와라카를 만났다. 무함마드가 그에게 사건의 전모를 이야기하니, 와라카는 이렇게 말했다.

"와라카의 생명이신 하나님에 맹세코, 위대한 율법과 계명이 모세에게와 같이 그대에게 내렸소. 확실히 그들은 당신을 속이고 해를 입히고 당신과 싸우려 할 것이오. 내가 그날까지 살아있다면 나는 하나님을 위해 당신을 도와 드리겠소."

말을 마치고 와라카는 무함마드 가까이로 가서 이마에 키스를 하고 나갔다. 그는 와라카의 말이 진리이고 자신의 임무가 중대함을 알았다. 그는 음주와 도박, 간통과 약탈, 상호 살상과 교만에 빠져 있는 사람들을 어떻게 개종시킬 수 있겠는가. 이 민족이 어떻게 자신들과 자신들의 선조들이 수천년 동안 고집해 온 신앙을 버릴 수 있겠는가. 여태껏 무함마드는 자기보다 먼저 세상을 떠난 예언자들의 고통과 시련에 대해서 아는 바 없었다. 그러나 와라카의 말은 무함마드의 귀에 울리고 있었다. '그들은 당신을 속이고, 해치고, 배척하고, 싸우려고 할 것이오'라는 말이다.

그를 기다리고 있는 사태를 이제 무함마드는 알 수가 있었다. 자신의 일족에게 쫓김을 당하는 것이다. 부족사회에 속하지 않은 개인 따위는 있을 수 없다. 개인이 살해되어도 호소할 길이 없다. 부족을 가지지 않은 인간은 박해당한 자보다 못할 정도이다. 피가 흐르는 고깃덩어리에 불과하다. 이것이 자신의 장래인가하고 무함마드도 두려워했다.

하디자는 언제나 그를 위로하면서 그의 곁에 있었다. 하디자는 비교적 호화스럽고 안이한 환경에서 자라온 부인이 아니었던가. 그러나 그녀는 인간의 모습을 한 천사였다. 무함마드는 위대한 천사 가브리엘이 한 여인의 한계를 넘어선 일들을 자기에게 가르쳐 주기를 바랐다. 그러나 가브리엘은 자기의 강림을 연기했다. 하나님은 만사에 자신의 방법과 일정한 때를 가지고 계신다. 하나님은 무함마드를 기다리게 하시고 스스로의 힘으로 만사를 생각하게 하셨다.

그 동안 그에겐 한 시간이 하루와 같았고, 하루가 1년과도 같았다. 불안, 걱정은 아마 1주일쯤 계속되었을 것이다. 이 1주일이 무함마드에겐 몇해나 되는 것 같았다. 사람은 사람이다. 누르 산꼭대기 히라동굴에서 천사를 만난 후 얼마동안 하늘로부터 보살핌을 받지 못했다. 하나님으로 부터의 계시가 계속적으로 내려오지 않았다.

무함마드의 생애의 매력은 그의 생애가 하나님의 목적을 실현시키는 인간의 생애란 점에 있다. 하나님께서 그를 싫어하셨을까. 그를 벌하셨을까. 애인이라면 사랑하는 사람에 대해서 으레 이렇게 생각해 본다. 사랑에는 사랑의 두려움이 있다. 무함마드를 보더라도, 그의 사정을 자기로서는 어찌할 수 없을만큼 걱정이 되었다. 이제 그의 넘쳐 흐르는 사랑이 그 마음 위에 작용했었다. '하나님은 절대로 당신을 버리시는 일이 없어요', '하나님은 당신을 도우시는 분이예요'라고 하디자는 말했다.

무함마드는 그 말을 의심하지 않았으나, 불안이 깊으면 깊을수록 위안이 컸고, 그때마다 확신이 생겼다. 무함마드가 얻은 경험은, 하나님의 일에서는 초인간적인 참을성과 초인간적인 노력이 성공에 절대로 필요한 요소라는 교훈이었다. 무함마드가 하나님께서 자기에게 무엇을 하기를 원하시는가를 영감으로 받았다고 하더라도, 하나님의 메시지를 수행하는 방법은 그에게 일임되었다. 이것은 무함마드가 할 일이었다. 하나님은 그에게 길을 가르치셨으니, 그는 그 길을 걸어가야 했다. 이것은 어느 예언자에게 있어서나 매한가지였다.

하나님의 계명을 실천함에 있어서 무함마드는 다른 사람들이 행하는 것과 똑같은 방법으로 자신의 능력을 행사해야 했다. 그는 잘못하기 쉬우나, 하나님은 그의 편에서 그의 잘못을 정정해 주셨다. 그렇다면 아무도 잘못 인도될 수는 없다. 그러므로 무함마드는 하나님의 계시를 실현하는 방법을 생각할 필요가 있었다. 또 계시가 올 동안에 그가 깊이 생각한 것도 당연했다. 그의 마음만이 아니라 그의 영혼도 다른 사람의 영혼이나 마음과 같이 이전에는 훈련되지 않았던 까닭에 훈련되어야 했다. 무게가 무거울수록 그것을 운반하는 힘은 더 크게 요구되는 것이다. 무함마드의 짐은 어떤 사람의 두 어깨에 얹혀진 것보다도 더 무거웠다.

"아 영혼이여! 네가 버림받은 것보다 오히려 죽는 것이 좋겠구나."
고 무함마드는 자주 독백하곤 했었다. 독백한 후에는 그는 하나님께로 자기 몸을 돌리고,

"오 하나님! 나를 인도하시옵소서."
하고 호소했다. 그의 기도는 모두 하나님께 받아들여졌다. 천사 가브리엘이 놀라운 좋은 소식을 갖고 왔다.

> 밝아오는 아침에,
> 어둠을 펴고 있는 밤에,
> 그대의 주님은 그대(무함마드)를 버리지 않으셨다.
> 그가 그대를 미워하시는 것도 아니다.
> 확실히 그대에겐 미래가 과거보다 좋으리라.
> 확실히 때가 오면 주님은 은총을 주어
> 그대를 기쁘게 하시리라.
> 본래 고아인 그대를 발견하시고
> 그대에게 잠자리를 주시지 않았던가.
> 주님은 그대가 길을 잃었을 때
> 그대를 안내하셨고,
> 가난뱅이인 그대를 찾아서
> 부자가 되게 하신 주님.
> 고아가 된 자를 억압하지 말라.
> 구하는 자를 거부하지 말라.
> 그대 주님의 은총을 말하여라.
> ―《코란》 93장

아! 이 얼마나 즐겁고 영광스러운가. 높은 곳에 계신 하나님으로부

터의 축복! 영광 중의 영광! 여태까지 그가 받은 사명과 같은 사명을 받은 사람이 있었던가.

무함마드는 확신했다. 메카주민들은 그를 믿을 수도 있고 거절할 수도 있다. 그들의 마음대로 할 수도 있을 것이다. 그의 미래는 확정되었으나, 이에는 무거운 책임이 뒤따랐다. 무함마드는 어떤 고민이라도 짊어질 수 있다. 무함마드는 고아였고 가난했다는 것을 기억하고 있을 것이며, 앞으로 다른 고난이 있더라도 하나님이 과거에 이미 했던 대로 무함마드를 도와줄 것임을 알 수 있을 것이다. 이 하나님의 도움은 무함마드는 관대해야 하고, 하나님의 사명을 실현시켜야 하는 명령과 결부된다.

"하나님의 은총을 말해 주라."

이 은총은 무함마드가 받아 가지고 있는 하늘의 계시이다. 그는 그가 나중에 가르침을 받은 대로, 그의 사명을 실현하는 것을 늦출 수도 없다.

>오 사도여!
>그대의 주께서 너에게 보내어진 것을 전하라.
>그대가 전하지 않는다면
>그대는 그 사명을 다하지 않는 것이다.
>결코 믿지 않는 자를 인도하지 않으신다.
>　　　　—《코란》 5장 67절

무함마드의 심적 감동은 구제되었고 하디자는 의로워졌다. 예언자의 입은 사랑하는 하디자를 보았을 때 웃음에 찼다. 이 순간부터 그는 하나님에게 의지하고 인간들이 무엇을 행하고 무엇을 말할까 하는 모든 걱정에서 아주 해방되었다. 하나님이 압둘 뭇탈리브와 아부 탈리브를 무함마드의 훌륭한 보호자로 발견했을 때 무함마드는 고아였었다. 또 하나님이 무함마드에 대한 사랑을 하디자의 마음속에 솟게 하였을 때 그는 가난하였다. 가난하되 그는 정직하고 믿음직하게 살았다.

그의 정신적 광명의 아침과 그의 정신적 밤의 영광스러운 휴식, 이것은 하나님의 은총의 증인이 아닌가. 그리고 그의 정신적 앞날의 발전은 시초보다는 잘 되어간다. 이슬람의 경우도 매한가지이다. 혹평가(酷評家)는 트집을 잡을는지 알 수 없다. 그러나 하나님의 말씀은 힘에서 힘으로 나아가신다.

> 그들은 입으로만 하나님의 빛을 끄려고 한다.
> 그러나 하나님은 자기의 빛을
> 완성할 때까지 멈추려 하시지 않는다.
> 불신자들은 싫어하겠지만
> 하나님이야말로 그의 사도를 보내셨다.
> 이교도는 싫어하겠지만
> 인도(引導)와 참된 믿음을 주어
> 하나님은 이것을 모든 믿음의
> 꼭대기에 두시고자 그의 사도를 보내셨다.
> ─《코란》9장 32~33절

믿음은 무함마드와 하디자의 마음속에 굳게 심어졌으나, 실천 없는 완성이란 없다.

그래서 천사가 와서 이 두 사람에게 어떻게 기도하고 무엇을 기도할 것인가를 가르친다.

> 옷 속에 싸인 자여!
> 조금만 제외하고 밤에 예배를 근행하고

고작 절반이나 또는 그보다 적거나
혹시 좀더 길거나
코란을 조용히 읽어라.
— 《코란》 73장 1~4절

무함마드는 예배를 드리고 거듭하여 《코란》을 독송하면서 예배를 올렸다. 하디자는 그의 옆에 있다. — 믿음이 순결과 결혼한다 — 하나님은 그들의 증인이다. 믿음, 모든 다른 믿음을 극복하는 믿음은 가정에서 시작한다. 이 두 사람이 깨어서 기도하고 있는데 메카는 잠들어 있다. 그렇지 않다. 전혀 그렇지 않다. 이들의 비밀을 알아낸 소년 하나가 있다. 그는 무함마드 부부와 같이 살던 무함마드의 사촌 알리였다.

무함마드의 숙부이자 초기의 보호자였던 아부 탈리브는 아들이 셋 있었다. 아이들의 이름은 알리, 자파르와 아키일이었다. 아부 탈리브는 마음씨는 좋으나 부자가 아니었기에 대단히 궁핍한 환경에 있었다. 그의 걱정을 덜어 주고자 무함마드는 알리를 양자로 삼도록 아부 탈리브를 설복했다. 또 압바스로 하여금 자파르를 양자로 입적케 했다. 이렇게 해서 알리는 무함마드와 하디자와 함께 살았다.

알리는 '당신은 누구에게 예배하십니까?' 하고 물었다.

'우리의 창조자인 한 분의 하나님에게, 부모·아들이 없는 한 분, 모든 지상적(地上的)인 관련을 갖지 않는 자, 모든 인간에게 자비하시고 관대하신 자'라고 무함마드는 대답하고, 그분을 믿으라고 소년에게 권했다.

'아버지에게 물어보구서요'라고 그 소년은 대답했다.

다음날 아침에 그 소년이 와서 이렇게 말했다.

"아버지에게 물어볼 필요 없어요. 하나님은 저의 아버지와 상의하지 않고 저를 창조하셨습니다. 그러니까 하나님을 섬기는 데 있어서 제가 아버지에게 왜 묻습니까?"

하디자 다음으로 알리가 이슬람으로 개종한 첫 사람이며 첫 소년이었다.

세 번째로 이슬람을 받아들인 사람은 무함마드가 석방한 노예 하리스의 아들인 자이드이다. 예언자 무함마드가 그를 노예신분에서 해방시켜 주고 양자로 삼은 젊은이다.

무함마드를 아는 사람들이 먼저 그를 잘 믿은 것은 무함마드를 위해서 유익한 징조였다. 그들 자신은 영감을 받지 않았다. 그의 가족이 모두 온몸과 마음을 다해서 그를 지지한 것은 무함마드의 인격, 고결, 정직을 말해 주는 것이다. 사실상 무함마드가 유례 없이 성공한 비결은 그와 가장 가까이 접촉하고, 혹시 그에게 실수가 있더라도 그 실수를 알아주는 사람들이 그를 믿고 그를 절대로 버리지 않았다는 사실에 있다. ─이것으로써도 이 세상에 여태까지 살아온 사람 중에서 가장 성실한 사람이었음이 확실히 증명된다. 무함마드의 전생애를 통하여 가장 친한 동료 중에서 그를 배반한 사람은 단 한 사람도 없었다. 그리고 그를 알고 난 뒤에 그를 믿지 않는 사람은 괴팍한 사람 이외는 한 사람도 없었다. 이것은 그가 아주 개방적이고 솔직하고 믿음직하기 때문이었다.

무함마드가 계시를 받기 전부터 아부 바크르 빈 쿠하파 알 타이이미는 그의 친구였다. 이들은 서로 방문했다. 아부 바크르는 무함마드가 고귀하고 정직하고 믿음직한 사람이란 것을 알고 있었다. 아부 바크르는 쿠라이시부족의 부유한 상인이며, 족보에 조예가 깊었고, 큰 세력과 명예를 가진 사람으로 알려졌다. 아부 바크르는 알 아민, 즉 믿음직한 사람으로 불리어지진 않았으나, 쿠라이시부족 중에서 무함마드 다음으로 신용있는 사람이었다.

무함마드는 그의 사명을 가지고 쿠라이시부족에 접근하려고 했다. 그들 중에서 가장 선한 사람 하나를 시험해 볼 기회가 있었다. 무함마드는 아부 바크르를 신용하고 그에게 히라동굴에서의 자기 경험, 가브리엘이 자기 집에 찾아왔다는 것 등의 이야기해 주었다. 그 다음에 무함마드는 오래 전에 자기에게 계시되었던 《코란》의 구절을 독송하고 아부 바크르에게 하나님을 믿고 우상 숭배를 버릴 것을 부탁했다. 무함마드가 크게 놀라고 반가워한 것은 아부 바크르가 아무런 주저나 의심 없이 그를 믿은 일이었다. 이와 같이 빠른 진리의 수락과 나중에 나타날 다른 여러 이유로 해서 아부 바크르는 정직한 자란 칭호를 얻었다. 그와 예언자의 일생담에 나오는 행적은 적당한 곳에서 언급하여 참고가 되도록 하기로 한다.

이 두 사람의 관계를 《코란》에서 한 구절만을 인용하고자 한다.

　　진실을 세상에 가져온 자 및
　　진실을 진실이라고 인정하는 자
　　그런 사람이야말로 하나님을 두려워하고 공경하는 자이다.
　　　　　—《코란》 39장 33절

아부 바크르는 하나님과 그의 사도에게 복종하도록 친구들에게 말했다. 그의 친구들은 그를 알뜰히 사랑하고 모든 일을 그와 의논해서 행했다. 그래서 아부 바크르를 통해서 아라비아의 고귀한 마음씨를 가진 자들이 개종했다. 그는 하나님의 예언자(무함마드) 다음가는 신자가 되었다. 아부 바크르가 개종함으로써 이에 따라 개종한 사람들이 많아졌다. 그 중 중요한 사람은 여섯이었다.

아부 바크르는 한 사람을 개종시켜서 그를 예언자 앞에 데리고 왔다. 이 자리에서 그 사람은 이슬람이라고 선언했다. 이에게 예언자가 필요한 것을 가르쳐 주었다. 기도는 모든 이슬람교도에게 과해진 여러 종교적 의무 중의 하나였다. 이 당시 이슬람교도의 수효가 매우 적었고 쿠라이시부족의 반대가 두려워서 자기들의 신앙을 비밀로 했다. 초기의 메카 이슬람교도들은 메카 바깥으로 나가서 기도를 올리곤 했다. 무함마드는 그들에게 친절한 아버지·형제·교사였다.

무함마드는 밤중에 일어나서 예배를 올렸고 《코란》을 독송했다. 낮에는 약한 사람, 고아, 가난한 사람, 거지들을 찾아서 곤란한 이들을 돈, 친절한 말, 자비스러운 행위로 도와주었다. 무함마드는 이들의 환심을 샀다. 그래서 착한 쿠라이시부족 몇 사람이 믿게 되었고, 수많은 가난한 사람과 노예들이 또 믿게 되었다. 개종자들은 누구나 할 것 없이 무함마드가 자기들의 영혼을 우상숭배의 노예생활과 무지의 노예생활로부터 해방시키러 왔다고 보았다.

이렇게 하여서 3년이 지났다. 많은 남녀가 새로운 신앙에 들어왔고, 이제 믿음을 감추어 둘 수 없게 되었다.

사람들은 무함마드를 말하고, 그의 새로운 믿음을 말하고, 그가 전도한 개종자들에 대해서 말하기 시작했다. 그러나 사제(司祭)나 우상숭배자들은 이 믿음에 관심을 그다지 모으지 않았다. 이들은 자신들의 신들 — 알 라트, 알 웃자, 알 마낫, 후발 — 을 생각하고, 이 신들에게 대단히 값비싼 공물을 바쳤다. 그렇게 하면 신의 가호로 승리자가 되리라 생각했다. 기독교도가 된 아랍부족과 유태인은 수천명이었다. 이들은 처음 이슬람교도들을 대단히 여기지 않았다. 무함마드가 혼자서 무엇을 할 수 있었단 말인가고 그 아랍부족들이나 유태인들은 생각했다. 그들은 믿음의 권능과 생명을 인정치 못한 채 깊은 잠에 빠져있었다.

그러나 하나님은 그들을 잠들게 하려 하시지를 않았다. 그들을 잠에서 깨우고, 그들의 고집에도 불구하고 그들의 미신을 흔들어 놓을 때가 닥쳐왔다. 하나님은 만사에 정한 때를 가진다.

> 모든 일에 정함이 있으니……
> ―《코란》6장 67절

무함마드가 그의 겨레를 깨우칠 지정된 시간이 왔다. 계전과 지혜를 겨레들에게 주고, 그들의 영혼을 청결케 하려는 예언자를 그들에게 보내주시도록 하나님에게 부탁하던 아브라함과 같이 그도 하나님께 기도했다. 그래서 하나님의 계시가 내렸다.

> 그대와 가까운 사람들에게 경고하라.
> ―《코란》26장 214절

그리고 다시,

> 그러므로 그대들에게 명령받은 것을
> 공공연하게 선언하라.
> 저런 다신교도들에서 멀리하라.
> ―《코란》15장 94절

라는 계시가 내렸다.

무함마드는 이 명령을 수행하고자 연회를 베풀고 가까운 이웃들을 자기 집으로 초대하고 그들을 모두 하나님에게로 불렀다. 그러나 그의 숙부 아부 라합은 무함마드에게 입을 열지 못하도록 하고 사람들을 흩어지게 했다. 그래서 청중들은 제각기 돌아가 버렸다. 다음날 그들이 다시 초대되었다. 식사가 끝났을 때 무함마드는 그들에게 다음과 같이 말했다.

"나는 여러분들에게 제가 가지고 있는 것보다 더 훌륭한 것을 가져다 준 사람이 없다고 생각합니다. 저는 이 세상에서나 저 세상에서나 여러분들에게 도움이 될 것을 여러분들에게 가지고 왔습니다. 나의 주님은 여러분들을 데리고 오라고 저에게 명령하셨습니다. 여러분들 중에서 어떤 분이 이 일에서 저를 도와주시겠으며, 어떤 분이 저의 친구가 되어 주시겠으며, 저의 충고자가 되시고, 저의 대리자가 되어 주시렵니까?"

이때 사람들은 제각기 외면하면서 자리를 뜨려고들 했다. 그러나 알리는 비록 아직 사춘기에도 이르지 못했으나 일어나서 말했다.

"오, 하나님의 예언자시여! 제가 당신의 도움이 되고자 합니다. 저는 당신과 싸우는 사람과 싸우겠습니다."

알리의 집안 하심가 사람들은 미소를 지었고, 다른 몇몇 사람은 크게 웃으면서 눈길을 아부 탈리브로부터 아들에게로 돌렸다. 한편 사람들은 무함마드를 조롱하면서 떠났다. 그러나 무함마드는 그들보다 훌륭한 생각을 가진 사람이었다.

무함마드는 숙고한 끝에 무엇을 하려고 결단하면 그것을 완성할 때까지 멈추지 않았다. 이것이 그의 생애 중에서 가장 뛰어난 소질이었다. 그의 용기는 정말로 초인간적이었다. 용기에 대해서는 두말할 필요가 없다. 그는 자기 친척들의 비웃음을 받고 어느 날 메카에 있는 사파산(山)에 가서 이렇게 외쳤다.

"오, 쿠라이시부족이여, 모여라!"

이리하여 무함마드가 사파언덕에서 쿠라이시부족들을 부르고 있다는 소문이 사방에 퍼졌다. 사람들이 이 산으로 모여들었다. 이들은 그에게 '무엇이냐'고 물었다.

무함마드는 대답했다.

"이것을 좀 생각해 보시오 내가 여러분들에게 이 언덕 위에 여러분들을 치려고 대기하고 있는 군대가 있다고 말한다면 여러분들은 믿어 주시렵니까?"
무리들은,
"네, 당신은 흠 한 점도 없는 사람이오. 당신은 거짓을 한마디도 한 적이 없소."
하고 말했다.
무함마드는 말했다.
"그렇다면 나는 아주 고민에 싸인 여러분들에게 경고하고자 하오. 오 압둘 뭇탈리브 집안, 아브드 마나프 집안, 주후라 집안, 타임 집안, 마하줌 집안, 아사드 집안 여러분들이시여! 하나님은 나의 가장 가까운 친척들에게 경고하라고 저에게 명하셨소. 나는 이생에서 여러분들을 위한 어떤 이득이나 다음 생애에서 어떤 복을 주는 주인이 아니고, 여러분들에게 '알라 하나님 외에 신이 없다'고 말할 뿐입니다."
이 말을 듣고 고약하고 잔인한 숙부 아부 라합이 일어서더니,
"바로 죽어 버려라. 이것 때문에 우리를 여기에 모아 놓은 것이냐!"
하며 화를 냈다.
무함마드는 이 저주의 말에 몹시 격분했으나, 숙부에게 슬픔의 빛을 보였을 뿐 아무 말도 하지 않았다. 아부 라합은 자기 아버지의 이름을 더럽혔다. 우마이야 집안의 아부 수피안은 부친과 사별한 후부터 전보다 유리한 위치를 메카에서 차지했다. 이것은 흉악한 난동에 의한 것이었다. 무함마드는 아부 라합의 저주와 증오에 몹시 고통을 느꼈다. 그러나 하나님은 무함마드를 파멸하려 하시지 않았다. 가브리엘이 곧 나타나서 그를 위로했다.

무함마드의 숙부인데도 아부 라합은 무함마드를 박해하는 일에 앞장섰다. 그는 부유했으며 그에게 종교문제란 언제 장사가 잘되고 못되고 하는 점보는 것과 장사를 잘되게 보증해 주느냐에 달린 것이다. 대부분의 쿠라이시부족의 대상인들처럼 아부 라합에게는 종교란 장사와 상인을 보호하는 하나의 제도에 불과했던 것이다. 이미 기존 종교만 하더라도 4개월 동안의 휴전을 제도화하여 신성월로 했고 메카의 장사를 번창하게 하지 않았는가.

> 화염(火焰)의 부(父 : 아부 라합)의 두 손이
> 썩어라, 그는 멸망하리라.
> 그의 재산이나 얻는 것이
> 무슨 소용이 될 것이뇨?
> 그는 불타는 화염에 곧 던져지리라.
> ―《코란》111장 1~3절

이제 질투, 적개심, 야만의 불꽃이 쿠라이시부족의 머리 위에 있는 자들의 가슴속에 맹렬히 일어났다. 이들의 악한 행위는 무겁게 그들의 영혼 위에 타고 앉았다. 그들의 빵과 버터는 민중들이 우상에 바쳤던 것들이었다.

우마이야부족의 지도자 아부 수피안과 마하줌부족의 아부 자할, 아부 라합, 움미 자미일(아부 라합의 아내)은 그들의 족속들과 함께 철두철미 무함마드에게 쉴새없이 대항할 것을 도맡았다.

그러나 하나님의 음성이 나타났다. 사람마다 '알라 하나님 외에 신이 없다'는 메시지를 들었다. 이 한 마디에 이교도들의 모든 쇠고랑은 끊어지고 사람들은 하나의 하나님을 믿는 자유를 얻게 되었다.

후발, 라트, 웃자, 마낫과 이밖의 이교도들의 신들, 마귀의 불 숭배,

성자 숭배, 하나님의 아들과 딸로 생각했던 것들은 모조리 없어졌다. 이제 인간들은 어떤 중개자(仲介者)나 사제(司祭)나 마술사 없이도 창조자와 교제하게 되었다. '우주의 주'는 인간의 영혼에게 '나 외에 하나님이 없다. 직접 내게로 오라. 너희가 나에게 올 때, 나는 모든 죄를 용서하리라. 지난날에 저지른 너의 행위에 낙심 말라. 나와 함께 있고 나의 법에 순종할 때 너희는 다시 깨끗해지리라. 나는 너희에게 죄와 걱정에서 떠난 영원한 자유를 주리라. 너희는 즐거워할 것이고 나는 너희와 함께 기쁘리라. 그러나 너희가 나를 모른다고 하면 너희 행위는 너희와 함께 있으리라. 그 결과를 경고하노라. 후회의 불꽃은 죄지은 마음속에서 기뻐서 훨훨 타오르고, 내가 즐거워하는 동안 영원히 영원히 그 마음을 태웠도다'고 부르짖고 있었다.

쿠라이시부족 중에서 마음이 깨끗한 자는 이 음성에 순종했다. 가난한 자, 억압받은 자들은 자기 구원을 바라보고 믿었다. 360개의 신들을 가진 카바신전에 우상신을 갖다놓은 자들은 ─ 아부 라합, 아부 수피안, 아부 자할 ─ 이런 부류의 사람들은 서로 의논하기 시작했다. 무함마드를 없애려고, 무함마드를 박해하자는 것이었다.

4. 쿠라이시부족의 이슬람 박해

쿠라이시부족의 공격

아랍에서는 시인은 훌륭한 인격의 소유자로 여겼다. 아부 수피안 빈 하리스, 아므르 빈 아스, 압둘라 빈 주바이리는 그들의 시인이었다.

이들 시인들은 무함마드가 거짓말쟁이고 사기꾼이라고 그 시 속에서 풍자하고 욕했다. 이것은 마치 기독교도들이 몇 세기 동안 무함마드를 흉악한 여러 가지 명칭으로 부르면서 욕하여 온 것과 다름이 없었다. 그러나 이 시는 모조리 거짓이고 아무런 효과를 보지 못했다. 사람들은 무함마드가 정직하고 올바르고 친절하고 자유롭고 자기 민족을 진심으로 사랑하고 있다는 것을 알고 있었다.

시인들의 거짓은 이슬람교도의 열정과 정성을 높여 주었을 뿐, 아무런 보람이 없었다. 어떤 장사 거래나 세계적인 이해관계도 이슬람교도를 하나님의 사랑에서 빼앗을 수는 없었다. 이들은 하나님의 사랑을 맛보았고 모든 사소한 시기를 초월했다. 그뿐이랴. 어느 이슬람교도 하나라도 시인들의 날조에 대꾸하지 않은 사람이 없었다. 오는 말에 가는 말로 보복했었다. 이래서 시인들은 교도들에게나 불신자들에게나 아무런 인상을 주지 못했다.
 이슬람교도들의 핍박 시도가 무너지게 되자 쿠라이시부족은 다른 꾀를 짜냈다. '만일 너희들이 참되고 높은 곳에 계시는 하나님에게서 왔다면, 우리는 너희가 땅에서 샘을 솟아나게 한다든지, 혹은 동굴 속에 샘을 솟게 하여 대추야자밭과 포도밭을 가꾸거나, 또는 너희들이 생각하듯이 하늘을 우리가 있는 단단한 곳에 떨어뜨리게 하거나, 또는 너희들이 하나님과 사도의 영혼을 너희들의 면전에 가져오거나, 너희들을 위해 금으로 된 집이 있게 하거나, 너희들이 하늘에 올라가거나 하지 않으면 우리들은 믿지 않을 것이다. 그리고 계전을 우리에게 떨어뜨려서 그것을 읽게 하지 않으면 너희들의 승천(昇天)을 믿지 않겠다'는 꾀였다.
 이 꾀에 대한 하나님으로부터의 답변은 이렇다.

> 찬미가 우리 주님에게 있기를.
> 나는 한낱의 인간이고 한낱의 사도일 뿐.
> ─《코란》 17장 93절

 불신자들은 무함마드의 메시지가 참됨을 확증할 기적이나 징조를 바라지는 않았다. 이들은 다만 논쟁을 하기 위해서 질문할 뿐이다. 이들은 미래의 생활을 믿지 않는 물질주의자이고, 이들을 요구는 재산과 권세이거나 하나님과 그의 천사들에 대한 오만한 담화자였다. 최후심판일이라 하는데 '그때는 언제냐'는 물음이 그들의 의문의 하나였다. 이에 대한 답은 언제나 '하나님만이 그 지정된 시간을 알고 계신다'였다. 그들이 '죽은 사람을 다시 소생시켜라', '모세가 행한 기적을 가져오라'고 외친 데 대해서 무함마드는 '모든 기적은 하나님의 명령 속에 있노라'고 대답했다.

그들이 하나님이 거절하는 것을 어리석게 요구하는 까닭은 하나님이 인간에게 친절을 베풀었기 때문이다. 왜냐하면 한때 이런 어리석은 요구가 이루어졌으나, 이것을 사람들은 믿지 않았다. 논쟁에는 끝이 있는 법이다. 하나님은 불신도들을 파괴하신다. 그러나 하나님은 아랍민족을 파괴하기를 원치 않아서 이들의 헛된 요구를 모조리 물리치셨다.

무함마드의 결연한 태도

무함마드는 이교도 아랍인에게 이렇게 답했다. 온 우주와 하나님이 창조한 물건 하나하나가 모두 징조요, 기적이다. 쿠라이시부족이여! 너희들과 그 외 사람들은 파리 한 마리라도 창조할 수 있는가. 파리의 놀라운 몸뚱이, 즉 눈, 날개, 다리, 촉각 등은 어떤가. 태양, 별, 땅, 달을 보라. 너희들이나 너희 중 어느 누구 한 사람이라도 그것들이나 그 움직임이나 그것들이 따르는 법칙을 창조할 수 있는가. 밤낮의 계속과 밤낮이 너희 생활에 끼치는 놀라운 영향을 생각해 보라. 낮만이 있다면 태양의 열을 피할 곳이 어디에 있으며, 그렇다고 밤만이 계속된다면 너희의 들이나 정원이나 생산물이 어떻게 될 것인가?

너 자신을 생각해 보라. 너희들은 너희들의 소화, 순환, 호흡을 조절할 수 있는가. 너희들의 마음을 생각해 보라. 생각과 느낌은 너희 손에서 창조되었던가, 하나님의 역사인가를.

땅에서 나는 물건을 생각해 보라. 이 생산물을 돕고 자라게 하는 비, 해, 달을 누가 명령하는가. 또는 그것은 모두 너희가 한 일이고 너희가 가상하고 있는 신들이 한 일인가. 계절과 바람의 변화를 생각해 보라. 이런 것들을 다스리는 이는 누구인가. 하나님이냐 너희들이냐. 누구의 법칙에 따라 배들은 바다에서 항해하고 새들은 공중에 날아다니는가. 창조하고 개조하는 이는 누구인가 ― 너희들이 믿는 신들이냐 혹은 한 분이신 하나님이냐.

무함마드는 하나님의 사도로 신의 창조능력을 얘기하고 이슬람으로의 귀의를 요구했다.

너희들은 혼자서 또는 여럿이 모여서 생각해 보라. 너희들은 자신에 대해서 참다우면 너희들 앞에 놓은 코란이 진리임을 알게 될 것이다. 하나님은 한 분뿐이고 영원히 살아 계시고 자비하시고, 창조자이시며, 우주와 그 속에 있는 모든 것을 유지하고 관리하신다. 그는 홀로이시고 아이도 없고 부모도 없다. 그분 외에는 아무것도 갖지 않으신다. 그분에게 복종하라. 너희 동포 형제를 사랑하고 정의를 행하라. 부끄럽고 명예롭지 못하고 고귀하지 못한 모든 것을 피하라. 마음과 몸을 다 같이 깨끗이 하라. 부모를 사랑하고 그에게 봉사하라. 친척들에게 베풀어라. 가난한 자, 여행자, 고아와 비참한 자에게 음식을 주라. 사람이나 짐승을 해치지 말라. 아이들이건 어른들이건 인류를 해치는 데 대한 방어를 제외하곤 죽이지 말라. 한 사람을 그릇되이 죽이는 사람은 온 인류를 죽이는 것이 되느니라. 한 사람의 목숨을 건지는 사람은 부끄러움에서 온 인류를 구하는 것이니라.

복수함에 있어서 이성(理性)이 가르치는 범위를 넘지 말라. 부정을 범치 말라. 재산을 쓰는 데 절제가 있고, 낭비하지 말라. 하나님은 사치하는 자, 불의를 일삼는 자, 하나님의 평화를 파괴하는 자를 좋아하지 않는다. 너희 중에서 가장 덕 있는 사람은 하나님이 볼 때 가장 고귀한 자이다. 사람을 대할 때 겸손하라. 교만은 인간의 적이다. 노할 때 너희 분노를 억제하라. 고아의 굶주림을 돌보고, 부정한 것을 먹이지 말라. 부인들은 너희들이 그들에 대한 권리가 있듯이, 너희들에 대한 그들 자신의 권리를 가지고 있다. 그들을 대하기를 공명과 사랑을 갖고 하라.

너희들이 하는 일은 무엇이든 간에 너희 눈앞에서 발견될 것이다.

좋은 행위는 너희 천국이 될 것이고, 너희 악행은 너희 지옥이 될 것이다. 하나님은 선한 행위를 증가하시나 너희가 범하는 악행을 증가시키시진 않을 것이다. 하나님은 관대하고 의롭다. 죽음이 너희를 점령하기 전에 회개하면 모든 죄를 하나님은 용서하신다. 너희는 '그'를 믿어라. 너희는 죽음에 직면하였으되 선한 것을 얻지 못했거나 하나님을 믿지 않았다면 때는 너무 늦었느니라. 그러므로 지금 회개하고 선을 행하라. 무함마드는 사람 위에 군림하지 않으며 다만 지난날 예언자들이 행한 일을 확증하고 옳은 길을 확립하는 데 있다고 그는 역설했다.

> 말해 주라, 너희들이 믿건 안 믿건
> 전부터 참된 지식을 받은 사람들은
> 《코란》의 낭송 소리를 듣고
> 고개를 숙이고 참배한다.
> 그리고 그들은 기도하며 말한다.
> '우리 주님에게 영광이 있기를
> 진실로 우리 주님의 약속이 실현돼야 한다.'
> ―《코란》17장 107~108절

그러나 쿠라이시부족의 대다수 사람들은 믿을 마음이 없었다. 미래의 신앙이 없었다. 그들은 어떻게 되었던가. 음주와 도박과 살해에 몸을 바친 그들, 이런 사람들은 미래의 생활을 생각만 하여도 치를 떤다. 그들은 기적을 원했으나 기적이 그들에게 거부되었을 때 이러쿵저러쿵 수다스러워졌다.

"자, 《코란》이 여기 있어, 아직 온전하지 않으나. 너희는 웅변과 시가(詩歌)의 힘을 자랑하누나. 너희는 너희 시인들을 너희가 말하는 초자연적 존재인 '진'(요정)에 영감되었다고 하누나. 너희들의 시인들과 말재주꾼들을 모아놓고 이 《코란》과 같이 한 장이라도 만들 수 있는가를 물어보라."
고 하나님은 말한다.

　　말해 주라!
　　'인간과 '진[妖鬼]'이 뭉쳐서
　　이 《코란》과 비슷한 것을 만들려고 했어도
　　그들은 그렇게 할 수 없었다.
　　설혹 그들이 서로 협력해 보았어도
　　만들지 못했다.'
　　　　　　　　　　　——《코란》 17장 88절

쿠라이시부족은 입을 다물었다. 그들은 기적을 요구했으나 그 기적은 그들 옆에 있었다. 무함마드가 문맹(文盲)이란 것을 그들은 모두 알고 있었다. 그가 말한 것은 하나님께서 계시되어 온 것이었다. 그가 잘 못하였다면 그들은 무함마드가 만들었던 것과 똑같이 혹은 보다 훌륭하게 만들 수 있었을 것이다. 왜냐하면 《코란》의 언어의 아름다움, 힘, 맛, 그 의미의 명석함, 깊이, 오묘, 《코란》의 직유(直喩), 은유(隱喩)로 된 수사(修辭)의 매력, 선명, 웅대, 훈계, 직접 꿰뚫고 영원히 계속되는 효과로 말한다면 《코란》은 현대어나 고대어가 따를 수 없는 것이다. 《코란》은 어떤 비난이나 경쟁을 허용하지 않는다. 무함마드는 이슬람의 수많은 적은 무함마드에게 악의를 품고 왔다가도 그가 《코란》을 읽는 것을 듣고 난 뒤에는 신도를 좋아하게 되었다.
　《코란》의 이 기적을 의심하는 사람이 있다면 그런 사람에게 《코란》의 일부만이라도 만들어보게 하라. 《코란》과 같이 만들 수 있는 사람은 하나도 없다라고 계시도 내렸다. 무함마드가 지어서 한 얘기가 아니라 신의 말씀이다.

다음은 무함마드가 예언자의 사명을 받은 뒤 5년만에 일어난 일이다.

그는 우상숭배가 용서받지 못할 큰 죄임을 하나님의 명령에 따라 선언했다. 무함마드에게 몰려와서 그의 말을 믿는 사람들이 있었다. 이를 본 쿠라이시부족의 우두머리들은 자기들의 지휘권이 도전당할까 봐 불안해졌다.

이슬람은 퍼져 갔다. 이슬람의 전파는 쿠라이시부족이 믿는 우상들의 파멸적 운명을 의미했다. 그들은 여전히 한 줄기의 희망을 가졌다. 무함마드를 돕는 그의 숙부 아부 탈리브는 자기의 믿음 때문에 조상 때부터 내려오는 믿음을 따르지 않았다. 아부 라합은 무함마드에게 압박을 가했다. 아부 수피안 빈 하르브가 사회한 토론에서 그들은 아부 탈리브에게 다음과 같이 말했다.

"아부 탈리브여, 당신의 조카는 우리 신들을 모독했소. 우리 신앙을 비방했고, 우리를 우매한 무리로 취급했으며, 우리 선조들의 잘못을 들추어 비난했소. 그러니 앞으로는 이러한 행동을 못하도록 당신이 타일러 주시거나, 아니면 우리들이 만나서 해결하게 해주시오. 왜냐하면 신앙문제에 관해서 당신은 우리들과 똑같은 입장이기 때문이오. 우리들은 그에 대항하여 당신을 만족케 하겠소."

아부 탈리브는 대단히 정중한 말씨로 이들의 분노를 진정시켰다. 그러나 무함마드는 계속해서 사람들을 설복시키기에 온갖 힘을 다했다. 사람들은 하나님에게 불리었다.

유목부족의 도덕윤리로는 인간의 죽음은 형이상학적이거나 감상적으로 느끼지 않고 계산상으로 하나가 없어지면 그만큼 부족의 손실로만 본다. 인명이란 말이나 양이나 낙타와 마치 한가지로 살아있는 자본이나 재산으로 본다. 그러니 다른 자로 보충하거나 적인 부족의 한 사람을 살해함으로써 이 손실을 상환되기만 한다면 그 사건은 끝나는 것이다.

돼지 한 마리가 살해되었다고 하면 그 대신될 만한 돼지를 갖다 주면 그것으로 공평한 해결이 된다. 이것이 물질주의적인 반좌법(半座法)의 원리이다. 그런데 사람의 인명을 어찌 그렇게 다스릴 수 있는가.

쿠라이시부족은 다시 무함마드에게 대해서 상의하고, 아름답고 가슴이 넓은 쿠라이시 청년 아므르 빈 왈리드 빈 무기라는 사람을 데리고 아부 탈리브를 방문하여 이렇게 말했다.

"이 청년을 당신의 아들로 삼으시오 그리고 무함마드를 우리에게 항복시키시오."

아부 탈리브는 이것을 거절했다. 무함마드는 전과 다름없이 사명을 계속했다. 세 번째로 아부 수피안 빈 하르브를 지휘자로 한 쿠라이시부족 대표가 아부 탈리브에게 와서 말을 건넸다.

"아부 탈리브여! 당신은 우리들 중에서 나이가 많고 지위가 있는 귀족이십니다. 우리는 당신이 당신의 조카를 억제해 주기를 바랐으나 억제하지 않았소. 우리는 선조에 대한 비난과, 우리들을 우매한 무리로 여기고, 우리 신앙의 잘못을 비난하는 데 견딜 수 없소. 만일 당신이 그의 행동을 막지 않는다면, 당신과 그에게 무슨 일이 일어날 것이오."

이것은 쿠라이시부족이 무함마드에 대한 공개적인 선전포고였다. 이 포고는 헤지라 제7년의 후다이비야 휴전(休戰) 때까지 철회되지 않았다. 이 쿠라이시부족과의 전쟁에 대해서 무함마드를 비난하는 사람들이 있지만, 이것은 쿠라이시부족이 먼저 공격하였다는 것과, 무함마드가 자신과 그의 추종자들을 방어하는 수밖에 없었다는 사실을 모르고 있기 때문이다. 이 선전포고는 몇번씩이나 쿠라이시부족에 의해서 갱신되었다. 무함마드가 메디나 때부터 몇번이나 선수를 쓴 까닭은 그가 공격자였기 때문에서가 아니라 그와 그의 추종자들이 살기 위해서 그는 그 길을 택할 수밖에 없었기 때문이다. 이후에 일어나는 일에 대해서도 두말할 나위 없이 그렇다.

쿠라이시부족 유지들의 세 차례에 걸친 방문은 아부 탈리브를 궁지로 몰아넣었다. 그는 쿠라이시부족에서 떨려나는 것을 싫어했고, 더욱이 그들의 미움과 적개심을 사기 싫어했다. 그는 가난하여, 그들에게 대항할 힘이 없었다. 한편, 그는 자기 아들보다 무함마드를 더 사랑했고, 기사적인 성격을 갖고 있었다. 그의 마음은 이제 두 동강이 났다. 조카에 대한 사랑이 마음을 한 동강이로 내고, 선조의 신앙과 민족에 대한 사랑이 또한 동강이로 냈다. 그는 어느 한쪽도 버리고 싶지 않았다. 이제 그가 할 수 있는 것은 무엇인가.

무함마드를 데리러 갔던 아부 탈리브는 사건의 전모를 무함마드에게 설명하여 이렇게 말했다.

"나와 너를 이 곤란에서 구하고, 너를 위해서 나를 괴롭히지 말아라."

아부 탈리브에게 견딜 수 없는 형편이라면, 그것은 무함마드에겐 더 한층 견딜 수 없는 것이었다. 이제 지상(地上)에서는 어찌할 수 없는 최종의 길이었다. 지상에서의 도움은 사라져 가는 것이다. 무함마드는 자기 추종자들이 옛 신앙을 포기했을 때에 겪었던 위험을 생각했다. 무함마드는 그들을 떼어버릴 수는 없었다. 그는 자기 앞에 서서 자기를 위로하던 사랑하는 하디자를 생각했다. 하디자보다 약할 수 있을까. 확실히 그렇지 않다. 더욱 그는 자기를 사랑했고 처음보다 끝을 맺게 하겠노라고 약속한 하나님을 생각했다. 그는 숙부를 사랑과 결심의 낯으로 대했다. 그리고 대답했다.

"숙부님! 그들이 나의 오른손에 태양을 쥐어 주고 왼손에 달을 쥐어 주면서 나의 신념을 단념하라면 나는 그런 일을 하지 않겠습니다. 저는 하나님이 나를 도와주실 때까지 계속 노력하다가 죽겠습니다."

이 노인의 기사정신(騎士精神)은 자기의 지상적(地上的) 관심사(關心事)를 극복했다. 그는 용감한 사나이를 사랑했기 때문에 비록 이슬람교도가 아니었으나 조카의 그 답을 듣고 만족했다. 아부 탈리브 자신의 마음으로는, 자기 조카를 쿠라이시부족에게 항복시키는 것이 가장 못난 겁쟁이라고 생각했을 것이다. 그는 그런 일을 해 본 적이 없었다. '얘야! 가까이 오너라!'하는 숙부의 말에 따라 무함마드가 다가가자 숙부는 다음과 같이 말했다.

사랑하는 조카야!
네가 좋아하는 것을 설교하라.
나는 무슨 일이 있어도
너를 넘겨주지 않으리라.

다음에 아부 탈리브는 자기 집안 씨족과 하심과 뭇탈리브 씨족을 모두 불러놓고, 이들에게 사건의 내용과 무함마드의 결심을 전했다. 또 무함마드를 쿠라이시부족으로부터 지키는 것이 여러분들의 의무라고 말했다. 그들은 이 말에 찬성했다. 그러나 그의 다른 숙부 아부 라합은 이에 찬성하지 않았다. 그의 아내는 무함마드와 적대감정을 갖고 있는 우마이야가의 가장 아부 수피안의 여동생으로 무함마드를 싫어했고 메카 대상인층에 끼고 싶다는 욕망으로 조카 무함마드와 그를 따르는 신도들을 위협했다. 무함마드의 다음과 같은 말은 싸움의 불씨가 되었다.

"내가 나의 일을 단념하기 위해서 그대가 태양을 나의 오른손에,

달을 나의 왼손에 쥐어 주면 나는 그것을 그만두리라."

이 말은 무함마드의 친구들의 용기를 북돋우었으나, 반대로 분노에 불타는 적들을 위협했었다. 그들은 아부 탈리브와 무함마드 최후의 행동에서는 서로 갈라지리라고 생각했다. 그러나 숙부와 조카는 전에 없던 사랑과 서로의 지지 속에서 뭉쳤다.

무함마드의 적들은 이제 그를 해칠 수단이란 수단은 다 쓰기로 굳게 결심했다. 와라카는 적들이 무함마드를 해칠 것이라고 예언했다. 무함마드에 대한 비난이나 협박만으로는 그들의 목적이 이루어지지 않게 되자 제2단계를 펴기 시작하였다. 무함마드와 그의 추종자들은 심신 양면으로 여러 박해를 받았다. 쿠라이시부족은 무함마드와 그 추종자들의 생명을 위협하려고 했다.

노예로서 최초로 이슬람교도가 된 자는 흑인노예 비랄이었다. 그는 나중에 사람들에게 예배시간을 알리는 일을 맡았다. 이 흑인은 메카에서 가장 부유한 우마이야 빈 할라프의 한 노예였다. 할라프는 비랄이 이슬람으로 개종했기 때문에 몹시 미워했다. 비랄의 주인은 그에게 무함마드와 새로운 종교를 멀리하라고 명했는데도 이 노예는 새 신앙을 단념하려 하지를 않았다. 그 주인은 폭양이 내리쬐는 모래 위에 그를 뉘어놓고 움직이지 못하게 무거운 돌을 가슴 위에 눌러 놓았다. 비랄은 믿음의 포기를 강요당했을 때에도 '한 분, 한 분'이라고만 말했다.

어느 날 아부 바크르는 이 고문 광경을 목격하고 그 주인에게서 그를 사서 석방해 주었다. 아부 바크르는 이밖에도 많은 노예를 사서 석방했다. 아부 바크르는 마침내 이슬람 때문에 많은 재산을 써버렸다.

이 중 여자 노예도 있어 이슬람교도가 되었다. 또 다른 여자 노예는 자기 믿음을 버리지 않는다는 이유로 아부 자할에게 죽도록 매를 맞았다고 한다. 자유의 몸이 된 사람마저도 매질, 비방, 욕설을 면치 못했다. 예언자도 이 예에서 예외가 되지는 않았다. 아부 라합의 아내 움미 자미일은 무함마드의 집 앞에다 밤마다 모래를 던지곤 했었다. 그때마다 예언자는 그 모래를 깨끗이 치워야 했다. 또 이 여자는 예언자가 가는 곳마다 길 앞에 가시나무를 던지곤 했었다.

　이런 박해는 몇해 동안 계속되었다. 이 몇해는 무함마드와 그 신도들의 일생에서 가장 어려운 시대의 한때였다. 예언자는 조금도 적들을 비난하거나 저주하지 않고 다만 하나님께서 그들을 저주하여 멸망시키시기를 바랐을 뿐이었다. 이런 점에서 무함마드는 아브라함만을 제외하고 먼저 세상을 떠난 모든 예언자들보다는 관대했고 더 잘 참아냈다.

　무함마드와 그 신도들은 박해를 받을수록 하나님에 대한 믿음이 굳어졌고, 하나님의 길을 걷는 데 더욱 용감해졌다. 신도들의 영혼은 다음 말로써 가득 찼었다.

　"내가 하는 일을 버리게 하기 위해 너희들이 태양을 나의 오른손에, 달을 왼손에 쥐어 주면 나는 그것을 하지 않겠다. 하나님이 나를 도우실 것이다. 그렇지 않으면 나는 나의 일에서 죽으리라."

　무함마드를 따르는 사람들에게는 모든 괴로움과 고민, 심지어 죽음마저도 위로가 되었다. 《코란》의 말과 무함마드의 모범이 되는 행위는 개종자 한 사람 한 사람을 영웅으로 만들었고, 노예를 황제보다 더 착한 사람으로 만들었다. 이들은 생명의 비결이 우주(宇宙)의 영(靈)과 교제할 때의 행복이고, 이 행복에 비하면 그밖의 모든 것은 아무것도 아닌 것을 알고 있었다. 하나님의 사랑은 그들의 마음을 채웠다. 그들의 영혼을 밝게 했다. 《코란》과 무함마드는 생명의 기적이었다.

　무함마드와 그 추종자들에 대한 핍박은 대단히 혹독했다. 무함마드의 문중 하심가는 보다 못해서 이 핍박에 간섭하기 시작했다.

　어느 날 아부 자할이 무함마드의 행렬 앞을 지나갔다. 지나가면서 그는 입에 담을 수 없는 욕설로 그를 놀려대고 그와 그의 종교를 비난했다. 무함마드는 한마디 말도 없이 그로부터 몸을 돌렸다. 함자(그의 숙부이자 젖형제)가 이것을 들었다. 함자는 야생 동물이나 새들의 사냥으로 생계를 지탱하는, 힘이 세고 용감한 사람이었다.

이날 마을로 돌아오는 길에 함자는 평상시대로 카바신전에 갔으나 아무에게도 인사나 말 한마디 없이 곧장 아부 자할이 있는 곳으로 가서 그를 붙잡고 활대로 내리쳐서 아부 자할의 머리를 깼다. 마하줌씨족 몇 사람이 함자에게 폭행을 가하여 아부 자할을 도우려 했다. 그러나 함자는 그들에게 아부 자할이 무함마드에게 입에 담지 못할 욕설을 퍼부은 것을 인식시키고 말렸다. 이때에 그 자리에서 함자는 이슬람을 믿을 것을 선언하고, 무함마드를 돕고 이슬람을 위해 죽기로 맹세했다.

함자는 종교 같은 것에 원래 관심이 없었다. 하지만 자기 조카를 조롱한다는 것은 자기를 모욕하는 것과 같았다. 집안사람이 고통받는다는 것은 곧 자기가 고통받는다는 부족적 유대감이었다. 부족의 연대, 즉 피의 유대만이 성스러운 것으로 생각한 함자는 아부 자할과 맞섰고 부족의 연대감에서 명예를 위해서 이슬람교도가 되었다.

함자가 이슬람으로 개종하게 된 직접적인 원인은 이슬람의 가장 악랄한 적인 아부 자할이 무함마드를 박해한 일이었다. 이밖에도 여러 가지 위협과 박해를 가했으나 무함마드의 전도 방해에는 아무 소용이 없었다. 메카 유지 중의 지도자인 우트바 빈 라비아는 무함마드를 찾아가서 이렇게 말했다.

"당신은 우리들 중에서 위대한 위치에 계신 명문가의 후손이오. 그러나 당신은 우리 사회를 분할시키는 따위의 심각한 문제를 일으켰소. 들어보시오. 나는 당신이 나의 제안 중의 하나를 받아들이시기를 바라면서 어떤 문제를 당신에게 제안하고자 하오. 당신이 재물을 바라시면 우리는 모두 많은 재물을 모아서 당신이 우리 중에서 제일가는 부자가 되도록 당신에게 드리겠소. 만일 당신이 명예를 바라면 우리는 당신을 우리의 수장(首長)으로 삼아서 당신의 소원에 따라 모든 것을 결정하겠소. 그리고 만일 왕이 되시겠다면 우리는 당신을 왕으로 모시겠소."

우트바가 말을 끝냈을 때 무함마드는 《코란》 45장을 낭독하기 시작했다. 무함마드가 그 중에서 13절을 채 다 읽지 못했을 때 우트바는 하나님의 말에 매우 감동되어서 공포에 떨며 그 이상 읽지 못하게 했다. 그는 무함마드에겐 매수가 아무 소용이 없음을 알았다. 사실상 우트바는 마음속으로 이미 이슬람으로 개종한 것이었다. 그는 돌아와서 무함마드를 그대로 두자고 쿠라이시부족 유력자들에게 말했다.

"무함마드가 그의 일에 성공하면 그것은 여러분들의 성공이 될 것입니다. 그가 죽으면 여러분들은 구원을 받지 못할 것입니다."

"너는 그에게 매혹되었구나."

듣고 있던 쿠라이시부족의 유력자들이 이렇게 말했으나, 우트바는 그의 의견을 굽히지 않았다.

5. 이슬람 신자들의 아비시니아 이주

신자들의 아비시니아(이디오피아) 이주와 메카 추격

이 이주는 무함마드가 사명을 받은 후 5년째 되는 해의 마지막에 일어난 일이었다. 사건이 대단히 엉켜서 역사가들은 어느 것이 먼저이며 어느 것이 나중인지 분간할 수 없었다. 박해, 회담, 설복이 번갈아 감행되었으나, 하등의 성과를 거두지 못했다. 이 해의 중간쯤에서 메카의 이슬람교도들은 더 이상 박해에 견딜 수 없게 되었다. 그래서 무함마드는 그들에게 메카를 떠나 다른 곳으로 옮겨가기를 권했다.

"어디로 가라는 것입니까?"

하고 그들은 물었다.

"네구스의 나라, 아비시니아(이디오피아)로 가라. 네구스는 의로우신 왕이다. 하나님께서 너희를 위해 길을 열어 주실 때까지 거기서 살라."

라고 무함마드는 대답했다.

맨 먼저 남자 열한 명과 여자 네 명이 조용히 떠나서 네구스 왕국에 가 정착했다. 그런데 마타의 이슬람교도들이 적의 박해로부터 해방되었다는 풍설을 듣고 몇 사람이 메카에 돌아왔다가, 전보다 더 악화된 핍박을 보고 80명의 장정과 많은 아녀자들을 데리고 아비시니아로 되돌아갔다. 그들 대다수는 예언자 자신이 메디나로 이주한 후에까지 그곳에 머물러 있다가 되돌아왔다. 이 아비시니아에로의 이주가 이슬람 역사상 첫 이주였다.

이주민들은 모두 뛰어난 사람들이었다. 이들의 이주는 저명한 인사들마저도 체포 구금되어 고문의 괴로움을 당했기에, 메카에서는 도저히 자신들을 보호할 수 없었음을 알려주는 사실이다.

신자들의 적들은 첫 이주민단을 추격했다. 그러나 다행히 이주자 일행이 탄 배는 적이 도착하기 전에 출범했다.

이슬람교도들은 몇몇 집단으로 나뉘어서, 그것도 적에 발각될까봐 남몰래 가만히 이주한 것 같다.

이슬람교도를 압박하던 자들은 이 이주민을 가만히 바라보고만 있을 수 없었다. 박해자들은 무력하고 무장이 전혀 안된 이슬람교도들을 멸망시키고자 열을 냈다. 불신(不信)의 메카인들은 유력한 메카인사들이 이슬람교도가 되어 이웃나라에서 보호를 받고 있는 것에 마음이 놓이지 않았다. 메카인들은 때를 놓치지 않고 능력 있는 두 사람 아므르 빈 아스와 압둘라 빈 라비아를 네구스왕에게 사신으로 파견했다. 메카인들은 네구스 왕국과 상업 조약을 맺고 있었기에 자국에서 말할 권리가 있었다. 사신은 네구스 왕국의 신하들과 제사장들에게 값진 선물을 가지고 갔다. 이 선물은 이들을 자기편에 넣어 보려는 것이었다.

사신들은 네구스왕의 신하들에게 이 선물을 선사했다. 메카인들은 인사를 차리고 나서 이렇게 말했다.

"대왕이시여! 수많은 우리나라의 배신자들이 귀국에 왔습니다. 이들은 자기 나라 사람들의 종교를 저버리고, 그렇다고 하여 귀국의 신앙을 좇고 있는 것도 아닙니다. 그들은 전혀 이해할 수 없는 새로운 종교를 만들었습니다. 우리 민족 중에서도 가장 고귀한 부족인 우리들은 대왕께서 그들을 우리들에게 돌려보내 주십사 하고 대왕께 파송된 것입니다. 우리는 그들을 인도하고 그들에게 좋은 교훈을 가르치는 방법을 잘 알고 있는 터이오니, 돌려보내 주시옵소서."

사신들은 매수 수단을 써서 네구스의 대신들로 하여금 이주민들의 말을 듣지 말고 메카인들의 호소에 응하도록 요구했다. 그러나 네구스왕은 그들의 충고에 따를 것을 거절하고 이주자들을 불러냈다. 왕은 이주자들이 온 자리에서 그들에게 물었다.

그 물음은 다음과 같다.

"너희들이 너희 나라에서 분열을 일으키고, 또 한편 너희들이 나의 믿음이나 그밖의 신앙에 가담하지 않는 너희 종교란 무엇인가?"

자파르 빈 아부 탈리브가 일어서서 대답했다. 그는 마지막으로 이주한 사람들 중의 한 사람이었다.

"왕이시여! 우리는 무지한 백성들이었습니다. 여태까지는 우상을 숭배했고, 사람의 시체 고기조차 먹기도 했고, 도박이 심하고 음탕한 행위를 저지르고도 부끄러움을 몰랐으며, 같은 혈족을 죽여 왔습니다. 우리들은 이웃을 침해했고, 강한 자가 약한 자를 멸망시켰습니다. 우리 고장은 하나님이 우리들에게 태어날 때부터 정직하고 진실하고 정결한 사도를 보내주실 때까지 앞서 말한 상태에 있었습니다. 그래서 우리들은 한 분이신 하나님을 선언하고, 그에게 봉사하고, 우리들의 선조가 숭배해 오던 모든 신들 — 즉 돌로 만들어진 신들을 버렸습니다. 사도는 우리들에게 진실을 일러주셨고, 우리들의 신용을 회복하고, 우리들의 친척들을 단결시키고, 이웃 사람들을 선으로써 대하고, 금지된 것을 사양하고, 혈족간의 유혈을 피하도록 명령하셨습니다. 음탕한 행위, 거짓, 고아들 재산의 남용과 유덕한 부인들의 명예훼손을 모두 사도는 금하셨습니다. 사도는 우리들에게 하나님을 섬기고, 하나님을 섬길 때 다른 것들을 같이하지 말고 예배하고, 기도하고 희사하고 단식할 것을 명하셨습니다. 그래서 우리는 그를 믿고, 그가 하나님께서 우리들에게 가져다 주신 것 안에서 그를 따랐습니다. 우리는 하나님만을 섬겼습니다.

우리들은 그가 옳다고 하신 것을 옳다 하고, 그릇된 것이라고 하면 그것을 그릇된 것으로 삼았습니다. 왕이시여! 우리들은 그 사도의 말을 믿고 그 명령대로 행했습니다. 그러자 우리들의 생활은 변했습니다. 모든 악덕과 죄를 회개하고 의롭고 경건한 새 생활을 시작했습니다. 그랬더니 우리 고향사람들은 노발대발하고 우리들의 적이 되어 우리를 고문했고, 우상숭배를 강요하고, 우리들이 믿기 전까지 범한 악을 다시 저지르도록 박해했습니다. 우리들은 견딜 수 없을 정도로 억압과 고문을 당했기에 드디어 고향을 등지고 다른 사람들보다 왕을 선택하여 이곳을 피난처로 알고 찾아왔습니다. 대왕께서 정의(正義)의 옹호자가 되어 주시기를 바랍니다."

네구스왕은 이 말에 감동되어 자파르에게 하나님의 계시한 몇 구절을 독송해 보라고 했다. 자파르는 마리아장(19장)의 첫 몇 구절을 독송했다. 제사장들이 이것을 듣고 매우 충격을 받아 '이 말들은 우리들의 주님 예수의 말과 똑같은 구원에서 온 말이다'고 말했다.

"응, 이 말과 모세에게 주어진 말은 똑같은 것이구나. 너희(메카인)는 가라. 맹세하노니, 너희 두 사람은 이들을 절대로 굴복시킬 수는 없다."

고 네구스왕은 말했다.

다음날에 이 두 사신은 다시 네구스왕에게 가서, '그들은 예수에 대해서 혹독한 공격을 했습니다'고 이슬람교도들의 험담을 했다. 네구스왕은 이슬람교도들을 불러들여, 예수에 대해서 말한 것을 물었다.

자파르가 또다시 이렇게 대답했다.

"우리는 우리의 예언자가 예수에 대해서 말하라고 우리에게 가르쳐 주신 것을 말씀드리고자 합니다. 예수는 하나님의 종이시고 그의 사도이고 그의 말씀이신데, 하나님은 이를 처녀 마리아에게 보내셨습니다."

네구스왕은 나뭇조각 하나를 들어 마루 위에 선을 긋고,

"너의 종교와 내 종교 사이에는 이 선보다도 차이가 없다고 말할 수 있는 것을 기쁘게 여긴다."

하고 말했다.

이래서 진리는 네구스왕의 편에 속했다. 네구스왕은 이슬람교도가 되었다고도 전한다. 여하튼 이슬람교도들은 네구스 왕국에서 평화와 안녕을 찾고, 그들이 메디나로 돌아올 때까지 수년 동안 이곳에서 살았다. 이때가 무함마드 포교의 6년째 되는 해이다.

오마르의 개종

위에서 이미 말한 대로, 메카에서 이주한 이슬람교도의 첫 일행이 아라비아반도에 돌아왔으나 박해의 가중으로 다시 이주해야만 했다. 교도들이 되돌아간 원인은 이슬람 역사에서 가장 유명한 사건의 하나이다.

이때(무함마드가 사명을 받은 후 여섯 번째 해) 메카에 오마르 빈 핫타브란 남자가 있었다. 나이는 35세가량이고 몸집은 아주 남자다운 체격이었다. 그는 마음과 몸이 모두 강건하고 지혜가 있고 행동이 민속하고 자존심이 강한 남자였다. 거기에다 그의 친척과 이웃을 몹시 사랑하는 훌륭한 이였다. 그는 이슬람을 적극 반대하는 사람 중의 한 사람이었고, 이슬람교도들을 고문하고 욕하는 데 남보다 뛰어났다. 그

는 아비시니아로 이주하는 사람들을 보고 극도로 격분했다. 그는 그의 국민을 분열시키는 모든 원인이 무함마드에게 있다고 생각하고, 무함마드를 죽이려고 마음먹었다. 위에서도 말한 대로, 이 남자나 아부 자할은 이슬람을 믿는 부인 한 사람을 죽이고, 다른 여러 사람들을 거의 숨을 쉬지 못할 때까지 고문했다.

무함마드는 이 무렵에 사파언덕 가까운 곳에 집 한 채를 가지고 있었다. 이곳에서 그는 때때로 그의 친구 아부 바크르, 숙부 함자, 그의 사촌 알리 빈 아부 탈리브와 그 외 몇 사람과 함께 만났다.

오마르는 무함마드가 가족과 가족, 인간과 인간, 각자의 영혼과 하나님의 영을 하나로 맺기 위하여 왔다는 것을 조금도 인정하지 않았다.

도중에서 오마르는 누아이임 빈 압둘라를 만났다. 누아이임은 오마르가 하려는 것을 추측으로 알았는지 무함마드를 죽이려고 칼을 빼들고 가는 오마르에게 이렇게 말했다.

"오마르야! 너의 영혼은 너 자신을 속이고 있구나. 네가 무함마드를 죽인 다음에 아브드 마나프 집안이 너를 이 땅 위에 걸어다니게 내버려둘 것 같으냐? 왜 먼저 너는 너의 가족을 정의에 두려고 하지 않는가?"

사실상 그의 누이 파티마와 그녀의 남편 사이드 빈 자이드는 모두 이슬람교도였다. 오마르는 이것을 누아이임으로부터 알고서는 집으로 돌아갔다. 집에 들어가니 누군가가 《코란》을 읽고 있었다. 이들은 오마르가 온 것을 알고, 책을 감추고 파티마는 쓰던 것을 감췄다.

"내가 들었는데, 무엇이냐?"
하고 오마르가 물었다.

"아무것도 아니야."
하고 그들이 대답하자, 오마르는 그들을 보고 이렇게 큰 소리를 쳤다.

"조상 전래의 신조를 저버리고 너희들이 무함마드의 신앙을 믿고 있다는 것을 알고 있어."

오마르는 사이드를 붙잡았다. 파티마는 남편을 도우려고 일어섰다. 동생은 누이를 내려쳤다. 누이의 머리에서 피가 흘렀다. 이러자 부부는 매우 분해서 오마르에게,

"그래, 우리는 믿어. 그것이 보다 선하고 진실된 것이니까. 너는 네가 할 수 있는 일이나 하지, 무슨 간섭이야!"

하고 큰 소리로 외쳤다.

오마르는 격노하여 처남 사이드의 수염을 끌어 잡아당기고, 세게 때렸다. 누이가 중간에서 말리려고 하자 누이의 머리가 터져서 피가 흐르는 것을 보고 충격을 받았다. 오마르의 자기 가족에 대한 애정은 격분을 가라앉혔다. 오마르는 누그러졌다. 누이에게 읽던 책을 달라고 했다. 이것을 읽더니 오마르는 얼굴색이 변했다. 자기가 행한 행동에 수치를 느꼈다. 그것을 몇번이나 읽고 말의 아름다움과 그 속에 담겨 있는 고귀한 사상에 깊이 감동되었다.

그의 무함마드에 대한 마음은 누그러지고 그의 영혼은 충족되었다. 그의 착한 본마음은 그의 감정을 극복했다. 오마르는 손에 칼을 든 채 곧장 친구들과 함께 있는 무함마드의 집으로 갔다. 그는 예언자가 있는 아르캄의 집에 이르렀을 때 누군가가 이렇게 말하는 소리를 들었다.

"칼을 빼들고 오마르가 옵니다."

그 자리에 있던 함자는,

"좋은 생각으로 오면 들어오게 하시고, 그렇지 않으면 제가 그 칼로 그의 머리를 때려부술 텝니다."

고 말했다.

그가 대문에 들어섰을 때, 예언자는 자리에서 일어나 그의 옷자락을 붙잡고,

"오마르야, 너 반항을 그만두지 않겠느냐?"
하고 타일렀다(어떤 사람은 '왜 왔느냐?'고 물었다고도 한다). 오마르는,
"하나님의 예언자시여! 저는 저의 신앙을 선언하려고 왔습니다."
고 말했다. 무함마드와 신도들은 정신없이 기뻐했다.
"하나님은 위대하시다. 하나님은 위대하시다."
하는 환호 소리가 언덕마다 메아리쳤다. 메카의 사람들은 이 외침을 듣고 분노와 한편에는 기쁨으로 들끓었다.

오마르는 금요일 아침에 이슬람에 귀의했다. 그의 이슬람 귀의는 불신도의 사기에 대충격을 주었다. 그러나 이슬람교도의 수가 근소하여 메카의 쿠라이시 불신도들은 그들을 압박하고 그들의 전멸을 위해, 또 이슬람의 파괴를 위해 그들의 노력을 기울이었다. 이러한 분위기 속에서 오마르는 카바신전에서 예배를 드리기 시작했다.

이로부터 이 사나이는 착실한 이슬람교도가 되었다. 그러면 오마르의 마음을 움직이게 한 《코란》의 구절은 어떤 것이었을까?

> 하늘에 있는 것, 땅에 있는 것 모두가
> 소리 높이 하나님의 영광을 찬미하도다.
> 그의 힘에 한정이 없고,
> 그의 지혜에 끝이 없으시다.
> 하늘과 그분의 주권을 장악하고 계신 것도
> 생을 주고 죽음을 주는 분
> 무엇이든지 할 수 있는 분이시다.
> 그분이야말로 최초의 분, 최후의 분이시다.
> 안팎 일체를 알고 계시는 분.
> 엿새 동안 하늘과 땅을 지으시고

옥좌에 앉으시는 이도 이분.
땅에 스며드는 것, 솟는 것,
하늘에서 내리는 것, 하늘에 오르는 것,
모든 것을 알고 계시도다.
너희가 어디에 있든지 반드시 곁에 계시는 분,
하나님은 너희가 하는 일을 다 알고 계시도다.
하늘과 땅을 다스리시고
일체는 알라의 품에 돌아간다.
밤을 낮 속에 두게 하시고,
낮을 밤 속에 들게 하시도다.
가슴속에 스며드는 생각마저 알고 계시는 분,
너희는 하나님과 그 사도를 믿으라……
—《코란》 57장 1~7절

이 구절에서 오마르는 '하나님 외에 신은 없고, 무함마드가 하나님의 사도이시다'고 하는 신앙을 선언했던 것이다. 이 선언은 이슬람교도의 신앙고백이고 예배 때를 알리는 구절이기도 하다.

오마르는 결단성 있게 행동하는 사람이었다. 그의 개종은 아비시니아에 이주한 사건 뒤에 일어난 일이었다. 그는 이제 이슬람에 대항해서 싸웠던 용맹을 가지고 이슬람을 위해 싸우기 시작했다. 여태까지 이슬람교도들은 메카에서 먼 곳으로 나가 몰래 숨어서 예배해야 했지만, 오마르는 카바신전 가까운 곳에서 예배했다. 이후부터 다른 신도들도 그와 같이 했다.

이 소식이 아비시니아에 전해졌다. 아비시니아의 이슬람교도들은 이슬람의 적이 이슬람교도들과 타협한 것으로 생각했으나 사실은 그렇지 않았다. 귀국하는 도중에 그들은 환상을 깨뜨리고 아비시니아로 되돌아가야만 했다.

유럽 역사가들 몇몇은 무함마드가 한때 메카의 우상숭배자와 타협하려고 했다고 하며, 다음과 같이 말한다.

"예언자 무함마드는 불신도인 쿠라이시부족이 있는 카바신전에서 《코란》 53장을 독송하는 동안에 메카인들의 우상을 시인하는 두 구절을 보충해 넣었다. 그래서 메카인은 무함마드에 가담, 하나님 앞에 절했다. 그러나 사건이 벌어질 것을 예언자는 알아차리고 이 두 구절을 다음날 삭제했다."

이 이야기는 처음부터 끝까지 지어낸 거짓이다. 문제의 장은 이 신들을 멸시하고 있다. 어떻게 불신도의 관심에 알맞은 것을 포함시킬 수 있었겠는가. 그 구절은 다음과 같다.

> 너희는 알 라트[女神]와 웃자[여신]를
> 어떻게 생각하느냐?
> 그리고 세 번째이고 마지막 여신 마낫을
> 어떻게 생각하느냐?
> 너희는 자신이 남자임을 자랑하면서
> 알라에는 여자가 있다니 말이 되느냐?
> 그것은 너무나 불공평한 분할이야!
> 그런 것들은 모두 명색뿐이다.
> 너희와 너희 선조들이 제멋대로 만든 것,
> 알라는 그런 것을 섬기라고
> 허락한 일이 없다.
> 그들은 상상과 자신들이 바라는 것을
> 따를 뿐……
>
> ─《코란》 53장 19~23절

이는 쿠라이시부족민의 생각을 단호히 거부한 것이다. 무함마드에 반대되는 이야기가 그릇된 것이라는 사실은 이것으로 증명된다. 이 구절의 바로 뒤에 무함마드가 자기 자신의 마음으로는 아무것도 말하지 않고 그가 《코란》에서 말한 모든 것이 하나님께서 계시한 것이라는 구절들이 따르고 있다. 사실 제53장은 무함마드 사명(使命) 제10년 말에 생긴 무함마드의 메디나 이주를 기록한 것이고, 첫 '이주자(移住者)'들이 아비시니아에서 되돌아왔을 때에도 계시되지 않았던 것이다. 지상의 어떤 왕국을 위해서도 그의 사명을 단념하지 않았는데, 하물며 신성(神聖)한 개념을 양보했다고는 생각하기 어렵고, 그런 생각은 《코란》 전체의 방침에 어긋나는 생각이다. 이슬람의 적들은 무함마드가 양보하고 다음에 곧 그 양보를 철회했다는 구실에 의지하고 있다.

이슬람이 오마르의 지지를 얻었고 이슬람교도가 카바신전에서 공공연히 예배하기 시작한 후에 일어난 이런 이야기를 누가 믿을 수 있겠는가.

아비시니아에 갔던 메카의 사절들이 성공하지 못하고 돌아왔을 때 메카의 불신도들이 당한 창피와 당황은 상상되고도 남음이 있다. 이들은 무함마드가 정도(正道) 위에 있다는 것을 이제 알아차렸다.

그러나 그들의 교만은 자기들 스스로가 자신들을 장님으로 만들었다. 만일 《코란》이 진리였다면 왜 《코란》이 메카나 혹은 메디나의 위대한 성직자들에게 전해지지 않았는가고 비꼬았다.

무함마드와 불신자 사이의 생사를 건 싸움은 불가피했다. 불신도들은 무함마드를 없애야 하는 한 적으로 생각했다. 만일 하나님이 진리의 편에 있지 않았더라면 무함마드는 이와 같은 적들에게서 살아나지 못했을 것이다.

불신자들은 적을 함락시킬 만한 계략을 세우기 위한 회의를 열고 최후로 무함마드와 신도들뿐 아니라 그를 보호하는 하심족과 뭇탈리브부족들과 단교하기로 결의했다.

이 합의서의 기록은 다음과 같다.

그들은 다음과 같은 공동선언에 합의하고 그것을 카바신전에 붙였다.

"지금으로부터 메카사람은 누구를 막론하고 무함마드와 그 가족이나 추종자들과 어떠한 거래도 하지 않는다. 그들에게 식량도 팔지 못하며 그들을 찾아가도 안되며 그들의 누구와도 결혼하지 말라. 그들과 교역(交易)하지 말라."

이들은 이 부정적 정책이 무함마드나 그 추종자들을 굶어 죽게 하고 압박과 박해보다 더 좋은 효과를 가져오리라고 생각했다. 압박과 박해가 2, 3년 동안 계속되었다. 이런 사회적 보이콧은 너무나 가혹하여 무함마드와 이슬람교도와 무함마드의 집안 하심족과 뭇탈리브부족은 은신처를 찾아서 시힙 아비 딸립이라고 불리는 계곡을 찾아야만 되었다. 그들은 메카 협곡 안에서 포위되었다.

이것은 아라비아력(曆)의 정월(正月)이자 무함마드 사명의 제7년에 있었던 일이다.

다음 장으로 넘어가기 전에 몇 가지 사실에 대해 언급할 필요가 있는 것은 앞에서 언급된 사건과는 아무 관련 없이 일어난 독자적인 사건들이다.

6. 무함마드의 전도활동과 코란

무함마드의 전도

이교도 쿠라이시부족이 무함마드와 대항하는 데 가장 큰 장애는《코란》이었다. 이들은 무함마드와 그 추종자들에게 온갖 박해를 가할 수 있었으나,《코란》의 도전에는 견딜 수 없었다.《코란》이야말로 오마르 빈 핫타브를 개종시켰고, 무함마드의 반대자들을 무장해제시켰다. 무함마드가 선포한 대로《코란》이 하나님의 말씀이 되게 하는 데 성공한다면, 이 일은 이교도들에게 절망적이다. 그들은 무함마드를 책과 결부시켜서 그를 비참하게 실패시키려는 길을 탐색했다. 그들의《코란》에 대한 첫 변증은《코란》이 무함마드에게 가르쳐졌다는 사실이었다.

그러나 누구에 의해서? 거짓 증인과 주장은 그 거짓의 합리성이 유지되려면 거짓말이 되어야 한다. 이 사실은 믿지 않는 불행한 쿠라이시부족에 적중되었다.

무함마드는 때때로 자비르란 이름을 가진 기독교도 상점에 들렀다. 자비르는 아랍인이 아니었다. 그러나 이 사실이 아랍부족으로 하여금 다음 사실을 비교적 쉽게 주장하게 하였다. 무함마드가 내세운 것이 하나님에 의해서 자기에게 내린 계시라고 주장하지만, 실은 무함마드에게 가르친 사람은 자비르였다고 떠들었다. 그런 소문을 내었다. 이런 식으로 그들은 사람들에게 무함마드가 거짓말쟁이라고 믿게 하려고 기대했었다.

이에 대한 하나님의 답은 다음과 같다.

우리는 가장 잘 알고 있노라.
그들은 사람들이 그(무함마드)에게 가르쳐 주었다고 떠들지만,
첫째로 그들의 언어는 외국말이고,
《코란》은 분명히 아랍어로 되어 있느니라.
— 《코란》 16장 103절

그러므로 아랍부족은 그런 것을 만들 수는 없었다. 이교도들은 다시 생각할 여지가 없어졌다.

이 무렵에 아랍부족들에게 알려진 위대한 아랍 시인 한 사람이 있었다. 그는 무함마드의 이름을 듣고 메카에 왔다. 메카주민들은 이 소식을 듣자 그에게 몰려가서 무함마드야말로 모든 사람을 유혹하는 마술사이고 요술쟁이라고 일러주고, 무함마드에게 말하지 말라고 그에게 경고해 주었다. 사전의 경고는 사전의 무장이다. 그들은 투파일에게 경고하는 것을 자신들의 의무로 생각했다. 그러나 시인 투파일은 어리석지 않았다. 메카인들이 무함마드에 대해서 악평하면 할수록 그에 대한 호기심은 커져만 갔다. 그는 생각해봤다.

투파일은 불신도들에게 이렇게 말했다.

"나는 시인이야. 지혜있는 자란 말이야. 무엇이 그르고 무엇이 옳고 좋고 나쁜 것을 가려낼 수 있는 사람이거든. 그가 말한 것들이 외

국 사람의 가르침을 받은 것인지의 여부를 결정할 수 있단 말이야. 내 자신이 가서 그의 말을 들어볼 테다."

그래서 그는 무함마드에게 갔다. 무함마드는 그를 영접하고 평상시와 같이 《코란》을 그에게 독송해 주었다. 투파일은 그 자리에서 개종하고 자기 부족에게 돌아가서 무함마드의 도움 없이 독자적으로 그곳에서 이슬람을 설교하였다. 그 설교에는 깊이 계시되었던 《코란》의 부분부분이 스며 있었다. 그 고장 사람들 중에 이슬람을 받아들이는 사람이 많았다. 이들은 무함마드에게 가담했다.

투파일과 같이 개종한 사람이 여럿 있었다. 그러나 개종은 우상 숭배자들에게만 한정되지 않았다. 무함마드가 아직 메카에 있을 때 아랍부족의 기독교도 일행 20명이 무함마드에게 와서 《코란》 낭송을 듣고 믿었다. 그들은 무함마드가 예수가 이미 예언한 예언자임을 믿고 확신했다. 메카의 불신자들은 분노에 차서 이 새로운 개종자들을 다음과 같이 비난했다.

"우리가 믿는 신이여! 짐진 저 짐승들을 멸망시키십시오. 네놈들은 이 남자(무함마드)의 소식을 가져가기 위해서 동료 신도들로부터 파송된 놈들이다. 네놈들이 그를 찾아갔댔자 만족하지 못할 게다. 네놈들도 믿고 확신한다고 하겠지. 저주받을 놈들!"

그러나 이 욕지거리도 새로운 신도들이 무함마드를 따르고 이슬람을 믿는 것을 막지는 못했다. 그 욕지거리는 사실 그들의 신앙을 더 깊게 했을 뿐이다. 그들도 역시 돌아가서는 자기 사람들에게 설교했다.

다음 구절은 이들에 대해서 하나님이 한 말씀이다.

말해 주라! 너희가 코란을 믿건 안 믿건 간에,
전부터 참다운 지식이 주어진 사람들은

이것(《코란》)의 독송을 듣자마자
갑자기 엎드려 숭배하고,
'아! 감사하도다. 드디어 우리 주님의 약속이 실현되었다'고 외치는도다.

—《코란》 17장 107~108절

이와 같은 비방자들마저도 밤중에 가만히 무함마드에게 와서 집에서 《코란》을 독송하는 무함마드의 소리를 듣고, 집으로 돌아가는 길에 우연히 서로 만나 수치스럽게 생각하고, 다시는 그런 일을 하지 않기로 맹세했다고 한다. 몰래 도적과 같이 그들은 왔다가 도적과 같이 되돌아갔다. 그렇기는 하나, 아부 수피안은 이슬람교도가 될 운명에 있었다. 하나님은 아부 자할이 바드르에서의 무함마드와 대전에서 살해되도록 낙인을 찍었다. 아부 라합은 바드르 전투의 패배 소식을 들은 지 이레만에 열병으로 죽었다.

오마르가 아직 이교도였을 때 예언자는 하나님에게 '오 하나님! 오마르나 아부 자할을 이슬람에 귀의하도록 하옵소서'하고 기도를 올린 바 있었다. 그의 기도는 받아들여져서 오마르는 이슬람교도가 되었다. 예언자는 오마르의 개종을 미리 알았기 때문에, 그가 칼을 들고 아르캄이라고 불리는 무함마드의 집에 왔을 때에 조금도 두려워하지 않고 그를 만났던 것이다.

전도활동에 어려운 일

무함마드는 이슬람을 전파하고 사람들로 하여금 한 분뿐인 하나님을 숭배하도록 그들에게 보내진 사람이었다. 그는 사람들이 자기 사명을 거부하더라도 수치를 느낄 수 없었다. 그는 다만 개종자들을 얻는 데 온갖 힘을 다했다. 당시 그의 생각은 아라비아반도 전체를 개종시키는 일이었다. 이 무함마드의 극단적인 열성으로 인하여 하나님으로부터 보내져 온 온순한 사람 몇명이 있었다. 이 몇몇 사람들은 모두 무함마드가 메디나로 옮겨가기 전에 이슬람에 귀의한 사람이었다.

첫째로 하나님은 불신도들에 대해 그 나름대로 일반 원칙을 주장했다.

　　사도는 분명한 전언 외에 또 무엇이 있겠는가
　　　　　　　―《코란》16장 35절

두 구절을 하나님께서 더 말씀하셨다.

　　(무함마드!) 그대가
　　그들을 인도하려고 간절히 바란다 해도
　　확실히 하나님은 당신 스스로 길을 잃게 하신 자를
　　인도하시지 않는다.
　　그리고 저런 자들에게는 구조의 아무런 손이 없다.
　　　　　　―《코란》16장 37절

16장은 메카 시대에 계시된 여러 코란 장 중의 하나이다. 이 시대는 16장의 뒷부분에 기록되어 있다. 이보다 훨씬 전에 하나님은 말씀하셨다.

　　그대는 그들을 다스릴 지배자가 아니다.
　　　　　　―《코란》88장 22절

그 다음에 또,

우리는 사람들을 위한 생각을 하고 진리를 바탕으로 하는 성
전을 그대에게 주었다.
　우리(알라)는 그대 인도를 받은 자는 자신을 위한 이익을 얻으
나 헤매는 자는 그 해가 몸에 미치리라.
　그대는 그들을 지키는 자가 아니도다.
　　　　　　　　　　　　　　—《코란》 39장 41절

　이교도들이 기적 때문에 무함마드를 혹독하게 압박하였을 때, 하나
님은 기적이 하나님의 손에 있고 사실상 모든 것이 지정된 시간을 갖
고 있는 것을 무함마드에게 일러주었다. 하나님의 사도들이 하나님의
허가와 예지(豫知)를 갖지 않고서는 이 기적들을 산출(産出)하지 못
한다.

　상벌의 정산은 우리들(알라)한테 있고
　그대의 임무는 다만 계시를 전하는 일이니라.
　　　　　　　　　　　—《코란》 13장 40절

　그러나 당시에도 무함마드는 쉴새없이 밤낮으로 진리의 탐구자를
찾았다.
　위에서 말한 바와 같이, 무함마드는 아랍 전체가 파멸에서 구원되
기를 바랐다. 사실상 그는 인류 전체가 믿기를 바랐다. 그러나 하나님
은 사람들에게 강요하지 않으신다.

　그리고 그대 주님의 뜻이 있다면
　이 땅의 모든 사람이
　믿음에 들게 될 것이로되

어찌하여 그대는 무리하게 싫은 자를
신자로 만들려고 애를 쓰느냐?
　　　　　　―《코란》 10장 99절

이 구절보다 무함마드의 업적을 칭찬한 구절은 별로 없을 것이다. 불가능한 일은 그의 마음속에서는 가능하였으나, 그는 하나님의 의지에 굴복해야 했다.
기독교도들에 관해서 그는 할 수 있는 데까지 자기를 낮추고 그들을 위했다. 무함마드는 전에도 있을 수 없었고 금후에도 있을 수 없을 사랑을 기독교도에게 베풀었다.

그들(기독교도)이 《코란》(문자상으로는 '소식'이란 뜻)을
믿지 않는다면
그들 소행 때문에 그대는 비통한 나머지
자기 몸을 망칠 것이다.
　　　　　　―《코란》 18장 6절

이것은 특별히 기독교도에 대해 언급한 구절이다. 진실로 무함마드는 인류를 위해 짊어지워진 임무를 자기 목숨을 걸고 자기를 희생하면서 수행하기로 굳게 결심했다.
"저는 계속하겠습니다. 하나님이 저를 돕거나 혹은 제가 하나님 속에서 죽을 때까지 계속하겠습니다."
이 말은 무함마드가 숙부 아부 탈리브에게 한 말이다. 하나님은 그를 도왔으나 그는 죽기를 각오하고 행동한 사람이었다.
지상의 모든 이득은 그의 눈에는 값어치 없는 티끌이었다. 그는 인류―가장 흉악한 죄인과 구원할 수 없는 사람마저도―를 구원하

려는 외에 아무것도 생각하지 않았다.

무함마드의 성품은 인자하고 중용을 지키고 신앙이 두텁고 용맹하고 역경에서도 참고 굴하지 않으며 가혹한 참변에서도 굴하지 않는 이였다. 그러기 때문에 모든 추종자인 이슬람교도의 표본이라 할 수 있었다. 무함마드는 그가 인생의 귀감임을 실생활에서 보이도록 신이 선택한 이다. 그러므로 무함마드의 말씀과 행동을 눈여겨보고 명심해서 이를 후세에 낱낱이 전했을 것이다.

어느 날 무함마드는 왈리드 빈 무기라와 만났다. 그는 쿠라이시의 한 지도자였다. 이슬람교도에 대한 맹렬한 적이었다. 무함마드는 그에게 믿게 하려고 무진 노력을 다했다. 대담하는 도중에 이븐 움미 마크툼이란 소경이 와서 《코란》의 몇 부분을 가르쳐 달라고 무함마드에게 청했다.

무함마드는 대담을 중단하고 싶지 않았다. 왈리드와의 면담을 계속했다. 이 소경은 자꾸 졸랐다. 무함마드는 얼굴을 찡그리면서 몸을 소경에게로 돌렸다. 왈리드와의 회담이 끝났을 때 하나님은 천사 가브리엘을 보내서 다음과 같이 말을 전했다.

> 눈살을 찌푸리고 몸을 돌린 것은
> 소경이 왔기 때문에 말이 중단된 것이다.
> 무엇으로 너는 아느냐,
> 그이도 깨끗한 몸이 될 수 없는 것은 아닌데,
> 신앙심의 눈이 트여 경고가 살려질 터인데.
> 아무런 도움이 필요 없는 자(부자)라면
> 그에게 이러쿵저러쿵하면서도
> 깨끗한 몸이 되려고 그대에게 온 자,
> 상대가 깨끗해지고 않고는

> 그대에게 책임이 없는데도,
> 그리고 하나님을 두려워하는
> 그 사람에게 그대는 아무것도
> 모르는 체하누나.
> ─《코란》 80장 1~10절

예언자는 참으로 감동되었다. 아마 하나님의 노함을 생각했었는지 모르나, 가브리엘은 말을 계속했다.

> 아니야, 확실히 이 구절은 교훈이다.
> 그러므로 원하는 자에게 그것을 간직케 하라.
> ─《코란》 80장 11~12절

이 사건으로써 하나님은 예언자들이 저지를 가장 작은 잘못 하나까지도 얼마나 조심성 있게 고치시는가를 알 수 있다. 이런 잘못은 일반사람에게는 매우 당연한 행동으로 생각된다.

무함마드는 있는 수단을 다해서 그의 사명을 전했다. 그는 가끔 우카즈, 미잔나, 줄 마자즈 등 시장(市場)에 온 아랍부족들의 회의에 나갔었다. 이곳에서는 매년 신성월 동안에 시장이 열렸었다.

불신자들은 무함마드를 어떻게 불러야 할 것인가에 대해서 큰 회의를 소집했다. 이 회의의 의장은 앞서 무함마드는 담화를 나눴던 왈리드 빈 무기라였다. 어느 한 사람이 무함마드를 카힌이라고 불러야 한다고 말했다. 카힌이란 무당이라 할 수 있으며 그들이 발휘하는 초자연적 능력은 그들이 의거하는 진(요정)에서 유래된다고 믿어지고 있다. 카힌이 진에 귀신들린 상태에서 말하는 언어형태는 신의 선택(宣託)으로 여겨졌다. 이 의견은 왈리드에 의해 거부되었다. 무함마드는

카힌처럼 미래를 말하지 않았고 《코란》도 역시 카힌의 말과 같지 않았다. 다음에 또 한 사람이
"그를 미치광이라고 부르자."
하고 말했다. 이에 왈리드는,
"어떻게 그를 그렇게 부를 수 있겠느냐? 그에게는 미치광이와 같은 징조가 하나도 없었다."
고 말했다. 다음에 그들은 왈리드에게 이 문제를 어떻게 하여야 하느냐고 물었다. 어느 사람이,
"그를 요술쟁이로 고발하자."
고 말했다. 왈리드는,
"그러지 말라. 요술쟁이는 매듭 있는 실[絲]을 가지고 다니며, 무함마드가 하지 않는 여러 가지 일을 하기 때문이다."
고 답하고,
"너희들은 그를 '연설하는 요술쟁이'라 불러라. 그리고 연설하는 이 사나이의 요술이 사람들을 아버지, 형제, 아내와 친척들로부터 갈라 놓는다고 순례자들에게 말하라."
하고 일러주었다.

실상 불신자들이 이렇게 말하는 까닭은 있었다. 이래서 그들은 두루 다니면서 무함마드를 대하고 순례자들에게 '이 사람의 말이나 연설의 요술에 귀를 기울이지 말라. 그렇지 않으면 메카인에게 일어난 것이 곧 너희들에게 일어날 것이다. 아라비아반도 전체를 불태울는지도 모르는 혼란에 주의하라'고 경고하였다.

그러나 '연설의 요술', 즉 《코란》 속에서 진리를 발견하는 쿠라이시부족들은 그 요술을 믿을 수밖에 없게 되었다. 이 쿠라이시부족이 선전하는 말은 《코란》이 초자연적이라는 것을 스스로 인정하는 증거였다.

불신자들은 《코란》의 도전을 받는 큰 곤경에 빠졌다. 그들은 이 도전을 감당할 수 없었다. 그들 중에 나즈르 빈 하리스라는 대단히 사악한 사람 하나가 있었다. 불신자들은 자기들의 사건을 이 나즈르에게 가지고 갔다. 이는 으레 페르샤왕들의 이야기를 아랍에 관련시키곤 했었다. 나즈르는 쿠라이시 불신도들에게서 돈을 받고 무함마드가 《코란》을 설법하러 다니는 곳곳에 따라다녔고 무함마드가 《코란》을 독송하기 시작하면 나즈르는 페르샤와 페르샤 종교 이야기를 시작하고, 사람들에게 곧잘 이렇게 말하곤 했다.

"지나간 시대 사람들의 이야기를 자기 것으로 너희에게 말하는 무함마드와 똑같은 이야기를 내가 너희에게 말해 줄 것이다."

나즈르의 의도는 전적으로 '아잔'(예배시간을 알리는 외침소리)이 불릴 때 몇몇 곳에서 하나님의 음성을 방해하고, 그 음성의 경청(傾聽)을 막으려는 데 있었다. 그래서 무지한 사람들 중에는 '아잔'이 들리지 않게 종을 울리고, 노래를 부르거나 북을 치는 사람이 몇몇 있었다.

이러한 것은 《코란》에 다음과 같이 언급되어 있다.

> 이 믿지 않는 사람들은 말한다.
> '《코란》 같은 것을 듣지 말고,
> 《코란》이 독송되는 동안에
> 너희 소리가 더 크게 들리도록 마구 지껄여라.'
> ―《코란》 41장 26절

메카의 다신교도인 불신도들은 박해, 설득, 뇌물, 상해, 비난 등 지금까지 취해 왔던 모든 방법을 철회했다. 그리고 카바신전에 매달아 놓은 선언에 의해서 무함마드와 그 지지자들을 배척 추방시키거나,

또는 그들을 포위해서 굶겨 죽이도록 호소했다.

그때까지만 해도 무함마드에 대한 메카의 격렬한 증오와 박해도 산발적이었다. 그러나 예언자 무함마드가 우상에 대한 공격을 시작함과 동시에 싸움의 불길은 당겨졌다. 우상은 헤아릴 수 없이 많았으며 메카의 쿠라이시부족도 이에 별로 집착하고 있었던 것은 아니었다. 그러나 우상을 공격함으로써 무함마드는 이를 통해 그들이 숭배해 온 조상을 간접적으로 공격하는 것이 되었다. 조상을 건드린다는 것은 일종의 금기행위였다.

그리고 또 하나의 동기는 경제적 문제였다. 메카의 카바성전을 채우고 있는 순례자들을 위하여 4개월 간의 싸움을 금하는 신성월의 근거이며 그것에 의해서 상업, 순례를 함으로써 메카의 번영을 가져왔던 것이다.

7. 하심가에 대한 쿠라이시부족의 박해

무함마드의 씨족 하심가, 협곡에 거주

앞서 언급하였다시피 무함마드가 사명을 받은 후 제7년 10월부터 3년 동안은, 무함마드와 그의 집안 하심족은 메카인들로부터 차단되어 협곡(峽谷)에 있었다. 나머지 쿠라이시부족은 이들로부터 물건을 사고 파는 일을 하지 않고 서로의 교류를 끊었다.

이 시기에 이슬람교도 4백여명은 다음과 같이 분할되었다.

- 아비시니아에 살고 있는 부녀자와 아이를 포함한 약 80명의 남자.
- 무함마드와 함께 포위되어 살고 있는 수많은 하심족의 이슬람교도들과 메카 협곡 통로(通路)에 있는 나머지 하심족.
- 메카와 그밖의 지역에 흩어져 있는 하심족에 속하지 않는 가족들. 이들은 실지로 추방되지 않았으나 여전히 다신교도들에게서 핍박을 받고 있었다.

이슬람교도들의 소집단은 이래서 흩어졌고, 그들의 인도자 무함마드와 차단되었다. 이런 환경에서 이슬람교도들의 전멸과 이슬람교의 소멸은 시간 문제에 지나지 않는다는 것이 쿠라이시부족의 의견이었다.

사정은 그렇게 제대로 들어맞지 않았다. 이슬람교도들의 확고부동한 용기와 확신, 그리고 하나님의 도움은 언제나 그들의 것이다.

무함마드는 이 역경에서도 조금도 겁내지 않았고 굴하지 않았다. 아라비아부족의 관습에 따라 신성월(神聖月) 동안에는 모든 싸움이 금지되어 있기에 그는 자기 피신처에서 빠져나오고는 했었다. 이때 무함마드는 우카즈, 미잔나, 줄 마자즈 등 각처에서 오는 순례자들 사이에 끼어서 이슬람을 가르쳤다. 그러나 아부 라합은 무함마드가 가는 곳마다 따라다니면서 훼방했다. 무함마드가 하나님의 단일성과 인류의 사랑을 설교하는 동안에 아부 라합은 '이놈의 말을 듣지 말라. 거짓말쟁이다'라고 고래고래 소리를 질렀다.

아부 라합은 무함마드의 숙부 중의 한 사람이다. 그는 가난한 형 아부 탈리브와 달리 메카의 중류 정도의 상인으로 대상인층에 끼고 싶은 욕망을 갖고 있었다. 대상인층도 그의 야망을 알고 아부드 삼수가의 실력자 아부 수피안의 누이동생과 결혼시켜 장래의 부와 권력을 암시하였다. 그래서 그는 무함마드에 대한 핍박에 앞장섰다.

무함마드는 배고픔과 굶주림을 무릅쓰고 이런 모든 일과 이보다 더 혹독한 욕설과 핍박에 견디면서 한마디의 대꾸도 하지 않았다. 무함마드는 하나님의 말씀이 메카 외의 사람들 마음속에 뿌리를 박고 있었으며 하나님의 도움이 가까웠다는 것을 알았다. 메카의 계곡에 포위되어 있던 무함마드와 그 추종자들과 그의 집안 하심족의 생활은 가혹하리만큼 비참했다. 당시 이슬람교도가 죽음에서 면할 수 있었던 것은 신의 휴전기간이라는 신성월 동안에만 메카 시내로 나가 생활필수품을 사러 갈 수 있었기 때문이다.

그러나 포위된 후반기의 하심족의 곤궁이란 말할 수 없을 정도로 비참했다. 그들은 부득이 나뭇잎을 먹고 자기 신발 가죽을 끓여 마셨다. 아이들은 먹을 것을 달라고 조르나, 그것을 가진 사람이란 아무도 없었다. 배고파 우는 어린것들의 울음소리는 메카의 온 언덕에서 메아리쳤다.

무함마드와 신자들에 대한 공격은 아부 자할을 선두로 더욱 격해졌다.

또 무함마드에 대한 박해에 앞장을 선 자들은 무함마드의 종말이 왔다고 생각했다. 그러나 모든 아랍부족이 다 이렇지는 않았다. 그들 중에는 아직도 의리와 양심이 살아 있는 사람들이 있었고, 불신자일지라도 이런 사태를 오랫동안 두고 볼 수는 없었다. 손님에게 음식을 대접하는 것을 하나의 큰 명예로 생각하는 아랍부족이 이런 야수적 행동으로써 그들의 동료 친척들을 굶겨 죽이는 것을 차마 볼 수 없었다.

이러한 사람들은 메카의 쿠라이시부족의 수장(首長)들의 눈을 피해 음식을 나르기 시작했다. 그중의 한 사람인 히샴 빈 아므르는 포위된 사람들의 비참한 광경에 몹시 가슴이 아파서 주하이르에게 갔다. 주하이르의 어머니 아티카는 압둘 뭇탈리브의 딸 중의 한 사람이었다. 히샴은 주하이르에게,

"주하이르야! 너는 음식을 먹고 옷을 입고 여자와 즐기고 있다. 그러나 너의 아저씨들은 포위되어 있다. 그런 상태를 너는 좋아하느냐? 그들은 먹을 것이 없어서 굶주리고 있다. 그들과 우리들 사이에는 사회적 교제가 끊어졌다. 만일 내가 자네 처지라면, 이대로 보고만 있지는 않겠다."

고 말했다.

주하이르는 히샴의 이런 말 속에 내포되어 있는 겁쟁이라는 비꼼을 느끼고 하심족의 추방이 철회되어야 한다고 그에게 동의했다.

이 두 사람은 그들의 친구와 다른 세 사람과 상의했다. 무티임 빈

아디, 아불 바하타리, 이븐 히샴, 그리고 자마 빈 아스와드가 이들에 합세했다. 그리고 이들 중 다섯 사람은 하심족을 추방할 문서가 취소될 때까지 협력하기로 맹약했다.

다음날에 그들은 비밀 회담을 열고 주하이르가 카바신전에 가서 그곳을 일곱 번 돌고 사람들에게 다음과 같이 외쳤다.

"여러분들 메카 사람들이여!"

그가 메카인들에게 외쳤을 때 군중들은 모여와서 들었다.

"우리는 음식을 먹고 옷을 몸에 걸치고 있소. 그런데 하심족들을 죽일 작정이오? 우리는 그들에게 팔지도 않고 그들에게서 사지도 않고 있소. 이 잔인하고 부정한 문서가 조각조각 찢길 때까지 여기에 서 있기를 맹세하오."

아부 자할이 이 소리를 듣자 소리를 질렀다.

"너는 거짓말쟁이다. 너는 이 문서를 절대로 찢지 못하리라."

자마와 아부 알 바하타리와 하심 빈 아므르, 그리고 많은 그밖의 사람들은 아부 자할에게 그가 거짓말쟁이지 그들이 거짓말쟁이가 아니며, 여기에 모인 사람이 모두 그들의 편이라고 말했다. 아부 자할은 너무 분해서 온몸을 떨면서 그들이 자기편이 아님을 알고 발걸음을 돌렸다.

무티임은 일어나서 문서를 조각조각 찢었다. 그는 그것을 찢는 도중에 특별한 말 — '하나님의 이름으로써' — 이 있는 것을 발견했다 한다. 이 말 외의 부분은 흰개미에게 먹혔거나 흠 때문에 썩어 있었다고 한다.

무함마드에게 선교활동을 그치게 한다는 것은 무함마드의 숙부인 아부 탈리브에게도 불가능했다. 불신자들은 아부 탈리브에게 그에게 선교활동을 중지시키든지 그렇지 않으면 그 보호를 취소하도록 작용을 했었다. 무함마드를 그의 가문 하심씨족에서 제명한다는 것은 하심집안으로는 불명예뿐만 아니라 제명으로 문중의 유망한 자를 한 사람 잃는다는 것은 문중인 하심씨족을 약체화하는 데로 연결된다고 생각되는 것이다.

씨족장 아부 탈리브를 비롯한 씨족의 대부분은 무함마드의 가르침 그 자체를 직접 받아들이지 않았으나 그 가르침은 그들의 관심의 초점인 상업도덕의 고양과 긴밀히 연결되는 의미도 갖고 있어 그 점에서 간접적인 연관이 있었다.

무함마드를 곤경에 처하게 하려는 아부 자할의 간계에도 불구하고 실질상의 효력을 발휘할 수 없었다.

이렇게 배척을 받으면서도 하심가가 단호하게 무함마드를 계속 보호한 것은 무엇이라고 해도 하심가의 가장 아부 탈리브의 무함마드에 대한 애정과 뛰어난 통솔력 덕택이었다.

협곡에 갇혀 있던 무함마드와 그 동료들은 이제 포위에서 풀려나왔다. 그러나 쿠라이시부족의 적은 전과 다름없이 사악했다. 그 적들은 간사스런 꾀로써만 아니라, 힘으로 이슬람을 박멸시키기에 온갖 힘을 다했다.

무함마드와 그 동료 신도들에 대한 핍박은 가중됐고, 무함마드는 불신자들에 대항하여 그 동료 신도들을 구할 수 없었다. 신성월(神聖月)에만 언론의 자유가 보장되어 있었으나, 이제는 신성월 때에도 언론 자유는 차단되었다.

숙부 아부 탈리브와 아내 하디자의 죽음

무함마드는 그의 숙부 아부 탈리브가 나이 80세의 몸으로 병석에서 앓고 있는 여러 달 동안 자유롭지 못했다. 그의 종말이 가까운 것을 알았던 쿠라이시부족민들은 아부 탈리브의 주변에 모여서 다음과 같은 말을 했다.

"아부 탈리브여! 당신은 당신도 잘 알고 있듯이 우리들과 함께 있소. 당신은 스스로의 힘으로 자기를 볼 수 있소. 우리는 틀림없이 당신을 걱정하고 있소. 우리들과 당신의 조카(무함마드) 사이에 일어난 사정을 당신도 알고 있소. 그를 불러서 우리에게 찬성하게 해 주시오. 그러면 우리도 그가 그의 손을 우리에게서 떼게 하고 우리도 그에게서 손을 떼고, 그가 우리 종교를 가만히 두고 우리도 그와 그의 종교를 가만히 둘 것을 그에게 찬성하겠소."
그러나 하나님은 무함마드에게 미리 경고하셨다.

> 진리를 거짓이라고 선언하는 자에게
> 굴복하지 말라.
> 그들은 어떻게 하여서든지 그대와 타협하거나
> 그대를 타협시키기를 원하노라.
> ―《코란》 68장 8~9절

무함마드가 불려왔다. 이때 사람들은 아부 탈리브의 병상 곁에 있었다. 무함마드는 그들이 무엇 때문에 여기에 모여 있는가의 이야기를 들은 뒤에 말했다.

"나는 한 가지만 말하겠소. 당신들의 잡신과 우상 숭배를 포기하라는 것이오. 그리고 '하나님 외에 신은 없다'는 것을 진심으로 받아들이라는 것이오. 이것을 받아들이면 그것은 여러분들을 아라비아의 주인으로 만들고 외국사람이 당신들 앞에 머리를 숙이게 만드는 것이오."
아부 자할이 이에 대해서 말했다.
"좋다. 한마디만 더 말하게."
무함마드는 말했다.
"한 분만 숭배하고 믿고, 그분 외는 버리라."

그들은 모두 무함마드로부터 떠났다. 그들의 말은 《코란》에 기록되어 있다.

불신도 '그들은 그들 동족 속에서 한 사람의 경고자가 나온 데에 놀라' 말한다.
이 사나이는 요술쟁이며 거짓말쟁이다.
이 사나이가 이렇게 많은 신을 단 하나로 만들었다.
야, 이것이야말로 참으로 놀라운 일이다.
―《코란》 38장 4~6절

불신자와 무함마드 사이에 화합될 것은 있을 수도 없었다. 아부 탈리브는 숨을 거뒀다. 이가 죽은 지 며칠 뒤에 하디자가 또 마지막 숨을 거뒀다.

무함마드의 심정은 상상할 수 없었다. 전에 없는 비통한 일이 그를 찾아왔다. 그는 세상의 여러 재난 중에서 가장 큰 재난이 아부 탈리브의 죽음이었다고 입버릇처럼 말했다. 무함마드는 보통 사람들이 자기 부모를 사랑하는 이상으로 아부 탈리브를 사랑했다. 아부 탈리브는 이 세상에서 가장 좋은 친구이며 보호자였다.

하디자의 죽음은 사정을 더 한층 악화시켰다. 자기를 극진히 사랑했고, 몸과 마음이 고통 속에 있을 때 자기를 위로하고 돌보아준 그 여인이 이젠 곁에 없었다.

그녀는 25년 동안 아내로서 예언자 무함마드에게 봉사해왔다. 결혼 당시 그녀는 40세이고 무함마드는 25세였지만 연령의 차이를 초월하여 4반세기의 결혼생활을 통하여 그는 아내에 대하여 절대적인 사랑과 성실을 보였다.

그의 애통이 어떻든 간에 무함마드는 이제 나이가 50이 되었다.

그 한 사람의 지혜와 경험은 천 명의 지혜와 경험에 비할 수 있었고, 그의 용기와 인내는 누구에게도 비할 수 없었다.

무함마드의 숙부 아부 탈리브가 세상을 떠난 후 그의 동생인 아부 라합이 하심족의 가장이 되었다. 아랍인에게 조상이란 각자의 근원으로 알고 자기들이 존재할 수 있는 행동규범이다. 그는 무함마드가 조상이 남긴 법에 등을 돌린다고 하며 무함마드를 파문시키었다. 그 순간부터 무함마드는 일족에 속하지 않고 버림을 받았다.

불신자들은 무함마드에게 핍박을 더 한층 가했다. 무함마드가 메카 거리를 지나가고 있던 어느 날, 쿠라이시부족의 간악한 사람 하나가 무함마드의 머리 위에 진흙을 던졌다. 무함마드는 한마디도 없이 집으로 갔다. 그의 딸 파티마가 몸에 묻은 진흙을 씻어 주었다. 씻으면서 딸은 마구 눈물을 흘렸다. 방금 잃은 어머니에 대한 애통과 고독한 아버지에 대한 불신자들의 적개심은 이 딸로 하여금 눈물을 쏟게 했다. 하디자를 사랑한 것과 같이 딸을 사랑한 무함마드의 입에서는 적에 대한 욕 한마디도 튀어나오지 않았다. 그는 평상시와 다름없이 자기 자신을 억제하고 이렇게 딸을 달랬다.

"아가, 울지 마라. 하나님께서 너희 아버지를 보호하시는구나."

메카의 쿠라이시부족 대상인층의 무함마드와 이슬람교도에 대한 박해는 경제적 이유와 정치적 이유, 그리고 종교적 이유가 있었다. 경제적인 이유로는 하나님 한 분만 섬기면 다신교도인 아랍유목부족이 메카에 와 순례를 하지 않으므로 여기서 생기는 수입이 끊어질 우려와 여신 알라트의 신전이 파괴되면 타이프의 땅값이 내려가 그곳에 별장과 토지를 갖고 있는 부유한 상인들이 손해를 본다는 경제적 이유도 전혀 무시할 수 없었다. 그러나 무함마드가 다음 세대의 메카 지배자가 되고 메카의 사회적 질서 자체가 완전히 파괴된다는 것은 대상인층의 두려움이며 이는 본질적으로 극히 정치적이었다.

따라서 무함마드의 박해에 가장 열중한 자는 나이들은 쿠라이시부족 내의 씨족장이 아니라 마흐줌씨족의 아부 자할, 아브드 샴수씨족의 아부 수피안 등은 거의 무함마드와 동년배의 대상인들이었다. 마흐줌씨족의 아부 자할은 무함마드와 이슬람교도에 대한 박해에 권력적인 정열을 느낀 것 같았다. 그는 쿠라이시부족의 누군가가 이슬람교도가 되면 '너는 조상의 종교를 버렸다. 우리들은 너희들을 욕할 것이고 너희들의 평판을 좋지 않게 하겠다'고 모욕하고 '우리들은 너희들 상품을 사지 않고 너희들을 거지로 만들겠다'고 위협했다.

당시 메카와 같은 씨족제도의 사회에서는 씨족원의 안전은 피의 복수제도로 보호되고 있어 아부 자할과 같은 씨족의 유력자도 다른 씨족원에게 직접 손을 댈 수가 없었다. 그러나 그는 마흐줌씨족의 부와 권력을 등에 지고 각 씨족의 씨족장 또는 유력자에게 각기 씨족에 있는 이슬람교도에게 압력을 가하도록 했다.

이때쯤인지 혹은 조금 이전인지 확실하지 않으나, 예언자가 카바신전에서 예배를 드리고 있는 중에 우크바 빈 아비 무이트부족 일당이 자기들 옷으로 예언자의 목을 감아 졸라 죽이려고 했다. 아부 바크르가 그곳에 달려와서 '알라가 나의 주님이라고 말했기 때문에 너희는 사람을 죽이는 건가?'하고 말하면서 멈추라고 부탁했으나, 도리어 이들은 아부 바크르에게 덤벼들어 그에게 혹독한 매질을 했다.

또 어느 때에 메카의 여러 신들에게 제물로 바쳐졌던 동물의 더러운 내장이 예언자가 예배를 드리는 중에 그의 등에 던져졌다. 불신자들은 깔깔 웃어댔다. 예언자는 기도에 열중한 나머지 이것을 몰랐다. 무함마드의 딸 파티마가 또다시 아버지의 등에서 더러운 것을 닦아냈다.

문제는 점점 심각해져만 갔다. 무함마드의 가장 친한 친구 바크르마저도 메카를 떠날 생각을 하게 되었다. 그는 안전한 피난처를 찾고

자 메카를 등지고 비르크 알가미드라는 한 고을에 도달했다. 이곳에서 그는 카라부족의 족장인 이븐 울 두군나를 만났다. 이 족장은 아부 바크르에게 어디로 가는가고 물었다. 아부 바크르는 메카 불신자들의 핍박에 지쳐서 메카 외의 어느 곳으로라도 이주하려는 생각임을 알렸다.

족장은 아부 바크르의 지위와 성격을 알고 이에 견딜 수 없어서, 그를 데리고 메카로 와서 메카 장로들에게 아부 바크르가 자기의 보호 아래에 있다는 것과, 메카 장로들이 그를 괴롭히지 말 것을 일렀다. 불신자들은 아부 바크르가 자기들 아이들이나 부인들에게 들리지 않도록 《코란》을 독송해야 한다는 조건에 찬성했다. 아부 바크르는 이에 찬성했으나 《코란》을 소리 높이 독송하지 않을 수 없었다.

처음엔 불신자들은 아부 바크르에게 충고한 이븐 울 두군나에게 불평을 털어놓았으나, 아부 바크르는 쿠라이시부족의 조건에 찬성하기를 거부했다. 이래서 《코란》의 독송은 쿠라이시부족의 박해를 초래하였다.——이슬람교도는 위협을 받으려 하지 않았고, 불신자들은 이슬람교도를 어떤 수단을 써서라도 쓰러뜨려서 제 마음대로 하기로 결정했었다.

무함마드는 이제 하나님의 메시지를 전하는 외에 아무것도 생각하지 않았다. 그는 성공을 확신했다. 사명을 다하는 도중에 입은 상처는 사업을 추진시키는 데 하나의 자극이 되었다. 죽을 각오는 되었으나 태만하려고 들지 않았다. 그는 아부 자할에게 훗날이 가까워졌다고 말하고, 쿠라이시부족 일반에게는 그들이 지금도 조롱하고 있는 그 신앙에 들 것이라고 말했다. 자신에 대해서 말하면, 그에겐 아무런 걱정이 없었다. 하나님이 그를 돌보고 계셨다. 메시지는 더 널리 전해져야 했다. 메카만이 아니라 아라비아 전체가 '하나님의 말씀'을 들어야 한다.

어느 날 불신자 메카주민과 친한 하니프부족의 족장이 무함마드의 앞길을 막으려 칼을 뽑아 들고 이슬람을 전도하기 위해 입을 열면 죽이겠다고 위협했다. 무함마드는 간신히 위기를 피했으나 이쯤 이르러서는 다른 곳에 피신하지 않으면 안되었다. 메카에 머무르고 있다가는 언젠가 메카의 쿠라이시부족의 손에 걸려들 것이 뻔했다. 자기 자신과 신자들을 위해 무함마드는 피난처를 찾아야 했다.

양자(養子) 자이드를 데리고 무함마드는 도보로 메카에서 남쪽으로 나귀를 타고 가면 하루가 걸리는 타이프로 갔다. 예언자 사명의 10년째 맞이했을 때 일이었다. 타이프로 가는 도중에 그는 바크르부족에게 설교하러 갔다. 이들은 메카 불신자들과 조금도 다름없는 고집쟁이들이었다. 다음에 남방계 아랍부족 가흐탄의 후손들을 방문했다. 이들도 역시 완고하여 무함마드의 말을 들으려고 하지 않았다. 예언자는 어떤 환영을 타이프 사람들에게서 받을 것인가를 추측해 보았을 것이다.

타이프는 표고 1천6백미터의 고원도시로 주변 사막에 비해서는 두드러지게 비옥한 곳이다. 공기가 맑아 다른 대륙에 있는 것 같아서 메카의 부호들은 한결같이 타이프에 별장과 농장을 가지고 있었다. 시 전체에 성벽을 쌓고 성벽 위에는 여신 알 라트의 상이 있었다. 여신상이 있는 큰 절간 한 채가 있었다. 예언자는 거기에 가서 타이프의 유지들을 만나 그들을 한 분인 하나님의 예배에 초대했다. 사키프부족은 타이프의 유력한 부족이었다. 이 부족의 세 형제가 그 부족들의 지도자였다. 무함마드는 이 세 형제를 하나님에게로 초대했다. 이들은 대단히 교만했다. 이들 중 한 사람이 그에게 말했다.

"네가 하나님의 사도라면 하나님은 당신을 이렇게 도보로 헤매게 하지는 않을 것이다."

두 번째로 또 한 사람은,

"하나님의 메시지를 만들기 위한 다른 사도 하나가 하나님께 없는가?"
하고 비꼬았다.

세 번째로 남은 한 사람이 이렇게 말했다.

"네가 진실하다면 너하고 말하는 것은 위험하고, 네가 거짓말쟁이라면 너하고 말할 값어치는 없구나."

무함마드는 그들에게서 떠났으나, 이 형제는 타이프의 간악한 사람과 아이들과 청년들을 무함마드와 그의 단 하나의 동반자에게 싸움을 걸게 했다. 벽돌 조각이 그에게 날아왔다. 온몸에서 피가 마구 흘렀다. 이제 그에게 남은 길이란 메카로 되돌아가는 길뿐이었다. 군중들은 그를 오랫동안 먼 곳까지 따라오면서 돌팔매질을 계속했다. 신발이 피로 물들여질 때까지 그들의 돌팔매질은 그치지 않았다. 이 사건을 무함마드는 이렇게 말했다.

"내가 타이프에서 멀리 도망쳤으나 어찌나 몸과 발이 아팠는지 의식이 없었다. 내가 뛰었는지 뛰지 않았는지 도무지 생각이 안 난다."

무함마드가 우트바 빈 라비아 지역에 도착했을 때에야 비로소 군중은 물러갔다. 그곳 포도밭에서 그들은 몸을 쉬었다.

적에게 저주할 정당한 기회가 있다면 지금이야말로 무함마드가 타이프인들에게 저주할 때였다. 그는 피를 흘리고 있었다. 부당하게 받은 잔인한 취급에 그의 심장은 찢어질 것만 같았다. 그는 이렇게 말했을 것이다. 즉

"오 하나님! 이와 같이 잔인한 사람들을 벌하시옵소서. 그리고 공정하게 생각하는 사람이란 하나도 없나이다."

그러나 무함마드는 하나님에게 이렇게 기도를 올렸다.

"오 하나님! 저는 당신에게 내 힘의 연약함, 내 수단의 빈곤, 내게

반대하는 사람들에 대한 멸시를 탄식합니다. 자비하심이 깊고 자애하심이 넓으신 하나님! 당신은 약한 자의 지지자이시고, 당신은 저의 주님이십니다. 당신은 저를 누구의 손에 두셨습니까. 음산한 얼굴의 외국인의 손에입니까, 혹은 저의 적들의 손에입니까. 그러나 만일 당신이 저를 욕하시지만 않으신다면 저는 그들을 돌보지 않으렵니다. 왜냐하면 당신의 위로만으로 저에겐 충분합니다. 오 주님! 저는 모든 어둠을 비추고 정의를 온 세상에 정하시는 당신의 얼굴과 당신의 노함과 불쾌(不快)에서 떠난 그 빛 속에 피난처를 구합니다. 저는 당신의 기쁨만을 찾습니다. 저는 당신의 도움을 제외하면 유익한 일을 하거나 악을 막을 힘을 갖고 있지 않습니다."
하고 기도를 올렸다.

유혹과 박해를 견디어낸 9년 간의 노력은 수포로 돌아가는 것인가. 이같은 실의와 낙담 속에 언제나 부드럽고 상냥스럽게 위안해 주던 하디자도 없다. 절망의 늪 속에 빠지면서도 지푸라기라도 잡는 마음으로 오직 하나님의 위로와 은총을 계속 찾는 무함마드의 모습은 오직 숭고하다는 긴장된 기백이 느껴진다.

이것은 무함마드의 기도를 그대로 적은 것이다. 이 기도의 밑바닥에 흐르고 있는 미묘한 감정과 마음의 겸허는 다만 기도에서만 적절하게 감득될 수 있다. 예언자는 그가 받은 취급에 대해서가 아니라 자기 자신의 약함과 빈곤에 대해서 부족함을 털어놓았다. 그는 자기 마음과 하나님의 마음과의 교류에서 피하는 하나님의 노하심 이외에 아무것도 두려워하지 않는다. 이런 기도에 대해서 하나님은 대답하신다.

그러므로 조용히 참아라.
그들은 그날이 멀다고 하나

우리들의 눈에는 가까이 보인다.
　　　—《코란》 70장 5~7절)

　무함마드는 자기 영혼 속에서 쿠라이시부족이 어느 때인가 자기를 믿을 것임을 확신하고 모든 외부의 좋지 못한 징조에 참고 견디었다.
　무함마드는 라비아의 아들들의 포도밭에 앉아 있었다. 이 아들들이 종 앗다스를 시켜 포도 한 바구니를 무함마드에게 대접케 했다. 앗다스는 기독교인이었다. 그는 무함마드가 포도를 먹기 전에 '하나님의 이름으로'라고 하는 말을 듣고, 아랍인이 어떻게 그런 말을 할 수 있는가고 이상하게 생각했다. 그의 손님 무함마드가 한 예언자임을 알고 그 종은 곧 그의 신앙을 믿었다.
　그는 이제 매우 위험한 상태에 놓였다. 그의 적들이 그를 죽이려고 한다고 해도, 그 위험에서 그를 건져 줄 사람이란 쿠라이시부족 중에 하나도 없었다.
　그는 자기의 사자를 쿠라이시부족의 이름난 인사 몇 사람에게 보내서 자기의 보호를 호소케 했으나, 무티임 빈 아디 외에는 그 호소를 받아들인 사람이 없었다. 무티임의 여러 아들들이 무함마드를 집에까지 데리고 가서, 무함마드가 자기 아버지의 보호 밑에 있다고 쿠라이시부족들에게 말했다.
　쿠라이시부족, 아니, 믿지 않는 쿠라이시부족은 이제 무함마드에게 세력 있는 친구가 없음을 알았다. 무티임 자신이 이교도였고 그의 보호란 쿠라이시부족의 눈에는 큰 존재가 되지 못했다. 쿠라이시부족은 무함마드가 타이프 사람이나 그밖의 부족들을 개종시키지 못한 것을 알았다. 그러나 무함마드는 절대로 굴하지 않았다. 메카에 돌아온 뒤에 무함마드는 킨다족과 칼브족, 하니파부족, 그리고 아미르부족의 집을 방문했다. 이들 중의 아무도 그의 말을 듣지 않았다. 그들은 모두 그를 거절하였고, 어떤 사람들은 대단히 교만하기까지 했었다.
　아미르부족은 무함마드가 성공한다면 그때 자기들이 명령할 권리를 가진다는 조건으로 그를 돕고자 했다. 무함마드가 그것은 하나님의 손에 달렸다고 말하자, 그들은 오만무례하게 그를 거절했다.
　무함마드가 마지막으로 보호를 부탁한 나우파르족이 그를 받아들이고 무장한 아들을 보내어 무함마드와 함께 메카로 갔다. 그러나 조건부였다. 이슬람을 전파하지 않는다는 것이다.
　사명을 받은 후 10년째 되는 해에 무함마드는 이슬람교도들 중에서 가장 유력했던 아부 바크르와의 우의를 두텁게 하기 위해 아이샤 빈트 아부 바크르와 약혼했으나, 이 여자와의 결혼은 메디나에서 몇 해를 보낼 때까지 이루어지지 않았다.
　그후에 무함마드는 아비시니아에 이주했다가 메카에 돌아온 후, 남편을 잃고 돌보아 줄 사람이 아무도 없는 초대 이슬람의 한 사람인 과부 사우다와 결혼했다. 그녀의 남편은 아비시니아에 망명중 이슬람을 버리고 기독교도가 되어 있었다.
　그러나 그의 아내는 이슬람에 그대로 남아 있다가 메카로 돌아와 있었다. 사우다는 아름답지도 않고 젊지도 않았다. 이슬람에 충실하려고 메카에 돌아왔을 따름이다. 이슬람에 대한 깊은 신앙에 무함마드는 그녀를 아내로 맞이한 것이다. 이때까지도 이슬람들의 결혼법이 예언자에게 계시되어 있지 않았다. 사실상 메디나에 이주한 후에도 오랫동안 결혼법이 계시되지 않았다.

8. 무함마드의 야행(夜行)과 승천

무함마드의 승천

무함마드가 메디나로 천도하기 1년 전에 그는 유명한 환시(幻視)를 가졌다. 이 환시를 알 이스라(예루살렘 夜行)와 미라즈, 즉 승천(昇天)이라 한다.

이 야행과 승천은 이슬람 신학에서 중요한 역할을 하므로 이것을 자세히 말해 둘 필요가 있다. 그러나 미라즈란 낱말이 《코란》에 사용되어 있지 않다는 사실을 알아둘 필요가 있다. 불신자들은 기적으로 사명을 증명하라고 하면서, 하늘에 올라가서 자신들이 읽을 수 있는 책을 내려보내라고 그에게 요구했던 것이다. 그들이 사용한 말은 '네가 하늘에 올라가라'(타르카 피 사마이)였다. '타르카'란 말은 '네가 올라가라'인데 '라키야'(그가 올라갔다)에서 온 말이다.

'미라즈'는 '아라자'에서 온 말이고, 이것은 '그가 올라갔다'를 의미한다.

그러나 두 단어 사이에 차이가 있다. '라키야'는 《코란》에서 몸의 승천에 사용되고, '아라자'는 천사(메신저)들과 성령 또는 가브리엘의 승천에 사용되어 있다. 그 구절을 참고로 첨가해 둔다.

(그 계단을 따라서)
여러 천사와 성령(가브리엘)은
그분 곁에 하루 동안 올라갔다.
그 하루의 길이는 5만 년이다.
　　　　　　　—《코란》 70장 4절

그런데 무함마드의 승천은 날, 달, 해를 거치지 않고 초(秒), 분(分)의 문제였다. 이것은 모든 사람에게 인정된 사실이다. 사용한 이 단어는 미라즈이고, 이 단어는 하나님이 사용한 몸을 갖지 않은 천사나 성령들의 승천을 뜻하며, 하나님에 사용되는 낱말이다.

이 예비적인 주석을 이해하고 독자들은 다음 사항들을 이해하기 바란다.

하나님으로부터 사명을 받은 10년째 되는 어느 여름밤에, 그는 아부 탈리브의 딸이고 사촌인 힌드의 집에 머물렀다. 이때에 있었던 일을 힌드는 이렇게 말했다.

"그날 밤, 하나님의 예언자가 저희 집에서 주무셨다. 그는 밤기도를 올리시고 잠이 드셨다. 우리도 잤다. 해가 뜨기 전 새벽에 하나님의 예언자는 우리를 깨우셨다. 우리는 예언자와 함께 기도를 드렸다. 예언자는 '움미 하니(힌드의 별명)야! 네가 이 골짜기에서 나를 보았듯이, 나는 너와 함께 밤 예배를 드렸다. 그때 나는 성지에 가서 거기서 예배를 드렸고, 그 다음에 지금 네가 보듯이 나는 너와 함께 아침 예배를 올리고 있다'라고 말씀하셨다. 그래서 나는 '오 하나님의 예언자시여! 이 일을 다른 사람에게 말하지 마십시오. 그들은 당신을 거짓말쟁이라고 인정하여 당신을 해칠까 두렵습니다'하고 무함마드에게 청했습니다."

무함마드가 이 말에 대해서 '맹세코, 나는 이것을 그들에게 말하련다'고 대답했다고 한다.

그러나 이 전설은 다른 전설을 믿는 사람에게는 믿어지지 않는다. 이들은 하나님의 예언자가 야행시에 지붕 없는 카바신전의 부분(하티임이라 한다)에서 잠자고 있었다고 말한다. 앞서 말한 날짜도 역시 전적으로 인정받지 못하고 있다. 확실한 것은 이것이 무함마드가 예언자로서 사명을 받은 지 제10년과 제13년 사이에 일어났다고 한다. 여기서 말할 수 있는 것은 무함마드가 메디나로 이주하기 전의 모든 사건의 날짜가 다른 몇 가지 예외를 제외하면 확정짓기 어렵다는 사실이다. 그 당시 이슬람교도들은 조직체가 없었고 생활마저 극도로 어려웠기 때문에 모든 사건을 기록할 생각을 아직 하지 못했다. 따라서 날짜는 대부분 어림수이다. 이 야행과 하늘의 환시(幻視)에 대해서도 그러하다. 또 야행이나 승천이 같은 날 밤이냐에 관해서도 말하기가 매우 어렵다.

그럼 무함마드의 승천과 야행에 대한 것을 보면 이렇다. 무함마드는 카바신전 곁에 있는 집에서 잠을 자고 있었다. 한여름의 라잡달 27일이다. '천사 가브리엘이 지붕 부서진 틈으로 내가 잠자는 방으로 내려와 내 가슴을 열고 잠잠 샘물로 깨끗이 씻었다. 그 다음에 천사는 지혜와 신앙을 채운 황금의 조리로 나의 가슴속에 붓고 가슴을 닫았다. 그리고 나의 손을 잡고 날개가 달린 말 부라크에 태웠다'고 그는 말했다.

출발할 때 무함마드는 몽롱한 상태였다. 부라크는 여성의 머리를 가지고 있고 말과 나귀의 중간 정도의 크기에다 섬광처럼 빠른 동물이었다. 부라크가 처음 멈춘 곳은 아브라함의 묘소가 있는 헤브론이었다. 그는 그곳에서 예배를 드렸다. 이어서 예수가 탄생한 마을인 베들레헴에 들러 그곳에도 예배를 드렸다. 마지막은 예루살렘이다. 지상의 신앙 중심지인 메카로부터 성스런 예배당이 있는 예루살렘에 도착하여 '이스라'를 끝냈다.

지상의 여행 종착점인 예루살렘에서 이번에는 천상에의 여행인 '미라즈'가 시작되었다. 천상여행은 예루살렘으로부터 하늘의 둥근 천장, 일곱 단계로 나눠진 하늘의 가장 낮은 부분인 하늘에 갔다. 무함마드가 천사와 함께 도착한 곳은 하늘의 제일 아래에 있는 아담이 있는 곳이었다. 그 바로 위에는 예수와 세례 요한이 있었다. 각각 무함마드를 환영하고 그의 행복을 기도했다. 세 번째 단계의 문이 열리니 요셉이 있었고 네 번째의 하늘에서는 이드리스가 있었고, 다섯 번째의 하늘에는 아론, 여섯 번째에서는 모세를 만났다. 그리고 일곱 번째 가장 상단의 하늘에는 아브라함이 있었다. 이렇게 하여 무함마드의 승천은 끝나고 다시 부라크의 등을 타고 메카로 귀환했다.

다음에 또 야행과 승천이 온몸의 물질을 가지고 무함마드에 의해서 성취되었다든가, 그는 신체적으로 예루살렘으로 운반되었다가 다음에 가장 높은 하늘에 옮겨졌다고 말하는 사람들이 있다.

그러나 한편 이 두 사건이 정신적인 일이고 신체는 그것이 있던 자리에 머물고 있었다고 말하는 사람도 있다. 무함마드의 아내인 아이샤나 아부 수피안은 이런 신앙을 주장하는 권위자이다.

어떤 사람들은 야행은 신체적이나 승천은 정신적이었다고 생각하여, 위에서 말한 설을 절충시킨다.

이 문제에 관해서 여러 책이 쓰어졌고 논쟁이 벌어지기도 했었다. 그러나 지금은 과학이 우리들에게 도움이 되었다. 오늘의 과학은 우리 선조들의 과학보다도 훨씬 쉽게 승천을 이해한다.

라디오는 수천 마일 떨어져서 이야기하는 사람들의 음성을 우리에게 전달해 주고, 텔레비전은 멀리 있는 사람의 실제의 그림들을 우리

눈앞에 가져올 수 있다. 우리 선조들은 야행과 승천이 신체적 여러 기능이었다고 주장했다. 그렇게 믿은 까닭은, 선조들이 이해한 바에 따르면, 무함마드가 보고들은 것이 다른 어떤 근거에서 설명될 수 없었기 때문이다.

자! 우리들은 실상 우리들의 경험의 시각적 제현상이 광선이나 사물의 원자(原子)의 극도로 작은 미립자(微粒子)의 일정한 움직임의 결과라는 것을 알고 있다. 우리는 그것이 다만 광선인지 혹은 원자의 미립자의 움직임인지 아직 모른다. 그러나 우리들이 알고 충분히 말할 수 있는 것은, 사물 하나를 볼 때에 그 사물이 우리들의 눈에 떨어지는 광선이나 혹은 미립자를 의식하는 것이고, 이것을 환시(幻視)라고 부른다는 사실과, 환시의 대상이 우리들의 눈 바로 앞에 있을 필요가 없다는 것이다. 그것에서 방사하는 광선이나 미립자가 우리들 눈에 도달할 수 있는 동안 그것은 아무 데고 있을 수 있다.

시간과 공간이 꿈에서는 새로운 의의를 갖는다는 것은 누구나 다 알고 있는 사실이다. 우리는 꿈꾸는 시간이 몇 초에 지나지 않으나, 꿈에 비치는 사건들은 며칠이나 몇 달일 수 있다. 우리는 꿈에서 날아다니며, 마치 시간 속에 있지 않은 듯이 이곳에서 저곳으로 움직인다.

무함마드의 경우에도 하나님은 이미 그에게 가브리엘, 즉 참된 영(靈)을 보내고, 이 영은 그에게 하나님의 명령을 전하였다. 무함마드는 당시의 다른 사람들이 도저히 할 수 없었던 것들을 영적으로 환시하였다. 이 환시의 확신에 근거해서 그는 하나님으로부터의 모든 사명을 주장했다. 만일 이 주장이 그에게서 부정된다면 토론의 여지는 없어진다. 그러나 만일 그 주장이 그에게 허용된다면 승천은 쉽게 이해된다. 승천이란 수학상의 N승(乘)을 곱한 영감이나 계시(啓示)에 불과하다. 그리고 《코란》과 그밖의 계전은 뚜렷이 무함마드 이전의 예언자들도 똑같이 경험했다는 사실을 전하고 있다.
　예언자들은 과학자도 아니요 철학자도 아니나, 과학자나 철학자들이 주장하는 것 이상으로 이해하기 어려운 전우주의 아래위를 획정(劃定)하는 '실재자'에 대해서 말한다. 예언자들은 자기들에게 들리는 것을 절대적 진리임을 마음속에서 만족한다. 이 만족은 어떻게 얻어지는가. 그것을 얻는 길은 오로지 하나뿐, 실제의 경험이다. 이 경험은 영적 환시에서만 가능하다. 아브라함, 모세, 그리고 무함마드가 환시했고, 그 경험을 갖고 있었다.
　하나님이 무함마드에게 말한 사실은, 만일 기적이란 것이 불가결한 것이라면 기적 중에서도 가장 놀라운 기적이었다. 그러나 그가 본 것은 단지 꿈만은 아니었다. 그것은 모든 인간 중에서도 가장 영광된 자에게 계시된 하나님의 영광이었다. 무함마드의 눈과 귀는 잠시 시간과 공간의 구속에서 자유로웠다. 그는 해, 달, 땅과 천체가 돌고 있으나, 이 땅에 구속되어 있지 않는 것을 보았다.
　무함마드는 인간 세대의 과거와 미래를 보았고, 모든 시대의 예언자를 보았고, 그 예언자들이 완성한 것을 보았다. 무함마드는 하나님의 천사들이 자기들의 의무를 다하고, 하나님의 법칙이 일정한 목적에 따라 운행되고 있음을 보았다. 그의 영은 그가 사명을 받기 전 몇 해 동안 하나님에게 기도를 드리고 우주를 설명하여 주시기를 바랐다. 10년 동안이나 그는 가브리엘의 말을 들었고 그의 교훈을 배워 왔다. 여기에 그가 듣고 약속받은 모든 것에 대한 시각상(視覺上)의 증거가 있었다. 그는 이 지상에 자기 목숨을 노리는 적들을 가졌으나 하나님이 그의 친구였다. 이 하나님은 자기의 목적이 이루어지고 있으며, 이루어질 것임을 무함마드에게 보여주려고 했다.
　인간이 보통 감각을 가지고 볼 수 없는 것을 무의식 상태에서 볼 수 있다는 사실은 시나이산에서 있었던 모세에게 일어난 것으로 증명된다.

> 모세가 우리와 만날
> 약속의 때가 왔을 때
> 주님이 그에게 말씀하시니
> 그는 말했다.
> "주여!
> 내가 볼 수 있도록
> 친히 당신을 나타내 보이시옵소서."
> 주님이 말씀하시기를
> "나를 볼 수 없으나 저 산을 보고 있어라.
> 만일 그 자리에서 꼼짝 않고 움직이지 않으면
> 나를 볼 수 있으리라."
> 그리고 그의 주님이(영광으로써)
> 그 산을 덮었을 순간에
> 주님은 그 산을 조각조각 깨쳤다.
> 그리고 모세는 정신을 잃고 쓰러졌다.
> 모세가 의식을 되찾았을 때 말했다.
> "영광이 당신과 함께하시기를,
> 개전(改悛)의 마음 바치리다.
> 저는 믿는 자의 첫 사람이 되겠습니다."
> ─《코란》7장 143절

이것이 모세의 승천이었고, 무의식중에 모세는 그의 정신적 눈을 가지고 자기를 '믿는 첫 사람'으로 만든 것을 보았다. 모세는 하나님을 보지 않았고, 볼 수도 없었다. 왜냐하면 하나님을 이해할 수 있는 눈이란 여태까지 없었기 때문이다. 그러나 모세는 무의식상태에서 그의 신의 계시를 가졌다. 다음 두 구절이 이 사실을 아주 뚜렷이 밝혀 준다. 그 구절 속에서 하나님이 모세에게 말했다.

> 하나님의 말씀이 있었다.
> "모세야! 나는 너를 특히 모든 사람 중에서
> 택하고, 나의 전언(傳言), 나의 말을 맡기기로 했다.
> 자, 내가 주는 것을 받아라.
> 그리고 감사하여라."
> 그래서 우리(하나님)는 비석 위에
> 모든 것에 대한 계명(誡命)과
> 모든 것에 관한 자세한 설명을
> 기록하였다.
> "자, 이것들을 꼭 받아 쥐어라.
> 그리고 기록되어 있는 대로 사람들에게
> 최선의 길을 걷도록 들려주어라."
> ─《코란》7장 144~145절

이것이 유명한 모세의 십계명이었다. 모세는 이 십계명을 그의 승천중에 받았다. 이것은 무함마드가 행한 바와 같이 또 와라카 빈 나우팔이 무함마드와 하디자에게 '위대한 법과 계명이 모세에게 온 것 같이 그에게 왔다'고 말한 것과 같았다.

> 아브라함도 승천한 바 있다.
> 이런 방법으로 우리(하나님)는
> 아브라함에게 하늘과 땅의
> 왕국을 보여주고

그를 확고부동한 신자가 되도록 하였다.
　　　　　　　—《코란》 6장 75절

　이 마지막에 인용된 구절 속에 승천의 목적이 설명되어 있다. 그 목적이란 예언자가 그에게 전해진 것을 실제로 보고 계시의 진리로 절대 확신하는 일이다. 이것은 모세, 아브라함, 무함마드에서 똑같다. 위의 구절에 있는 '보다'라는 말의 아랍어는 '라 아'이다. 이것은 '그가 보았다'란 뜻이다. 그러나 '라 아'의 '보다'는 '정신적으로' 보는 것을 의미하고 단지 눈으로 보는 것은 아랍어로 '나자라'라고 한다.
　무함마드의 환시에 관한 자세한 이야기는《코란》17장과 53장에 나타난다. 이 두 장은 메카에서 계시받은 것이다. 첫째 것 17장은 '이스라엘 사람'의 장이라고 불리어지기도 하고 '알 이스라', 즉 '밤 여행[夜行]'의 장으로 알려지고 있다.
　둘째 것 53장은 '별'의 장이라고 불린다.
　위에서 말한 첫 장은 많은 말로 되어 있지 않다. 이 장에 계시된 것은 무함마드에게 보여진 것들이다. 이것은 바로 이 장의 첫 구절에 뚜렷이 나타나 있다.
　첫 구절은 이렇다.

　　하나님에게 영광이 있으시기를.
　　그의 종을 거룩한 신전(神殿)에서
　　우리가 축복한 멀리 떨어진 신전에로
　　야행(夜行)하게 하신 하나님께 —
　　우리(하나님)들이 그에게
　　우리들의 징조 몇 가지를 보여주고자 ……
　　　　　　　—《코란》 17장 1절

거룩한 신전은 카바신전이고 먼 신전이란 예루살렘의 신전이다. 무함마드는 이곳으로 자기 얼굴을 돌리고 예배를 드렸다.

예루살렘은 많은 예언자들의 본고장이고, 성지로 불리었다. 무함마드는 예루살렘에 간 적이 없었다. 하나님은 그곳과 무함마드보다 앞서 세상을 떠난 모든 예언자와 그밖의 많은 것들을 그에게 보여주려고 했다.

모세가 법전(토라)을 받았던 광경과 이스라엘족이 어떻게 방주(方舟) 속에 있는 노아 일족으로부터 계승되는가 하는 과정이 무함마드에게 보여졌다. 그에게 이스라엘 역사가 알려졌다. 이 역사는 《코란》의 다른 장(3~5장)에 자세히 전해지고 있다. 예루살렘의 두 차례의 멸망, 바빌론에 의한 멸망과 로마인에 의한 멸망이 알려졌다(4~8장). 이 가운데서 이슬람교도들이 유태의 승리자들을 정복한다는 것과 이슬람교도들도 조심하지 않으면 유태인들과 같이 승리를 잃을 것이라는 경고를 직접 환시한 이야기가 있다. 《코란》은 믿음 있는 자를 인도하는 안내자이고, 또 좋은 소식이지마는, 믿음 있는 자들은 성급히 굴어서는 아니된다(9~11장).

앞에서 나왔다시피 예루살렘으로부터 무함마드가 하늘로 옮겨졌다. 거기서 그에게 어떻게 낮과 밤, 달과 해가 계산되는지를 보았고, 그 외 여러 가지가 무함마드에게 아주 조심스럽게 설명되었다(12장). 무함마드는 태양계 운동에 관한 설명을 듣고 난 뒤에 인간의 행위가 어떻게 자기들의 미래에 반응되는가를 보게 되었다. 만인은 목에 매여 있는 자기의 기록을 가지고 있으며, 다른 사람의 기록의 짐을 날라주는 사람은 하나도 없다.

또 과거의 도시와 국가가 어떻게 파괴되었고, 사람들이 얼마나 이 세상의 이권(利權)에 몰두하고 있으며, 믿고 선한 행위를 행하는 사람이 미래의 행복을 얼마나 갈망하는가가 무함마드에게 보여졌다. 그러나 하나님은 몇 사람을 뽑아서 여러 사람들 위에 올려놓는다. 사실 선악에 관한 철학 전체, 즉 윤리가 그에게 설명되었다(13~21장). 무함마드는 천국과 지옥을 알게 되었고, 인간이 어떻게 자기 행위에 따라 천국과 지옥을 얻는가를 알게 되었다.

무함마드가 쿠라이시부족에게서 쫓겨나고 지상에서 갖가지 위험에 처해 있다는 것은 하나님은 알고 있었다. 하나님은 선배 예언자들이 겪은 고뇌에 대해서 말씀하시며 위로하셨다. 하늘을 떠날 즈음에 모세의 10계와 마치 한가지로 12가지의 계율을 받고 이슬람교도에게 전달하라는 명을 받았다.

그는 이제 이 지역에서 떠나서 보다 높은 정신계에 올라간다. 그 계명은 대단히 간결하게 기록되었다(23~39장).

    하나님 외에 아무도 섬기지 말라.
    너의 부모를 공경하라.
    부모에게 거짓말을 하지 말고, 공손히 말하되,
    온유하고 다정하라.
    부모를 위하여 하나님의 자비를 빌라(23~25장).
    근친자에게 할 일을 꼭 하여라.
    또 가난한 사람에게나 길손에게도.
    그러나 쓸데없는 낭비를 하지 말라(26~27장).
    너희들은 거지거나 또는
    이쪽에서 자비를 베풀어야 하는 사람에게서
    얼굴을 돌려야 할 때에도
    그들에게 친절한 말이라도 해주어라.
    쏘는 말이나 엉뚱한 말을 하지 말라.
    하나님은 자기가 좋아하시는 대로

모든 것을 마련하신다(28~30장).
어린것들을 죽이지 말라.
그것은 죄 중의 죄이니라(31장).
이런 죄에 이르는 것에 가까이 가지 말라(32장).
정당한 까닭 없이 사람을 죽이지 말라(33장).
최선의 방법이 아니면
고아의 재산을 쓰지 말라(34장).
계약을 이행하라.
척도(尺度)나 중량에서 정당하라(34~35장).
자기가 알지 못하는 일을 행하지 말고
직접 얻은 증거를 하라(36장).
교만하지 말라(37장).
그리고 하나님과 함께
다른 신을 정하지 말라(39장)

전우주가 얼마나 '하나의 법'—하나님의 의지에 순종하고, 모든 그리고 각각의 원자, 아니, 각 원자의 각 구성 분자가 하나님을 얼마나 찬양하고, 그의 영광을 선언하고 있는가가 무함마드에게 보여졌다.

말해 주라.
"모두가 말하듯이 하나님 외에 신들이 있다면
그것들이 반드시 옥좌에 군림하는 자에의
길을 찾아올 것인데"라고.
영광은 하나님의 것, 그들이 말하는 것과는 비교 안될만큼 높이 계시는 하나님이시다.
—《코란》17장 42~43절

그리하여, 무함마드는 하나님만이 다른 조력자, 조수, 동료, 경쟁자 없이 이 우주를 움직이고 있다는 것을 그의 환시에 의해서 확신했다. 어떤 상대자가 있다면 그 경쟁자는 하나님과 싸울 방법을 발견했을 것이나, 그런 방법이란 하나도 없다.

이것이 이슬람의 기본이다. 이 기본 위에 모든 이슬람교도들은 서 있는 것이다. 불신자들은 그들이 원하는 대로 무엇이든지 행한다. 하나님의 의지는 언제나 퍼져 있다. 불신자들은 자기들의 악행의 결과가 어떠리라는 것을 모른다. 무함마드는 불신자들에 대해서 매우 슬퍼한다. 그들이 우상 숭배를 단념하지 않기 때문이다. 그러나 하나님은 그에게 다음 것을 보여주신다.

    일곱의 하늘과 대지도
    그리고 그 가운데 있는 모든 것이
    하나님의 영광을 선언하고 있다.
    하나님을 찬양하고
    그의 영광을 찬양하지 않는 것이란
    하나도 없다.
    그러나 그 영광을 이것들이 어떻게 찬양하는지
    너희들이 모르고 있을 뿐이다.
                        —《코란》 17장 44장

무함마드는 자기의 승천이 얼마나 중요한가를 알고 있다. 그는 자기 외의 모든 사람을 넘어 그의 주님의 정신적 영광 속에 올라갔다. 무함마드를 모든 사람 위에 올려놓은 것은 그의 주님이시다. 이렇게 그는 환시를 계속하다가 맨 나중에 하루 다섯 번 예배하라는 명령을 받는다. 환시 전에는 그는 하루 두 번 아침 저녁 기도를 드렸었다.

> 무함마드야! 낮이 기울어질 때부터
> 밤이 어두워질 때까지 예배드림을 잊지 말라.
> 그리고 아침 일찍이 《코란》을 읽을 때는 입회천사가 있다.
> ―《코란》 17장 78절

초기에는 오전, 오후, 저녁과 밤에 예배를 올렸다. 일찍이 《코란》을 독송하는 것은 아침 예배를 올리는 것이 된다. 이보다 전에는 예배는 '해가 뜨기 전과 지기 전에' 올려졌었다. 이제 이에 셋이 더 많아진 것이다.

승천은 하나님과 하나님의 예언자들 사이에 가로놓인 문제이다. 예언자마다 자기 능력에 따라 자신의 승천을 가지고 있다. 승천과 같은 대단히 높은 정신적이고 뚜렷하게 비유적인 문제나 사건을 들추어서 비방하는 것은 믿는 자들이 관계할 일이 못 된다. 만일에 《코란》에 언급된 모든 것이 문자 그대로 간주된다면, 《코란》의 내용과 그 아름다움에 대한 우리들의 평가는 바로 끝장을 보고 말 것이다. 《코란》을 글자대로 해석하기를 주장하는 사람은 《코란》의 모든 비유를 인간들이 만든 작품보다 더 나쁜 것으로 깎아내리고 있는 것이다.

53장에 기록된 승천의 이야기는 대단히 비유적이다. 그것은 이렇다.

> 지는 별에 맹세하여,
> 너희(메카인) 친구(무함마드)는
> 헤매지도 않고 잘못하지도 않는다.
> 제 욕심대로 지껄이는 것도 아니다.
> 그것(《코란》)은 모두
> 내려진 계시일 뿐이다.
> 강한 권능을 가지신 주님으로부터

8. 무함마드의 야행(夜行)과 승천 / 141

그에게 가르쳐진 것,
강력한 힘의 소유자, 이는 자기 자리에
굳게 계시는 분.
그리고 그분은 높고 또 높은
지평선에 있다가
가까이 내려와서
그는 두 활의 활줄보다,
아니, 더 한층 가까이까지 있었다.
그래서 하나님은 계시하실 것을
그의 종(무함마드)에게 고하셨다.
그(무함마드)의 마음은
그가 본 대로 진실했다.
그가 본 것을 너희는
이러쿵저러쿵 할 작정인가.
정말로 그는 또 한 번의
비행에서 내려올 때 하나님을 보았다.
하늘 끝의 성목(聖木) 가까이에서.
성목 곁에 집 있는 정원이 있었다.
그때 무엇인가 성목을 덮고
성목은 그 정원을 덮고.
시선은 빗나가지 않고,
그렇다고 한계는 넘지 않았다.
정말 그는 주님의 징조를
확실히 보았다.

— 《코란》 53장 1~18절

첫 행에서 하나님은 인류로부터 저물어 가는 하나의 별에 무함마드를 비한다. 별이 진다 하여 별이 없어질까. 혹은 자기 궤도에서 벗어날까. 지식 있는 사람이 조금만 생각해 보면 둘 다 아닌 것임이 밝혀질 것이다. 별을 잃은 것은 대지가 변하는 것이다. 별은 자기 고유의 위치와 궤도에 머물러 있다. 별은 그 법칙에 따라 다시 뜨고 다시 진다. ─ 땅은 땅의 축(軸)의 주변에서 움직이고 땅은 땅의 궤도 안에 있는 태양의 주변을 돌고 있다.

무함마드에게 있어서도 매한가지이다. 그가 잊혀진 것이나 벗어난 것이 아니라, 별이 하듯이 자기 고유한 생명 과정 속에서 움직이고 있는 것이다(2절).

땅이나 별은 제멋대로 움직이지 않는다. 그것들은 하나님께서 이미 정해 놓으신 법칙에 따르고 있다. 하나님으로부터 받은 무함마드의 메시지도 이와 똑같다. 그는 메시지를 자신의 욕망대로 명하지는 않았다. 메시지는 그에게 계시되는 것이다(3~4절). 그는 별이나 땅의 경우와 똑같이 자기 계시 속에서 '하나님의 의지'에 순종하고 있다.

누구의 의지에 따라서 이 《코란》은 무함마드에게 가르쳐진 것인가? 별이 하나님의 법칙에 따라 움직이듯이 하나님의 의지에 의해서이다. 《코란》은 55장의 첫 구절에서 언급되어 있듯이 전능한 힘의 주인에 의해서 그에게 가르쳐졌다.

"앗라하만(가장 자비하신 분)이 《코란》을 가르쳤다."

그러므로 승천의 첫 목적은 계시를 받는 데 있다. 《코란》을 불어넣거나 계시하는 하나님은 메카인들이 상상한 신이 아니다. 하나님은 가장 강한 힘의 주인이시고, 힘의 소유자이시고, 이는 그가 별의 경우에 하신 대로 자신의 위치에 확고히 계시는 분이다(6절). 질서의 하명, 그리고 하늘과 땅의 정치는 하나님을 교란하지 못할 뿐 아니라, 무함마드에게 내린 계시를 흔들어 놓지 못한다. 하나님은 그의 힘 속에서 교란됨이 없이 완전히 견고히 머물고 계신다. 그러나 하나님은 무함마드를 자기에게로 가까이 끌어당겨서, 별이 그 위치의 절정을 가지고 있듯이 자기 힘의 절정에까지 높이 올린다.

위의 계시는 모두 무함마드의 신체적 자기(自己)에 관한 것이긴 하나, 이 기사를 비유로 생각해서 무함마드를 — 그의 이름이 이 구절에 나타나지 않고 대명사 '그'로 나타나지마는 — 정신적 자아(自我)로 해석하는 편이 더 낫다. 이제 우리가 무함마드라 불러온 이 영혼은 정신적 교육의 가장 높은 절정에 도달했고, 영혼 자신 혹은 영혼 자체(대명사에 구애되지 말라)를 하나님의 가까이에 끌어당기면서도 영혼 자신이나 영혼 자체는 하나님 앞에서 자신이나 혹은 자체를 낮춘다. 그는 자신을 자랑하지 않고, 그의 업적을 자랑하지 않는다. 한편, 우리들이 본 바와 같이 하나님에게 자신의 힘의 연약함과 수단의 부족함을 탄식하고 하나님의 의지 앞에 몸을 굽히고, 매일 몇번씩 말한다.

"높은 곳에 계신 나의 주님에게 영광이 있기를. 나는 그를 찬양하면서 그의 용서를 빈다."

그는 자기의 의지를 근절하고, 하나님의 의지 앞에 자기의 몸을 굽혔을 때, 하나님의 의지에 의해서 맴돌게 된다. 이 맴도는 것[旋回]은 두 활[弓]의 끝을 활줄로 연결해서 두 활을 하나로 만든 것과 같다. 하늘 높이 있는 별은 하나님에 의해서 그것에 명령된 궤도 안에서 움직이고, 무함마드도 역시 그렇다.

무함마드는 계속 하나님과 교류하면서 그의 명령을 받는다. 하나님은 하나님이 계시하는 것을 그에게 계시하신다(10절).

하나님은 그가 좋아하시는 대로 계시하신다. 무함마드는 어떤가? 그는 하나님의 계명을 지킬 수 있는가. 그는 그가 명령받은 것을 의심하는가? 하나님은 모든 그릇된 비난에서 그를 건지고, 무함마드는 자기 눈으로 본 것을 그의 마음은 의심하지 않는다고 말한다(11절).

그가 눈으로 본 것을 너희들은 이러쿵저러쿵하면서 따진다(12절).

그의 마음은 정신적인 힘을 가리키는 말이다. 이 힘은 오직 우리들의 '마음' ─ 다른 말이 없기 때문에 마음이라고 한다 ─ 이라는 곳에 자리잡고 있다.

위의 모든 것은 무함마드가 환시를 완성하고 우리들에게 다음 것을 알려준다. 즉 무함마드의 영혼은 하나님의 의지에 따라 인도되어 모든 의심과 허약을 떠난 높은 자리와 힘에 도달하고, 하나님에게로 아주 가까이까지 회전하고, 하나님의 앞에서 겸손하고, 하나님의 의지에 언제나 몸을 굽히고, 하나님에게 진실하다는 것, 그리고 인류가 마치 항해자들이 하늘의 별들의 궤도, 즉 별이 뜨고 지는 하늘의 위치에 따라 어두운 바다 위에서 인도되는 것과 같이, 그 빛을 받고 그것에 의해서 인도되어야 하는 것을 알려준다. 별에 거짓이 없듯이 무함마드에게도 거짓이 없다. 그는 그의 궤도에서 참되고 그 방향에서 변함이 없다.

오 사람들이여!
예지(叡智) 깊은 이 《코란》에 맹세코,
확실히 그대(무함마드)는 하나의 사도
올바른 길을 걷는 자.
　　　　　　─《코란》 36장 1~4절

그리고 그것은 이런 방법으로써이다.
우리(하나님)는 대명(大命)을 내려서
그대에게
성령(가브리엘)을 하강하게 했다.
그대는 성전과 신앙이 무엇인지 몰랐다.
우리들은 빛을 비추고 그 빛에 따라서

> 종 속에서 이렇다 할 자를
> 인도하고자 했다.
> 확실히 그대도 '올바른 길'로
> 인도할 수 있도다.
> ―《코란》 42장 52절

무함마드는 정신적인 태양이고 별이다. 이 빛에 따라서 온 인류가 인도되는데, 그 까닭은 그가 하나님이기 때문이 아니라 그의 빛이 하나님의 빛이고 그의 길이 '하나님의 길'이기 때문이다.

이것은 무함마드가 그의 환시를 가진 유일한 기회가 아니다. 그는 그 기회를 다시 한번 가졌다. 그럼 앞에서 말한 53장을 다시 찾아가 보자. 12절까지 위에서 설명했으니, 그 이하 13절부터 생각해 보기로 하자. 이 성목(聖木)은 어디에 있었는가? 또는 집 있는 정원이란 무엇이며, 무엇이 성목을 덮었는가? 깨끗한 생각과 더럽혀지지 않은 마음을 가진 독자라면 이 연설의 모습을 능히 이해할 수 있을 것이다. 이 멀고 먼 성목과 집 있는 이 정원은 성목과 정원을 인정하는 사람만이 인정할 수 있는 하나님의 기쁨의 열매이다. 우리들은 이 모습의 '실재'가 다만 하나님에게 알려지는 것임을 인정하고 겸손해지자. 무엇이 성목을 덮었는가. 하나님의 영광이 천둥같이 그 위에 내려왔을 때 무엇이 투르를 덮었으며, 무엇이 투르를 산산이 깨뜨렸던가? 그것이 무엇이었든 간에 ―

> (무함마드의) 눈은 빗나가지도 않았고,
> 배반하지도 않았다.
> 확실히 그는 그의 주님의 위대한
> 징조 몇 가지를 보았다.
> ―《코란》 53장 17~18절

9. 메카에서의 이슬람 전도 마지막 3년

그의 사명 제10년 말부터 제13년까지

아부 바르크는 무함마드와 일생을 같이한 친구이며 이슬람의 원로였고, 무함마드의 환시를 최초로 확신한 사람이었다. 그래서 그는 '참다운 자'란 칭호를 받았다. 그러나 불신도들과 망설이는 사람들은 전보다도 더욱 무함마드에 대항하였다. 메카 불신자에 관해서 기록할 만한 것이 하나 있다. 그들은 무함마드와 그의 교우 신도들에 대해서 노골적으로 반대했다. 이들은 다시 더 나가 이슬람교도들을 매질하고 고문하기 시작했다.

이것은 무함마드가 하나님으로부터 소명을 받은 제10년과 제11년 초기의 일이었다. 투파일 빈 아므르 다우시가 개종했다는 것은 앞에서 이미 말했다.

무함마드의 명성과 이슬람의 원리는 이제 아라비아반도 전체에 퍼졌다. 기독교에서 이슬람으로 개종한 20명의 대표는 그들 자신의 영역에서 이슬람을 설명하고, 학식 있는 지도자 투파일은 예멘인들을 이슬람으로 개종시키고 있었다.

9. 메카에서의 이슬람 전도 마지막 3년 / 147

그러나 메디나는 이슬람을 다듬고 퍼뜨리는 가장 특색 있는 지역으로 준비되고 있었다. 이것은 신성월 동안 순례자들과 상인들에게 무함마드가 설교한 데 전적으로 원인이 있었다. 이슬람의 정신적인 태양(무함마드)은 신앙의 추종자들을 얻고 있었다.

메디나(당시에는 야스리브)에 살고 있는 기파르부족의 아부 자르란 사나이는 진리에로 끌려갔다. 그는 그의 형제 아나스를 보내서 무함마드를 만나 그에 관한 사실을 알게 했다. 아나스는 돌아와서 무함마드가 착한 일을 하고 악한 일을 막고 있다고 보고했다. 아부 자르는 아주 만족해하지 않았다. 그래서 그는 무함마드에 대한 정확한 사실을 발견코자 자신이 떠났다. 메카에 들어섰을 때 그는 자기 신분을 알리지 않고 자기 힘으로 비밀리에 그 일을 조사할 생각이었다. 그는 알리 빈 아부 탈리브를 우연히 만나서 예언자가 있는 곳으로 안내되었다. 아부 자르는 이슬람이 무엇인가를 자기에게 설명해 달라고 예언자에게 청했다. 그리고 그 즉시로 믿었다.

그의 이슬람에 대한 열성은 대단했다. 카바신전에 돌아와서 이곳에서 자신이 이슬람교도임을 선언했다. 불신자들은 그에게 매질하기 시작했다. 그는 압바스가 그를 알아차리지 못했으면 틀림없이 살해되었을 것이다. 압바스는 예언자의 숙부였는데, 아부 자르가 자기들과 빈번히 거래하고 있는 기파르부족이라는 것을 불신자들에게 알려주었다. 이 불신자들은 그때에야 아부 자르를 석방했다. 석방되었으나 아부 자르는 다시 그의 이슬람 신앙을 선언하였으므로 불산자들이 그를 다시 매질하려고 했다. 이때 압바스는 아부 자르를 구제하여 메디나로 되돌려 보냈다.

스와이드 빈 사밋은 메디나 주민으로서 용감하고 시를 잘 짓고 명예를 존중하며 좋은 가문에서 태어났기 때문에 그 주민들로부터 '완벽한 자'로 불리었다. 무함마드의 이야기를 듣고 메카에 왔다. 무함마

드를 만나서 그는 예언자에게,

"나도 당신이 가지고 있는 것과 비슷한 것을 가지고 있소."
라고 말했다.

"그것이 무엇인데?"
라고 무함마드가 물었다.

"이솝의 현명한 말이지요."
라고 대답했다.

이 대답을 듣고 예언자는 그 말에서 그의 값어치를 평가하고 《코란》을 독송하기 시작했다. 스와이드는 그 자리에서 무함마드의 신앙을 받아들였다.

그는 유태인으로부터 영향을 받아 하나님이 한 분이라고 생각했던 아랍인 중의 한 사람이었다.

이때 메디나에서 으뜸가는 두 부족 아우스부족과 하즈라즈부족은 저희들끼리 싸우고 있었다. 아나스 빈 라피를 수석으로 하는 하즈라즈부족 대표단이 순례도 할 겸 쿠라이시부족의 지원을 얻으려고 메카에 왔다. 이 대표단에는 많은 청년들이 끼여 왔는데, 무함마드는 이들에게 이슬람이 무엇이며 아름다움이란 어떤 것인가를 가르쳤다. 아나스는 이슬람을 믿었으나 아우스는 분격했다. 아우스부족의 분노는 문제가 아니었다. 이미 이슬람의 씨는 뿌려진 것이다. 아나스는 메디나에 되돌아가서 그의 신앙을 선언하다 그곳에서 죽었다.

자마드는 예멘의 주민이고 요술쟁이 마법사였다. 그에게는 무함마드가 '진'에 귀신들린 사람으로 알려졌다. 그는 자기가 무함마드의 병을 고칠 수 있다고 말하면서 쿠라이시부족들에게 자랑했다.

그가 예언자에게 가서,

"나의 주문(呪文)을 잘 듣겠어?"
하고 무함마드에게 말을 던졌다. 예언자는,

"네가 먼저 내 말을 듣는 것이 좋겠구나."
고 말하면서 독송했다.

> 모든 찬양은 하나님의 것,
> 우리는 하나님을 찬양하고
> 그의 도움을 바란다.
> 하나님의 인도를 받은 자는
> 누구나 잘못 인도되지 않는다.
> 알라 외에 하나님이 없음을 나는 증명하노라.
> 오직 한 분이신 하나님.
> 무함마드가 그의 종이고
> 사도이심을 나는 안다.

이것은 금요일마다 올리는 기도의 첫부분이다. 자마드는 무함마드가 계속 독송하는 것을 멈추게 하고 독송한 부분을 되풀이하기를 청했다. 무함마드는 독송을 반복했다.
"그만해 두시오. 시도 주술도 많이 들었고 주술사의 독경도 들은 적이 많소마는 이런 것을 들어본 적은 한 번도 없소. 이 말의 뜻은 바다와 같이 깊소이다. 나는 이미 신자요."
라고 자마드는 신앙을 고백했다.

아나스 빈 라피가 메디나로 돌아간 후에 메디나의 아랍 두 부족 아우스부족과 하즈라즈부족간에 피비린내 나는 전쟁이 부아스라는 곳에서 일어났다. 양측에 수많은 사상자가 났다. 하즈라즈부족이 처음엔 이겼으나 아우스부족이 맹렬히 반격하여 싸운 끝에 하즈라즈부족을 패배시켰다. 메카 근처 하르브울 피자르 지방에서도 두 부족은 열 명에 한 명꼴로 사상자를 냈다. 이 전투에서 이득을 본 것은 메디나의 안팎에 있는 유태인이었다.

　메디나 거주의 유태인들은 한 예언자가 나타나서 자기들을 도와주기를 기대하였다. 아우스부족과 하즈라즈부족의 패망은 유태인들을 자랑시키는 결과가 되었다. 즉 유태인들은 곧 메디나만이 아니라 그 밖의 아라비아반도를 점령하고 아드부족과 사므드부족이 전에 파멸되었던 바와 같이 우상숭배를 절멸시킬 수 있다는 것이다. 유태인들은 큰 싸움에서 영락(零落)된 두 부족 아우스부족과 하즈라즈부족에게 '이제 그 예언자가 나타나서 너희들을 정복할 것이다'라고 말했다. 그러나 아랍의 두 부족은 화합하고 두 부족을 재조직할 필요가 있었다. 이 두 부족은 제각기 독자적인 조직을 지금까지 갖고 있었다. 이것이 유태인을 자만케 하는 요인이 되었다.

메디나 사람들의 아카바에서의 첫 서약

　아카바는 메카에 가까운 히라산과 미나산 사이에 있는 곳이다. 예언자가 하나님으로부터 소명을 받은 후 11년 되는 620년에, 무함마드는 순례 때 아카바에서 메디나 순례자 여섯 명을 만나 이들에게 이슬람을 설교했다. 먼저 무함마드가 이들이 머물고 있는 아카바라는 곳에 찾아가 《코란》 구절을 낭송하고 올바르게 사는 것이 무엇이며 유일신에 대한 독실한 신앙이 어떤 것인가를 설득한 후 이슬람을 받아줄 것을 권고하였더니 모두 입교했다.

　이 사람들은 메디나에 돌아가 무함마드에 관한 소식을 전했다. 다음해에 아우스부족과 하즈라즈부족은 전보다 더 많은 사람들이 순례차 왔다. 무함마드는 그들을 다시 아카바에서 만나 이들에게 이슬람을 설교했다. 열두명이 이 일단의 대표자였다. 이들은 이슬람교도가 되어 무함마드의 인도 아래 다음과 같은 서약을 했다.

우리는
하나님 한 분만 숭배하고 다른 어떤 것도 믿지 않으며,
간음하지 않으며,
도둑질하지 않으며,
빈곤을 우려하여 갓난 여아를 죽이지 않으며,
남을 비난하지 않으며,
모든 일 속에서 하나님의 예언자(무함마드)에게 복종한다.

이들이 서약했을 때 무함마드는 다음과 같이 말하였다. "그것(서약)을 끝까지 실천하는 자는 천당의 보수를 받고, 그것 중 어느 하나라도 등한히 하는 자는 그가 행하는 일과 하나님은 같이 하신다. 하나님은 용서하실 수도 있고 그렇지 않으실 수도 있다."

무함마드는 그의 제자 무스아브 빈 우마르를 보내어 그들에게 《코란》과 이슬람을 가르치게 하고, 그들로 하여금 신앙의 원리를 이해하게 하였다.

무스아브가 메디나에 가서 이슬람을 설교하니, 그곳에 이슬람이 가장 빨리 전파되었다.

무스아브는 메디나에서 아사드 빈 자랄라 일행에 참여했다. 어느 날 무스아브와 아사드 빈 자랄라와 그 외 여러 교도들은 어떤 우물가에서 회의를 열고 압둘 아슈할부족과 자프르부족을 개종시키기로 결의했다.

사이드 빈 마즈와 우사이드 빈 후자이르는 위의 두 부족 사이에서 존경받는 지도자들이었다. 이들은 무스아브의 화합을 소문으로 듣고, 그곳으로 가서 회의를 방해하여 회의가 아무 효과를 갖지 못하도록 하였다.

사드는 우사이드에게 말했다.

"너는 정말로 경솔하였다! 이 두 사람(무스아브와 아사드)은 우리 중의 어리석은 사람들을 그릇되게 인도하고 있다. 너는 그들에게 가서 그런 것을 단념하고 우리 지역에 오지 말라고 권유하라. 나는 아사아드가 내 아주머니의 아들이지만, 그런 것과 관계없이 그곳에 가서 그렇게 말하겠다."

우사이드는 갑옷을 입고, 무스아브에게 가서 앉지도 않고 그를 욕하기 시작했다.

무스아브는 대답했다.

"이리 와 앉아서 내 말을 듣기 바라오. 잘못된 말이 있으면 거절해도 좋소."

우사이드는 앉았다. 무스아브는 이슬람이란 무슨 뜻인가를 그에게 설명하고 《코란》의 몇 구절을 읽었다. 그러자 우사이드는 믿게 되었다. 목욕재계한 뒤에, 그 신앙을 인정하고 코란의 두 구절을 외웠다.

이러는 동안에 사드 빈 마즈는 우사이드 걱정을 하면서 그를 기다리고 있었다. 우사이드가 돌아왔을 때 사이드는 어떻게 되었는가를 그에게 물었다. 우사이드는 대답했다.

"당신이 말한 대로 그들에게 말했소. 그들은 당신과 꼭 상의해서 무엇이든지 일하겠노라고 말했소. 그러나 그들은 당신이 그곳에 와서 말해주기를 몹시 바라더군요."

이 말을 듣고 사드는 그곳으로 떠나갔다. 우사이드에게 일어났던 일이 그에게도 일어났다.

사드는 행동가였다. 바로 그날에 사드는 갑옷을 입고 부족원들을 모두 모아놓고,

"오, 압둘 아슈할부족이여! 당신들은 나를 어떻게 생각하시오?"

하고 물었다.

"당신은 우리의 족장이고 지도자요, 당신의 충고와 의견은 언제나

훌륭하오."
라고 부족원들은 외쳤다.

사드는 이 외침에 응해서,

"나는 남자고 여자고 할 것 없이 당신들이 하나님과 그의 사도를 믿을 때까지 누구하고도 이야기하지 않으렵니다."
라고 말했다.

메디나에서 일어난 이 사건의 소식을 무함마드는 전해들었다. 그는 이 소식을 잘 분석하고 이해하면서 자신의 계획을 세웠다. 무함마드의 눈과 귀는 언제나 이슬람교도를 위한 눈이요 귀였다. 이런 눈과 귀를 가지고 보살피는 무함마드의 주의에서 벗어날 수 있는 것이란 아무것도 없었다. 모든 것이 이 눈과 귀를 거쳐서 무함마드에게 알려졌다. 하나도 빠짐없이 그의 넓은 마음속에 조심스럽게 기록되었다.

무스아브의 설교는 메디나에서 큰 성과를 거뒀다. 이 설교로 인해서 다음해(622년)에 남자 73명, 여자 2명으로 구성된 메디나의 이슬람교도 일행이 무함마드를 만나서 그가 메디나에 오도록 초대하는 성과를 거두었다. 마침 이때는 순례 계절이었다. 약속대로 무함마드는 아카바에서 그들을 다시 만났다. 이로써 무함마드는 세 번째로 메디나인과 만난 것이다. 그의 숙부 압바스 빈 압둘 뭇탈리브가 무함마드를 따라갔다. 숙부는 이때까지 이슬람으로 개종하지 않았다. 그는 쿠라이시부족의 불신자들이 무함마드와 그 추종자들의 생명을 노리고 있다는 것을 알고 있었다.

다음과 같이 말한 첫 사람은 압바스였다.

"하즈라즈부족 여러분들! 무함마드는 여러분들도 알고 있듯이 지위 있는 분이요, 우리는 될 수만 있으면 그를 우리들이 보호해 왔소. 그는 그 종족 중에서 가장 존경받는 사람의 한 분이고, 그 도시에서 권위 있는 분이오. 만일 여러분들이 그를 초청해서 여러분들이 약속한 것을 실천할 수 있고, 여러분들이 그의 적들에 대항해서 그를 방비할 수 있다면, 여러분들이 하고자 하는 계획의 책임은 여러분들에게 있는 것이오. 그러나 만일 여러분들이 그를 데리고 간 후에 그에게 복종하다가 그를 버린다면, 그를 지금대로 두시는 편이 좋겠소."

메디나인 일행은 대답했다.

"우리는 당신의 말을 이미 오래 전에 들은 적이 있소. 이제 하나님의 예언자의 말을 직접 들어봅시다."

무함마드는 《코란》을 읽고 이렇게 말했다.

"당신들은 여러분들의 부인과 아이들을 보호하려는 것과 같이 나를 방비해 주기를 서약하렵니까?"

그들의 수장 바라 빈 마루르는 자기 손을 내밀고,

"하나님의 예언자시여! 우리는 맹세합니다. 하나님에게 맹세합니다. 우리는 전쟁의 아들이고 조상들에게서 싸움을 이어받아 왔습니다."

고 말했다.

다음에 아불 하심 빈 타이한은,

"오, 하나님의 예언자시여! 우리와 유태인과의 연합은 깨어지려고 합니다. 깨어지는 날에는 아마 당신의 하나님은 확실히 당신을 당신의 민족에게 돌려보내시고 우리만을 남겨두실 것입니다."

하고 수장의 말의 뒤를 이었다.

무함마드는 웃으면서 이 말에 대해 다음과 같이 말했다.

"아니오. 생사를 걸고 나는 당신들과 함께 남겠소. 당신들은 나와 함께 있지 않소? 나는 당신들이 싸우는 사람과 싸우고, 당신들과 평화를 맺는 사람들과 평화를 맺겠소."

이때 사람들은 맹세할 각오를 하였는데, 압바스 빈 우바다가 가로막으면서,

"하즈라즈부족민들이여! 여러분들이 이 남자와 맺으려는 맹세의 뜻을 알고 있습니까? 당신들이 그와 맹세하는 것은 쿠라이시부족에 대항하는 흑백을 가리는 전쟁에 뛰어드는 것입니다. 당신들은 여러분들의 재산을 위험 속에 던지고, 족장들을 죽음에 몰아넣고, 이 남자에게 굴복하게 될 것이니 이제 그에게서 떠나는 것이 좋소. 왜냐하면 당신들은 그와 맹세하면 이 세상에서나 저 세상에서나 수치를 면치 못할 것이기 때문이오. 당신들은 여러분들의 모든 재산을 희생시키고 족장들을 죽여 가면서라도 그를 따르겠다면 그를 데리고 이곳에서 떠나시오. 그렇게 하는 것이 지금이나 나중에나 여러분들에게 유익할 것이오."

라고 호소했다. 이 호소에도 불구하고 이들은 무함마드를 받아들이고, 재산의 손실과 족장들의 죽음을 희생했다.

"우리가 서약을 굳건히 지키고 실천한다면, 우리에게 돌아오는 이득은 무엇입니까? 하나님의 예언자이시여!"

하고 사람들은 물었다.

'하늘 나라'라고 그는 대답했다.

이 답을 얻고서 사람들은 손을 내밀어 서약했다. 이 서약은 다음과 같다.

"우리는 맹세한다. 우리는 곤궁할 때나 부유할 때나, 그리고 행복이건 고통이건 어떤 것이 우리에게 닥쳐오더라도 듣고 복종하련다. 또 우리는 어떤 비난도 두려워하지 않고, 우리들이 서 있는 곳에서 언제나 진리를 말하련다."

맹세가 끝나자 무함마드는 열두 사람을 지명하여 그들에게 메디나에서 이슬람을 가르칠 것을 명했다. 이슬람을 가르칠 12제자를 명했음을 무함마드는 이들에게 선포했다. 이 제자 중에는 하즈라즈부족이 9명이고 아우스부족이 3명이고, 9명 중에는 아카바의 첫 맹세에도 참가했던 사람이 3명 있었다.

바람이 몰아치는 황량한 아카바 계곡에서의 밤에 행한 의식은 매우 엄숙하게 행해졌다. 무함마드는 《코란》의 장구를 조용히 낭송하고 회의는 진행되었다. 75명의 메디나에서 온 이슬람교도들은 한결같이 이렇게 말하고 맹세했다.

"당신을 보내시고 진실을 가르쳐 주신 하나님의 이름으로 우리는 맹세합니다. 우리가 우리 아내를 지키는 것처럼 당신을 지키겠습니다."

무함마드는 선언했다. 이제 이슬람교도는 하나님을 위해 무기를 들고 싸우는 일이 허락되었다고. 메디나의 이슬람교도들은 모든 사람이 적이 된다 하더라도 무함마드와 우리의 신앙을 지키겠다고 맹세했다.

무함마드와 그의 교우들은 아무런 잡음 없이, 그리고 쿠라이시부족들에게 들키지 않은 채 모든 일을 무사히 끝낸 데에 행복감을 느꼈다. 이때 갑자기 외치는 소리가 들렸다.

"아, 쿠라이시부족들아! 무함마드와 그를 따르는 청년들이 너희들과 싸우러 왔다."

메디나인은 쿠라이시부족과 싸울 각오가 되었으나 무함마드는 이것이 자기 명령이 아니라고 말하고 제각기의 천막과 침소로 돌아가라고 권했다. 다음날에 쿠라이시부족이 메디나인의 천막으로 찾아와서 메디나인들이 무함마드와 맹세한 이유를 물었으나 그들은 대답하지 않았다. 그들은 침묵을 지켰다. 쿠라이시부족은 진상을 파악하지 못한 채 돌아갔다.

한편, 메디나인들도 돌아갈 시간이 되었기에 짐을 꾸려 가지고 메디나로 떠났다.

쿠라이시부족은 곧 맹세한 내용에 대해 자세한 정보를 알고 메디나인들의 뒤를 쫓았으나, 다른 사람들은 놓치고 사드 빈 우바다만을 붙잡았다. 사드는 앞에서 말한 무함마드의 열한 번째 제자였다. 사드는 쿠라이시부족에게 심한 매를 맞았으나, 유바이르 반 무티임과 하리스 우마야에게 겨우 구조되었다. 이 두 사람은 사드와 장사 거래가 있었고, 전에 사드로부터 피난처를 얻고 살아난 사람들이었다.

무함마드의 적인 쿠라이시부족이 아우스부족과 하즈라즈부족의 아카바 맹세에 관해서 다 자세히 알게 됨에 따라서 쿠라이시부족은 점점 강포해졌다. 불신도들과 이슬람교도들은 같이 있을 수 없었다. 불신과 우상숭배의 맹렬한 불꽃은 이슬람의 빛과 싸워서 될 수만 있다면 꺼져야만 되었다. 무함마드는 이런 사정을 모두 미리 알고 있었다. 그래서 그는 아카바 맹세를 방어했다. 무함마드는 쿠라이시부족이 그의 추종자들을 죽이기 전에 추종자들에게 메카를 떠나서 메디나로 이주할 것을 명했다.

이슬람교도의 메카 탈출은 끊임없이 계속되었다. 더구나 날이 감에 따라 메카를 벗어나기란 어려워질 뿐이다. 쿠라이시부족은 그들의 메카 탈출을 전력을 다해서 저지했다. 하지만 이슬람교도는 어떤 곤란에도 좌절하지 않았다.

이슬람교도들은 단신으로 혹은 두세 명씩 짝지어서 메카를 등지고 메디나로 향했다. 그들은 메디나에서 환영받았다. 드디어 무함마드, 알리, 아부 바크르, 부인, 노인, 아이 몇 사람만을 남겨놓고는 메카를 떠나지 않은 이슬람교도들은 없게 되었다.

이주하는 이슬람교도들이 받은 곤궁이란 이루 말할 수 없었다. 붙잡혀서 우물 속에 던져지는 사람, 감옥에 갇히는 사람, 처자를 빼앗기는 사람, 모든 재산을 몰수당하는 사람들이 있는가 하면, 어머니가 죽어간다는 핑계로 메디나를 떠나 메카로 오는 도중에 붙잡혀 고문 끝에 투옥되는 사람이 있었다.

이 핍박에 관한 이야기는 장을 바꾸어 자세히 이야기할 필요가 있겠다. 쿠라이시부족의 불신자들은 머리끝까지 화가 치밀어 올랐다. 사람들은 죽음을 향해 걸어갈 때에는 모든 것을 하나님에게 맡기는 것이 최선이다. 불신자들을 욕하는 것은 신자들에게는 허용되지 않았다. 그들의 예언자는 절대로 욕지거리를 하지 말라고 신자들에게 일러두었다.

10. 헤지라

무함마드 살해 음모와 탈출

무함마드가 사명받은 후 13년 되는 해 622년의 일이었다. 메카는 바로 앞에서 말한 외에 모든 이슬람교도들을 일소했다. 쿠라이시부족의 불신자들은 이슬람교도들이 첫 이민으로 아비시니아에 갔을 때, 무함마드가 전과 같이 메카에 머물는지 혹은 그가 메디나에 가려고 하는 것인지를 몰랐다. 무함마드는 자기 생각을 남에게 알리지 않았다. 그는 심지어 자기의 가장 친한 친구 아부 바르크가 물었을 때에도 '기다리시오. 아마 당신은 나와 함께 있을 것이오'라고만 말하고, 언제 어떻게 갈 것인지에 대해서 그에게 말하려 하지 않았다. 그래서 아부 바르크는 스스로 사건을 판단할 수 없었기 때문에, 만일의 일에 대비하기 위해 잘 기른 낙타 세 마리를 준비해 두고, 통지만 있으면 떠날 수 있는 만반의 준비를 갖추어 놓았다.

쿠라이시부족은 이 이상 더 참을 수 없었다. 이들의 마음속에 있는 미움과 적개심의 불꽃은 그들의 영혼을 좀먹고 있었다. 그들은 이 사람(무함마드)을 욕하고 억제하고 포위했으나, 무함마드는 이런 모든 핍박을 견디면서 쿠라이시부족을 언제나 되속였다.

　쿠라이시부족 중에서도 착한 몇 사람은 이슬람을 믿는 신자가 되었다. 불신자 중에서도 압둘 뭇탈리브의 아들인 압바스와 그밖의 사람들은 그를 위해 자기 생명을 바칠 각오를 했다. 30개월 남짓한 포위와 추방은 별 효과를 거두지 못했다. 거기에다 이제 메디나는 온통 무함마드의 편을 들었다. 시리아와의 쿠라이시부족의 거래는 끊어지고, 메카 교외 미나에로의 순례는 차단될는지도 몰랐다.

　아니, 무함마드의 추종자들은 메카를 습격하여, 자기들의 죽은 동포들과 그의 추종자들이 당했던 지난날의 상해(傷害)를 복수하는지도 알 수 없었다. 무슨 일을 해서라도 이 끊임없는 재난을 끝내야만 한다. 쿠라이시부족은 그들의 조상 쿠사이가 세운 의회당(다룰 나드와)에서 회의를 열었다. 나즈드 출신의 한 노인을 제외한 쿠라이시부족의 수장 열네 명은 이미 이 회의의 조종자들이었다.

　수장 한 사람은 주하이르와 나비가 두 시인을 죽인 것같이 쇠사슬로 무함마드의 몸을 묶고 쇠고랑을 채워 방에 가둬 죽이자고 제안했다. 그 나즈드 출신의 노인은,

　"아니다. 소문이 새어 나가면 그를 돕는 사람들이 그를 구원하고 여러분들을 죽일 것이다."

하며 그 제안을 막았다.

　다른 사람은 이렇게 말했다.

　"당신들은 그가 사람들을 설득시키는 말재주와 요술이 있음을 모릅니까. 그가 어디로 가든지 사람들은 그에게로 모여들 것이오. 그는 어디엔가 가 있다가 되돌아와서 복수할 것이오."

　끝으로, 마흐줌부족의 아부 자할은 다음과 같이 제안했다.

　"어느 씨족이나 자기 씨족에서 가장 용맹한 청년들을 뽑는다.

　이 용맹자들이 밤에 무함마드의 집을 삥 둘러싼다.

이 용맹자들은 아침 예배를 하러 나오는 무함마드에게 일제히 덤벼들어서 죽여 버린다. 이 살해에 참가했던 모든 부족들이나 하심 부족이나 혹은 무함마드의 부족 아브드 마나프는 서로 싸울 수 없기 때문에, 부득이 보상금을 지불하게 될 것이다."
이 제안은 만장일치로 가결 채택되었다.
무함마드의 집은 밤낮을 가리지 않고 포위되어 그들의 감시하에 놓였다. 그들은 전처럼 무함마드에게 욕설을 퍼붓고 모욕을 주는 것으로만 그치지 않았다. 그는 현실적으로 위험인물이었다.
무함마드에게 이 회의 내용이 낱낱이 알려졌다.
이때의 사정을 《코란》은 여러 곳에서 전하고 있으나, 다음 것은 그 중 몇 구절에 불과하다.

너희는 이 지상에서
힘이 약하여 학대받던 때를 기억하라.
사람들이 너희들을 습격해서
납치될까봐 두려워했다.
그때 하나님은 너희에게
적당한 피난처를 제공하셨고,
하나님의 도움으로 너희를 강하게 하셨다.
하나님은 너희를 위해
여러 가지 고마운 일을 준비해 두셨다.
이것은 너희가
감사할 수 있게 하기 위함이었다.
—《코란》 8장 26절

이 구절은 메디나에 피난한 신자들과 이주 전후의 상황을 알려준다. 메카에 있던 이슬람교도들은 피습, 어린이 유괴와 고문 등의 공포 속에 있었다. 이와는 반대로, 메디나의 이슬람교도들은 피난처를 얻었을 뿐 아니라 그곳 주민들에게서 좋은 물건들을 나눠 받고 그들의 보호자들과 함께 싸워서 얻은 전리품(戰利品)을 골고루 분배받았다.

이것은 이주민에 대해서 언급한 구절임에 틀림없다. 그것은 이주자와 관계하는 것은 하나님이 나중에 예언자 자신에게 회상케 하였던 네 구절로써 확실하다.

> 믿지 않는 자들이
> 그대를 감금할까,
> 그대를 살해할까,
> 그대를 추방할까,
> 여러 꾀를 꾸미기 시작한 때를 기억하라.
> 그들이 계책을 꾸미고 있는 동안에
> 하나님도 그분의 계획을 꾸미셨다.
> 하나님이야말로 계략의 선수이시다.
> ─《코란》8장 30절

하나님의 계획에 따라서 무함마드는 알리가 해야 할 일을 그에게 지시하고, 알리를 자기 침대에 뉘어 두고 혼자 아부 바르크의 집으로 갔다. 어떻게 무함마드가 단신으로 그의 집에 배치된 수비자의 경계망을 뚫고 나갈 수 있었는지 우리들은 알 수 없다. 메카인들은 무함마드가 내일 아침이면 살해될 것이라고 생각하면서 평안히 잤다. 무함마드는 그들에게 가장 방해가 되는 천재였다. 그가 제거되면 아라비아반도 일반 관습법에 따른 싸움의 보상 문제가 결정을 기다리고 있을 뿐이었다.

 예언자의 비밀은 아주 감쪽같아서, 아부 바르크마저도 바로 그 순간까지 그들의 여행을 몰랐다. 무함마드는 아부 바크르에게 빨리 메카를 떠나야 된다고 말했다.

 무함마드는 죽음을 면할 수 있을까. 모두가 알고 싶었다. 틀림없이 예언자라면 기적을 보여줄 것이다. 무함마드는 하나님의 결정을 오로지 기다렸다. 무함마드의 큰숙모 루카야가 쿠라이시부족이 전부족으로 구성된 살인집단을 편성하여 이튿날 밤 무함마드를 암살할 계획을 세웠다고 하는 말을 들었다. 이런 위기에 대처해서 무함마드가 의지할만한 자는 둘밖에 없었다. 하늘에 계신 하나님과 땅에 있는 그의 친구 아부 바크르뿐이었다.

 아랍인답게 냉정하고 침착한 상인 아부 바크르는 무함마드가 찾아오리라는 것을 미리 예측하고 탈출을 위한 준비를 게을리하지 않았다. 사막에서 가장 빠른 흰 낙타 두 마리를 사서 메카 입구 가까운 골짜기에 숨겨두고 언제라도 출발할 수 있는 태세를 갖춰놓고 있었다.

 아부 바크르의 딸 아스마는 이 두 사람에게 밀가루가 잔뜩 들어 있는 자루를 주었다. 그런데 그 자루에 끈이 없었다. 이 딸은 당장 자기 허리띠를 두 가닥으로 찢어서 자루를 매었다. 이때부터 이슬람교도들은 이 여인을 '두 띠의 여주인(女主人)'이라고 불렀다.

 캄캄한 밤중에 두 사람은 메카에서 약 10킬로미터 떨어진 곳에 있는 험한 사우르산으로 급히 숨었다. 이 산은 메카 남쪽(메디나는 북쪽)에 있다. 그 산 속에 동굴 하나가 있었다. 두 사람은 몹시 애쓴 끝에 그 동굴 속으로 들어갔다. 아부 바크르는 굴 속의 모든 구멍을 자기의 찢어진 옷자락으로 막고 무함마드를 자기 무릎을 베고 쉬도록 하고 망을 보았다. 이때 아부 바크르는 독사에게 물렸으나 예언자를 깨우려 하지 않았다. 마침내 예언자는 그의 얼굴에 떨어지는 아부 바크르의 눈물로 잠에서 깼다. 예언자는 자기 침을 상처에 발라 주었다. 아부 바크르의 상처는 곧 아물었다.

　알리 빈 아부 탈리브는 무함마드의 푸른 겉옷[外衣]에 덮인 채 무함마드의 침대 위에 누워있었다. 쿠라이시부족 청년들은 집안을 들여다보고 무함마드가 자기들 손아귀 속에 안전하게 있음을 확인했다. 무함마드는 알리와 함께 사람들로부터 인심을 얻고 있었다. 무함마드가 알리에게 준 귓속말은, 사람들로부터 얻은 인심에 보답할 것과, 메디나에서 만나자는 것이었다. 무함마드가 숨은 곳을 아는 사람이란 아스마, 아이샤(아부 바크르의 두 딸), 압둘라 빈 아부 바크르와 무함마드 외에는 아무도 없었다.

　알리가 일어나자 쿠라이시 파수들은 비로소 그가 무함마드가 아니었음을 알았다.

　파수들은 무함마드가 간 곳을 대라고 족쳤다.

　"내가 어떻게 아느냐? 아니, 너희들이 지키고 있었지, 내가 망을 보았는가?"

하고 알리는 대꾸했다.

　이튿날 쿠라이시부족의 무함마드를 찾으려는 수색이 시작되었다. 메카 주변의 사막을 밀정들이 돌아다니며 무함마드의 그림자를 쫓았다. 설사 무함마드를 찾아다가 죽여도 좋다. 무함마드를 체포하라. 메카는 총동원되었다. 유목부족에도 급보를 보냈다. 무함마드를 붙잡으면 낙타 백 마리를 주겠다고 했다. 무함마드가 몸을 숨기고 있는 동굴 앞을 추적자들이 몇번씩이나 지나간 것도 모르고 두 사람은 계속해서 잤다.

　쿠라이시부족이 찾는 너희들의 무함마드는 파수에도 불구하고 피했다.

　그들은 생각했다. 무함마드가 도망가면 어디로 갈 것인가. 어디엔가 숨어 있겠지. 아부 바크르가 무함마드의 둘도 없는 친한 친구였지. 무함마드는 그에게 가 있을 것이다. 아부 자할이 아부 바크르의 집으로 뛰어갔다. 집을 샅샅이 뒤졌다. 그도 없어진 것을 안 아부 자할은 아스마에게 '어디에 갔어? 너희 아버지 말이다'하고 고래고래 소리쳤으나, 이 용감한 나이 어린 소녀는 '몰라요'하고 입을 다물었다. 아부 자할은 힘껏 소녀의 뺨을 후려갈겼으나, 이 어린 소녀에게서 아무것도 알아낼 수가 없었다.

요란한 소리가 들렸다. 무함마드의 행방을 찾았으나, 허탕치고 동서남북에서 돌아오는 사람 소리, 말소리, 낙타 소리였다.

아스마는 하룻밤도 빼지 않고 동굴 속의 두 도망자에게 음식을 나르고, 아부 바크르의 양지기 아므르는 그들에게 우유를 날라다 주고, 동굴에 오고가는 사람의 발자국을 모두 없애곤 했다. 압둘라 빈 아부 바크르는 쿠라이시부족의 소식을 동굴 속의 두 사람에게 전하곤 했었다.

쿠라이시부족들은 동굴 입구까지 왔었으나, 사람이 있는 흔적이나 발자국이 없으므로 동굴 속에 아무도 없으리라고 믿었다. 메카인들은 동굴 입구에 거미가 줄을 치고 비둘기가 알을 깠기에 동굴 속을 의심하지 않았다고 했지만, 세 사람이나 양식을 나르고 소식을 전하려고 동굴을 드나들곤 했었다는 사실로 미루어 보아서 지어낸 이야기인 것 같다.

그러나 메카인들이 동굴을 수색했다는 사실과, 아부 바크르가 발각될까 봐 두려워했을 때 무함마드가 '슬퍼하지 마라. 확실히 하나님이 우리들과 함께하시느니라'고 그에게 타일렀다는 것은 의심할 여지가 없는 사실이다. 이 사건은 《코란》에 다음과 같이 언급되어 있다.

너희가 사도를 돕지 않아도
하나님이 반드시 그를 도왔다.

믿지 않는 자들이 그를 쫓아냈을 때에
두 사람이 동굴 속에 있을 때
두 사람 중 한 사람이
그가 친구에게 말했을 때
"슬퍼하지 마라, 반드시 하나님이
우리와 함께하시느니라."
그때 하나님은 그에게 성령을 보내시고,
보이지 않는 군병들로 가세(加勢)하시고,
불신자들의 말문을 막으셨도다.
뭐니뭐니하여도 높은 것은 하나님의 말씀.
하나님은 위대하고 총명하신 분이시다.
— 《코란》 9장 40절

사흘 동안 무함마드와 아부 바크르는 동굴 속에서 살았고, 같은 사흘 동안 쿠라이시부족은 분노에 가슴을 태우면서 땅 위를 헤매고 다녔다. 알맞은 때에 아부 바크르의 낙타 세 마리가 양식을 싣고 동굴 아래로 왔다. 아부 바크르는 안내자로 압둘라 빈 우리캇을 데리고 샛길로 메디나를 향해 떠났다. 밤에는 걷고 낮에는 쉬면서 처음엔 메카 남쪽으로 갔다가 홍해안(紅海岸)에 있는 티하마를 통과했다.

메카인들은 하는 수 없이 무함마드를 생포하거나 죽이는 사람에게 낙타 백 마리의 현상금을 걸었다. 그러나 세 사람의 캐러밴은 아무 사고 없이 계속 메디나를 향해 갔다. 드디어 이러이러한 노상(路上)에서 세 낙타와 세 승자(乘者)를 보았노라는 정보를 쿠라이시부족에게 전한 사나이가 나타났다.

이 자리에 있던 수라카 빈 말리크는 낙타 백 마리의 현상금을 탐낸 나머지, 그 세 사람이 무함마드 일행이 아니라고 쿠라이시부족에게 말했다. 그는 남몰래 빨리 집으로 돌아와서 갑옷 차림을 하고 그 통지자가 알린 길을 따라 무함마드 일행을 추격했다.

수라카는 드디어 무함마드가 보이는 곳에 이르렀다. 이곳은 해안선에 가까운 곳이었다. 예언자와 아부 바크르는 수라카의 말이 벌써 두 번이나 몹시 비틀거리는 것을 보고, 바위 그늘 밑에서 쉬려고 그들의 낙타를 꿇어앉히려 했다. 예언자는 수라카를 보고,

"오 하나님! 우리를 그의 악에서 구하소서."

하고 기도를 드렸다. 이때 수라카가 탄 말이 다시 쓰러지면서도 수라카를 거꾸러뜨렸다. 그는 이것을 좋지 못한 징조로 생각했다. 그는 겨우 정신을 차리고는 멀리서 고함쳤다.

"나는 수라카 빈 말리크요. 내 말 좀 들어 보시오. 하나님께 맹세하오. 속이지도 않고 조금도 해치지 않겠소."

무함마드와 아부 바크르는 제자리에서 그를 기다렸다. 아부 바크르는 예언자의 명령대로 보호장(保護狀)을 그에게 주었다. 수라카는 아무 추격자도 보내지 않겠다는 것을 약속하고 메카로 돌아갔다. 그는 메카에서 그가 본 것은 무함마드가 아니라는 소문을 퍼트렸다.

무함마드의 쿠바 도착

무함마드와 아부 바크르는 시간을 늦추지 않고 다시 길을 떠났다. 낯선 길을 지나면서 물의 부족과 심한 더위 때문에 큰 고통을 겪었다. 드디어 그들 일행은 사암부족이 사는 땅에 들어섰다. 족장 브라이다를 만났다. 그는 일행을 반가이 맞아주었다. 이제 이들은 메디나에서 그다지 멀지 않은 곳에 있게 된 것이다.

그제서야 무함마드가 피해왔다는 소식이 메디나 근방에 퍼졌다. 사람들은 집 바깥에 나와서 아침저녁으로 그의 도착을 기다리곤 했다. 꼬박 엿새 동안의 여행 끝에 일행은 쿠바에 도착했다. 이 도착한 날

은 아카바에서 맹세한 지 약 3개월 후인 셋째 달 여드레, 즉 622년 9월 23일 월요일이었다. 무함마드는 목요일까지, 즉 월요일을 포함해서 나흘 동안을 여기서 묵었다. 여기서 예언자는 성회당(모스크)의 기초를 마련하고, 마지막 날에 알리 빈 아부 탈리브를 만났다. 그는 밤에 걷고 낮에 숨으면서 메카로부터 메디나까지 쭉 걸어서 왔다.

예언자 무함마드는 메카로부터 메디나까지 탈출을 했다. 이슬람의 기원은 이날을 기점으로 해서 시작된다. 신의 뜻에 자기 몸을 바친 자에게는 헤지라(이주)는 새로운 시대의 시작을 알리는 것이었다. 이날이 이슬람력의 기원이다.

무함마드는 헤지라(이슬람력의 기원)의 첫해 셋째 달 열이틀 금요일에 메디나에 도착했다.

예언자는 금요일 예배를 인도했다. 이것이 금요일 예배의 시초이다. 이전에는 금요일 '후트바'(설교)는 없었다. 기도를 마치고 무함마드는 도시(都市 : 메디나)로 들어갔다. 이날은 야스리브에 사는 아랍부족을 위한 황금의 날이었다. 야스리브는 이날부터 메디낫 나비(예언자의 都市), 혹은 메디나(都市)로 불리었다. 야스리브의 주민들은 종교와 국적을 넘어서 양팔을 들고 우레와 같은 환성을 올리면서 그를 환영했다. 아랍과 유태인은 서로 다투어 가면서 그를 환영했다. 그는 약속된 예언자였다. '사람들을 구원하고, 사람들을 승리로 인도하려는' 그 사도가 온 것이다. 메디나의 젊은 여인들은 집꼭대기에서 노래를 불렀다.

> 남쪽 언덕 꼭대기에서
> 보름달 떠오르고 있네.
> 아름다운 목청으로
> 그는 하나님을 부르네.
> 그것에 우리는 감사하고,

오, 당신은 라하만이 보내신 분,
우리는 당신을 따르리.

   군중들은 무함마드의 낙타 주변에 모였다. 유지들은 그를 둘러싸고 자기 집에 머물러 주기를 청했다. 무함마드는 용서를 구하고 고삐를 낙타의 목에 걸면서, 이것이 하나님의 안내가 되리라고 말했다. 낙타가 머무는 곳에 그는 머물 것이다. 낙타는 사흘과 수하일이란 이름의 두 미성년자(未成年者)의 소유지 한 부분에 가서 무릎을 꿇었다. 무함마드는 낙타에서 내렸다. 무다 빈 아프라가 이 땅을 샀다. 무함마드는 이곳에 모스크와 자기 집을 지었으면 좋겠다고 말했다. 그날부터 지금까지, 그리고 하나님이 기뻐하시는 동안 변함없이 그대로 있다.
  '헤지라'란 아랍어로 이주를 뜻한다. 그러나 헤지라는 단지 사는 장소가 메카에서 메디나로 바뀌었다는 것을 의미하는 것만은 아니다. 이는 무함마드에게 이슬람교단 국가의 건설의 터를 만들어 주었고 메카 정복을 위한 기지를 제공해 주었다.

11. 메디나 시대의 개막

첫 2년(622~624년)

메카에서 이주해 온 이슬람교도들을 '이주민', 그리고 메디나에서 그들을 도운 메디나의 이슬람교도들을 '원조자(援助者)'라고 부른다. 무함마드는 강건한 정력과 굳은 결심을 갖고 메디나에서 모스크를 건축하기 시작했다. 무함마드가 메디나에 도착한 후 최초로 행한 일은 모스크의 건립이었다. 무함마드를 선두로 이슬람교도 전원이 이 일에 매달렸다. 무함마드 사후 그의 일을 계승한 초대 칼리프가 된 아부 바크르는 물을 길어 날랐고, 2대 칼리프가 된 오마르는 돌을 날랐다고 한다. 성당을 짓는 동안에 그는 아부 아이유브 할리드 빈 자이드의 집에 유숙했다.

무함마드는 모스크(회당) 건축에 손수 일을 했다. 모스크는 벽토 치장이 된 진흙벽으로 둘러싸인 커다란 안뜰이 있었다. 이 안뜰의 한쪽은 종려나무 잎과 숲으로 덮였으나 안뜰의 대부분은 텅 비어 있었다. 빈 곳의 한 부분은 집 없는 외국인이나 여행자들에게 사용되었다. 이곳은 이때부터 '돗자리 사람'이라고 불리었다. 무함마드 자신의 구역은 모스크의 한쪽에 있었고, '돗자리 사람'과 똑같은 크기였으며, 겉치레를 하지도 않았다. 저녁 기도 때 외에는 모스크에는 등화(燈火)가 없었다. 등화래야 짚을 태운 불이었다. 건축이 끝나자 무함마드는 자기 구역으로 이사했다.

약 150명의 이슬람교도들이 메카에서 메디나로 이주해 왔다. 150명의 이주민 중에서 생활수단을 가진 사람은 두 사람밖에 없었다. 아부 바크르와 오스만 빈 아판이었다.

아우스부족과 하즈라즈부족은 부아스 전쟁으로 말미암아 힘을 잃었다. 메디나의 주민은 여러 부족으로 나뉘어져 있었는데 그중에서 가장 중요한 아랍 부족은 하즈라즈부족과 아우스부족이었다. 무함마드가 메디나에 도착하기 이전에 땅을 둘러싼 싸움으로 그 소용돌이에 말려들게 되었던 두 부족간의 이 싸움에는 승자도 패자도 없었다. 결국 어부지리를 얻은 것은 압둘라 이븐 우바이가 이끄는 중도파로서 메디나 주민 가운데는 그를 왕으로 추대하려는 움직임도 있었다. 이 무렵에 무함마드가 예언자로서 메디나에 있는 두 아랍부족간의 조정자로서 메디나에 도착한 것이다.

이 두 부족은 아랍의 요람지인 남부에서 왔는데 메디나 인구의 반을 차지했고 나머지 반은 유태교도들이 차지했는데 이들은 세 부족으로 나뉘어져 있었다.

유태인들은 무함마드가 자기들의 신앙을 받아들여서 자기들이 기독교도와 대립하는 데 협력해 주기를 바랐다. 메카의 쿠라이시부족은 무함마드와 그의 추종자들로 하여금 어떤 곤란에 처하게 하려고 했다. 아비시니아로 이주했던 이슬람교도들의 뒤를 쫓았던 사람들은 무함마드의 메디나에서의 번영을 가만히 지켜보고만 있지 않았다. 무함마드 자신도 생활수단이 없었다.—돈, 군대, 무장, 땅, 집, 말, 낙타 등 아무것도 없었다. 그러나 그는 하나님이 주신 용기를 갖고 있었고, 메디나에서 이룬 사업은 인류 역사상 유례없는 것이었다. 하나님은 그의 방패였고 그는 하나님의 예언자이고 대행자였다. 그의 사업은 자기 자신과 신자들을 보호하는 일이었다.

메디나의 환경은 일찍이 하나님이 내세웠던 예언자 노아, 아브라함, 모세나 예수에게도 짊어지워진 일이 없는 큰 짐을 무함마드의 두 어깨에 짊어지웠다. 그는 혼돈을 질서로, 무력을 유력으로, 분열을 단결로, 죽음을 생명으로 바꾸어야 했다. 이 짐은 심지어 하나님 자신도 '그대 등을 무겁게 억누르는 짐'(《코란》 94장 2~3절)이라고 인정하리만큼 무거운 것이었다.

그가 남다른 인내, 온유, 결단성이 없이 이리저리 헤맸다면, 그에 의해서 이루어진 것이란 아무것도 없었을 것이다. 무함마드에 앞서 많은 예언자들이 오고갔다. 이 예언자들은 죄인들을 벌하여 달라고 하나님께 청했으나, 무함마드는 그러지 않았다. 그보다도 그는 모든 짐을 두 어깨에 짊어진 채 자기의 생명이 다할 때까지 하나님의 사명을 전했다.

그의 고귀한 인격과 어지러운 상황 속에서의 그의 황금률은 다음과 같은 구절에서 설명되고 있으니, 이는 그의 영원한 성공의 원천이었다.

> 너희와 그 자손들에게 사도가 보내어졌느니라.
> 너희가 곤경에 서면 마음아파하고,
> 너희의 안녕 복지를 가장 염려하며
> 믿음 있는 자를 사랑하느니라.
> ─《코란》 9장 128절

> 네(무함마드)가 온유한 것은
> 하나님으로부터 받은 은총 때문이니라.

11. 메디나 시대의 개막 / 173

마음이 냉혹하고 말이 거칠었으면,
그들은 그대의 둘레에서
확실히 흩어졌을 것이니,
그들의 잘못을 사하고 그들을 위해 용서를 빌고
그들과 그대 일을 상의하라.
그러나 결정했으면 무엇에나 의지 말고
하나님께 의지하라.
하나님은 확실히 의지하는 자를
사랑하시느니라.
— 《코란》 3장 158절

이것은 무함마드의 자서전을 쓰려는 사람이 충심으로 배워야 하고, 독자들이 절대로 잊어서는 안되는 구절이고, 무함마드의 말과 행동을 설명하는 열쇠가 되는 구절이다. 윗 구절을 주석하면 다음과 같다.

　이슬람교도의 곤경은 바로 그의 괴로움이다.
　그는 이슬람교도의 안녕 복지를 가장 염려한다.
　그는 자비하고 자애하고 그들의 잘못을 사하고 용서하며 말이 부드럽고 친절하다.
　그는 명령을 내려야 하는 일에 대해서 언제나 교우들과 상의한다.
　그리고 해야 할 일을 결정하면, 그것을 하나님에게 의지해서 행하려 한다.

이것은 모두 그가 절대로 범할 수 없었던 원칙을 주석한 것들이다. 일시적인 차질을 제외한다면, 그의 모든 계획은 언제나 성공적이었다. 하나님이 말씀하신다.

믿는 자는 모두 형제이니라.
형제 사이는 화목하라.
너희에게 자비를 베푸시는
하나님을 공경하라.
―《코란》 49장 10절

이슬람교는 인류의 형제적 우의(友誼)를 이해하는 종교이다. 그래서 무함마드는 메카인과 메디나인 쿠라이시부족과 아우스부족 또는 하즈라즈부족 사이의 모든 반목을 없앰으로써 이 우의의 기초를 세우기 시작한 것이다. 이슬람교도들은 서로서로 한 쌍이 되어서 이슬람 형제가 된다. 무함마드는 이슬람끼리 형제가 되기 위해서의 형제 맺을 것을 권했다.

모든 메카에서 온 교도들인 '이주민'은 메디나에 있는 이슬람교도인 '원조자'와 제각기 형제의 의를 맺었고, 이리하여 '원조자'의 도덕적 위신과 '이주민'들의 물질적 안녕 복지를 높였다. 그들은 친형제들보다 더욱 서로서로 사랑했다. 왜냐하면 그렇게 하는 것은 하나님을 위하는 것이지, 가족을 위하는 것이 아니었기 때문이다. 원조자는 자기 재산을 털어 자기들과 똑같이 이 주민들에게 나누어 주었다. 그러나 이 주민들은 원조자에게 짐을 지우려 하지 않았다.

메카 출신의 이슬람교도들은 사막의 모래를 황금으로 바꾸는 장사법을 알고 있었다. 이들은 장사에 종사하여 번영했다. 아부 바크르와 오마르는 다른 사람들과 함께 농사를 지었다.

이러한 공동의 노력은 바로 모든 이주민들과 메디나 원조자들에게 이제까지 있어 본 적이 없는 번영을 가져왔다.

이슬람공동체와 유태인과의 조약

그러나 메디나에 있는 이슬람교도들의 수효는 아직 많지 못하였다. 안에서의 평화와 외부 침략으로부터의 안전이 없는 한 메디나의 번영을 바랄 수는 없었다. 그래서 무함마드는 두 팔을 펴서 유태인에 접근했다. 그는 유태인들의 종교가 거짓말을 하지 않는 신앙임을 확신하게 되었다. 하나님은 모세를 이스라엘에게 보내신 것과 같이 무함마드를 아랍에게 보내신 것이다. 다음의 구절은 무함마드에게 계시된 메카 시절의 아주 초기의 한 장에 기록되어 있는 것이다.

> 진실로 우리(하나님)는 너희에게
> 사도들을 보내서
> 너희들의 증인으로 삼았다.
> 전에 파라오에게
> 사도(모세)를 보내신 것과 같이.
> ─《코란》 73장 15절

메디나에 거주하는 유태인들은 상인이나 수공업자로 생계를 유지하고 있었다. 유태부족의 하나인 나디르부족은 오아시스에서 대추야자 재배를 주로하고 있었고, 카이누카부족은 금은 세공을 하고 있었고 쿠라이시부족은 가죽을 다루는 피혁일로 생업을 삼고 있었다.

유태교도는 처음에 무함마드를 반대하지 않았고 예언자와 이슬람교를 지지하고 있었다. 무함마드가 구약성서와 모세에게 존경의 뜻을 표했고 또한 유일신을 믿고 있으므로 언젠가는 무함마드가 진짜 유태교가 되리라고 그들은 확신하고 있었다. 그들의 논리에 의하면 이슬람이 모세의 율법에 흡수되는 것이 너무나도 분명하게 생각되었기 때문이다.

　무함마드는 기도할 때 얼굴을 예루살렘으로 돌렸고, 유태인들과 같이 단식을 했다. 유태인들도 무함마드에게 정을 쏟았다. 메디나의 안녕, 번영, 자유를 위해서, 그리고 이곳에 살고 있는 모든 사람을 위해 조약이 마련되고, 그 조약은 분열되기 전에 지체없이 실천될 필요가 있었다. 무함마드의 지도 아래 조약이 성안되었다. 모든 단체가 이 조약에 서명했다.

　조약문은 다음과 같다.

　　이주자들과 원조자들의 이슬람교도들, 그리고 이들을 따르고 이들에 가담하는 모든 사람은 하나의 공동체가 된다. 어느 부족이나 공평무사와 정의를 갖고 자기 자산(資產)을 써서 이슬람교도들을, 또 그들은 서로 도와서 자기 동포에게 배상하고 채무를 이행한다.

　　신도들은 누구나 다른 신도들이 이 동맹에 가입하지 않는 한 다른 동맹을 맺을 수 없다.

　　모든 신도들은 신도 중 어느 한 사람을 살해하거나 어느 신도에 대항하는 불신도를 돕지 못한다.

　　모든 신도는 하나님의 도덕 법칙에 따라 살아야 한다.

　　모든 신도는 다른 사람들과 달리 서로 친구이며 형제이다.

　　우리들(신도)을 따르는 유태인들은 도움을 받을 수 있고, 불공정하게 취급되거나 또는 억압됨이 없이 위로를 받을 수 있다.

　　유태인은 전쟁이 계속되는 동안 신도들과 함께 전비(戰費)를 부담한다.

　　아우프부족의 유태인은 신도들을 포함한 하나의 공동체이다. 유태인은 그들의 신앙에, 이슬람교도들은 자기들의 신앙에 서고, 바누 나자르, 바누 유샴, 바누 살라바, 바누 아우스의 유태인들과의 동맹과 화목은 바누 아우프부족과 똑같은 입지에 있다.

유태인의 비용은 유태인측에서, 이슬람교도는 이슬람측에서 부담한다.

이 조약의 조인자들은 전시 중 상호 부조하고 죄악을 행하지 않고, 선한 충고, 친선, 상호 우의를 맺는다.

유태인들은 전쟁이 계속되는 동안 전비를 이슬람교도들과 공동으로 부담한다.

야스리브(메디나市의 舊名) 경계의 신성(神聖)함은 조약한 측에서 지켜야 한다.

이웃은 자신과 같이 존경된다.

여인은 그들 가족의 허가 없이는 인도될 수 없다.

쿠라이시부족을 돕는 자를 도울 수 없다.

조약에 가입한 아랍이나 유태부족은 야스리브가 입은 공격에 대항하여 협력하고 서로 돕는다.

아랍이나 유태부족은 화평 회의시에 서로 상의하고 서로 정보를 교환한다.

만일 이 조약의 어느 조목에서 이의(異議)가 발생하면 그것은 하나님과 하나님의 사도 무함마드와 상의한다.

이 조약은 두 부분, 즉 하나는 아랍의 이슬람교도에 대해서만, 또 하나는 유태인과 이슬람교도의 공동 책임으로 뚜렷하게 구성되어 있다.

이 조약은 유태인을 이슬람교도와 동일하게 대우하고 양자 사이에 아무런 차별을 두지 않았다. 무함마드만이 하나님의 지도 아래서 그들의 지휘자가 되어 있을 뿐이다.

이 조약은 천3백 년 이전에 맺어진 것이다. 이런 상반되는 신앙을 가진 자들과 함께 평화, 자유의 조약을 맺은 예언자나 개혁자가 전에 있었던가. 이 조약 안에 인명, 재산, 부인의 정절, 자유의 보호와 평화의 보장 등 없는 것이 없다.

쿠라자부족, 나지르부족과 카이누카부족의 유태인들은 이 조약에 포함되지 않았으나, 곧 무함마드는 이들과 똑같은 조약을 체결했다. 메디나의 평화와 번영은 조약자들이 그 조항을 충실하게 지킨 동안에는 보장된 셈이다.

무함마드의 메디나 생활

메디나에 도착했을 때부터 그후 10년이 지나서 마지막 병들 때까지 무함마드는 가장 모범적인 생활을 계속했다. 소식(小食), 보잘것없는 옷차림, 《코란》 설교 받아쓰기, 가난한 자와 길 걷는 자(여행자)에 대한 자비, 병든 자와 약한 자의 방문, 신자이건 비신자이건 모든 사람에 대한 봉사, 끊임없는 적의 공격으로부터의 이슬람 공동체를 방어하는 일에 이르기까지 크게 활약했다.

더욱이 그는 신정정치(神政政治)의 전에 없는 새로운 생활을 계획하고 건설하고 영원히 수립했다. 일생 동안 이와 같이 많은 일을 완성한 사람은 이제까지 없었고, 또 앞으로도 없을 것이다. 알렉산더, 칭기즈칸, 나폴레옹, 그밖에 세계적 모험가들의 제국은 소탕되었으나 무함마드의 제국은 수억만 명의 가슴속에 군림하고, 《코란》의 가르침은 무함마드의 사망 후 지금까지 여전히 세계가 인정해야 할 가장 강력한 사실이다.

예언자 자신의 메디나인들에 대한 물음과, 아카바의 제2서약시의 압바스 빈 우바다의 연설은 무함마드와 그의 추종자인 이슬람교도들과의 싸움에서 쿠라이시부족이 패했다는 사실이다. 쿠라이시부족이 패했다고 보는 것은 메카에서 무함마드를 죽이려고 했던 쿠라이시부족의 계략에서 확실히 알 수 있다. 쿠라이시부족은 무함마드가 도망했다고 하여 내버려둘 수는 없었다. 무함마드와 유태인의 조약은 메디나 공격이 목전에 있다는 사실을 뚜렷이 알려준다.

무함마드가 메카에서 일어난 일과 메디나 근방에서 일어날 일에 대해서 계시된 것은 나중에 언급될 것이다. 동료들의 곤궁이 자신의 곤궁이고, 그들의 안위가 그의 걱정이었다는 것은 위에서 말한 바 있다. 그가 자기 집이나 예배당에 앉아서 기도를 드리고 《코란》을 설교한 외에 아무것도 하지 않았다는 것은 위의 원칙에 반대되는 것일까. 그러나 무함마드는 그런 사람이 아니었다. 오늘의 신도들은 무함마드와 《코란》의 말에서 자기들의 교훈을 배우려고 한다.

너희 신앙자들이여!
신중하게 경계하라.
대(隊)를 나누어서 또는 모두 함께 전진하기도 하라.
─《코란》 4장 71절

심지어 진중(陣中)에서 예배를 드릴 때에도 경계는 소홀히 할 수 없었다.

믿는 자들은 무기를 쥐고 경계하라.
불신을 택한 자들은
너희들이 무기나 행낭에 대하여 무관심한
순간을 노리고 있다.
그 순간이야말로 그들은 한꺼번에
습격할 때이다.
사람을 찾을 때도 방심치 말라.
─《코란》 4장 102~104절

또 한편,

> 오, 믿음을 택한 그대들이여!
> 그대들 자신을 지키는 책임은 그대들에게 있다.
> ─《코란》5장 105절

그러므로 계시에 앞질러서 행한 것은 무함마드의 확신에 따른 것이다. 실상 그는 모든 것을 환시 속에서 보았다.《코란》은 필요했던 모든 것을 마음속에 교시했다. 무함마드는《코란》의 주해(註解)에 따라 생활했다.

메카인들은 이슬람교도 이주자들의 가족을 투옥하였고, 남편을 아내에게서, 어머니를 아이들에게서(움 살라마 사건) 갈라놓았다. 이슬람교도들은 그들에게 재산을 빼앗겼고, 수아이브 루미의 전재산은 메디나로 이주할 때에 몰수되었다. 그들은 무함마드의 살해를 계획하였고, 그의 체포에 낙타 백 마리의 현상을 걸었다. 이것이 신자들에 대한 선전포고가 아니라면 이밖에 어떤 것이 선전포고가 된다는 것일까.

쿠라이시부족의 메카인들은 몰수한 재산을 절대로 반환하지도 않았으며, 그들이 행한 악행에 대해서 배상하지도 않았으며, 무함마드의 생명을 함부로 빼앗으려 했다. 그들은 압둘라 빈 우바이란 메디나의 변절자와 동맹자를 갖고 있었다.

메디나에 있는 아랍인은 대부분이 이슬람교도이지만 압둘라 빈 우바이 일파는 중립적이고 애매한 입장을 취했다.《코란》은 그들을 위선자라고 부른다. 반이슬람파는 아니지만 참다운 이슬람교도가 아니었다.

무함마드에 의하면 이들 중립파는 죽은 후에 지옥의 맨 아래층에 보내진다고 한다. 말은 중립이지만 거짓으로 가장하여 이쪽에 붙었다가 저쪽에 붙는 자이다. 어찌 악에 붙을 수 있단 말인가. 세상에서 가장 비열한 자들이다. 우바이는 기회가 있을 때마다 메카의 쿠라이시 부족과 내통하여 무함마드를 해하려고 했다.

무함마드와 그의 교우들이 살해되고 더 이상 그들에 대해서 이러쿵저러쿵 하는 말을 듣지 않는다면 메카인 친구들은 오죽이나 기뻐했을까. 그리고 메카 친구들은 이슬람을 없앤다고 입버릇처럼 말해왔다.

그러나 하나님은 그것을 완성하였다. '언제 메카인과 싸울 허가가 이슬람교도들에게 주어졌는가?'하는 첫 질문은 그 대답을 얻어야 한다. 이 문제에 관한 《코란》의 구절은 다음과 같다.

　　싸움을 거는 자에게 대해
　　전투를 허하신다.
　　그들이 악을 저질렀기 때문이다.
　　참으로 하나님은
　　힘차게 도우시는 분이다.
　　　　　　—《코란》 22장 39절

22장은 메카에서의 장이고, 메디나로 이주하기 전에 계시된 것이다. 이 구절이 이주한 지 1년 이상 지나서 메디나에서 계시되었다는 증거는 없다. 이 구절이 바드르 전투가 벌어지기 바로 전에 계시되었다고 주장하는 이슬람교도 작자들은 거짓 반대자들의 희롱에 빠지고 있는 것이다. 구절은 아주 명백하다. 이 구절은 전쟁이 이슬람교도에게 강요되었다는 사실을 알려준다. 이슬람교도들은 하나의 하나님을 믿고 '하나님은 우리 주님이다'고 말한 이유만으로 억압되고 추방되었다.

　　너희는 맹세를 깨뜨린 데다가
　　사도를 추방하기로 결정한 자들과

싸우지 않으려는가?
그들이 먼저 싸움을 걸어왔다.
너희는 이들이 무서운가……
　　　　　　—《코란》 9장 13절

　실상 무함마드는 메카인과 싸울 허가를 받고 싸움을 위해 준비하고 있었으나, 메카를 침략하려고 하지도 않았고 침략한 적도 없었다. 그는 메카인들에게 메카를 떠나서 바드르에 가게 했다.
　마울비 무함마드 알리는 이슬람교도에게 싸울 허가가 주어졌다는 구절 22장 39절에 언급하여 이렇게 말하고 있다. 즉,
　"이를 해석해보면, 이슬람교도들에게 싸움이 허락된 것은 아주 초기의 일이다. 그 구절이 메카에서 계시되지 않았다는 증거는 하나도 없다. 예언자가 이 계시를 받았기 때문에 저 유명한 아카바의 맹세를 가졌던 것이며, 메디나 대표들로부터 메카인들이 자기 자식들을 보호하듯이 적들에게서 자신을 방어해 줄 것을 요구했던 것이다."
　무함마드는 그 시기와 장소는 몰랐지만, 쿠라이시부족들이 자기와 싸울 것임을 잘 알고 있었다. 그는 적당한 시기에 사람을 보내서 메카인들의 움직임을 살피게 할 수밖에 없었다.

메카와의 대결

　메카의 쿠라이시부족은 메디나에 있는 무함마드의 이슬람측에 통행의 봉쇄, 전쟁을 일으키겠다는 공갈협박 등 최후 통첩으로 예언자 무함마드는 역사와 관련을 갖게 된다. 천사 가브리엘이 명한 것처럼 그는 이슬람을 마음에 품은 사람들의 수호자였다.
　무함마드는 세속적인 행동을 취하지 않을 수 없는 처지에 있었다. 세속적인 행동으로는 역사를 통하여 볼 때 외교적인 방법과 칼을 쓰

는 방법이다. 이슬람교도들은 칼을 뽑았다.
 메카측의 메디나 봉쇄에 대항하여 무함마드는 쿠라이시부족에게 이슬람교도가 지배하고 있는 지역에 메카의 상업거래의 대상(隊商)의 통행을 금지했다.
 무함마드는 쿠라이시부족이 무엇을 하고 있는가를 알아내야 했기 때문에 30명의 전투원을 그의 숙부 함자의 지휘 아래 홍해 쪽으로 보내서 정말로 메디나를 공격하려는가를 살피게 했다. 해안선에 있는 알 이이스 가까이에서 함자는 아부 자할의 인솔 아래 있는 3백 명의 대상 일행을 발견했다. 싸우지 않고 함자는 돌아왔다.
 그러나 메카측이 다른 통로에서 메디나를 공격할는지도 알 수 없기 때문에, 무함마드는 60명(첫번 것과 같이 모두 이주자)을 라비그 쪽으로 파견했다. 인솔자는 우바이다 빈 하리스였다. 이들은 메카의 지휘자 아부 수피안이 이끄는 2백 명의 대상 일행과 마주쳤으나 싸움 없이 제각기의 길로 갔다.
 어떤 전쟁에서도 적의 계획을 교란하는 것이 지휘자의 임무이다. 무함마드는 탐색대를 냈다. 그들은 틀림없이 무함마드가 그 배후에 메디나인으로 구성된 대군대를 가지고 있으리라고 생각했다.
 무함마드는 메카인들의 계획을 좀더 교란시키기 위해서 사드 빈 아비 와카스의 지휘 아래 18명 내지 20명의 기사로 된 다른 작은 파견대를 남쪽으로 보냈다. 그들도 싸움 없이 돌아왔다.
 무함마드가 메디나로 이주한 첫해 622년에는 양측에 한 사람의 희생자도 없이 지나갔다. 무함마드가 메카인과 싸우려 하지 않았다는 것은 그가 30, 60, 20이란 적은 수효의 일행을 파견했었다는 점으로 능히 증명된다. 이 파견대가 캐러밴을 털기 위해서 파견되었다고 할 수 있지만 약탈 행위가 일어나지 않았다는 것만으로도 파견대는 단지 첩보 활동을 했을 뿐이다. 무함마드는 하나님이 원하시는 대로 경계

태세를 가졌을 뿐이다.

메카인은 그에게 싸움을 선포했다. 그에게도 싸울 허락이 내려졌다. '왜 메카인은 이주한 첫 해에 메디나에 쳐들어가지 않았던가'하는 물음에 대한 답은 무함마드가 메디나에서 엄청나게 성공한 데 대한 공포를 그들이 느낀 데 있다. 즉 이주민과 원조자 사이의 형제적 우의의 결속, 유태인들과의 조약, 메카인들이 그에게 접근하기만 하면 그들이 체포될 무함마드의 태세에 대한 공포 등이다. 메카인들은 무함마드의 천재적 전략에 상대가 되지 않았다.

무함마드가 메디나로 이주한 헤지라 첫해는 겨우 아홉 달 반밖에 되지 않았다. 헤지라는 이 해 3월에 시작되었다. 이주한 지 열두 달째인 헤지라 제2년의 2월에 무함마드는 자신이 파견대의 선두에 섰다. 그리고 그가 부재시 사드 빈 우바다를 그의 대행으로 삼았다. 그는 가즈왓 울 아브와로 가서, 왓단에 도착하여 쿠라이시부족과 담라족을 탐색하려 했다. 그는 쿠라이시부족을 발견치 못하고 담라족과 동맹을 맺었다.

이렇게 해서 무함마드는 그의 위치를 굳건히 하고, 한 달 후에 이주자와 원조자를 합쳐서 2백 명의 선두에 서서 부우왓 쪽으로 떠났다. 메디나의 원조자들이 그와 함께 있었다는 사실은 이것이 군사적 파견대가 아니라는 것을 결론적으로 증명한다. 왜냐하면 무함마드가 바드르에서 자기와 함께 싸울 것을 부탁했기 때문이다. 이 일에 관해서는 나중에 언급될 것이다.

우마이야 빈 할라프의 인솔 아래 한 대상이 시리아 쪽으로 간다는 소식이 전하여졌으나 무함마드는 이 일행을 만나지 못했다. 그 대상은 무함마드를 피했고 무함마드는 그것을 쫓지 않았다. 확실히 무함마드는 메카에서 메디나로 출발하는 대상의 출몰이나 소식에 접하고 있었다. 그들이 시리아로 향하는 상대 대상인지 혹은 메디나 침공을 의미하는 군대 세력인지를 그는 어떻게 알 수 있었겠는가.

또 하나의 일은 메디나가 갑자기 점령될는지도 모르기에 파견대를 보내서 필요한 정보를 얻는 일이었다. 만일 그가 염주(念珠)를 손에 들고 앉아만 있었다면, 무함마드는 메카인들이 말했듯이 '갑자기' 공격을 받았을 것임에 틀림없다. 두서너 달 더 지나서 그는 다시 아부 살마 빈 아불 아사드의 지휘하에 파견대를 얀보 쪽으로 보냈다. 이들은 헤지라 제2년의 5월말과 6월초에 그곳에 체류하면서 메카의 아부 수피안 인솔하의 대상에 대한 정보를 얻었다.

쿠라이시부족의 명문씨족 출신이며 부자이고 유력한 지도자 아부 수피안이 대상을 이끌고 시리아에 가 있었는데 엄청나게 값이 나가는 상품을 갖고 돌아온다는 정보와 도중에 이슬람교도들의 간섭을 받을 위험을 없게 하기를 바란다는 편지를 메카로 보냈다는 내용도 있다. 아부 수피안은 이들을 피했으나 이 파견대는 그들을 추격하지 않고 메디나로 돌아왔다. 이 파견에서 무함마드는 함자족과 무들리지부족과 부우왓부족들과 동맹을 체결하는 데 성공하였다.

이슬람교도들은 이 모든 원정에서 메카인을 단 한 사람도 죽이지 않았고, 메카인들에게서 동물 한 마리, 돈 한푼도 빼앗지 않은 사실을 우리들은 잊어서는 아니된다. 그들은 정보를 얻고 그들의 위신을 세우기 위해서 그곳에 갔을 뿐 그밖의 목적은 없었다. 만일에 쿠라이시부족이 그들을 만나서 사건들을 우의적으로 토론했다면, 무함마드는 자기가 유태인에게 행한 대로, 또 그가 메카인들을 괴멸시킬 만큼 힘을 강화했을 때 후다이비야에서 행했던 바와 같이, 5년 후에 이루어진 명예로운 관계를 당한 쿠라이시부족과 평화를 맺었을 것이다.

무함마드는 싸울 각오는 되었으나 평화를 유지할 각오가 더 한층 강했다. 쿠라이시부족의 지도자들은 평화를 유지하려 하지 않았다. 반대로, 마지막 파견에서 그가 돌아온 20일 후에 메카인의 쿠르즈 빈 자비르는 메디나 가까이로 쿠라이시부족 일단을 데리고 와서 메디나인의 수많은 낙타와 양을 몰아갔다.

예언자는 자이드 빈 하리스를 자기가 없는 동안에 메디나에서 그의 대행자로 임명하고 약탈자 쿠르즈를 추격하러 나섰다. 그러나 쿠르즈는 바드르를 경유하여 도망쳤다.

위에서 언급된 사실은 부정될 수 없고, 메카의 씨족장들은 다음의 모든 일에 전적으로 책임이 있다.

쿠르즈의 약탈 원정은 유혈의 씨를 뿌렸다. 이 분쟁의 문제를 철회할 수는 없었다. 헤지라 제2년 라잡달(7월)에 무함마드는 사드부족의 압둘라 빈 자하시의 지휘 아래 많은 이주민 부대를 보낼 때에 압둘라 빈 자하시에게 편지 한 통을 주었다. 이 편지를 그가 출발한 후 이틀까지는 뜯지 말라고 일렀다. 그는 가라는 곳에 가서 편지를 뜯었다. 편지는 '너는 이 편지를 보고 나서 메카와 타이프와의 사이에 있는 나훌라까지 계속 가서 쿠라이시부족을 정찰하고 그 소식을 우리에게 알려라'라는 내용의 것이었다.

압둘라는 그것을 읽고 동료들에게 전했다. 이들은 모두 명령대로 갔다. 그들 동료 중 두 사람 사드 빈 왁카스, 주후리와 우트바 빈 가즈완은 자기들의 낙타를 찾으러 나섰다가 뒤에 처져 이 두 사람은 쿠라이시부족에게 붙잡혔다. 나훌라에서 이슬람교도들은 암마르 빈 하즈라미의 인솔하에 있던 쿠라이시 대상을 만났다. 이날이 신성월(라잡) 제7월의 끝날이었다.

당시 아랍력 라잡달(7월)은 휴전과 소순례의 달이었기 때문에 모든 폭력행위는 금지되어 있었다. 암마르 빈 하즈라미가 이끄는 대상으로 포도, 술, 동물의 가죽을 싣고 타이프에서 돌아오는 길이었다. 그들은 매복하고 있던 이슬람교도를 보자 놀랐으나 그 중의 한 사람이 머리를 삭발한 것을 보고 두려움이 사라졌다. 그들을 순례자로 오해한 것이다.
 그러나 나훌라에서 이들은 시간을 헛되게 보낼 수는 없었다. 대상은 메카로의 길을 서둘렀다. 신성월의 휴전기간은 하루밖에 남지 않았으며 휴전 기간이 지나 도중에서 습격당할 것을 경계하고 있었던 것이다. 한편 압둘라가 인솔하는 이슬람 부대도 양자를 택일해야만 되었다. 이제 대상을 습격하면 신성월의 휴전을 범하는 것이고 그렇다고 하루를 더 기다리면 대상은 메카의 성역에 이를 것이다.
 성역에서의 공격은 더욱 중대한 문제를 빚어낼 것이다. 한편 신성월의 휴전과 성역을 존중한다면 하나님에 대한 봉사를 업신여기는 결과가 된다. 그들이 싸우는 목적은 메카의 이교도들이 목표로 하는 이슬람교도들의 굶주림에서 구하는 데 있기 때문이다. 이들은 대상을 저지시켰다. 어떤 사람이 쏜 화살이 암마르 빈 하즈라미의 목숨을 빼앗았다. 이슬람교도들은 포로 두 명을 잡아서 메디나로 데리고 왔다.
 예언자는 사태를 분석하고 압둘라와 그 동료들에게 다음과 같이 말했다. 즉 '나는 너에게 신성한 달에 싸우라고 명령하지 않는다'고.
 무함마드는 스스로 전리품의 한몫을 갖지도 않았고, 그것을 이슬람교도들에게 나누어 주지도 않았다. 그는 하나님의 결정을 기다렸다. 메카인들은 무함마드에 반대하여 부르짖었다. 쿠라이시부족계(系)의 메카 공모자들은 무함마드가 라잡달의 신성월에 싸움을 허용했다는 이유로 무함마드에 대한 대전을 일으키려고 계획했다.
 신성월의 금기를 깨트리고 전투행위를 했다는 비난은 메카에서만 나온 것이 아니다. 이슬람군의 행위는 이미 온 메디나에 알려져 비판의 소리가 드높게 일어났다. 신성한 달의 휴전을 짓밟다니 상상조차 할 수 없는 중대한 일이다. 무함마드를 질시하는 압둘라 우바이나 유태교도들은 풍자시로 무함마드를 우스갯거리로 만들어 비난하며 책임을 추궁했다. 그들은 주장한다.

"무함마드는 하나님께 복종하는 마음에는 변함이 없다고 생각하겠지만 그자야말로 성스런 달을 더럽힌 최초의 사나이다. 신성한 휴전기간 중에 우리의 동포를 살해하지 않았는가."

신성월 기간 동안의 휴전 침범은 무함마드를 궁지에 몰아넣었다. 이슬람부대가 포로며 노획품을 갖고 메디나로 돌아오자 그는 자기가 관리한다든가 손도 대려고 하지 않았다. 이윽고 쿠라이시부족측에서 사절단을 메디나에 보내와 포로의 몸값을 지불하고 포로를 되찾아갔다. 그러나 포로 중의 한 사람은 이슬람으로 귀의하여 메카로 돌아갈 것을 거부했다. 이 개종은 큰 반응을 일으켰지만 메디나의 이슬람은 아직도 계속 위기상황이 계속되었다.

무함마드는 하나님께 기도했다. 인도해 주기를 간신히 바랐다. 하나님은 천사 가브리엘을 통하여 다음과 같이 말씀을 전했다.

그들은 신성월 동안에 전쟁하여도 좋으냐고
그대에게 묻는다.
말해 주라.
'신성월 중의 싸움은 중한 문제라'고.
그러나 하나님의 길에서
사람들을 막거나
그를 믿지 않거나
성스런 예배당에서 그를 막거나
성스런 예배당에서 회중을 쫓아내는
이런 것은 하나님에게 죄를 더 짓는 것이다.
(신앙)핍박은 살상보다 더 큰 죄이다.
그들은 너희와의 싸움을
멈추지 않으리라.

> 그들이 너희의 신앙에서부터
> 너희를 빼앗을 때까지
> 만일 그들이 가능하다면……
> ―《코란》 2장 217절

이슬람교도들은 이 계시를 듣고 기뻐했다.

신성월 동안의 휴전은 아랍부족에게는 도덕적인 문제였다. 그러나 하나님께 향하는 믿음으로 보면 휴전이냐 하나님이냐 하는 선택이 강요당했을 때 인간은 하나님을 택해야 한다는 것이다.

여러 사건이 발생했기 때문에 예언자는 정찰대의 파견을 중단할 수 없었다. 그러나 이 파견은 무함마드가 메디나에 온 열일곱 달 동안에 메디나에서 이룩한 사업의 극히 적은 부분에 불과했다고 말하는 사람이 있을 것이다. 그는 아부 아유브 집에 머물고 있는 동안에, 자이드 빈 하리스와 아부 라피를 시켜 그의 딸 파티마, 움미 쿨수움, 그의 아내 사우다 빈트 자마, 우사마 빈 자이드를 데려오게 했다. 압둘라 빈 아부 바르크, 그의 동료들, 탈하 빈 우바이둘라도 이 일행과 함께 왔다.

모스크 옆에 예언자의 새 집이 마련되었다. 그는 이주 두 번째 해가 끝날 무렵에 그의 여인들과 함께 이곳으로 옮겼다.

이미 말했던 바이나, 아이샤 빈트 아부 바르크는 무함마드가 메디나로 이주하기 전에 예언자와 약혼했었다. 그런데 이 여자는 자기 오빠와 함께 메디나에 와 있었다. 결혼은 이제 공식적으로 이루어졌다. 아이샤는 예언자의 집에 들어왔다. 이 여인은 비교적 사치하며 자라났으며, 유희를 몹시 즐겼다. 그러나 아이샤는 메카에서나 메디나에서나 가장 지혜 있는 여자였다.

모든 것을 종합해 보면 이 여자는 매우 아름다웠으리라고 생각된다. 그 여자의 기억력과 판단력은 특별히 뛰어났을 것이다. 이 여자가 없었다면 무함마드의 사생활의 거의 대부분은 실패로 돌아갔을 것이다. 이 여자는 이슬람 역사상 하디자의 바로 다음 위치를 차지한다. 그리고 몇 가지 면에서 이 여자는 없어서는 아니되었다. 이슬람 역사가는 누구나 다 이슬람에 베푼 아이샤의 봉사에 머리를 숙이게 된다. 이슬람을 실천하고 발전시키는 문제에서 아이샤의 발언은 예언자와는 달리 아주 독특했었다.

헤지라력 2년에 《코란》 제2장의 대부분이 계시되었다. 이 계시에 제9월의 29일 내지 30일간의 단식과 희사의 납부 의무가 다른 중요한 것과 함께 들어있다. 《코란》에 의하면, 각자의 고정된 수입의 2부 5리를 내도록 되어 있다. 희사의 세칙과 그밖의 종교적 의무에 관한 설명은 신학자들에 일임될 수밖에 없다. 순례행사는 이미 아브라함의 제도였고, 이 제도를 《코란》은 확정하고 메카 근처 계곡 미나 대신으로 아라팟산을 순례의 최후 단계로 정했다.

하루 다섯 번의 예배 — 이미 말했다 — 는 무함마드가 '야행(승천)'한 날부터 고정되었다. 이 예배는 메디나에게서 규칙적인 제도가 되었다. 메카에서는 쿠라이시부족 때문에 종교적 의식이 중단되었다. 쿠라이시부족의 방해 때문이었다. 메디나에서는 어떤 의식이든간에 비교적 큰 것이었다. 신도들을 예배에로 부르는 조처가 있어야 했다. 어떤 사람은 기독교처럼 종을 울리자 하고, 어떤 사람은 유태인들이 행했던 것과 같이 나팔을 불자고 제안했다. 그러나 이 두 형식은 이슬람교도들의 정서에는 맞지 않았다.

토론을 거듭한 끝에 무함마드는 음성으로 불러내는 것이 가장 좋다고 말했다. 이리하여, 비랄에게 예배의 때를 소리내어 알리는 '아잔' 임무가 맡겨졌다. 회당의 곁에 나자르부족의 한 여인의 집이 있었는데, 비랄은 이 집 꼭대기에 올라가서 예배하기 전에 아잔을 불렀다.

하나님은 위대하신 분,
위대하신 분, 위대하신 분,
위대하신 분, 위대하신 분.
나는 하나님 외에 하나님이
없음을 증명하노라.
나는 하나님 외에 하나님이
없음을 증명하노라.
나는 무함마드가
하나님의 사도임을 증거하노라.
나는 무함마드가 하나님의
사도임을 증거하노라.
예배에 오너라,
예배에 오너라.
정신적 성공에 살라,
정신적 성공에 살라.
하나님은 위대하신 분,
하나님은 위대하신 분.
하나님 외에 신은 없노라.

이 간소하고 음률적이고 매력적인 '아잔'은 이슬람을 경건한 문장 몇개로 요약한 것이며, 지상의 모든 곳에 있는 이슬람교도들에게 주는 정신적인 양식이다.

예배를 알리는 아잔과 예배의 제도를 제정한 것만으로도 그의 이름은 영원히 남을 것이며, 그의 명성(名聲)은 만 가지 일을 성취한 것에 비교될 만하다.

무함마드가 메디나에 도착하려는 무렵에, 아우스부족과 하즈라즈부족이 부아스 전쟁에서 서로 큰 타격을 받았다. 이에 두 부족의 불신자들은 압둘라 빈 우바이를 그들의 왕으로 맞이하려고 하였다. 그래서 사람들은 왕관을 만드는 등 대관식을 준비하고 있었다. 그러나 무함마드가 도착하고는 눈부신 활동으로 그 계획을 막았다.

쿠라이시부족은 압둘라 빈 우바이에게 편지를 보냈다. 메디나인들이 무함마드를 추방시키거나 무자비하게 죽여 버리라는 편지였다.

"우리는 너희 젊은 사람들을 죽이고 너희 부녀자를 빼앗기로 했다."

이 말은 유태인들과 그밖의 사람들로 포함된 메카인들의 결의였고, 이 회의는 압둘라 빈 우바이의 사회 아래 열렸다. 이 회의는 압둘라 빈 우바이가 자기 주장을 내세울 수 있는 좋은 기회였다. 하나님은 예언자와 함께하셨다.

예언자는 이 회의의 소문을 알고 담대하게 회의장으로 걸어 들어가서 그들에게 연설하였는데, 그것은 다음과 같다.

"여러분! 메카 사람들은 여러분들을 속이려는 것입니다. 여러분들이 그들의 위협에 말려들면 스스로를 파멸에 몰아넣는 일을 저지르는 것입니다. 여러분은 메디나에 살고 있는 친척이나 연고자들을 죽음에 빠뜨리는 것입니다. 그들은 여러분들이 약해졌을 때 여러분들을 정복하고 노략질할 것입니다. 우리들이 유태인들과 이미 합의한 것과 같이, 모두 하나가 되어 그들과 싸우는 편이 더 나을 것입니다. 우리는 그들을 두려워하지 않는다고 메카인의 사절(使節)에게 말합시다."

우바이가 말참견을 하기도 전에, 모두들 매우 기뻐하면서 무함마드의 제안을 만장일치로 승낙했다. 메디나인은 메카인 못지 않게 사납고 전투적이었다. 이래서 이 집회는 바로 해산됐다. 우바이는 매우 난처하게 되고 말았다.

메디나에 살고 있는 페르샤인 살만은 무함마드가 메디나로 이주한 첫 해에 이슬람으로 개종했다. 유태인은 무함마드를 환영했다. 무함마드의 영향과 세력을 이용하고 그를 자기들의 도구로 사용하고자 그와 동맹을 맺었다. 그러나 이와는 반대 방향으로 하나님의 의지는 역사했다. 그들의 학식있는 유태인 사제(司祭)의 한 사람인 압둘라 빈 살람은 온 가족과 함께 이슬람으로 개종했다. 유태인들이 이 사실을 알아차리기 전에 압둘라 빈 살람은 예언자가 있는 곳으로 유태인들을 불러와서 그들에게 다음과 같이 묻게 하고 자기는 몸을 숨겼다.

"압둘라 빈 살람은 여러분들 중에서 어느 위치에 있습니까?"

유태인들은,

"그는 귀족이고, 우리들 중에서 학식 있는 사람입니다."

고 대답했다.

그때에 살람은 숨은 곳에서 나타나서 그가 한 일과 그들을 이슬람에 불러왔다는 것을 말했다. 유태인들은 이것을 달갑게 생각지 않았고, 그들이 6세기 전에 예수에게 행하였던 그대로 무함마드에 대한 비밀 계획을 세우고 욕설로써 살람을 못살게 굴기 시작했다. 역사는 반복하고 있다. 유태인에게 경고하고 이슬람들을 가르치기 위해서 하나님은 《코란》두 구절을 계시했다. 2장 40절부터 46절에서 하나님은 유태인들에게 하나님이 내리신 옛날의 은총을 회상케 하고, 그들에게 하나님과 함께 자신들의 계명을 완수하도록 촉구하였다.

다음에 하나님은 성전(聖典)을 온전케 하시고자 내려보낸 《코란》을 그들에게 믿도록 명하고, 또 불신자들과 결탁하여 싼값으로 하나님의 말씀을 팔지 않도록 명하였다. 하나님은 유태인들에게 예배를 계속하고 일정한 회사를 헌납하고, 하나님에게 예배드리는 사람들과 더불어 예배하라고 명한다.

"너희는 믿지 않는 아랍 사람에게 경건하라면서 너희 자신의 영혼
 을 잃고 있느냐."

그러나 하나님은 그들의 마음속에 무엇이 있는가를 알고 있다. 그리고 무함마드와 이슬람교도들은 자기들이 무엇을 하여야 하는가를 미리 경고받았다.

유태인들은 이중성격을 드러냈다. 이들은 무함마드의 친구임을 고백하면서도 메카의 불신도들과 동맹을 맺었다. 이날부터 그들의 모든 목적은 무함마드가 메카에서 추방된 것같이 그를 메디나에서 내쫓는 일이었다. 그들은 메디나를 메카와 예루살렘의 중간 지점으로 만들고 예루살렘에 가 보도록 권하기 위해 무함마드를 방문했다.

"예루살렘은 예언자들의 고향이고, 메카나 메디나보다 무함마드에게 더 적합한 곳입니다."
고 말했다.

여태까지 유태교도와의 우호관계를 유지하여 온 무함마드는 이미 우호관계의 희망을 포기하였다. 그는 금요일에 모스크 설교단에 서서 유태교도들도 다른 사람과 조금도 다를 바 없는 인간이라고 역설했다. 우주를 지배하고 하나님과의 접촉을 독점하고 선택된 민족이나 사람은 있을 수 없으니 하나님 앞에는 인종의 우열은 없으며 모든 인간, 모든 민족이 평등하다고 설파했다.

무함마드는 유태인의 꾀를 꿰뚫었다. 그리고 곧 예배의 방향을 예루살렘으로부터 카바신전 쪽으로 바꾸라는 하나님의 명령이 내렸다. 이 명령은 유태인들에게 더 한층 거센 장애가 되었다. 유태인들은 자기들이 비밀리에 메카인들과 내통하는 바람에 무함마드가 이슬람교도들에게 아주 귀찮은 존재가 되었다.

이즈음에 나즈란 기독교도 일행 약 60여명이 말을 타고 메디나에 왔다. 이 일행 중에 학식 있는 자와 귀족 몇 사람이 있었다. 이들의 참다운 목적은 유태인과 이슬람 사이에 적개심을 일으키고, 나아가서는 그것이 전쟁의 발단이 되게 하는 데 있었다.

무함마드는 이 일행을 충심으로 장엄하게 환영하였고, 각 개인을 환대하였고, 마음대로 기도하고 종교 토론도 세 종교 — 이슬람교, 기독교, 유태교 — 사이에서 일어나게 했다. 유태인은 기독교도를, 기독교도는 유태교도를 서로 부인하여 양자는 하나님의 참다운 진리를 잃고 서로 논쟁만 하였다.

> 유태교는 기독교도를
> 기독교도는 유태교도를
> 아무것도 아니라고 말한다 —
> 그들은 같은 성전을 읽고 있으나……
> — 《코란》 2장 113절

두 파의 교도들은 무함마드의 믿음에 관해서 물었다. 무함마드는 이렇게 대답했다.

> 그들에게 말해 주라
> 우리는 하나님을 믿으며,
> 우리들에게 보내진 것을 믿으며,
> 아브라함, 이스마엘, 이삭, 야곱과
> 그의 자손들에게 내려진 것을 믿으며,
> 모세와 예수에게 내려진 것을 믿으며,
> 그들의 주님이 예언자들에게 준 것을 믿노라.
> 우리 이 중에서 어느 누구를 차별하지 않고
> 오직 우리는 순종한다. (무슬림 – 이슬람교도)
> — 《코란》 2장 136절

유태교, 기독교, 이슬람교 사이에 가로놓인 모든 문제는 《코란》 제2

장 113절에서 141절까지에 언급되어 있다. 이슬람은 하나님은 모든 예언자의 종교이다. 그러나, 기독교도와 유태인은 이에 동의하지 않고, 그들은 자기들에 내려진 것을 믿을 뿐이고 다른 사람에게 내려진 것을 믿지 않는다.

메카의 불신자들이 이슬람을 반대하는 것은 세속적인 이유에 불과했다. 그들은 이슬람을 믿으면 자기들의 지위를 잃지나 않을까 두려워했다. 이슬람은 하나님 앞에서는 만인을 평등하게 하는 종교이다. 부자, 가난한 자, 귀족, 그리고 아무리 비천한 자라도 동일한 지반에서 출발한다. 따라서 '너희 중에서 가장 경건한 자만이 하나님이 보는 앞에서 가장 고귀한 자'(《코란》 49장 13절)가 되는 것이다.

황제, 국왕, 지휘자, 사제(司祭), 지주, 그밖의 특별한 자리를 얻은 자들은 본능적으로 이슬람의 적이 되었다. 특히 사제(司祭)들이 그랬다. 쿠라이시부족은 우상들만을 갖지 않았다면 벌써 오래 전에 이슬람 신도가 되었을 것이다. 이것은 다음 사실로써 증명된다. 즉 족장들의 반대가 일어났을 때 많은 사람들이 이슬람교를 믿었다. 이 개종(改宗)은 뒷장에서 언급될 것이다. 그러나 지금 이 세 단체 —아랍족 중의 불신도, 유태인, 기독교도— 는 이슬람을 믿는다는 것을 자기들의 전통적 권리와 일반인에 대한 특권을 잃는 것으로 생각되었다. 기독교 대표들은 아무 결과 없이 떠났다. 그러나 유태인들이 머리부터 발끝까지 무함마드의 적이란 것은 만인이 아는 명백한 사실이 되고 말았다.

이미 앞에서 말한 대로 쿠르즈 빈 자비르는 메디나인의 낙타와 양을 약탈했으나 잡히지 않았다. 무함마드는 사태가 심각하다는 것과 자기 위치가 사뭇 위태로움을 깨달았다. 유태인들은 그에 대한 음모를 꾸미고 있었고 메카인은 그에게 선전포고를 했다. 623년 10월에 메카의 아부 수피안이 인솔한 대상은 곧장 시리아로부터 메카로 돌아왔다. 쿠라이시부족은 시리아와 적당히 상거래하며 무함마드를 공격할 수 있는 자원을 모아서 힘을 기르고 있었다. 유태인들은 메디나에서 그에 대한 반란을 일으키게 되어 있었다.

이때 무함마드는 하나님으로부터 계시를 받았다. 그는 어떤 위기가 폭발하기 전에 미리 행동해야 했다. 여기서 그는 그의 적들보다 먼저 그들의 계획을 교란할 대안을 세웠고, 즉시로 행동하기 시작했다. 그는 아부 수피안의 대상이 안전하게 메카로 돌아가는 것을 위협할 준비를 했다. 그는 대상을 체포하려는 것이 아니라, 그가 나타난다는 것이 하나의 위협이 될 것임에 틀림없다고 생각하였기 때문이다.

캐러밴을 억제하려는 무함마드의 행동은 확실히 1급에 속하는 군사시위(軍事示威)였다. 캐러밴은 20만 디나르 값어치의 상품을 가지고 있었다. 메카에서는 이 모험에 대표를 보내지 않은 가족이란 거의 없었고, 메카인들은 하는 수 없이 군대를 둘로 나눴다 ─ 절반은 캐러밴을 보호하고 절반은 싸움이 벌어지면 무함마드와 싸우기 위해서 ─. 무함마드는 언제나 메카 동포와 화평할 각오가 되어 있었으나, 그의 신앙을 희생시키고 믿음의 추종자들을 전멸시킬 수는 없었다.

12. 바드르 전투

 메카의 대상들이 값비싼 상품을 싣고 시리아의 가자에서 메카로 돌아온다는 정보는 다음과 같다. 이 대상은 1천 마리가 넘는 낙타로 편성되었으며 상품의 가격은 50만 디르함을 웃돌고 있었다. 메카의 모든 씨족이 이 대상에 투자하고 있었기 때문에 메카의 쿠라이시부족 전체의 이해가 달려있었다.
 이렇게 커다란 대상을 호위한 자는 쿠라이시부족의 아브드 샴스 씨족장인 아부 수피안으로 인솔하는 70명의 호위가 붙어 있었다.
 무함마드는 자기 계획을 수행하기 위해서 탈하 빈 우바이둘라와 사이드 빈 자이드를 파견하여 아부 수피안의 캐러밴이 시리아에서 돌아오는 소식을 탐지해 오도록 했다. 이 두 사람은 알 하우라(메디나에서 동북쪽으로 약 백마일 떨어진 해안선상에 있다)에 가서 그곳 사람인 주한니와 함께 머물렀다. 캐러밴이 가까이 왔을 때 이들은 빨리 무함마드에게 알렸다.
 아부 수피안은 알 하우라에 도착하자 먼저 무함마드의 파견대에 대해서 주한니에게 물었다. 주한니는 아무 말도 하지 않았다. 그러나 아부 수피안은 빈틈 없는 사람이었다. 이땐지 혹은 조금 전인지 알 수 없으나, 그는 기파르족의 잠 잠 빈 아므르를 메카로 보내서 캐러밴의 보호를 청하게 했다. 아마 그는 이보다 훨씬 앞서 623년 10월에 무함마드가 얀부 계곡에 간 것을 알고 있었을 것이다. 그래서 그 부하를 메카에 파견하여 도움을 청했던 것이다.

여하튼 잠 잠은 낙타의 귀, 코, 그밖의 여러 곳에 일부러 상처를 내서 피를 흘리게 하고 자기 옷의 앞뒤를 찢고는 성급히 메카로 와서, "쿠라이시 여러분들! 아부 수피안과 여러분의 재산을 무함마드와 그 동료들이 길을 막고 있소. 그들이 그 재산을 약탈하는 것을 보았소. 사람 살려요! 사람 살려요!"
라고 고함을 질렀다. 임박한 공격 등 긴급으로 알려야 할 중대한 상황에 처했을 때는 메카의 관리들은 모조리 옷을 던져버리고 벌거벗은 채 거리에 뛰쳐나와 주민의 관심을 모으고는 상황을 전달했다. 그들은 이슬람측이 대상을 습격한다고 알렸다.

쿠라이시부족의 전투 준비

메카가 파견한 대상을 무함마드 일행이 습격하려고 매복하고 있다는 소식에 메카에 있던 불신자의 대장 아부 자할은 이 소식을 듣자마자 사람들을 카바신전으로 불러서 진격 태세를 갖추도록 했다. 아부 자할은 언변이 좋은 데다가 우람하게 생긴 사나이였다. 이 사나이에게 복종하지 않는 쿠라이시부족은 한 사람도 없었다.

쿠라이시부족의 지도자들은 모두 무함마드를 괴멸시키고자 출발하였다. 아부 라합은 갈 수 없었기 때문에 대신으로 아스 빈 하샴 빈 무기라를 보냈다. 우마이야 빈 할라프는 뒤에 남으려고 했으나 아부 자할이 그를 '눈에 안티모니를 넣어 줄 계집 같은 새끼'라고 욕지거리를 하면서 강제로 보냈다. 그래서 무기를 가질 수 있는 사람은 하나도 메카에 남지 않았다.

이슬람교도에 대한 복수의 갈망, 증오, 불타오르는 폭력에 기름을 퍼부은 것은 쿠라이시부족의 여자들이었다. 여자들은 군사를 따라 싸움터를 향하여 사나이들을 충동질하고 격려하고 열광시킴으로써 전투를 승리로 이끌려는 것이었다.

메카에서 출발할 때의 쿠라이시군의 세력은 꼭 천 명이었다. 낙타를 탄 자 7백 명, 말을 탄 자 3백 명이었다. 이들은 모두 방패, 갑옷, 활, 칼, 그밖의 무기로 완전히 무장되었다. 13명이 병사들의 급식을 담당했고, 수백 마리의 낙타가 군수품 운반을 위해 끌려갔다.

아부 수피안을 제외한 메카 지도자들은 모조리 무함마드의 목숨을 노리는 공모 회의에 참석했다. 군대는 바드르에 도착했다. 여기서 그들은 아부 수피안의 대상이 시리아에서 메카로 돌아오는 도중에 탈출했다는 소식을 들었다. 아부 수피안은 하나님이 그의 대상을 무함마드의 손에서 구해 주었다는 것을 전하라고 사람을 보냈다. 이제 군병들은 메디나에 갈 필요가 없게 되었다. 소수의 쿠라이시부족들은 메카로 되돌아왔다. 그러나 아부 자할은 돌아가기를 거부했다.

"맹세코 우리는 돌아가지 않겠다. 우리는 바드르에 진을 치고 사흘 동안 거기에 머물겠다. 낙타를 잡아 연회를 베풀고 술을 마시며 가수를 청해서 노래를 부르겠다. 온 아랍부족은 우리의 원정과 우리의 대집결 소문을 듣고 영영 우리를 무서워할 것이다."

라고 소리를 질렀다.

바드르는 아라비아사막에 있는 여러 시장(市場) 중의 하나였다. 아부 자할은 아라비아 시인들로 하여금 쿠라이시부족의 전사(戰士)로서의 위대한 용감성이 자기에게 있다는 것을 시로 읊게 할 속셈이었다. 마침내 쿠라이시 대부대는 바드르 계곡의 저편에 진을 쳤다.

한편 메디나에서는 무함마드가 극비리에 다신교도인 메카의 대상을 공격할 준비를 하고 있었다. 이슬람군은 메카에서 메디나로 이주해온 86명의 이슬람교도와 238명의 메디나 출신 이슬람교도로 편성되었다.

헤지라(이주)는 비밀리에 행해졌기 때문에 메카를 떠난 이슬람교도들은 모든 재산을 메카에 둔 채 입은 옷만으로 메디나에 이주해왔다. 따라서 무함마드는 이들의 생활을 보장하기 위해 소극적인 방법보다 적극적인 방법으로 쿠라이시부족의 대상을 습격할 것을 생각했다. 대상을 습격하여 성공한다면 상품이나 낙타를 전리품으로 탈취할 수 있을 뿐만 아니라 포로의 석방과 교환으로 몸값을 받을 수 있다.

요컨대 하나의 도적행위로 현대에서는 보겠지만 당시의 아라비아반도의 유목부족은 대상을 습격하여 수입을 올리든지 또는 역으로 대상의 호위나 길 안내를 하여 수입을 올리든지 하는 어느 쪽의 방법으로 생활을 하고 있어 유목부족으로서의 대상 습격은 합법적이며 명예로운 생활 수단이라고 말하여도 좋다. 물론 무함마드는 유목민은 아니었지만 그가 이런 일을 생각한 것은 단지 수입의 증가뿐만 아니라 메카 번영의 기초였던 원격지 통상을 위협함으로써 쿠라이시부족의 세력을 약화시키려는 의도가 작용하였다고 본다.

무함마드가 메디나를 출발했을 때 겨우 312, 3명의 군사와 낙타 70마리에 말 두 필뿐이었다. 낙타 한 마리에 세 사람이 타고, 무기를 가진 사람이라곤 극소수였다. 그밖의 사람들은 칼만 가졌다. 무함마드는 소년들과 능력 없는 사람들을 돌려보내고 나머지 사람만을 모았다. 겨우 305, 6명이었다. 이들 중에서 63명은 이주자이고 61명은 아우스부족이며, 나머지가 하즈라즈부족이었다. 이들은 자피란 계곡에 도착했다. 이때 이들은 아부 자할이 인솔하는 메카군이 공격해 온다는 소식을 들었다.

여기서 상황이 달라졌다. 이 새로운 상황이란, 그들이 비교적 적은 수의 무장한 사람을 가진 대상 일행과 또 다른 무장한 메카인 일행을 만난 것이다. 무함마드는 언제나 그의 동료들과 상의하는 것을 잊지 않았다. 그런데 사막 속이라 상의할 곳이 없었다. 할 수 없이 무함마드는 메디나 가까운 출발지점으로 돌아갔다. 아랍부족들의 대상의 관습에 따르면 도시에서 좀 떨어진 곳을 출발점으로 정한다.

그 까닭은 시가지 안에는 많은 사람들을 모아놓을 수 있는 넓은 자리가 없기 때문이다. 그가 메디나에 돌아갔을 때 쿠라이시부족과 유태인은 모두 무함마드가 없다는 공공연한 비밀을 알았다.

"그를 메디나에서 쫓아내라. 쿠라이시부족이 그를 메카에서 쫓아낸 것같이. 그리고 그의 새로운 종교를 없애라."

이 말은 쿠라이시부족들과 유태인들 사이에 이룩된 계략이었다. 그러나 무함마드는 하나님의 명령을 받았다. 그리고 평상시대로 어떤 명령을 내리기에 앞서 그는 그의 교우들과 상의했다. 이들은 자기들이 어떤 상황에 처해 있는가를 비로소 알게 되었다.

아부 바크르와 오마르 빈 핫타브는 싸우고자 무함마드의 곁에 있었으나, 무함마드는 여러 사람들 앞에서 연설한 끝에,

"내게 여러분들의 의견을 들려주게."

하고 그들의 의견을 청했다.

미크다드 빈 아므르가 일어나서 말했다.

"하나님의 예언자이시여! 하나님이 당신을 인도하시는 대로 진군하십시오. 우리가 당신과 함께 있소이다. 하나님께 맹세합니다. 우리는 이스라엘족의 말 '너희는 너희 신과 함께 싸워라. 우리는 앉아 있을 테니 나가 싸워라' 이 말을 당신에게 여쭈려 하지 않습니다. 우리들은 당신의 주님께 함께 있으며, 당신의 주님과 더불어 싸우겠습니다. 아니, 싸우고 있습니다."

사람들은 말이 없었다. 예언자는 다시 말했다.

"여러분들! 여러분들의 의견을 내게 말해 주게."

무함마드는 이제 모든 것을 메디나의 이슬람교도들에게 맡겼다. 이들은 자기 처자들을 보호했던 것과 같이 무함마드를 지키고 보호하겠노라고 약속했던 사람들이었다. 그러나 메디나인들은 무함마드와 함께 출정할 것을 결정짓지 못했다. 바로 여기에 무함마드가 되돌아온 까닭이 있었다. 메디나의 이슬람교도들이 그의 의중을 알아챘다. 그래서 사드 빈 무아즈가 일어나서 예언자에게 말했다.

"당신이 우리들에게 맡기시는 것입니까? 하나님의 예언자이시여!"
예언자는 '그렇소'라고 대답했다.
사드가 또 말했다.
"우리는 당신을 믿어 왔으며, 당신의 진리를 확신해 왔으며, 당신께 주어진 것(《코란》)이 진리임을 확증하고 있는 터입니다. 우리는 당신의 말을 듣고 복종하기로 약속합니다. 당신이 생각하신 대로 진군하십시오. 우리는 당신과 함께 있습니다. 당신이 바다를 건너가라고 하신다면 우리는 당신과 함께 걸어서라도 건너가겠습니다. 우리들 중에 뒤에 남아 있을 사람은 하나도 없습니다. 우리는 내일 우리 적이 바라는 대로 될지라도 당신의 뜻에 따를 것에 찬성합니다. 우리는 전쟁에 견딜 수 있으며, 동료끼리는 성실합니다. 아마 하나님은 당신을 기쁘게 하실 것을 우리를 통해서 당신에게 보여주실 것입니다. 우리들과 함께 진격하십시오."
사드가 그의 말을 마치자마자 예언자의 얼굴은 기쁨에 빛나고 행복에 찼다. 이런 순간은 목숨을 바칠 값이 있는 순간이다.
무함마드는 말했다.
"진군하라. 하나님께서 두 일행의 하나, 아부 수피안의 대상이나 혹은 아부 자할군의 정복 어느 하나를 나에게 약속하셨음을 기뻐하라."
이 순간까지 이슬람군은 아부 수피안이 자기들에게서 도망치리라는 꿈에도 생각하지 못하였다.

무함마드의 바드르 진군

무함마드는 군기를 높이 올렸다. 빛깔은 녹색이었다. 이슬람의 상징이 푸른 녹색이다. 싸움터에 처음으로 이슬람의 깃발이 펄럭이었다. 두 번째인 독수리를 그린 깃발은 무함마드의 사위 알리가 들고 세 번째의 군기는 메디나에서 이슬람을 받아들인 신도 손에 펄럭거렸다.

무함마드는 모든 우물을 점검토록 명령을 내렸다. 그리고 전사들에게 전투가 임박했음을 알렸다. 전투태세를 흐트러지지 않도록 했다. 전투 진영이 흐트러지면 도망병이 생기고 도망친 이슬람 병사는 쿠라이시부족의 추격을 받을 것이고 설사 메디나까지 왔다 하더라도 여기서는 유태교도와 배신자들에게 사로잡혀 적에게 인도될 뿐 어찌할 도리가 없다는 것을 이슬람 병사들은 알고 있었다. 메카측보다 메디나 이슬람군이 병력의 수로 봐서는 열세이나 전력을 다하고 결사적으로 공격하는 것이 최선의 길이었다.

무함마드는 밀집대형으로 엄격한 규율 아래 공격하기로 결정했다. 단 둘이서 맞붙는 것을 절대로 피하라고 지시했다. 지금까지 아랍인은 1대 1의 싸움만을 되풀이해왔다. 무함마드는 선언했다. 이슬람교도는 이제 신의 승리를 위해 싸운다. 이 전투에서 주님을 위해 죽는 자는 천국에서 맞아들일 것이라고.

무함마드는 다시 진군하기 시작했다. 알리 빈 아부 탈리브와 사드와 주바이르에게 적정을 탐색토록 했다. 이들은 두 포로를 잡아 무함마드에게 데리고 왔다. 이 두 포로는 적의 수효를 묻는 말에 대답할 수 없었다.

"매일 도살되는 낙타는 얼마나 되었나?"
하고 무함마드는 물었다.

"하루에 아홉 마리였고 또 어떤 날에는 열 마리였습니다."
하고 포로들은 대답하였다.

무함마드는 이 말에서 쿠라이시의 수가 9백 내지 천 명임을 단정했다. 또 두 포로한테서 쿠라이시부족장들이 무함마드와의 싸움에 열중하고 있음을 알았다. 그는 자기 사람들에게,

"메카는 그대에게 낙타의 심장과 간장의 보물을 던졌도다."
고 말했다.

다른 이슬람 병사 두 명은 바드르 물가에 가서 두 소녀로부터 아부 수피안의 대상이 내일 이곳에 올 것이라는 정보를 얻었다. 이 두 이슬람교도는 낙타를 물가에 있는 언덕에 뉘어둔 채 이 정보를 얻은 것이다. 이들은 이 정보를 무함마드에게 알렸다.

그러나 아부 수피안은 쉽사리 붙잡히지 않았다. 아부 수피안은 대상을 뒤에 두고 가만히 바드르로 나가 문지기 마즈디에게,

"어떤 사람을 보았느냐?"
고 물었다. 마즈디는,

"두 사람이 자기 낙타를 이 언덕 위에 뉘어 두었었소."
하고 대답했다. 아부 수피안은 낙타의 배설물을 검사하고 그 속에서 메디나 특유의 먹이 찌꺼기를 발견했다. 그는 급히 돌아가서 대상을 데리고 해안선을 따라 추격하지 못할만큼 멀리 도망쳤다. 아부 수피안이 아부 자할에게 자기 대상이 도망했다는 소식을 전한 때가 이때였다.

이런 줄도 모르고 이슬람 전사들은 아부 수피안을 만나기를 기다리고 있었다. 그들은 아부 수피안이 선견적(先見的) 경계 지혜가 없었더라면 그 대상을 만나기에 알맞게 도착했을 것이다.

다음날에야 그들은 아부 수피안이 추격할 수 있는 범위를 벗어났음을 알았다. 이제 이슬람군에게 남겨진 것이란 쿠라이시군과 싸우는 길밖에 없었다. 모든 것은 하나님의 예정 속에 있다. 무함마드는 이

사태를 알았다. 이슬람교도들은 그 자리에 와서 비로소 알게 되었다. 이 사건은 《코란》에 매우 자세히 기록되어 있다. 바드르 전쟁은 하나님의 의지에 따른 것이다. 양쪽은 다 하나님의 의지를 피할 수 없었다. 하나님은 말씀하신다.

> 하나님은 두 대(隊) 중 어느 하나가 반드시
> 너희 것이 되리라고 너희에게 약속하셨다.
> 그렇다면 될 수 있으면 무장하지 않는 쪽이
> 좋으리라고 너희는 생각하였다.
> 하나님은 진리가 자기 말씀으로 성취되기를
> 그리고 불신자의 최후의 한 사람까지
> 근절되기를 바라셨다.
> 악인들이 싫어하더라도
> 진리가 퍼지고 악이 근절되기를 바라셨다.
> ―《코란》 8장 7~8절

제8장 첫 열아홉 구절은 바드르 전투에 관한 것이다. 이 구절을 읽는 사람은 자연히 바크르, 오마르, 미크다드, 사드의 열성에도 불구하고, 이들과는 달리 열정이 없는 사람들도 많다는 것과, 무함마드가 진정으로 이 전투에 승리하는 데 큰 곤란을 겪었다는 사실을 알 수 있을 것이다. 예를 들면, 바로 이 장의 42, 43, 44절은 양군이 실지로 자리잡은 위치에 관해서 웅변적으로 전해준다. 이 구절은 조심스럽게 연구할 값어치가 있는 구절이다. 하나님이 말씀하시기를,

> 너희는 계곡의 이편에
> 그리고 그들은 저편에

그리고 대상은 너희 아래쪽에 있었던 일을
너희는 기억하라.
—《코란》8장 42절

이것은 이슬람군과 쿠라이시부족군과 아부 수피안의 대상이 같은 시간에 서로 모두 가까이에 있었다는 것을 아주 뚜렷하게 알려주는 구절이다. 하나님이 말씀을 계속하시기를,

너희가 명령대로 거기에 있었다면
틀림없이 너희는 약속을 깨뜨렸을 것이다.
그러나 일어나게 되어 있는 것을
하나님이 행하시기 위해서,
죽음을 택하는 자는
하나님의 표징(表徵)에 따라
죽기 위해서,
삶을 택한 자는 하나님의 표징에 따라
살기 위해서.
—《코란》8장 42절

바드르 전투가 하나님의 의지에 따르는 것, 다시 말해서, 앞에 기록된 말로써 이슬람군은 아부 수피안을 쫓아 떠났으나, 하나님이 그렇게 하는 것을 이슬람교도들에게 원하지 않았다는 것이 뚜렷하다.
이슬람과 메카의 불신자 사이에 일어난 사건이 이슬람력 제2년에 한 번 영원히 결정되어야 하는 것은 하나님의 의지였고, 또 그대로 되었다.

가르는 날

> 즉 양쪽이 부딪친 날……
> ―《코란》 8장 41절

바드르 전투날(624년 1월 14일경)은 이슬람 역사상 가장 특색있고 결정적인 날이었다. 이슬람교도들이 이날의 싸움에 패했다면 이교도와 유태인의 공격에서 살아남지 못했을 것이다. 이슬람은 지상에서 사라졌거나 제자리로 돌아갔을 것이다.

이슬람교도들이 그날에 성공하리라는 무함마드의 예언이 성취된 것은 그의 사명을 직접 증명하는 것이다. 그는 하나님이 두 메카족 일행의 한쪽―아부 수피안의 대상 아니면 아부 자할의 군대―을 이미 약속했다는 것을 그 추종자들에게 말했다. 아부 자할과 그의 군대는 아부 수피안이 도망쳤기 때문에 그곳에 남아서 하나님의 약속을 성취시켰다.

이슬람군은 바드르로 급행했다. 그들이 바드르 우물가에 왔을 때('바드르'란 단어 자체가 '우물'이란 뜻이다), 무함마드는 낙타에서 내렸다. 능숙한 전술 전문가인 후바브 빈 문지르 빈 자무는 예언자가 낙타에서 내리는 것을 보고,

"하나님의 예언자시여! 하나님이 당신으로 하여금 당신의 발을 놓게 하시는 이곳은 우리를 위한 곳입니다. 우리는 앞으로도 가지 못하고, 뒤로도 물러설 수 없는 것입니다. 어떻습니까. 이 자리가 공격하고 수비하는 데 적절합니까?"

하고 말했다. 무함마드는 그렇다고 대답했다.

다음에 후바브의 암시와 무함마드의 확인에 따라서 그들은 물탱크 하나를 파서 금방 내린 빗물을 이 속에 모아두었다. 그들은 예언자가 쉬고 기도하고 전투 지휘를 할 오막살이 한 채를 지었다.

이슬람교도들은 전투의 날이 온 것을 알았다. 불신자들의 수효는

이슬람교도 한 명에 세 사람 꼴이었고, 무장한 병정 수는 이슬람교도 한 사람에 불신자가 스물 이상이었다. 이슬람교도들은 이 전투에서 살아서 되돌아갈 수는 없음을 알았다. 그들은 그날 그곳에서 모두 죽되, 힘 닿는 대로 많은 불신자들을 죽이기로 했다. 그러나 예언자에게는 아무런 해가 없기를 바랐다.

사태는 점점 악화되었다. 이슬람군사들은 그를 보호하고, 구조해서 살리려 했다. 아부 바르크가 무함마드의 최고 참모였다. 그는 무함마드의 보호자로서 그 오막살이에 무함마드와 함께 남았다.

쿠라이시부족은 이슬람교도들보다 높은 곳에 자리를 잡았다. 그들은 아래쪽에 피난처도 없고 구호소도 없는 보잘것없는 3백 명의 무리를 보고 매우 기뻐했다.

무함마드는 전선에서 군사들을 정비했다. 그러나 워낙 수효가 적은 데다 빈약한 무장병들을 보고 병사들은 거의 사기를 잃고 있었다. 무함마드는 병사들에게 누워 잠을 자도록 명했다. 사기를 기르고 체력을 보전하도록 하기 위해서이다. 내일이야말로 결전의 날이다.

그러나 무함마드가 메카 탈출시 사우르산의 동굴 속에서 그와 아부 바크르와 함께 계셔 주신 하나님은 이제 그들과 함께 계셨다.

두 병사가 오막살이에 있는 무함마드 쪽으로 갔다. 그는 메카 카바 신전 쪽을 향하고 하나님 앞에 꿇어 엎드려 예배를 드렸다. 그의 마음과 영혼은 하나님의 영혼 안으로 흡수되었다. 무함마드는 하나님에게 그의 추종자들의 죄를 용서하시기를 탄원하고, 하나님의 약속이 성취되기를 기도하고, 하나님의 도움이 있기를 간절히 바랐다.

이때 그가 드린 기도는 다음과 같다.

"오 하나님! 쿠라이시들은 당신의 사도를 죽이려고 그들의 친구들을 데리고 왔습니다. 당신이 약속하신 도움이 우리에게 필요합니다. 이 적은 무리가 멸망하면 남아서 당신을 섬길 사람은 하나도 없게 되나이다."

무함마드는 기도를 열심히 올렸다. 자기가 지금 어디에 있는지도 모를 정도로 열중했다. 그는 겉옷이 떨어지는 것도 몰랐다. 아부 바크르가 그것을 주워서 예언자의 어깨를 덮어 주었다. 그리고 아부 바크르는 무함마드에게,

"하나님은 당신의 기도를 들으시고 자기의 약속을 이룩하실 것입니다."고 말했다.

그러나 무함마드는 하나님의 도움을 청하는 기도를 끝내지 않았다. 그 간청의 기도에는 그만이 할 수 있는 하나님에 대한 겸손이 있었다. '밤 여행'(미라즈) 때 높고 높은 하늘 끝까지 올라갔던 그 사람이 이제 먼지 속에 얼굴을 박고 울며 부르짖고 있는 것이다.

"우리의 수효나 힘이란 아무 쓸모 없는 겁니다. 당신의 도움만이 우리를 구원할 수 있습니다."

그는 잠깐 졸았다. 이때 그는 자기 기도에 대한 하나님의 답을 받았다. 그는 행복했다.

일어나서 병사들 앞에 나가 싸울 것을 설복했다.

"하나님의 손에 우리의 운명이 달려 있다. 오늘 그들과 싸우는 여러분 각자는 싸움에 견디는 자들이며, 적을 대하여 자기 등을 그들에게 돌리지 않는 자들이다. 여러분은 틀림없이 보수로 천당을 차지할 것이다."

병사들은 크게 자극되었다. 눈앞에 천당이 보였다. 천 명의 적은 자기들의 수효보다 적게 보였다. 이슬람교도 한 사람이 불신자 두 사람, 아니 열 사람에 해당했다.

오 예언자여! 싸움에 임해서는
신도들의 용기를 북돋고 싸워라.

인내하는 신도 20명이 네게 있으면
그들은 2백 명을 능가하리라.
그리고 너에게 군사 백 명이 있으면
그 백 명은 불신자 천 명을 정복하리라.
　　　　　　　―《코란》 8장 65절

　예언자는 병사들의 용기를 북돋워 싸우게 했다. 믿는 자들은 한마음으로 호응했다. 이들은 죽기를 결심하고 싸웠다.

바드르 전투 기록

　무함마드는 과거의 어느 전투 때나 다름없이 이쪽에서 먼저 공격하지 말 것을 엄격히 명령했다. 그러나 쿠라이시부족은 참지 못했다. 아부 자할은 약 두 달 전에 나홀라에서 이슬람교도의 화살에 맞아 살해된 암르 하즈라미의 형제 아미르 하즈라미를 부르면서 암르의 복수를 호소해 왔다. 아미르가 일어나서 암르의 원수를 갚겠다면서 '와 암르야, 와 암르야'하고 고함을 질렀다.
　다음에 아스와드 빈 아브드 올 아사드 마흐주미는 이슬람교도의 물 공급지를 파괴하고자 전진해 왔다. 그러나 이슬람의 사자(獅子)인 함자는 그가 뛰어나오자마자 그를 살해했다. 다음에 라비아의 아들 우트바와 샤이바는 우트바의 아들 왈리드와 함께 전진해 와서 단독으로 싸우자고 이슬람교도들에게 전했다. 메디나의 세 청년이 나섰다. 그러나 메카 사람들이 이들과 싸우려 하지 않았다.
　쿠라이시군들은,
　"무함마드야! 우리와 같은 급의 사람으로 메카출신을 내세워라."
고 외쳤다.
　메카측에서는 상대자로서 출생신분이 좋은 이슬람교도를 요구하는 것이다. 무함마드는 샤이바에 그의 숙부 함자를, 왈리드와 우바이다에 그의 양자 빈 아부 탈리브를, 그리고 우트바에 하리스를 지명하여 싸우게 했다.

함자와 알리는 바로 그들의 상대방을 죽였고, 다음에 하나님의 사자 함자는 하리스에게 상처를 입힌 우트바에게 달려가서 이를 해줬다. 그는 자기 성공을 자랑했다.

이날이 헤지라 제2년 9월 17일 금요일이었다.

그러나 이런 싸움이 일찍이 있었던가. 기마병 3백 명과 그 외 7백 명의 군사에 극소수의 무장병을 포함한 보병 3백 명이 대전(對戰)했다. 이슬람군의 장비는 겨우 말 두 필과 낙타 70필이 있는데, 이것마저 쓰지 않고 이슬람교도들은 모두 도보로 싸움에 임했다.

그러나 하나님의 정신력, 곧 천사들은 이슬람군의 편을 들었다. 불신도들은 무함마드에 대한 증오심에 가득 찼으나, 이슬람군들에겐 무함마드는 자기들을 인솔할 영감을 받은 장군이었다. 이 장군에게 대항할 자가 불신도에게는 한 사람도 없었다.

이슬람군은 쿠라이시부족의 지도자들과 장로들을 공격하라는 명령을 받았다. 그들은 비범한 용기와 기술을 발휘했다. 메디나의 젊은 청년 무아즈 빈 아므르는 아부 자할 — 무지(無知)의 아버지 — 과 하나님을 가장 미워하는 적 한 사람을 만났다. 아부 자할은 머리와 온몸을 쇠줄로 엮어 만든 갑옷으로 감쌌다. 철로 덮어씌우지 않은 곳이란 그의 정강이뿐이었다. 무아즈는 한칼로 내려쳐서 아부 자할의 다리를 잘랐다. 아부 자할은 말에서 떨어졌다.

그의 아들 이크라마가 무아즈의 왼쪽 어깨를 쳤다. 무아즈의 왼팔 절반이 잘라지고 절반이 몸에 붙은 채 드리워졌다. 그러나 무아즈는 늘어진 팔을 드리운 채 계속 싸웠다. 드디어 그는 그 팔이 거추장스럽게 되자 드리워진 부분을 발로 눌러놓고 그 팔을 잘라내 버리고 다시 싸움을 계속했다.

비랄은 그의 옛 주인 우마이야 빈 할라프와 그의 아들인 알리와 싸워서 이 두 사람을 모두 죽였다.

이렇게 해서 메카에서 무함마드를 죽이기로 공모했던 열네 명의 주도자 중 열한 명은 바드르에서 살해되었다. 죽지 않은 나머지 세 사람은 나중에 이슬람을 믿었다.

1대 1의 싸움은 끝나고 이슬람측이 승리했다. 그러나 병력의 수나 질의 면에서도 또한 기마의 수에서도 이슬람을 능가하는 쿠라이시군은 쏘아올린 화살을 공중에서 잡고는 용기와 자신과 승리를 과시하는 것이었다.

서전에서는 돌격해오는 쿠라이시군에게 이슬람측은 후퇴를 계속했다. 무함마드는 사령부에서 떠나 병사들을 헤치며 최전선으로 뛰쳐나갔다. 오늘 이 싸움에서 전사하는 자는 그대로 천국에 가는 것이다. 무함마드는 신도들을 독려하고 질타했다. 예언자의 말은 전격적인 효과를 냈다. 어떤 병사는 먹고 있던 대추야자 열매를 내던지고는 함성을 지르며 돌격해갔다. '이제 나와 천국을 가로막는 것은 아무것도 없다' 그리고 그는 전사했다.

무함마드는 그의 병사들을 독려하여 계속 싸우게 했다. 끝으로 그는 모래 한 줌을 쥐고 《코란》 몇 구절을 외고 나서 그 모래를 쿠라이시군 쪽으로 던지면서 '적의 얼굴을 해쳐라'고 말했다. 안간힘을 다하여 쿠라이시군을 공격하라고 독려했다. 이슬람군 전사는 하나님의 성령에 가득 찼다. 눈앞에 자기들을 노려보고 있는 적군의 패배를 보았다. 적들은 지도자들을 잃고 부상자와 싸움터에서 죽어가는 자들을 조금도 돌보지 않고 도망쳤다. 이슬람전사는 적들 속에 뛰어들어갔다. 그들 3백 명이 9백 내지 천 명의 쿠라이시 군병들에게 이겼다.

이슬람 쪽은 메카에서 온 이주자 여섯 명과 메디나의 원조자 여덟 명, 도합 열네 명을 잃었다. 이슬람교도 한 사람은 전사자에서나 포로에서나 불신자 열 명에 해당했다. 누가 전쟁에 이겼는가. 교만한 쿠라이시부족이냐, 겸손한 이슬람교도이냐. 확실히 이슬람교도이다. 그러나 아직도 이슬람군에 승리한 것이 아니다. 이긴 편은 하나님이다.

> 하나님께서 내리신
> 고요한 졸음으로 너를 덮어 주신 때를
> 기억하라.
> 하나님은 위에서 비를 내려보내사
> 너희를 깨끗이 하셨도다.
> 하나님이 너희 마음을 굳게 묶어서
> 너희를 굳건히 서게 하시도록
> 너희에게서
> 악한 자의 더러움을 쫓아내라.
> ―《코란》 8장 11절

이 모든 것은 자기 이슬람교도를 위해 무함마드가 드린 기도의 덕분이다. 옛 죄를 용서하시고 하나님이 힘을 주어서 그들에게 대항하는 무서운 흉조(凶兆)들과 싸우게 했다.

> 너희 주님이
> 사도의 성령에 명령하사
> 틀림없이 내가 너와 함께하고
> 믿는 자를 굳건히 세운 것을 생각해 보라.
> 나는 곧 불신자의 마음속에

두려움을 일으키리라.
그때 그들의 목을 치고
그들의 손발톱 끝까지 때려 부셔라.
　　　　　—《코란》 8장 12절

　불신도의 실패는 하나님이 이슬람을 정복하지 못하게 하고 하나님의 적들의 마음속에 공포를 불어넣었기 때문이다.

그러므로 너희가 그들을 죽인 것이 아니라
하나님이 그들을 죽였으니……
　　　　　—《코란》 8장 17절

　압둘라 빈 마스우드는 죽은 사람들을 찾으러 나섰다. 아직 목숨만 겨우 붙어 있는 아부 자할을 찾았다. 압둘라는 그에게,
　"오 하나님의 적이여! 하나님께서 너를 얼마나 냉대하셨는가를 알아차려라."
고 말했다. 아부 자할은 그에게 전쟁의 결과를 물었다. 메카인들이 패했다는 말을 듣자 아부 자할은 자기 목 아래를 길게 자르도록 압둘라에게 부탁했다. 이것은 다른 사람의 목보다 길게 잘라서 족장(族長)임을 나타내려 한 것이다. 이것이 하나님의 적들이 자랑하는 교만이다.
　무함마드는 하나님에게 승리를 감사했다. 전쟁을 끝내고 그가 맨 먼저 할 일은 전사자들을 매장하는 데 참석하는 일이었다. 깊은 구덩이를 파고 그 속에 시체를 넣고 흙으로 덮었다. 우마이야 빈 할라프(비랄을 괴롭혔던 사람)도 몸뚱이가 조각조각 절단되었기에 그 자리에 묻혔다.

죽은 자 중에는 예언자가 메카에 있을 때 극히 사랑했던 젊은 청년 셋이 있었다. 이 셋이 이 전쟁에 끌려왔던 것이다. 이 싸움에서 전사자를 내지 않는 가족이라고는 쿠라이시부족 중에는 하나도 없었다.

예언자는 전리품을 모아서 나자르족의 압둘라 빈 카브에게 관리케 하고, 압둘라 빈 라와하와 자이드 빈 하리스를 각각 다른 길을 통해서 메디나에 보내서 대승리의 기쁜 소식을 선포하게 했다.

소식이 메디나에 전해졌다. 이때 바로 예언자의 딸 루카야(오스만 빈 아판의 아내)의 장례식이 진행되고 있었다. 예언자가 메디나를 출발할 때 오스만 빈 아판에게 중병을 앓고 있는 그의 아내를 간호하고 있으라고 했었다.

압둘라 빈 라와하와 자이드 빈 하리스는 전쟁의 상황과 승리, 그리고 살해된 쿠라이시부족의 명단을 사람들에게 전하고 있었다. 이 소식을 좋아하지 않은 유태인들은,

"무함마드는 죽었다. 그 동료들은 졌다. 자이드 빈 하리스가 무함마드의 낙타를 타고 있지 않는가. 그가 살았다면 낙타가 여기에 있을 리가 있는가. 자이드 빈 하리스는 싸움에 패한 결과가 무서워서 거짓말로 사람들을 진정시키고 있는 것이다."

고 말하면서 사람들을 현혹시켰다.

이렇게 해서 하나님은 유태인의 마음속을 이슬람교도들에게 보여주었다. 소식이 확인되자 유태인의 몇몇 지도자들은 '땅속은 땅 위보다 더 좋다'고 말했다. 이 말은 무함마드가 승리한 뒤에는 죽은 자가 산 자보다 더 편하다는 뜻이다. 카브 빈 아슈라프라는 이름의 유태인 남자는 메카로 갔다. 거기서 이 사나이는 불신자에 동조하고 무함마드를 맹렬히 반대하는 시를 쓰고 연설하면서 메카인들로 하여금 이슬람교도에 대항하도록 했다.

저들이 할 수만 있다면
너희 신앙에서 너희를 빼앗을 때까지
저들은 싸움을 멈추지 않을 것이다.
　　　　—《코란》 2장 217절

　전리품을 분배하는 데 이슬람교도 사이에 의견의 차이가 생겼다. 무함마드는 이 문제를 생각한 끝에 하나님이 인도하시는 대로 전투를 한 모든 사람들과 오스만 빈 아판(병든 아내를 간호했다)이나 우사마 빈 자이드(무함마드가 없을 때 메디나의 책임을 맡은 무함마드의 대리자)와 같이 강제로 메디나에 남게 된 사람들에게 전리품을 공평하게 분배했다. 기병은 보병의 두 배를 얻었다. 이제 군병들과 다름없이 이슬람 공동체의 일을 관리할 사람도 중요하게 되었다. 그래서 무함마드는 시민의 헌장을 초안했다.
　포로들이 메디나에 끌려왔을 때 그 중 두 명이 처형되었다. 이 두 사람은 메카 당시 이슬람교도들을 무수히 고문했고, 또 예언자와 《코란》을 짓궂게 욕하고 거짓 선전하던 자들이었다.
　이슬람전사들은 포로보다 하루 먼저 메디나에 입성했다. 다음날에 포로들이 왔다. 그 포로 속에서 사우다 빈트 자마라는 여인은 손이 뒤로 묶인 아부 야지드 수하일을 보고 견디다 못해서,
　"야, 아부 야지드야! 너는 너의 영혼에 굴복하고 네 손을 남에게 주었느냐. 죽는 편이 그보다 더 영광이었을 텐데."
하고 욕설을 했다. 이 여인의 익살맞은 농담은 그 포로를 보았을 때 그 손이 보이지 않았기 때문이었다. 무함마드는 집안에서 이 말을 듣고,
　"오! 사우다야, 너는 높으신 하나님과 하나님의 사도에게 그들을 대항하게 하는구나."
고 타일렀다. 이 여인은,

"하나님의 예언자시여! 당신에게 진리를 보내신 하나님에게 맹세합니다. 저는 그런 꼴을 보고 그렇게밖에 말이 나오지 않았습니다."

이 대답은 그 당시 각자가 언론 자유를 누린 사실과 사우다에게 포로들을 동정하는 마음이 아주 없지 않았다는 사실을 보여준다. 사실상 무함마드는 동정심에 사로잡혔다. 메카인들이 포로들을 찾아가고, 하나님이 그들에 관해서 다른 명령을 내릴 때까지 그들은 각 가정에 배당되어 사람다운 대접을 받도록 지시되었다.

그의 교우들 아부 바크르와 오마르 빈 핫타브는 포로에 대해서 의견을 달리했다. 오마르는 평상시에도 엄격한 성격의 소유자였다. 그는 다른 사람들에게도 경고가 되도록 포로들을 죽이라고 했다.

솔직하고 행동적인 성격이어서 악마조차 무서워한다는 오마르는 당장에 포로들을 참수해야 한다는 주장을 해왔다. 포로는 모두 70명이었다. 당시 아랍의 관습법으로는 포로는 사로잡은 측에 귀속하며 자유재량으로 처분할 수 있었다. 노예로서 팔 수도 있고 인질 몸값을 받고 넘겨주거나 또는 살해할 수도 있었다.

생각이 깊은 아부 바크르의 제의는 인질 몸값을 받고 포로를 그들 가족에게 돌려주자는 것이었다. 무함마드는 기도드리며 하나님의 의지를 물었다. 여기서 그는 아부 바크르의 안을 채택했다. 그는 포로들을 후히 대접하도록 명했다.

포로 중에 한 시인이 있었다. 이 시인은,

"오 무함마드여! 저에게는 딸이 다섯이 있습니다. 그것들을 돌보아 주게 하소서."

하고 간청했다. 이 시인은 간청을 듣고 무함마드는 그를 석방했다.

아부 아지즈 빈 오마르는 아부 유스르가 맡은 포로의 몸이었다. 이 주인은 대추야자를 먹고 살면서도 포로에게는 빵을 먹였다. 이것을 본 아부 아지즈의 친형제 무스아브는,

"그를 조심하고 엄격히 대하시오. 그의 어머니는 큰 부자요. 아들의 배상을 충분히 치를 수 있는 부자요."
하고 아부 유스르에게 일러주었다.
포로 아지즈가 이 말을 듣고,
"너는 내 형제인데 나에게 학대하라고 권하는 거냐?"
하고 성을 냈다. 무스아브는,
"너를 다스리는 주인은 내 믿음의 형제야."
하고 대꾸했다.

오랫동안 토론한 끝에 포로 한 명당 4천부터 천 디르함의 몸값을 붙이고 여러 등급을 두었다. 돈이 전혀 없는 사람은 배상금 없이 석방되기도 했다. 그러나 학문은 있되 배상을 치를 수 없는 포로는 각각 메디나 이슬람교도의 소년 열 명을 가르친 다음에 석방되도록 하였다. 이 의무를 마친 포로들은 석방되었다.

이렇게 함으로써 바드르 전쟁의 뒤처리도 끝났다. 메카인들은 너무 부끄러워서 서로 만나지도 못했다. 그들은 큰 슬픔에 잠겨 있으면서도 자기들의 울음이 이슬람교도들을 기쁘게 하니, 울음을 거두라고 사람들에게 충고했다.

메카의 한 명문 씨족의 장인 아부 수피안은 바드르의 싸움에서 아들과 장인, 처남을 잃었다. 아내 힌드와의 사이에서 태어난 차남은 포로가 되어 있었다. 그는 속으로 맹세하기를 무함마드가 징벌을 받을 때까지 수염을 깎지 않고 아내와 동침을 아니하기로 했다. 아내 힌드는 아들과 아버지와 동생을 죽인 적의 간을 사람들 보는 앞에서 먹겠다고 맹세했다. 이런 맹세는 메카측의 분노와 증오를 나타내는 것이었다.

그는 기병 2백 명을 데리고 메디나 교외에 있는 대추야자 과수원을 습격하여 불사르고 나서, 이슬람교도들이 나타나자 신자 두 명을 죽이고는 목숨을 보존하기 위해 도망쳤다. 이슬람군은 곧 추격했다. 도망자들은 낙타에 실었던, 약탈한 건맥분(乾麥粉)이 든 자루를 내어던지면서 낙타의 짐을 덜었다. 이슬람교도들은 이 추격을 '사위크 추격'이라고 한다. '사위크'란 아랍어로 '건맥분'이라는 뜻이다. 이것은 헤지라 제2년 12월에 있었던 일이다.

이슬람이 처음으로 싸워서 이긴 바드르 전쟁의 승리는 이슬람 역사상 가장 영광스러운 사건이었다. 이 승리는 이슬람교도들에게 승리의 의지를 주었다. 이 값은 사람이나 돈으로 치를 수 없는 것이다. 예언자가 모든 이슬람교도들에게 모범인 것과 같이 바드르 전투는 이슬람교도들이 치러야 했던 이상적인 모형이 되었다. 이슬람교도들은 싸울 때 하나님의 사랑만을 위해서 싸우고 진리를 건설하기 위해 싸워야 한다.

> 진실로 하나님은 믿는 자의 생명과 재산을,
> 믿는 자들을 위한 낙원과 바꾸어서
> 그들에게 사 주셨다.
> ─《코란》 9장 111절

전 아라비아반도에 있는 유태인과 불신자들 중에서 새로운 세력이 일어났다. 그 세력은 매우 강력하였다.
"무함마드를 죽여라."
이것이 그들의 슬로건이었다.
바드르에서 아버지와 형제를 잃은 사프완 빈 우마이야는 오마이르 빈 와하브를 매수해서 메디나에 가서 예언자를 죽이게 했다. 그러나 하나님은 이런 일이 있으리라는 것을 예언자에게 경고했다. 오마이르는 칼을 가슴에 품고 메디나에 도착했다. 이 칼은 잘 벼려진 데다 날에 독을 칠했기 때문에 상처를 입히기만 하면 목숨을 빼앗을 수 있었다.

오마르 빈 핫타브가 오마이르를 붙잡았다. 칼을 빼앗았다. 핫타브는 오마이르를 예언자에게 데리고 왔다.

예언자는 오마르에게 오마이르를 석방해 줄 것이냐를 묻고 난 후에, 오마이르에게 이곳에 온 까닭을 물었다.

오마이르는 대답했다.

"아들이 포로입니다. 저를 불쌍히 생각하시고 이들을 석방해 주시도록 부탁하러 왔습니다."

예언자는 말했다.

"사프완이 나를 죽이려고 너를 매수했겠다. 이 칼에 독이 있다."

예언자는 두 사람 사이에 오고간 말을 그대로 이야기했다. 오마이르는,

"저는 하나님을 믿겠습니다. 당신이 하나님의 사도임을 인정하겠습니다. 저와 사프완 외에는 이 비밀을 아는 사람이란 하나도 없습니다."

라고 말하고 이슬람을 받아들였다.

바드르 전투는 이슬람교도들의 기억에서 가장 축복받은 전쟁이었을 뿐 아니라, 실지로 역사상 중요한 것이었고, 무함마드의 위치를 강화하는 데 크게 도움이 되었다. 이후부터 메디나에서 무함마드에게 공공연하게 반대할 수는 도저히 없었다. 이후부터 무함마드의 세력에 몰려난 족장들은 온통 그의 명령에 굴복해서 이슬람으로 넘어왔다. 무함마드는 이 위치에서 유태인들의 자치권을 파괴할 것을 촉진했다.

메카인들도 이슬람교도들로부터 받은 패전에 크게 충격을 받았다. 메카인들은 이 타격의 복수를 해야 함을 잘 알고 자기들의 진영을 넓힐 방법을 찾았다.

바드르의 싸움은 소규모였으나 이슬람 확대에 미친 영향은 절대적

이었다. 이 싸움에서 무함마드는 군마 두 마리, 313명의 병사, 두 사람에 한 마리의 낙타밖에 동원할 수 없었다. 그러나 그후의 역사에 기록된 이슬람이 1만 마리의 말을 구사했던 싸움보다 더 오늘날에 전해지고 있다.

만약 무함마드가 패했더라면 이슬람은 영원히 없어졌을 것이다.

바드르 전투 소식은 헤지라 제2년 9월 18일에 메디나에 전해졌다. 그리고 무함마드는 제9월 22일(624년 1월 19일경)에 메디나에 개선했다. 바드르 전쟁은 624년 1월 14일경이나, 그보다 앞서 5일 이전에 있었다.

무함마드는 그의 딸 움미 쿨수움을 오스만 빈 아판과 결혼시켰다. 이 남자는 홀아비였다. 이 남자의 첫 부인은 하디자와 무함마드 사이에 난 딸 루카야였다. 루카야는 헤지라 2년 9월 18일에 죽었다.

이 해에 또 알리 빈 아비 탈리브와 파티마와의 결혼이 있었다. 파티마는 예언자의 막내딸이었다. 이 해의 남은 시간은 평화스럽고 조용한 가운데 지나갔다. 무함마드는 그의 위치를 공고히 하고 나서 그가 구축한 이슬람 공동체가 하나님께 봉사하는 데로 인도하도록 전심을 기울였다. 그러나 이 해 마지막은 또다시 아부 수피안의 메디나 침략, 즉 앞에서 이미 말한 사위크 추격으로 소란해졌다.

쿠라이시부족이 싸움에 패한 것을 맨 먼저 메카에 전한 사람은 후자족의 하이수만 빈 압둘라였다. 그가 메카인의 패배, 족장 및 지도자와 유력한 사람들의 죽음을 메카인들에게 알렸을 때 메카인들은 유태인들이 무함마드의 승리를 믿으려 하지 않았던 것처럼 그의 말을 믿으려 하지 않았다. 그 소식이 사실임을 알았을 때 아부 라합은 쿠라이시들의 욕지거리에 열이 대단해져서 7일만에 죽었다. 이렇게 하여서 하나님이 10년 전에 말씀하신 것이 성취되었다.

"아부 라합의 두 손을 썩여 버리고 그도 멸망되었다."《코란》 111장)

'아부 라합'은 '불꽃의 아버지'란 뜻이다. 메카의 부녀자는 울기 시작했으나 아부 수피안의 아내인 힌드는 그들의 연약성을 비난하고 가만히 이슬람교도에게 복수하기를 맹세했다. 그의 남편 아부 수피안은 비록 살았으나 그의 아버지, 그의 형제, 그밖의 여러 친척들은 바드르 전투에서 전사했다. 그 여자는 우후드 전쟁에서 이슬람측들에게 복수했다. 이에 관해서는 뒤에서 이야기될 것이다.

메카 쿠라이시부족은 바드르 패전의 복수에 여념이 없었다. 이슬람교도와는 싸움뿐이다. 한 사람의 이슬람교도도 살려두지 말라. '하나님 이외에 신이 없다'란 넋두리는 이제 듣고 싶지 않다. 이것이 메카의 다신교도들의 마음이었다.

무함마드에 대한 증오를 부채질하고 적개심을 높이고 사기를 진작시키기 위해서 메카에서는 바드르에서의 전사자를 슬퍼하는 것을 금지시키었다. 그들의 구호는 '죽은 자는 눈물로서가 아니라 복수로 위로되어야 한다'는 것이었다.

아부 자할이 전사한 뒤 이슬람의 가차없는 적은 무함마드의 숙부 아부 라합이었다. 그는 병으로 바드르 전투에 참가하지는 않았으나 돈으로 용병을 고용하여 전선에 보냈던 것이다. 바드르의 패배에 그는 화가 치밀었다. 그래서 그는 조카 무함마드를 암살하기 위해서 살인청부업자를 찾아다니었다. 이미 전술한대로 오마이르를 고용하여 무함마드를 암살하려 했던 것이다. 그는 얼마 안 있다가 화병에 걸려 고열로 신음하다 죽었다.

그밖의 다른 일

메카에서의 무함마드의 지위는 하나님의 사명을 실천하는 하나님의 사도의 직분이었다. 그는 여기서 치가 떨리는 반항과 박해에 부딪혔다. 그러나 메카인의 생명과 재산의 안전에 대한 책임은 무함마드의 두 어깨에 달려 있지 않았다. 메디나에서의 그는 하나님의 사도인 동시에 이슬람교도이건 아니건 간에 메디나인 전체의 생명과 재산과 명예를 메카로부터 지키는 위치에 있었다. 가장 엄숙한 계명에 맹세하여 모든 메디나 주민은 그를 그들의 관리자로 인정했다.

바드르 전투는 유태인으로 하여금 크게 눈을 뜨게 했다. 무함마드는 유태인들이 모략했던 그들의 도구가 아니라 메디나인의 마음을 정복하는 힘을 얻고 있었다. 이들은 곧 모두 이슬람교도들이 될 판이었다. 그렇다면 아라비아반도를 유태 왕국으로 만들려는 꿈은 어떻게 될 것인가. 무함마드의 세력은 침투될 것으로 유태인은 생각하고 있었다.

그들이 하려는 일은 무엇인가.

메카의 쿠라이시부족은 무함마드와 싸웠으나 실패했다. 유태인은 무함마드를 독살하고 그의 종교와 사회를 말살하려고 했다. 음모, 배반, 침략은 유태인의 무기였다. 유태인은 전쟁이 벌어지기 훨씬 전부터 그들의 마음속에 있는 계획을 실천하기 시작했다.

압둘라 빈 우바이를 포함한 여러 사람이 이슬람에 개종했으나 실상은 그렇지 않았다.

> 사람에 따라서는 입술로만 말하는구나.
> '우리는 하나님과 최후심판일을 믿나이다'고.
> 그러나 그들은 실상 믿지 않는다.
> 그런 자들은 하나님을 속이고
> 또 하나님을 믿는 식구들을
> 속이고 있는 것이다.
> ─《코란》 2장 8~9절

이 거짓 신앙은 이슬람교도들에게서 비밀 정보를 탐지하고 이슬람

교도들의 무함마드에 대한 사랑과 신임을 비밀히 깨뜨리려는 두 목적
에 도움이 되었다.

  계전을 받은 사람들이여!
  너희들은 허위로
  진리를 감싸고
  나쁜 줄 알면서도
  진리를 감추는가
       ―《코란》 3장 71절

 이런 위선(僞善)에 대한 이야기는 책 한 권에다 엮을 수 없을 만큼
길다. 저들의 위선은 무함마드의 일생을 통해서 계속되었고, 그때부터
오늘날까지 계속 이어 내려온다. 위선자들은 이슬람을 고백하고 이슬
람교도들과 섞여서 메카나 이슬람 도시로 가서 이슬람교도들의 약점
을 알아내고 이슬람교도들 사이에 반목과 싸움을 일으켰다. 이런 위
선자들은 《코란》을 '무나피쿤'이라 칭했다.

  위선자는 제일 밑바닥 겁화에 던져지리……
      ―《코란》 4장 145절

  너희는 그들 중 많은 사람이
  믿지 않는 자와 친밀히 지내고 있다.
  악이 저희들의
  영혼에서 나온 것임은 확실하도다.
      ―《코란》 5장 80절

 위선을 고칠 약은 없다. 하나님은 믿지 않는 자 몇 사람의 죄를 용

서한다. 이런 죄는 대부분 무지에서 오는 것이기 때문이다. 그러나 알면서 짓는 위선은 후회하지 못하도록 마음을 봉해 버린다. 그래서 위선자들은 자신이 선택한 불 속으로 점점 깊숙이 들어가기만 했다.

메디나에는 이슬람을 반대하는 측이 시(詩)로 이슬람과 무함마드를 반대하는 자들이 있었다. 얼마 동안 메카에 머물며 반이슬람 활동을 하던 카브 빈 아슈라프가 메디나로 돌아왔다. 그는 무함마드와 이슬람을 비방하는 풍자시를 쓰고 공공 자리에서 이 시를 낭독했다. 그의 여자친구이며 시인인 아스마도 무함마드나 그의 예언, 하나님, 천사 가브리엘 등을 비웃는 시를 지어 메디나의 인심을 소란케 하였다.

무함마드는 마음에 이들의 선동에 상처를 입었으나 인내심을 갖고 지켜보고 있었다. 한편 무함마드의 제자들로서는 매일처럼 예언자나 신앙이 떠들썩하게 모욕당하는 것은 견딜 수가 없었다.

어느 날 장님인 이슬람교도 우미르 이븐 아으프가 아스마의 집으로 숨어들어가 그녀를 단도로 찔러 죽였다. 그는 아스마의 친척이기 때문에 그집의 사정을 잘 알고 있었던 것이다. 그는 다음날 모스크에 가서 무함마드를 만났다. 무함마드는 암살자가 누구인지 알지 못했으나 그를 보자마자 '아스마를 죽인 자가 그대냐'하고 장님에게 물었다. 장님은 '그렇습니다'하고 대답했다.

무함마드는 노하였다. 그는 살인과 같은 범죄를 싫어했다. 당시의 관습법으로는 살인자를 벌하려면 피해자측의 부족으로부터 제소가 있어야 한다. 그러나 살해자는 피해자의 친척이니 일족은 처벌을 요구할 수 없었다. 부족 내부의 문제이기 때문이다. 일족 이외에는 간섭할 권리가 없는 것이다.

위선은 아랍인들의 마음속에 비종교의 독소를 부어넣었다. 그래서 아랍인들이 자기 영혼을 독살하고 있는 동안에 카브 빈 아슈라프와 아우프부족의 아부 아팍은 불신도들과 동맹을 맺었다. 그러나 카브도 살해되었다. 그는 젖을 함께 먹으며 자란 젖형제에게 살해되었다. 이 것도 가족내의 문제였다. 아팍도 살해되었는데 이 경우에도 하수인의 그의 일족이었다. 그들은 하나님의 말씀과《코란》에 반대하는 더러운 (불길한) 시를 지었다.

이 시는 무함마드가 세운 메디나 정권에 반란을 일으키는 데 목적이 있었다.

이것은 정말로 비열한 침략이고, 이런 침략은 죽음으로 처벌되어야 한다.

이슬람교도들은 그들의 신앙과 지도자에게 충실했다. 이러한 모반 자들을 살해하는 것에 주저하지 않았다. 반란자 세 명이 비밀리에 처형되었다. 이 처형은 하나님이 자기 종들의 손을 빌어서 자신의 의지를 역사하려는 것이다. 무함마드는 제7월의 끝날(623년)에 나훌라에서 오마르 빈 하즈라미가 죽은 것을 마땅치 않다고 생각했다. 그러나 하나님은 이슬람교도들의 무죄를 인정했다.

이런 일은 메디나에서도 있었다. 이슬람교도의 마음속에 하나님 자신이 계셨다. 자기들의 부모, 형제, 자식들보다, 아니 자기들의 영혼보다도 더 예언자를 사랑했다. 그리고 반역자들을 영원히 휴식처에 몰아넣은 것은 하나님 자신이었다. 비열한 침략을 범한 반역자는 특별한 권위 없이도 아무에게나 살해되는 공권상실자(公權喪失者)이다.

아부 아팍과 카브 빈 아슈라프의 시는 그 효과를 거두었다. 이슬람 교도들은 남녀를 막론하고 공공연히 그들의 도전에 말려들고 있었다.

이슬람을 믿는 한 여인이 카이누카족의 유태인들이 거주하고 있는 길가를 걸어갔다. 이곳에서 세공업자(細工業者) 한 사람이 장식품을 만들고 있었다. 유태인들이 이 여인을 놀려댔다. 이 여인은 훌륭하고 착실한 부인이었다. 이 부인은 유태인들에게 완강히 대항했으나 안으로 끌려들어갔다. 유태인 한 사람은 이 부인이 장식품의 만듦새를 보느라고 정신없는 틈을 타 뒤에서 치마끈을 풀어놓았다. 이 부인은 이 유태인의 악행을 눈치채지 못했다.

이 부인은 상점에서 나오려고 일어섰을 때 벌거숭이가 되었다. 유태인들은 이 부인의 나체를 보고 깔깔 웃어댔다. 이 부인은 살려 달라고 고함을 질렀다. 마침 이때 그곳을 지나던 이슬람교도는 이 부인의 고함을 들었다. 싸움이 붙어 유태인 금세공인(金細工人)도 살해되고 그 이슬람교도도 살해되었다.

이 살해 사건이 이슬람교도들과 무함마드 카이누카족 사이에 큰 악감정을 가져왔다. 무함마드는 카이누카족들이 이곳에 거주하되 그 주민들이 이슬람교도들에게 상해를 입히지 않을 것을 요구했다. 이 요구에 대한 응답은 다음과 같다.

"오 무함마드여! 전쟁 과학(전법)을 모르는 자들에게 이겼다고 너는 자만하지 말라. 맹세하노니, 네가 우리들과 싸운다면 너에게 우리 유태인들의 '사람'됨을 알려줄 테다."

무함마드는 어떻든 간에 메디나의 유태인과 타협을 꾀하려고 했다. 메카군이 공격해 왔을 때 배후에서 습격하지 말기를 그들 유태교도들에게 바랐다. 그러나 유태교도들은 메카의 우상숭배자에게 원조를 약속하고 쿠라이시군이 도착을 애타게 기다리고 있었기 때문에 무함마드의 요청에는 귀를 기울이려고 하지 않았다.

임박해 온 싸움에서 두 적, 메카의 쿠라이시부족과 유태교도의 협공을 피하기 위해 이슬람측은 오로지 모욕이나 도발에도 참고 견디기만할 뿐이었다. 메디나의 유태교도 이제와서는 무함마드의 죽음, 이슬람의 전멸조차 입에 올렸다. 이때에 이 사건이 일어난 것이다.

무함마드는 그의 동료와 상의한 끝에 언제나 갖고 있던 용기와 정력을 가지고 유태부족 카이누카부족 지역을 포위했다. 카이누카부족은 쿠라이시부족에게 도움을 청했다. 쿠라이시부족이 그러기로 약속했으나 유태 카이누카부족은 심한 압박에 이기지 못하여 포위당한 지 보름만에 무함마드에게 굴복해야 했다.

  카이누카부족에 대한 포위는 15일간 계속되었다. 그들은 항복했다. 카이누카부족에 대해서 메디나로부터의 추방이 정해졌다. 가족을 데리고 떠나는 것이 허용되었으나 무기와 대장간에서 쓰는 도구를 갖고 떠나는 것은 엄금되었다. 이 도구들은 무기를 만드는 데 쓰이기 때문이다.

  카이누카족이 굴복했을 때 무함마드는 이들을 어떻게 할 것인가를 동료와 상의했다. 반동을 선동한 자들은 처형하기로 결정되었다.

  압둘라 빈 우바이는 중재에 나섰다. 무함마드는 그들의 석방을 매우 꺼렸다. 그러나 우바이 외 여러 사람들도 유태인들을 위해 중재했다. 드디어 우바다 빈 사밋의 감독 아래에 카이누카 유태인들은 무기를 그냥 두고 다른 곳으로 이주하는 것을 허락받았다. 이들은 와디 알 쿠라로 이주했다가 나중에 시리아와 그밖의 여러 곳에 흩어져 살았다. 와디 알 쿠라는 아라비아반도의 북쪽에 있는 곳이다.

  바드르 전투는 이슬람교도에게 승리의 결과를 가져왔으나 이슬람교도들과 메카인 사이에 화평이 성립된 것은 아니었다. 도리어 메카인들은 전쟁 전보다 훨씬 대규모의 전쟁 준비를 공공연하게 서두르고 있었다.

  아부 수피안의 대상이 벌어들인 모든 이익은 앞날의 전쟁을 위한 무기와 물자를 구입해 들이는 데 쓰여졌다. 바크르부족과 메카 근방에 있는 그밖의 부족들은 반(反)무함마드 동맹을 쿠라이시부족과 맺었다. 음모, 치안 방해, 침략은 메디나 안에 있는 유태인들로 하여금 벌이게끔 하게 하였다. 무함마드는 이 준비를 눈치채지 못한 것은 아니었다. 무함마드는 아라비아반도 해안선이 있는 모든 부족들과 조약을 맺고 적의 계획을 교란시켰다. 이 조약 때문에 쿠라이시부족은 그들의 영역을 벗어나서 시리아나 메디나에 쉽사리 접근할 수 없었다.

쿠라이시부족은 시리아로 가는 길이 차단된 것을 알고 이익을 얻을 생각과 반무함마드 동맹을 맺을 목적으로 이라크와 통상을 열었다. 그러나 그들은 무함마드의 선견(先見)을 알아채지 못하고 계획했던 것이다.

사프완 빈 우마이야는 메카에서 이라크로 출발했다. 이때는 624년으로부터 625년에 걸친 겨울이었기 때문에, 물을 가지고 갈 필요가 별로 없었다. 사프완의 대상은 메디나에서 먼, 그리고 이슬람측의 공격으로부터 안전한 나즈드 사막을 거쳐서 여행했다. 그는 좀더 경계하느라고 바크르 빈 와일족에서 안내자 한 사람을 얻었다.

그러나 쿠라이시부족은 크게 놀랐다. 이라크에 가는 그들의 길 앞에 자이드 빈 하리스가 인솔하는 기병 백 명이 있지 않는가! 메카인들은 소유물을 몽땅 버리고 달아났다. 이것은 이슬람측이 얻은 중에서 가장 풍성한 전리품이요, 정말로 이슬람교도들에게 보내는 하나님의 선물이었다. 왜냐하면 이슬람교도들은 이제 다시 사방에서 극심한 압박을 받고 있었기 때문이다. 메카인들은 최후 경고(警告) 같은 풍문을 퍼뜨렸다.

집은 두 동강이 나면 서지 못하는 법이다. 메디나는 사랑과 결속하고 통일되어야 했다. 무함마드는 자기 교우들이 서로 집안간에 결혼할 것을 권했다. 그는 자기 딸 움미 쿨수움과 파티마를 각각 오스만 빈 아판과 알리 빈 아부 탈리브와 결혼시켜서 본을 보여주었다. 무함마드 자신은 아이샤 빈트 아부 바크르와 결혼했고, 또 하프사 빈트 오마르와 결혼했다. 이 결혼은 이슬람에게 또 하나의 큰 이득이 되었다. 왜냐하면 하프사는 지혜가 많은 여자였고, 예언자와 이슬람에 바친 그녀의 봉사는 아이샤에 다음가는 것이었기 때문이다.

무함마드, 그리고 그의 교우들과 추종자들은 이제 하나로 짜인 벽을 가진 이슬람이란 정신적 성채(城砦)가 되었다. 이것을 깨뜨릴 수 있는 사람은 이 세상에는 아무도 없다.

바드르의 싸움은 무함마드 자신이 이를 지휘했고 메카에서 온 이슬람교도 이주자와 메디나 출신으로 이들의 이주를 도운 이슬람교도인 원조자의 남자 모두가 싸움에 나섰고 그 승리는 압도적이었다. 이 싸움이 무함마드와 이슬람 공동체의 그후의 운명에 결정적인 의미를 갖는다는 것은 극히 당연한 일이다.

《코란》제8장에서 바드르의 싸움은 '구제일'로 불려지고(41절), 1천 명의 천사가 이슬람교도의 편에서 싸웠으며(9~12절), 하나님이 적을 사살했다고 술해지고 있는 것처럼(17절) 바드르의 승리는 하나님이 무함마드와 이슬람교도에게 편을 들었다는 것을 무엇보다도 더한 증거라고 간주되었다. 이것은 두 배의 적이라면 반드시 격파할 수 있다는 이슬람교도의 자신감을 갖게 하고(65~66절) 또한 이슬람 공동체에서의 무함마드의 위신을 높이었고 메디나 거주의 아랍으로서 이슬람교에 개종하는 자가 뒤따랐다.

'너희 아들과 형제들을, 그리고 아버지와 친지들을 죽인 무함마드, 너희들의 대상을 털고 너희의 통상을 끊은 그 자에게 복수하라, 복수하라, 복수하라. 다르 알 나드와에서 함께 뭉쳐 우리들의 지도자를 따르자.' — 이것은 메카에서 궐기하라고 내세운 호소이다.

이같이 메카의 지도자들은 있는 힘을 다하여 메디나에서 자라고 있는 예언자 무함마드가 이룩한 이슬람 공동체를 붕괴하고 무함마드를 없애려고 했다.

13. 우후드 전투

쿠라이시부족의 메디나측 공격

메카의 지도자들은 전년의 바드르 전투의 치욕을 씻고자 지도자들과 그밖의 사람들은 다르 알 나드와에 모여서 무함마드에 대한 대규모의 전쟁을 일으키기로 결정했다. 이 전쟁에 무함마드가 도저히 대항할 수 없는 대군사를 투입키로 결정했다.

부녀자들을 전투에 동원해서 남자 뒤에서 바드르 전쟁의 패배를 회상할 수 있게 하고, 남자들로 하여금 싸우도록 용기를 북돋워주자는 제안이 있었다. 이 제안에 대해서 부녀자와 상의해 보자는 의견도 있었다. 아부 수피안의 아내 힌드 빈트 우트바가 부녀자의 대장으로 뽑혔다. 그녀는 이슬람교도들에게 복수하겠노라고 굳게 맹세하고, 지위 높은 부인일지라도 모조리 동원시키겠다고 다짐했다.

이래서 쿠라이시부족은 병정 3천 명, 말 2백 필, 낙타 3천 필을 이끌고 출발했다. 무기도 충분했다. 군병 한 사람이 무함마드에게 복수하기로 선서했다.

625년 3월 메카는 정예부대를 메디나의 이슬람을 공격하고자 파견했다. 그 가운데 7백의 병사는 갑옷으로 무장했다. 그렇다고는 하나

북방의 전사 같은 철제의 장비는 아니다. 사막의 병사로서는 피로하고 지치기만 할 뿐 그야말로 철판 위에 불태워 죽이는 것이나 다름없기 때문이다. 그런데도 그들은 갑옷을 입었다.

메카의 기병은 2백이고 총지휘관 아부 수피안을 보좌하는 부장은 할리드가 맡았는데 그는 후에 이슬람의 위대한 장군이 되어 '하나님의 검 할리드'란 별명을 갖게 된다. 그를 돕는 이크리마는 아주 자할의 아들로 무함마드에 대한 증오심을 부모로부터 이어받고 있었다.

무함마드를 동정하는 사람 하나가 메카의 불신자 중에 있었으니, 그 사람이 바로 무함마드의 숙부 압바스였다. 압바스는 무함마드와 같은 씨족이었고, 자기 부하 한 사람에게 메카 사정을 알리고 메디나에 가까운 쿠바에서 무함마드를 만나게 했다. 무함마드는 숙부의 편지를 읽고 사람들을 보내서 쿠바 근방의 메디나 주민들에게 낙타와 양을 모두 철수토록 지시했다.

무함마드는 바로 쿠바에서 메디나로 돌아왔다. 자기 사람들을 보내서 그 진상을 알아보게 했다. 이들은 압바스의 편지 내용이 사실임을 확인하고 돌아왔다. 아우스부족과 하즈라즈부족과 메디나인들은 메카인들의 침략을 몹시 무서워했다. 그날 밤에 편히 잠든 사람은 하나도 없었다. 심지어 예언자 자신도 그가 받은 정보의 중요성에 좀 당황했다. 1천 내지 2천 명의 무사들은, 예상하지 않았던 것은 아니지만, 3천 명이나 메디나를 향해 진군해 오는 것이 아닌가.

수효도 많거니와, 이 무사들이란 불신자 아랍부족들 중에서도 두드러지게 흉악한 자들이며, 전사자들의 시체를 가르고 포로들을 죽이는 것을 당연한 것으로 아는 무리들이었다. 이뿐이야. 흉악한 부녀자들은 힌드를 앞세우고 자기 남편 이교도를 몰고 왔다. 확실히 이것은 전장이 아니라 도살장이었다.

무함마드는 메카측의 군의 규모며 메카 출발 일시에 대해 정확한 정보를 입수하고 있었다. 적군 침략의 소식이 전해진 것은 무함마드가 쿠바 모스크에 있을 때였다. 이 모스크는 무함마드가 건립한 최초의 종교적 건물로서 두 군데 예루살렘과 메카를 바라보는 첨탑을 갖는 성원이다.

무함마드는 메디나의 여러 부족의 족장과 이슬람교도의 지도자를 소집하여 대책회의를 열었다. 협의는 오래 계속되었다. 《코란》에서 위선자(무나피쿤)이라고 경멸받는 중립파의 족장 압둘라 우바이 때문이다.

메디나에서의 정세도 미묘했다. 압둘라 빈 우바이는 무함마드가 메디나에 오지 않았더라면 메디나의 권세를 휘어잡을 수 있는 위치에 있었기 때문에 언제나 무함마드와 이슬람 공동체를 좋지 않게 생각하고 있어 기회만 오면 이를 뒤엎어 버리려고 호시탐탐하는 인물이었다. 무함마드는 만약에 이슬람군이 궁지에 몰렸을 경우 적인 메카군을 앞에 두고 안에서 압둘라 빈 우바이 같은 기회주의자나 배후에 자리 잡고 있는 유태부족으로부터 공격을 받을 것을 염려했다.

그래서 625년 3월 21일 메카의 선발부대가 우후드에 도착했다. 이곳은 메디나에서 북동쪽으로 20리도 떨어져 있지 않았다. 무함마드는 교도들과 유태인들도 소집하고 상의했다. 무함마드는 대적할 방법을 물었다. 무함마드는 쿠라이시부족들이 공격을 취할 때 이를 쉽게 물리칠 수 있도록 메디나를 요새화(要塞化)해야 한다고 의견을 털어놓았다.

압둘라 빈 우바이는 이 의견에 찬성하면서,
"하나님의 예언자여! 우리는 도시 안에서 적과 싸우겠습니다. 그들이 진군할 때 우리 부녀자와 아이들은 적에게 돌팔매질을 하고 우리는 칼을 빼들고 싸우겠습니다. 메디나는 하나의 요새가 될 것입니다. 여태까지 어떤 적에게도 정복당한 일이 없었습니다."

고 말했다.
 유태인과 이주자, 원조자들인 이슬람의 지도자는 모두 이 의견에 찬성했다.
 그러나 논리적으로 이방을 지지하는 쪽이 타당한 것이다. 그런데 지금까지 단 한 번이나마 명확한 태도를 보인 적이 없는 우바이가 이번만은 요새권을 주장하는 데는 의심이 갔다. 여기에 어떤 함정이 있을 수 있음을 나타낸 것이라고 무함마드는 의심이 갔다.
 그러나 이슬람교도들에겐 누구에게나 언론의 자유가 있었다. 이슬람교도들은 부족들의 지도자의 의견에 찬성하더라도 질문할 수 있었다. 청년들은 의견을 달리했다. 이 청년 중에는 바드르 전투에 참가한 사람도 있었고 이번 싸움에서 순교자(殉敎者)가 되려는 사람도 있었다. 그러나 대부분은 싸워 본 경험이 없는 청년들이었다. 이들은 자기들을 구별해 주기를 바랐다. 그들이 바란 것은 '천국'에 갈 순교였다.
 "우리는 저희들에게 스스로 포위되어서 죽음을 선택하겠습니까? 우리가 메디나란 감옥에 갇혀 있는 동안에 우리와 우리의 농장과 과수원을 그들의 자의에 맡겨 보자는 것입니까? 만일 이렇게 되는 날에는 약탈을 일삼는, 우리에게 대항하는 모든 아랍 부족을 소집한 적에게 용기를 증가시켜 줄뿐입니다. 바드르에서 승리를 우리에게 주신 하나님은 우리를 우흐드에서 다시 승리로 인도하실 것입니다. 우리에게는 죽어도 '천국'이 있습니다. 우리는 하나님을 위해서 싸우다 죽으렵니다."
 이 일장의 연설은 젊은 이슬람교도들의 마음을 꽉 채워 주었다. 그들의 영혼은 신앙의 힘이 넘쳐흐르고 있었다. 그들은 위대한 전사(戰士)의 아들들이었고, 전통적 힘을 배가한 이슬람의 힘을 가진 젊은이들이었다. 어떻게 이런 청년들이 포위되기를 앉아서 참고 견딜 수 있겠는가.

늙은 사람 중에도 기꺼이 죽겠다는 사람들이 있었다. 아부 사드 빈 하이사마는 이렇게 말했다.

"하나님은 우리에게 승리를 주시거나 그렇지 않으면 순교를 주실 것이다. 나는 그 싸움을 놓쳤다. 그 대신 아들이 가서 영원한 생명을 맛보았으므로 행복했다. 어젯밤에 꿈에서 그 아들을 보았다. 아들은 우리에게 '뭉쳐라. 천국에 있는 우리는 여러분의 동료가 될 것이다. 나는 나의 주님이 나에게 약속했던 것을 얻었고, 그것이 진리임을 알았다'고 말하였다. 하나님의 예언자여! 나는 아들을 따라 천국에 가고 싶습니다. 나는 나이가 많아서 뼈가 부서지기 쉽습니다. 나는 주님을 만나고 싶소이다."

포위당하는 것에 반대하는 편이 훨씬 많았다. 무함마드는 대다수의 의견에 따르기로 결심했다. 하나님의 뜻이 높은 하늘과 낮은 땅 위에 이루어지옵소서.

무함마드는 신도들과 함께 금요일 예배를 올린 후에 승리의 기쁜 소식을 인내 있는 사람들에게 약속하고, 사람들에게 출발할 준비를 시키고, 나아가서 적과 대비하라고 명령했다.

무함마드는 깊이 생각했다. 예언자 무함마드는 청년들의 안을 취했다. 설명도 하지 않았다. 지금까지도 어떤 행동으로 옮길 때 그 이유를 밝히는 일이 없었다. 무함마드는 오랜 시간을 두고 모든 의견에 귀를 기울이기는 하나 일단 결단을 내리면 결코 번의하지 않았다. 하나의 해결방법을 채용하기가 무섭게 그가 요구하는 것은 오직 절대적인 복종이며 설명은 소용이 없는 것이었다.

오마르 빈 핫타브와 아부 바크르는 예언자를 도와 갑옷을 입혀 주었다. 예언자와 의견을 달리했던 사람들은 반대했음에 죄스러움을 느끼고 마음이 평안치 않았다. 그러나 무함마드는 조금도 감정을 상하지 않았다.

"내가 명하는 것을 기다려라. 그리고 그것을 좇으라. 참고 견디라. 그러면 승리할 것이다."

무함마드는 메디나 교외 우후드 언덕을 향해 진군하라고 명령을 내렸다. 이렇게 이슬람교도들은 나라를 관리하는 모든 문제를 통치자, 즉 관리자와 상의하고, 가능하다면 대다수의 의견에 좇아야 한다는 이슬람의 원칙을 무함마드는 굳건히 세웠다. 그는 자신의 의견과 소망을 교도의 대다수 의견과 소망에 따르게 했다. 인간이 자기 일을 결정한다는 권리 원칙이 이슬람교도들에 의해서 언제나 고수되었더라면 이슬람교도들은 후년에 자신들의 뒤를 쫓아다니던 많은 잘못을 피할 수 있었을 것이다.

무함마드는 이슬람군을 점검했다. 모두 7백 명의 전사이고 메카군은 3천의 병력으로 1대 3의 열세였다. 그리고 장비면에서도 메카는 7백 명이 철갑 옷으로 입었고 이슬람 병사로 갑옷을 입은 자는 3백 명도 못되었다. 뿐만 아니라 메카측의 군마는 2백 마리인데 이슬람측은 겨우 두 마리였다. 가난한 그들로서는 그것이 한도였다. 무함마드가 군사를 점검하는 동안에도 유태교도의 일부는 싸움이 일단 시작되면 도발적으로 적측에 가담할 것을 결정했다고 한다.

무함마드는 메디나에서 멀리 가지 않았다. 이때 이븐 우바이와 그의 3백 명의 추종자들은 무함마드가 자기 충고에 따르지 않고 그의 곁에 있는 연약한 소년들의 의견에 복종하였다는 평계로 이슬람군에서 이탈했다.

전투가 시작하기 바로 직전 이븐 우바이는 그의 수하를 다 데리고 메디나 시내로 돌아갔다. 그들은 《코란》 제3장 167절 구절에 '실제는 신앙을 갖지 않으면서도 신자인 척하는 자'라고 나와 있다.

우후드 전투 기록

무함마드는 헤지라 제3년 3월 11일 목요일에 우후드에 도착했다. 그는 우후드 언덕을 등지고 진지를 택했다. 군사들을 전투 태세로 정돈하고 50명을 선발해서 다음 명령을 주고, 산간도(山間道), 즉 계곡길에 그들을 배치했다. 그 명령은 이렇다.

"우리들의 배후를 지켜라. 적들이 이쪽에서 우리를 공격할는지도 알 수 없기 때문이다. 너희들의 위치를 지키고 거기서 뜨지 말라. 설사 우리들이 적을 무찌르고 적들이 후퇴하는 것을 보더라도 너희들은 위치에서 뜨지 말라. 또 만일에 너희들이 우리가 살해되는 것을 보더라도 우리를 도우려 우리 쪽으로 오지 말라. 적들의 말을 쏘는 것이 너희들의 할 일이다. 말[馬]은 화살을 감당해 낼 수 없으니까."

다음에 그는 명령이 내려지기 전에 절대로 싸우지 말라고 나머지 사람들에게 명했다.

쿠라이시부족들도 군사를 질서있게 정비했다.

할리드 빈 왈리드가 오른쪽에 있었고, 이크라마 빈 아부 자할이 왼쪽에 있었다. 아브드 울 웃자 탈하가 아부 수피안과 함께 중앙의 책임을 맡고 있었다. 이 중앙의 앞뒤로 오고갈 수 있는 좁은 길이 열려 있었다. 이 길은 부녀자들이 탬버린과 북을 치며 우상신을 운반하며 노래를 불러서 병사들에게 싸울 용기를 돋우어 주기 위해서 열어 놓은 길이었다.

싸움터에는 메카 쿠라이시부족 군사들의 아내들이 모두 모여 있었다. 싸움하러 출정하는 남편의 뒤를 따르는 것은 아랍의 오래된 관습이었다. 아내가 있음으로써 전사들은 용기를 얻어 사기를 높였다. 고전에 빠지면 여자들은 머리를 풀어헤치고 옷을 갈기갈기 찢어 가슴을 드러낸 채 뛰쳐나가 내 뒤를 따르라, 승리한 날에 사랑은 당신 것이오하고 군사들을 격려했다. 그녀들은 다음과 같은 노래를 불렀다.

    용기를 내라, 아브드 우드 다르의 자손들아!
    아브드 우드 다르의 자손들아!
    앞으로 전진하라!
    저것들을 모조리 쳐 죽여라.

  양쪽 군대는 이제 전투 준비를 완료했다. 쿠라이시부족은 바드르 전투에서의 그들의 패배에 대한 복수를 부르짖고, 이슬람교도들은 도움과 승리와 천국을 위해 하나님을 부르짖었다.
  예언자는 그의 칼을 빼들고 그 칼을 받아 가질 지원자들을 불렀다. 많은 사람들은 이에 응했으나 예언자는 아부 두자나가 응할 때까지 칼을 들고 있었다.
  "하나님의 예언자여! 이 칼로 무엇을 해야 합니까?"
  "칼이 구부러질 때까지 적들을 쳐부셔라."
하고 무함마드는 말했다. 아부 두자나는 붉은 띠를 머리에 동여매고 —피의 붉은 띠—그의 본성대로의 용감한 태도로 적의 전선 사이를 걸어나갔다. 그가 도도하게 걸어가는 것을 바라보고 예언자는 말했다.
  "하나님은 이런 경우를 제외하고는 저렇게 뽐내는 걸음에 대해 확실히 노하실 것이다."
  무함마드가 우후드 언덕 남쪽 기슭에 진을 친 것은 3천 명의 쿠라이시부족군에 대항한 7백 명이라는 이슬람교도군이라고 하는 양군의 병력 차이를 고려한 무하마드의 교묘한 작전이었다. 아래에서 위를 공격하는 것보다 위에서 아래를 공격하는 것이 훨씬 유리하며 사실 전투는 이슬람교도의 우세에서 시작되었고 쿠라이시부족의 자랑거리인 기병대를 십분 활약시킬 수 없었다.

 맨 처음 전투를 시작한 사람은 아우스부족의 아부 아미르 빈 사이 피였다. 이 사람은 동료 시민들을 내버리고 메카인에게 가담했다. 그는 자기가 메카 쪽에서 자기 이름을 들고나서면 무함마드편에 있는 아우스부족들이 무함마드를 배반할 것으로 생각하고, 그의 동료 열다섯 명과 함께 나타났다. 아부 아미르는 아우스부족에게,

"아우스부족들아! 나는 아부 아미르다."

하고 고함을 쳤다. 이슬람교도의 아우스부족은,

"하나님께서 너의 눈을 저주하시기를. 이 벌을 받을 놈아!"

라고 대꾸했다. 그러자 전투는 벌어졌다.

 기마병 백 명을 가진 쿠라이시부족의 이크라마는 이슬람교도들을 오른쪽으로 돌리려고 기를 썼다. 그러나 이슬람군은 굳건히 서서 언덕에서 그들에게 돌팔매질을 하면서 이크라마를 도망치게 했다.

 또 할리드 빈 왈리드(할리드도 기마병 백 명을 통솔하는 책임자였다)는 이슬람군을 왼쪽으로 돌리려 했다. 그러나 무함마드가 계곡 위에 배치했던 활부대는 수많은 말을 쏘아 죽였다. 이슬람의 양쪽에 있던 적은 뒤로 물러섰다.

 함자와 아부 두자나는 이제 '죽여, 죽인다'고 소리를 지르면서 앞길을 막고 있는 적군을 습격하고 그들을 죽였다. 아부 두자나는 쿠라이시부족 중에서 가장 맹렬하게 고함을 지르고 있는 사람 하나를 보았다. 칼을 빼들고 그를 내리쳤다. 아차! 여자다. 아부 수피안의 아내 힌드였다. 신성한 예언자의 칼이 여자의 피로 물들이지 않게 하기 위해서 이 여인을 버려두고 다른 병사를 쫓았다.

 함자는 쿠라이시부족의 기수(旗手)를 죽였다.

 유바이르 빈 무티임은 자기가 꼭 함자를 죽이겠다는 조건으로 석방이 약속된 야만적인 흑인 노예 한 사람을 데리고 있었다. 이 노예는

창던지기의 명수였다. 이 노예는 메카인들과 함께 이 전투에 참가했다. 이 노예는 노란 낙타와 같은 함자가 메카인들을 습격하여 이들을 죽이는 것을 보았다. 함자는 오른손의 맥이 빠지자 칼을 왼손에 바꿔 쥐었다가 다시 오른쪽 손에 바꿔 쥐었다. 흑인 노예는 기회를 노리고 있었다. 함자는 노예를 의심치 않고 길로 나섰다. 흑인은 창을 던졌다. 창은 함자에게 명중했다. 함자는 살해되었다. 그리고 노예는 힌드에게 함자의 죽음을 알렸다.

메카의 불신도의 부대에는 수많은 노예가 참가하고 있었다. 함자나 이슬람군의 지도자들을 쓰러뜨리면 온 메카의 노예를 해방시키겠다고 힌드는 약속했었던 것이다. 그들의 대부분은 자유의 기회를 얻으려고 싸움에 참가한 것이다. 메카 쿠라이시부족 외의 다른 부족에 속하는 흑인들은 자유를 위해서가 아니라 보수를 바라고, 즉 고용병으로서 종군하고 있었다.

이슬람군의 한잘라 일행은 아부 수피안을 죽이려고 했으나 배후로부터 샷다드 빈 아스와드 라이시의 공격을 받고 살해되었다. 나자르 빈 아우스와 사드 빈 라비와 알리 빈 아부 탈리브는 쿠라이시부족의 기수를 죽였다—. 알리 혼자의 칼에 여덟 명이 목숨을 잃었다. 이 날 쿠라이시부족의 열두 명의 수령(首領)들이 모두 살해되었고, 마지막에 깃발이 땅에 떨어져 있었으나 이것을 주우려는 쿠라이시부족은 하나도 없었다.

쿠라이시부족은 극도로 흥분되어서 싸웠다. 그들의 군대가 후퇴하려 할 때마다 부인들이 그 뒤를 차단했다.

"너는 우리가 적의 먹이가 되도록 버려둘 참이냐?"

고 부인들은 노기를 띠고 외쳤다. 싸움은 계속되었다.

그러나 이슬람교도들은 하나님의 영혼에 충만되어 있었고, 비록 함자는 죽었으나 그의 죽음은 이슬람교도들에게 아무 변동도 가져오지는 않았다. 바드르에서와 같이 그들은 자신들이 살기 위해서가 아니라 죽기 위해서 싸우고 있었다. 양쪽에 1백 명의 기마를 가진 쿠라이시부족 3천 명은 이슬람병사들에게 아무런 위협을 주지 못했다. 무함마드는 이슬람병사들에게 힘을 주어 싸우게 했다.

쿠라이시부족의 공격은 약화되었다. 그들은 부인들을 상관하지 않고 도망쳤다. 이슬람병사들은 그 뒤를 쫓아서 그들의 진지에 돌입하여 그들의 소유물을 차지했다.

무함마드가 통로에 배치한 50명의 활쏘는 이슬람군의 전사들이 이제 그들의 눈앞의 싸움터가 깨끗해진 것을 보았다. 그들의 동포들은 메카인들이 남겨둔 약탈품을 갖기에 열중했다. 전사들은 이것에 유혹되어 그들의 위치를 떠나 전리품을 탈취하는 데 가담했다. 이들의 지도자 압둘라 빈 주바이르는 최선을 다하여 자리를 뜨는 부하들을 막았으나, 부하들은 자리를 떠도 아무런 위험을 느끼지 않았다. 승리의 기쁨은 이들을 자기 위치에서 떠나는 것을 엄격히 금했던 예언자의 명령에 대해서 눈을 멀게 했다. 열 한두 명만이 압둘라 빈 주바이르와 함께 남아 있었고, 그 나머지 부대원들은 모두 자리를 떠서 전리품을 주워 모으는 데 가담했다.

적의 기마대 대장 할리드 빈 왈리드는 이 광경을 보고 활부대가 있는 언덕의 다른 쪽을 돌아서 뒤로부터 남아 있던 열 한두 명의 활부대 전투원을 모조리 붙잡았다. 그는 다음에 이슬람군의 진지에서 새로 일어난 약화된 소식을 이크라마와 아부 수피안에게 전달했다. 그러자 곧 모든 쿠라이시의 반격이 개시되었다.

하나님이 취하시는 방법은 놀랍다. 그는 승리 속에서 이슬람교도들을 시험했고 다시 패배 속에서 이슬람교도들을 시련코자 했다. 어저께는 하나님을 만나고 천국에 가기에 매우 강했던 젊은 메디나 사람들! —그들은 어디에 있었던가? 하나님은 쿠라이시군의 할리드 빈 왈리드가 이슬람군들의 뒤로 가고 이크라마를 다른 쪽에서 이슬람군에게로 가는 것과, 도망치던 아부 수피안과 아랍 유목민들을 전면(前面)에서 나선 것을 나타나게 했다.

이슬람군은 사면에서 포위되었다. 그러나 슬프다! 전선은 무너졌다. 감찰할 명령이 없었고, 따를 만한 지휘자가 없었다. 이런 모든 것은 하나님의 예언자의 명령에 복종하지 않은 데서 온 것이었다. 적은 다시 용기를 얻어 이슬람군의 횡렬(橫列)을 쳐부셨다. 궁술병의 지휘자 압둘라 빈 주바이르는 할리드의 기마병들에게 살해되고, 열 한두 명의 동료 대부분이 살해됐다.

이슬람병사들 중에는 뒤섞인 혼돈 속에서 우군(友軍)과 적군(敵軍)을 분간하지 못하고 우군을 살해하는 사람도 몇 사람이 보였다.

예언자는 약 열두 명의 병사와 함께 적에게 포위되었다. 무스아브 빈 우마이르가 이슬람의 깃발을 들고 예언자 곁에 있었다.

쿠라이시 병사 이븐 쿠마이야 앗 라이시는 뒤에서 무스아브를 죽였다. 무스아브의 외모가 예언자와 비슷했기 때문에 쿠마이야는 그가 무함마드를 죽인 것으로 알았다. 그는 언덕에 올라가서 '무함마드를 죽였다'고 소리쳤다. 불신도들은 기뻐서 춤추기 시작했다. 이슬람군 전투원들은 벼락을 맞은 것 같았다. 그러나 바로 그때 가까이에 있던 카브 빈 말리크는,

"이슬람교도들아! 행복하다! 하나님의 예언자는 살아계시고, 건전하시다! 이리 오너라!"

하고 외쳤다. 그런 다음 예언자 자신이 안간힘을 다해서 외쳤다.

"나의 하나님의 종들아, 나에게 오너라! 나는 하나님의 사도이다."

잠깐 사이에 아군과 적군이 무함마드를 향해 돌진해 왔다. 그러나 적이 먼저 무함마드가 있는 곳에 다다랐다. 적의 수효는 많았고 이슬람교도들은 흩어졌다.

압둘라 빈 셰하브의 지휘 아래에 있던 병정 하나가 예언자에게로 올라와서 그의 얼굴에 상처를 입혔다. 이븐 쿠마이야는 멀리 떨어져 있지 않았으므로 자기가 무함마드를 죽이지 않은 것이 잘못임을 알고 그의 머리 위로 칼을 내리쳤다. 무함마드의 갑옷이 그의 목숨을 구했으나 그 갑옷의 쇠고리 두 개가 무함마드의 뺨을 뚫었다. 오바이다 빈 자라는 그 쇠고리를 이빨로 빼냈다. 그 고리는 뼛속 깊이 박혔기 때문에 오바이다는 그 고리를 빼내느라고 이빨 두 개를 잃었다. 무함마드는 줄줄 피를 흘리면서도 말했다.

"예언자가 그들을 하나님께 불러들이고 있는 동안에, 그 예언자를 피로 물들이는 사람들이 어떻게 성공할 수 있겠는가."

그러나 하나님의 도움은 가까웠다. 무함마드의 헌신적인 동료들과 추종자들은 화살을 쏘고 받으면서 그가 있는 곳으로 급히 몰려왔다. 그들은 누구나 상처에서 피를 흘리지 않는 사람이 없었건만 예언자가 어떻게 되었나 하는 걱정뿐이었다. 하나님이 사랑하는 자 무함마드를 살려야 된다. 모든 이슬람전사가 죽는 한이 있더라도. 그들은 곧 예언자의 주변에 비상선을 쳤다. 예언자의 칼로 힘의 기적을 나타낸 아부 두자나가 올라와서 자기 몸으로 예언자의 몸을 덮고 자기의 넓은 등을 적 쪽으로 댔다. 그의 등은 적들의 화살로 뒤덮였다.

사드 빈 왁카스와 그밖의 몇 사람은 자기들의 팔에 칼을 받아 가면서 예언자의 둘레에 인간육체(人間肉體)의 벽을 만들었다.

지야드 안사리와 그밖의 다섯 사람은 자기들의 목숨을 바쳐 가면서 예언자의 몸을 방비했다.

움 오마라란 한 부인은 쿠마이야에게 팔을 잘리었다. 그러면서도 그 여인은 쿠마이야의 몇 차례의 공격으로부터 예언자를 구하려고 애썼다.

예언자의 생명을 노리는 이 모든 공격은 이슬람의 많은 영웅들이 예언자의 목숨을 구하고자 자기 생명을 바쳤기에 성공하지 못하고 있는데, 불신자 한 사람이 무함마드에게 돌팔매질을 했다. 예언자의 입술이 찢어지고 아래 이빨 하나가 부러졌다. 예언자의 발이 미끄러져서 그는 구덩이 속으로 떨어졌다. 알리가 무함마드의 손을 붙잡고 아부 바크르와 탈하가 그를 끌어올렸다.

싸움은 조금도 누그러지지 않는 격분 속에서 계속되었다. 점점 이슬람교도들은 비교될 수 없는 용기와 상상조차 할 수 없는 가장 어려운 상황 아래서 적의 공격을 격퇴하고 적들을 뒤로 물리쳤다.

부상당하고 피를 흘리고 의기를 잃었으나 대담하게 무함마드는 그의 교우들에게 가장 가까운 언덕 꼭대기에 오르라고 명령했다.

아부 수피안은 이것을 보고 이슬람군의 뒤로 가려고 돌아갔다. 예언자는 오마르 빈 핫타브에게 이 기동(機動)을 막도록 명했다. 오마르는 교도 몇 사람과 함께 아부 수피안과 그의 병사를 언덕 아래로 물리치는 데 성공했다.

예언자는 언덕 꼭대기까지 가는 데 성공했다. 이슬람전사들은 흩어져서 무함마드가 있는 곳으로 달려왔다. 쿠라이시부족도 의기를 잃고, 무함마드 주변에 수많은 신도들이 모인 것을 보고 그 이상 공격하지 않았다.

위험은 아직 사라지지 않았다. 적 우바이 빈 할라프란 병사 한 명이 무함마드를 죽일 것을 맹세하고, 이 맹세를 성취하기 위해 돌진해 왔다. 무함마드는 동료들에게 간섭치 말라고 말하고 그를 올라오게 했다. 그가 아주 가까이 왔을 무렵에 무함마드는 하리스 빈 심마에게서 창을 빼앗아 이 공격자에게 던져 목을 찔렀다. 이 공격자는 몸을 돌려 자기 진으로 급히 되돌아가 적들의 빈축을 샀다.

예언자의 이 최후의 일격은 이슬람전사들의 용기를 북돋우어 주었고 적들을 실망시켰다. 그래서 메카군들은 지치고 공격을 단념했다.

무함마드도 그의 교우와 함께 협곡길의 피난처로 후퇴했다. 여기서 알리 빈 아부 탈리브는 구덩이에 괸 물로 그의 상처를 씻었다.
　아부 수피안은 이곳 가까이 와서 '무함마드가 너희 중에 있느냐'고 소리를 질렀다. 신자들은 예언자의 말대로 침묵을 지켰다. 또 아부 수피안은 아부 바크르의 이름을 불렀는데도 대답이 없자,
　"그들은 모두 죽은 모양이군."
하고 외쳤다. 오마르는 참다 못해서,
　"오, 하나님의 적이여! 우리는 모두 살아있다. 하나님은 너를 저주하고 계실 거다."
하고 대꾸했다. 아부 수피안은 어쩔 줄 모르다가 오만스럽게,
　"우리의 신 후발은 위대하다. 후발은 위대하다."
고 외쳤다. 후발이란 그들의 우상이다. 무함마드는 오마르를 시켜 대꾸하게 하였다.
　"하나님은 위대한 중에 위대하시고 영광 중에 영광이시다."
　아랍인에게 아랍어가 그들의 마음에 끼치는 영향이 얼마나 큰가를 이해하여야 한다. 이 힘은 칼보다도 더 효과적이다.
　아부 수피안은 대꾸했다.
　"우리는 웃자 신이 우리의 편을 들고 있는데, 너희는 아무 신도 없구나."
　웃자는 그들이 믿는 우상이다. 이에 대응해서 오마르는 예언자의 명령에 따라,
　"하나님은 우리들을 보호하시나 너희들에게는 아무도 없구나."
하고 대꾸했다.
　아부 수피안이 말했다.
　"오늘 싸움은 바드르 전쟁과 비겼다."
　"아니다. 우리들의 죽은 자는 천당에 있으나 너희들 것은 지옥으로 갔다."

하고 오마르는 대답했다.

"다음해에 바드르에서 다시 만나자."

하고 아부 수피안이 부르짖었다.

예언자는 오마르에게 대꾸하라고 했다. 그래서 그는,

"좋다. 너희와 우리들 사이에 약속되었다."

고 말했다. 우후드 싸움은 끝났다. 이슬람측의 전투 결과로 봐서는 패배였다.

이슬람병사들이 동혈(洞穴) 속에서 전세의 전환을 기다리고 있는 동안에 메카의 남녀들은 싸움터에 있는 이슬람군의 부상자와 죽은 자의 몸을 자르기에 바빴다. 아부 수피안의 아내 힌드는 함자의 심장과 간장을 도려내서 그것을 날로 씹어먹다가 내뱉었다. 그것은 그 여인에게는 매우 질긴 것이기 때문이었다. 주바이르 빈 아우왐과 그밖의 여러 사람들의 시체도 똑같이 절단되었다. 메카 여자들은 시체의 귀, 코, 그밖의 부분을 잘라서 줄에 꿰어 싸움터의 보물로서 메카로 가지고 갔다. 그러나 교도로서 적의 포로로 잡힌 사람이 하나도 없었을 뿐 아니라 동물 한 마리, 물건 한 개도 적에게 넘겨주지 않았다.

메카인들이 다 간 다음에 예언자는 자기 편 시체를 매장하고 적군들의 잔인성에 매우 가슴아파했다. 무함마드는 그가 메카인들을 붙잡으면 메카인들 자신의 돈으로 그들의 값을 치르게 하겠다고까지 말했으나, 곧 하나님은 그가 그렇게 하는 것을 금하셨다.

> 너희는 드러난 죄이건 감추어진 죄이건
> 내버려두어라.
> ―《코란》 6장 121절

그리고 선과 악은 서로 꼭같지 않으니라.

보다 선한 것으로 그 악을 쫓아내라.
그렇게 하면 불구대천의 원수도
마치 친한 친구와 같이 될 것임에 틀림없다.
이에 도달할 수 있는 사람은
참고 견디는 사람 외에는 아무도 없다.
각별히 행운을 타고난 사람 외에는
이렇게 할 수 있는 사람은 없다.
　　　　　—《코란》41장 34~35절

이슬람군의 도덕적 승리

 이슬람군은 전투에 이기면서도 쿠라이시부족군이 전투를 중지하고 메디나의 오아시스에 공격하여 들어오지 않고 원래 온 길을 따라 메카로 돌아가기로 했다. 그들의 원래의 목적은 무함마드와 이슬람공동체를 지상에서 말살하고 메카에 장래에 닥칠지도 모를 화근을 없애는 것이고 이를 위해 그들은 1년의 세월과 거액의 비용을 이 원정에 걸었던 것이다. 이같은 소기의 목적을 달성했는가라는 점에서는 우흐드 전투는 결코 쿠라이시부족의 승리는 아니었다.
 이 전투에서 싸운 이슬람교도들은 전우들의 시체를 덮어 줄 천이 없으리만큼 가난했다. 이슬람교도들은 쿠라이시부족들이 2백 명의 기병을 가지고 있었는데 반해서 전군에 말 두 마리밖에 없었다. 우흐드 전투를 이슬람교도가 아닌 자들은 이슬람교도들의 패배로 간주하나, 진리를 위한 승리보다 더 큰 승리란 있을 수 없다. 어떻게 부분적으로 무장한 7백 명의 이슬람교도들이 2백 명의 기병과 7백 명의 갑옷으로 장비된 군병 3천 명의 불신자들을 패배시켰던가. 어떻게 무함마드의 교우 몇 사람이 마지막에 무함마드를 죽이기로 결심한 수백 명의 적으로부터 그를 구원하는 데 성공했겠는가. 또 어떻게 무함마드의 얼굴에 세 군데나 중상을 입고서도 서 있을 수 있었겠는가.

아군이 완전히 포위되어 괴멸이 확실해졌는데도 최후의 일각까지 조금도 감소되지 않는 용기, 기술, 자기 희생을 발휘하여 적군을 격퇴한 것이 세계 역사상 찾아보기 어려운 군사상의 패배라면 어떻게 무함마드는 그의 부하들을 모두 재집결시킬 수 있었겠는가. 이슬람교도들이 바드르 전쟁 때와 같이 우후드 전투에서도 용감하지도 않고 충실하지도 않았다고 말을 한 역사가는 없었고 앞으로도 없을 것이다. 궁술병들이 실수했고, 이 실수로 전 이슬람군대가 고통을 받았으나 이 잘못마저도 이슬람교도들에겐 하나의 교훈이 되어 후년의 많은 전투에서 이슬람교도를 구했던 것이다. 거룩한 예언자는 이슬람교도들의 거울이었다.

무함마드는 그에 대한 반대가 일어나고 있을 때, 이슬람교도들 전체가 어떻게 행동해야 하는가의 모범을 남겨둘 필요를 느꼈다. 우후드에서의 불행은 모습을 바꾼 가장 큰 축복의 하나였다. 이 싸움이 메카인들의 승리만도 아님은 확실하다. 그들은 전사자의 시체를 절단해서 복수했다. 이 행위가 승리라고 말한다면 그것은 메카군의 승리도 될 수 있을 것이다. 그러나 아부 수피안이 바드르에서 또다시 전쟁을 하겠다는 위협은 우후드 전투가 쿠라이시부족의 결정적인 승리가 아니었음을 그가 승인하는 것으로 확실히 보인다. 이 전투에서의 메카인의 손실은 바드르에서와 같이 크지는 않았으나, 수많은 그들의 지도자들을 잃었다. 도합 17명의 쿠라이시부족 지도자가 살해되었다.

이슬람측도 전사상자의 큰 손실을 보았다. 죽은 자만 70명이었다. 무함마드의 마음은 함자와 이밖의 이슬람교도들의 전사를 깊이 슬퍼했다. 그는 메디나로 돌아오고 쿠라이시부족은 메카로 되돌아갔다. 무함마드는 밤새도록 묵상에 잠겼다. 다음날 아침에 무함마드는 전과 다름없이 싸우려는 의기에 충만해 있었다.

아침 기도와 메디나를 경계하는 데 필요한 일들을 끝내고 무함마드는 자기 전령으로 하여금 전투에 참가한 사람들 중에서 적을 추격할 사람들을 불러오도록 하였다. 부상자들을 포함한 대다수가 용감하게 추격전에 참가했다. 무함마드는 쿠라이시부족의 뒤를 쫓았다. 그가 진을 쳤던 곳에 다다랐다. 아부 수피안과 그 군대는 라우하에 있었다. 아부 수피안은 무함마드가 다시 습격해 온다는 소식을 알고 있었다. 마바드 알 후자이란 사나이는 메디나에서 메카로 가다가 아부 수피안의 군대를 만났다. 그는 아직 불신자였다. 아부 수피안이 이 사나이에게 무함마드와 그의 군대에 대해서 물었다. 마바드는 대답했다.

"무함마드와 그의 동료들은 전에 보지 못했던 많은 수의 군사와 함께 당신을 추격하여 왔소. 첫날에 메디나에 남았던 사람들이 모두 이에 가담했고, 그들은 모두 분격하여 당신에게 복수하려 하고 있소."

아부 수피안은 진퇴양난에 빠졌다. 만일에 그가 무함마드 앞에서 후퇴하면 아랍 모두로부터 겁쟁이라는 악명을 얻을 것이고, 싸워서 패하면 우흐드에서의 자기 나름의 승리나마 또 하나의 바드르가 될 것이었다.

그래서 그도 있던 곳에 머물면서 기병을 무함마드 쪽으로 보내서 추격대를 위협하게 했다. 이로써 무함마드는 마음대로 위치를 한 곳에 정하고 쿠라이시부족을 무서워하지 않게 되었다. 무함마드는 이곳에서 사흘 밤을 머물면서 이슬람측의 군세가 대군이라는 것을 위장하기 위해 모닥불을 크게 피웠다.

드디어 아부 수피안의 마음은 이슬람교도들을 실망케 했다. 그는 우흐드에서 얻은 성과에 만족하고 메카로 돌아가 버렸다.

무함마드는 위신을 크게 떨치고 적군의 마음속에 공포를 일으켜 준 데 용기를 얻고 일행과 함께 메디나로 돌아왔다.

우후드 전투는 승부가 나지 않은 싸움이었다. 그러나 쿠라이시부족은 처음으로 부분적 성공을 거두었고 이슬람군은 꽤 많은 손실을 겪었다.

《코란》 제3장은 바드르와 우후드 전투의 긴 이야기이다. 이 장에는 사소한 것을 언급한 구절도 얼마쯤 있다.
살레마부족과 하리사부족은 무함마드를 따라가지 않으려 했다는 이야기가 《코란》에 있다.

> 네가 가족에게서 떠나던
> 그날 아침을 기억하라.
> 신도들을 전투 위치에
> 배치시키던 일을 기억하라.
> 하나님은 모든 것을 듣고 알고 계시고
> 너희들 중 두 파가
> 비겁하게 행동하려던 것도 알고 계시다.
> ─《코란》3장 121절

우후드 전투는 아직 나이 어린 이슬람교단에게는 커다란 시련이었다. 이슬람전사들은 처음 초전에 잘 싸웠으나 먼저 기술한대로 이슬람군의 활부대가 전리품에 탐내어 전열을 이탈하였고 사이비 신자 압둘라 빈 우바이가 인솔하는 3백 명의 병사들이 싸움터에서 떠났기 때문에 이슬람군은 여러 순교자를 내고 있다는 것을 말하고 있다.

하나님은 너희들의 마음을 안정시키기 위해 좋은 소식을 전하시었다……
이는 그분께서 불신자 중의 일부를 밀어내어 그들에게 창피를

주고
실망시켜 퇴각시키기 위함이다.
알라가 그들에게 자비를 베풀겠는가. 그렇지 않으면 징벌하겠는가.
그대와는 관계없는 일이다. 그들은 불의를 저지르는 자이다.
— 《코란》 3장 127~128절

126절은 쿠라이시부족이 실패하고 되돌아갔다는 것을 말하고, 127절과 128절은 하나님이 뜻대로 쿠라이시부족을 다스릴 것이므로 그들에 대한 판단을 늦추라고 무함마드에게 일러준다. 138절부터 142절은 이슬람교도들의 용기를 북돋아주고 낙담하지 말라고 격려한다. 여기에는 승리와 격퇴에서 배운 지식이 있다.

그러므로 기력을 잃거나
절망하지 말라.
너희가 신자라면
반드시 승리하리라.
— 《코란》 3장 139절

곤경과 부상과 죽음은 신앙자들을 시련에 넣고 있다(140~142절).

무함마드는 사도 중의 한 분,
많은 사도들이 앞서 세상을 떴다.
그가 죽든가 살해되면
너희는 발을 돌리려느냐?
— 《코란》 3장 144절

이 구절은 이슬람교도들이 무함마드가 죽었다는 풍문을 듣고 깜짝 놀란 일을 보여준다. 신도들과 무함마드의 약속, 즉 쿠라이시부족의 패배와 활부대의 궁술병들의 잘못은 다음과 같이 기록되어 있다.

> 너희가 하나님의 가르침으로
> 그들을 산산이 쳐부셨을 때,
> 하나님은 너희에게 약속을 다하셨도다.
> 그런데 너희는 의기를 잃고
> 너희에게 내린 명령에 왈가왈부 싸우다가
> 너희는 예언자에 복종하지 않았도다.
> 결국 자기들이 무엇을 원하는가를
> 너희에게 보여주었다.
> 너희 중에 현세만을 바라는 자와
> 내세를 바라는 자가 있다.
> 그래서 하나님은 너희를 시험하시고자
> 너희를 저들로부터
> 도망하게 버려두었느니라.
> ─《코란》 3장 152절

이슬람교도들이 예언자의 명령에 대해서 논쟁하고 있었을 때 그들은 불복종의 죄를 써야 했다. 그러나 이것은 그들을 훈련시켜서 인도하기 위한 것이었다. 결국은 하나님이 그들을 용서했다.

> 하나님은 확실히 너희를 용서하셨다.
> 하나님은 신도에게 은총이 많으신 분.
> ─《코란》 3장 150절

이슬람교도는 슬퍼했다. 첫째로 그들이 승리를 하지 못하고 전리품도 잃었기 때문이었다. 그러나 이슬람의 예언자가 위험에 빠져있다는 말을 들었을 때의 슬픔에 비하면 아무것도 아니었다. 교도들의 착잡한 감정과 예언자의 부름에 응한 사람들의 용기가 생생하게 기록되어 있다.

> 사도는 너희들 뒤에서
> 너희들을 부르고 있었노라.
> 허둥지둥 언덕에 오르며
> 누구에게도 돌보지 않았다.
> 그래서 하나님은 너희들에게
> 화(禍)에 화를 더하셨도다.
> 너희들이 놓쳤던 것
> 몸에 닥쳐온 것을
> 두 번 다시 슬퍼하지 않게 하기 위해서
> 화에 화를 더하셨도다.
> 하나님은 너희가 하는 일을
> 모두 알고 계시느니라.
> ─《코란》 3장 153절

다음 몇 구절은 무함마드를 따르지 않고 자기의 안전을 기뻐한 겁쟁이들의 말이다. 죽음과 생명은 하나님의 손안에 있어서 사람들이 어찌할 수 없는 것들이다. 모든 것은 그것의 일정한 시기를 가지고 있다.

> 만일에 너희가 하나님의 길에서 살해되거나
> 너희들이 죽으면
> 확실히 하나님으로부터의 용서와

그리고 자비는
저들이 쌓아둔 것보다 훌륭하니라.
　　　　　―《코란》 3장 157절

　결국 이 장의 후반부는 다음 것을 증명하고 있다. 즉 하나님은 정의로운 싸움에 헌신한 사람들의 행동을 인정하고, 무함마드의 판단에 편들기로 찬성한 후에 그를 포기한 사이비신자들의 행동과 말을 마땅치 않게 생각하고, 교도들이나 그 지도자들이 올바른 길을 바라고 있으며 재난과 죽음이 그들을 위협하지 못하게 하고 이슬람교도들을 변함없이 성공으로 이끌어 가신다. ― 이슬람교도들은 현세(現世)에서 잃는 것보다 미래에 얻는 것이 더 많다.
　한마디로 말해서, 하나님을 믿는 신앙과 성공은 하나이며 같은 것이다.

이들은 성공한 자들이다.
　　　　　―《코란》 2장 5절

우후드 전투의 교훈과 그후 사태

　이슬람교도는 우후드의 패배를 메카측의 승리로 생각해서는 안된다. 그것은 하나님이 신자들에게 부과한 시련이다. 이러한 무함마드의 해석은 이슬람교도에게 용기를 주었다. 그들은 대열을 정비하여 질서정연하게 행동하였다.
　7백 명의 이슬람교도는 3천 명의 적군과 맞서 서로 비슷하게 싸웠고 보병만으로 말한다면 시종 이슬람교도가 공세를 취했다. 그들이 쿠라이시부족에 필적하는 군마를 갖고 주변에 있는 유목부족을 자기

편으로 끌어들일 수만 있다면 승리를 할 수 있다는 자신감을 가질 수가 있었다. 쿠라이시부족 지도자들의 우후드 전투 결과에 대한 평가도 이와 같았으며 따라서 앞으로 주변의 유목부족들을 자기 편으로 끌어들이느냐 하는 것이 메카와 메디나 이슬람 공동체의 힘의 관계를 좌우하는가 하는 중요한 요소가 되었다.

(1)

총지휘자의 명령에 대한 복종은 잘 이해한 뒤에는 모든 이슬람전사에게는 절대적 명령이다.

(2)

불복종의 결과는 불복종자에게만 한정되지 않고 이슬람교도들로 구성된 전체를 포함할 수 있다.

> 재난은 오로지 너희 중 잘못한 자에게만
> 떨어지는 것이 아님을 명심하라.
> ―《코란》 8장 25절

'이슬람교도들은 하나의 몸, 즉 한 사람과 같다'고 예언자는 말한다.

(3)

심지어 패배될 뻔하였던 것도 이롭게 바꾸어질 수가 있으며, 재난도 용기, 기술, 냉정한 판단과 기동(機動)으로써 막아질 수 있다.

(4)

하나님은 신도와 불신도의 기도를 다 듣는다. 각자는 자기가 받을 만한 것을 얻는다. 다시 말해서 하나님은 공평하시다. 우후드 전투에서 불신도는 복수를 원했기에 그 욕망에 따라 복수를 얻었다. 이슬람교도들은 승리와 순교를 바랐으나 승리보다 순교를 더 원했다. 그들은 그들이 요구한 비율대로 둘 다 얻었다. 유태인들은 '안전 제일'을 바라고 이를 기도했다. 그들은 그것을 얻었다.

　(5)

　전쟁이나 다툼의 최후 결과는 언제나 하나님의 손안에 달려 있다. 이슬람교도와 불신도들은 제각기 원한 것을 우후드에서 얻었으나, 하나님은 계획 수립자 중의 최선자(最善者)이므로 최후의 결정을 내릴 때가 아직 오지 않았음을 알았다. 그래서 다툼은 다음날까지 연기되었다.

> 물론 하나님께서 뜻이 계신다면
> 단번에 그들에게 복수를 할 것이나,
> 하나님은 서로 부딪치게 해서
> 너희들 서로를 시험키 위해
> 싸움을 명하신다.
> ─《코란》47장 4절

　전쟁이 일어나지 말아야 한다고 생각하는 사람은 이 구절을 깊이 생각할 수 있을 것이고, 전쟁마저도 인간의 진보를 위해 하나의 시험으로 생각되어야 한다는 사실에서 위안을 찾아볼 수 있을 것이다.
　아부 수피안이 메카에 돌아가서 메카인들에게 함자와 그 외 이슬람교도들의 죽음을 알리고 이슬람교도들의 시체에 행한 일을 알렸을 때 메카인들은 무한히 기뻐했다. 또 한번 유태인들은 자기들이 조인한 조약의 관계로써 무함마드의 편에 들어 함께 싸워야 했던 것을 누구보다도 자신들이 더 잘 알면서도 이슬람교도들의 불행을 기뻐했다. 하나님은 공정하다. 하나님은 벌하기 전에 유태인들의 불법(不法)의 잔이 가득 찰 때까지 기다리고 있었다.
　쿠라이시부족은 이번 우후드 싸움으로 무함마드가 만든 이슬람공동체가 종말에 가까워간다고 하며 자기들이 제압해 버리기에 앞서 스스로 종말할 것이라고 선전했다. 그들은 이슬람교도들에게 적개심을 더욱 갖도록 아랍부족들에게 선전하고 더욱 메디나 주변의 부족들을 선동하는 데 성공하였다.

메디나에서는 유태인들이 이슬람교도들과 체결한 협정을 위반해 오다가 이슬람공동체의 적과 손을 잡고 함께 음모를 꾸몄다. 메디나의 이슬람공동체는 다시 한번 대내외의 위협을 겪어야 했다. 언제 어디서 공격이 있을지 모르므로 언제나 무장한 채 경계를 해왔다.

14. 헤지라 제4년(625년)에 일어난 일

이슬람을 모반하는 여러 세력

　메카의 유태인과 쿠라이시부족은 우후드에서의 이슬람교도들의 불행을 고소하게 생각하는 유일한 족속들이었다. 아랍 온 눈은 이슬람교도의 약화에 활짝 열렸다. 유태인들은 이슬람교도들을 원조하는 무성의로써 이슬람교도들에게 반역했다. 가난한 몇백 몇천 명의 이슬람교도는 무엇을 할 수 있었던가.
　아랍유목 부족은 본래 약탈을 일삼는 민족이었다. 무함마드의 약화를 틈타려고 하는 사람 중에는 아사드부족 파일리드의 두 아들 툴라이하와 살라마가 있었다. 이 두 사람은 무함마드의 우후드 전투 후 약해졌으니 지금 메디나를 공격해서 이슬람교도들의 가축을 약탈할 좋은 기회라고 그들의 민족에게 말했다.
　무함마드는 이 소식을 듣고 헤지라 제4년 1월 1일에 아부 살라마 빈 아브드 울 아사드를 150명의 원정대의 기수(旗手)로 임명했다. 이 150명 중에는 아부 오바이다 빈 자라, 사드 빈 왁카스, 우사이드 빈 후다이르가 끼어 있었다.

무함마드는 밤에 여행하고 낮에 숨으며, 잘 알려지지 않은 길을 택하도록 명했다. 아부 살라마는 안전하게 목적지에 도달해서 급습하여 적을 체포했다. 사드부족은 들고 갈 수 있는 것을 모조리 가지고 도망치고 이슬람교도들에게 몇몇 가족을 남겼다. 싸움은 없었고, 아부 살라마는 메디나로 돌아왔다. 이 사람은 우후드에서 중상을 입고 이 중상의 상처로 그후 곧 죽었다.

이전의 원정대는 나훌라, 즉 우라나부족의 누바이 후잘리가 메디나를 공격할 준비를 갖추고 있다는 소식을 무함마드가 듣고서 메디나를 출발했었다. 무함마드는 파견할 병사들을 갖지 못했으나 위험을 미리 막아야 했다. 왜냐하면 이것을 미리 막지 못했을 때에는 아라비아반도 전체가 그 해를 입게 될 형편에 있었기 때문이었다. 무함마드는 이 사태를 압둘라 빈 우나이스에게 일임했다. 그는 단신으로 할리드에게 가서 만났다. 압둘라는 할리드가 자기 입으로 메디나를 침공할 군대를 소집하고 있다는 말을 듣고 할리드를 죽인 후 도망했다.

이해 6월(성천 제4년 2월)에 카라부족 일곱 사람이 메디나에 와서 이슬람 교사를 청했다. 예언자는 그가 전에 열두 명의 제자를 메디나에 파견했던 것과 같이 여러 부족들에게 이슬람을 가르칠 선교사를 이미 파송하기 시작했었다. 이때 보냈던 여섯 명의 선교사는 후자일에 도착했을 때 2백 명으로부터 공격받고 그 자리에서 세 명은 죽고 도망치던 한 명은 돌에 맞아 죽었으며 두 명은 생포되어 메카인에게 팔렸다. 이 중 한 명은 사프완 빈 우마이야에게 팔렸는데, 자기 아버지 우마이야 빈 할라프를 죽인 복수로 자기 노예 나스타스로 하여금 죽이게 했다. 이 살해된 선교사의 이름은 자이드 빈 다신나이다.

자이드가 참수(斬首)되려는 때 아부 수피안 빈 하르브는 자이드에게 다음과 같이 말했다.

"오 자이드야! 너는 무함마드를 대신하고 있는 것이다. 너의 목을 자르는 것이 아니라 무함마드의 목을 자르는 것이다. 어때, 가족과 함께 살고 싶지 않으냐?"
자이드는 이 말에 대해서,
"맹세코, 무함마드가 지금 있는 곳에서 가시 하나에라도 찔리지 않기를 나는 바라고 가족과 함께 살려고 하지 않는다."
고 대답했다. 아부 수피안은 이에 크게 놀라면서, '무함마드를 이렇게 생각해 주는 이슬람교도를 여태까지 본 일이 없다'고 말하고 자이드의 목을 쳤다.

또 한 포로 후바이브는 메카 시민 앞으로 끌려가서 전 시민이 지켜보는 가운데서 교수(絞首)되었다. 후바이브는 두 라크앗을 예배드리게 해달라고 했으나 거절되었다. 그래서 그는 라크앗을 짧게 올리고 죽음을 두려워하지 않았음을 불신도들에게 보여주고는 역시 살해되었다.

이 순교자들은 메카의 운명을 봉쇄했다. 자이드와 후바이브는 보다 나은 결말이 자기들 생애에 있기를 바라지 않았다. 이슬람에게는 순교보다 더 큰 보수는 없다. 이 두 사람은 그 보수를 얻었다. 아마 이 두 사람은 우후드에서 이미 순교하기를 기도했었는지도 알 수 없다. 누가 이것을 알고 있을 것인가.

무함마드와 그 교우들은 신앙 깊은 친구를 잃은 것을 크게 슬퍼했다. 핫산은 무함마드가 데리고 있는 시인이었는데, 이들의 죽음을 위해 만가(輓歌)를 읊었다.

메디나는 완전히 포위되고 있었다. 주변의 모든 부족이 메카측과 유태측 하이바르 동맹에 참가한 것이다. 메디나에서 떠난 유태교도의 일부는 하이바르에 이주했다. 하이발은 메디나 북쪽 2백km쪽에 있는 오아시스 도시로 유태인의 거리이다. 메디나 동부의 아랍부족도 하이바르의 유태부족과 손을 잡았고 또한 남부에는 메카를 중심으로 하는 여러 부족이 메디나와 이슬람공동체를 엿보고 있었다.

이처럼 메디나는 모든 출구가 막혀 오아시스에 나오지 못했다. 풍요를 자랑하는 메카와 하이바르의 동맹은 아라비아사막의 유목부족들을 매수하여 메디나 포위망은 차츰 좁혀지기 시작했다.

이 봉쇄 외에도 또 다른 치명적인 타격이 메디나의 이슬람 공동체에 가해졌다. 북부에 세력을 갖는 아랍부족이 이슬람교도에 대해 그들이 장악하고 있는 토지 내의 통과를 금지한 것이다. 이 지역은 시리아나 메소포타미아로 향하는 대상로였다. 메디나의 오아시스에서는 대추야자며 곡물이 재배되고 있었는데 주민 모두를 먹여 살릴 만한 수확량은 못되며 다른 지방의 아랍부족과 마치 한가지로 시리아, 이라크 지방 등 북부쪽의 교역이 끊긴다는 것은 이슬람공동체에 치명적인 타격이었다.

하나님의 말씀에 순종한다는 것은 이 세상이나 저 세상에서의 편안과 안정을 보호받는 길이라고 이슬람교도들은 믿고 있다. 앞으로 헤쳐나갈 길이 있다고 메디나 이슬람교도들은 무함마드의 지도 아래 뭉쳤다.

이슬람 역사상 가장 슬픈 사건의 하나는 마음속으로 《코란》을 따로 외고 있는 사람 하피즈(독경사) 70명을 살해한 사건이다.

이슬람 선교사 여섯 명이 처음으로 희생된 지 얼마 지나서, 즉 헤지라 4년째 되던 때 아부 바라 아미르 빈 말리크란 남자가 메디나에 와서 이슬람 신앙을 설명해 줄 것을 청했다. 이 남자는 이를 배우고 나서 자기가 있는 곳에 선생을 보내주기를 바랐다. 예언자는 아라비아 반도 중부지방에 있는 나즈드부족이 선교사들을 해치지 않을까 두렵다고 말했다.

아부 바라는 굳게 약속을 지키는 사람이며 선교사를 보호하겠노라고 말했다. 아랍인의 약속은 불신도의 경우일지라도 보증서 이상이었다. 예언자는 이슬람에 통달하고 《코란》의 구절구절을 암송하는 이슬람교도 70명을 나즈드에 파송해서 이슬람을 가르치게 했다. 그는 나즈드가 또 하나의 메디나가 되고, 그곳에 이슬람이 퍼질 것을 의심하지 않았다. 그는 사도의 책임을 다하고 있었다.

선교사들은 비르 마우나에 도착했다. 이곳은 아미르부족과 술라임부족 사이에 있는 곳이다. 아부 바라의 조카 아미르 빈 투파일은 술라임부족의 족장들을 충동해서 선교사들을 죽이게 했다. 아미르 빈 우마이야 한 사람만 남고 나머지 선교사는 모조리 살해되었다.

메카는 모든 이슬람교도들의 목에 현상금을 걸었다. 다액의 현상금이 이슬람교도에게 걸려 있음을 안 유목하는 아랍부족들은 인간 사냥대를 조직했다. 그들은 메카의 쿠라이시부족으로부터 현상금을 받아내려고 메카의 앞잡이가 되어 이런 일을 저지른 것이다. 이슬람교도들은 자기들을 지키려고 잘 싸웠으나 결과가 이렇게 된 것이다.

우마이야는 메디나로 돌아오는 길에 아미르부족 두 명을 죽였다. 그는 이들을 자기 적으로 생각했기 때문이다.

그러나 아미르부족은 무함마드와 메디나의 유태인들과도 동맹을 맺고 있었다. 무함마드와 그의 교우들은 이 이중 비극 소식을 듣고 슬픔 속에 깊이 잠겼다. 그들이 할 수 있는 일이란 무엇인가. 그들은 한 사람도 메디나 바깥으로 나가서 전우들의 죽음을 복수하지 못하게 하며 사람을 아꼈다. 그래서 한동안 무함마드와 그의 교우들은 아침 예배 외에 '두아 쿠누웃'이란 예배를 더 드렸다. 이 예배는 자신의 죄를 용서받고 하나님으로부터 자비를 바라는 동시에 하나님의 벌이 무서움을 새기는 예배이다. 죄에는 하나님의 벌이 틀림없이 따르게 마련이기 때문이다.

우후드에서 병정 70명을 잃은 것과, 부상자를 많이 낸 것과, 선교사 70명과 하람 빈 밀한이란 사절이 살육된 것 등 때문에 무함마드의 메디나에서의 위치는 극단으로 위험에 빠졌고, 이 위험 속에서 신도들은 전멸될 운명에 놓였다. 무함마드를 따르는 사람은 메디나에서 많아졌으나 적의 수효도 20배나 늘어났다. 메카에서 신도와 불신도 사이에 싸움이 있었고, 메디나에서는 신도와 불신도, 위선자, 음모자, 침략자 사이에 싸움이 벌어졌다. 아랍부족마저 침략의 위험이 되었다. 인간에게 가능한 모든 악감정이 이제 무함마드의 사람들에게 집중된 것이다.

> 우리(하나님)는 이처럼 어느 예언자에게도
> 죄 짓는 자를 적으로 삼았다.
> ―《코란》 25장 31절

무함마드는 사태를 잘 살핀 뒤에 그 사태에서 벗어날 길을 마련하기로 결정하였다. 무함마드는 조약을 맺은 아미르부족에게 두 명의 살육에 대한 배상을 지불하도록 하고, 자기와 유태인 사이에 조인된 조약에 따라서 조약 공동체에게 배당 액수를 지불토록 했다.

유태 나디르부족은 아미르부족과 동맹을 맺었다. 무함마드는 아부 바크르와 오마르와 알리, 그리고 이슬람교도 열 명을 데리고 나디르부족 지역으로 가서 배당액을 지불토록 요구했다. 그들은 무함마드를 친절하고 정중하게 맞으면서 그를 높은 벽 밑에 앉혔다.

그는 여느 때와 마찬가지로 빈틈이 없었다. 그들이 의심스러운 태도로 서로 속삭이는 것을 눈치챘다. 사실 그들은 이번에야 카브 빈 아슈라프의 복수를 할 좋은 기회로 생각했다. 카브는 전에 이슬람교도로부터 살해되었다. 아므르 빈 이하시 빈 카브가 집 꼭대기에서 무함마드 머리 위로 큰 돌을 내리던져서 그를 죽일 예정이었다. 무함마드의 의심은 이제 그들의 움직임으로써 확실해졌다.

그는 동료들을 남겨둔 채 그 자리에서 일어났다. 한마디의 말도 없이 그는 혼자 메디나로 돌아왔다. 그의 동료들은 무함마드가 메디나로 돌아갔다는 소식을 듣고서야 메디나로 돌아왔다. 이때 무함마드는 이들에게 자기가 듣고 본 것과 하나님께서 자기에게 계시한 것을 이야기했다. 그는 유태인들의 재초청을 거절한 대신에 자기 사절로서 무함마드 빈 마슬라마를 그곳에 보냈다. 마슬라마는 무함마드의 메시지를 휴대했었다. 그의 메시지는 다음과 같다.

"유태 나디르부족들이여! 나의 영역에서 떠나라. 나의 생명을 노리는 너희 계략으로써 너희는 나와 맺었던 계약을 이미 파기했다. 나는 너희에게 열흘 동안의 여유를 주겠노라. 이날 후에 너희 중 누구 한 사람이라도 눈에 띄면 나는 그의 목을 자를 것이다."

유태인들은 할 말이 없었다. 그들은 자기들의 계략을 부정할 수 없었다. 그 모략을 뒤집고 감출 만한 시간의 여유가 없었다.

나디르부족이 무함마드의 최후 통첩을 생각하고 있을 때, 메디나에 있는 사이비신자 이븐 우바이의 사신 두 명이 나디르부족에게 와서 이렇게 전했다.

"너희들의 소유물을 갖고 너희들의 영역에서 뜨지 말고 요새 안에 머물고 있어라. 내게 2천 명이 있고, 이밖에도 너의 요새 안에 가서 어떤 피해가 있기 전에 적들의 최후의 한 사람까지 죽일 많은 아랍인들이 너희에게 갈 것이다."

나디르부족들은 상의한 끝에 하이바르에 가서 과일 계절까지 그곳에 머물 계획을 세웠다. 그들은 과일 계절이 되면 이곳으로 다시 돌아올 생각이었다.

그들 중에서 나이가 가장 많은 후이야 빈 하타브는,

"우리는 우리들의 소유물을 버리고 이 토지에서 절대로 떠날 수 없다는 것을 무함마드에게 전달합시다. 우리들의 요새에 가까이 오는 사람들에게 돌을 던집시다. 우리의 식량과 음료수는 1년 동안 우리를 지탱할 것이고, 무함마드는 1년이나 우리를 포위할 수는 없을 것입니다."
고 제의했다.

열흘이 지났다. 아무 일도 일어나지 않았다. 유태인들 족장이 그들에게 충고한 대로 행동했다. 무함마드는 부득이 그들을 포위했다. 어느 한 사람이 요새에 접근하려 하자 유태인들은 자기들의 집을 허물어 그 돌을 포위자들에게로 마구 던졌다.

유태 나디르부족 추방

무함마드는 그들의 과일나무를 잘라 버리라고 명했다. 유태인들의 전략은 수포가 되고 말았다. 이븐 우바이나 다른 아랍부족에게서 원조는 오지 않았다. 유태인들은 자기들의 생명과 재산을 보장하면 메디나에서 떠나겠다고 말했다. 무함마드는 그렇게 하도록 했다. 그들은 자기 집을 손수 무너뜨리고 될 수 있는 대로 많은 재산을 가지고 하이바르로 이주하였다. 이곳에 그들의 소유지가 있었다.

이슬람교도들은 철제 갑옷 50개, 도검 340자루와 이 지역을 얻었다. 실지로 아무런 싸움 없이 하나님의 명령대로 무함마드는 이 전리품을 가난한 이주자와 원조자, 혹은 우후드 전투에서 명성을 높인 아부 두자나와 사알 빈 후나프에게 분배해 주었다.

유태인의 이 사건은 '추방'이라 하여 《코란》 59장에 기록되어 있다. 그 전부를 다음에 게재한다.

　　하늘과 땅 위에 있는 모든 것들은
　　소리 높이 하나님의 영광을 찬양한다.
　　그분은 지대하시고 총명하시다.
　　하나님이야말로 저 계전의 백성(유태인)을

그 집에서 최초로 쫓아내고 추방하신 분.
그때 너희들도 차마 그들이 퇴거하리라고
생각지 않았다.
그들도 자기들의 성채로써만
충분히 하나님의 공격을 방지하리라고
생각했었다.
그러나 하나님은 그들이 생각지 못했던
곳에서 그들에게 갔었다.
그리고 그들도 갑자기 겁을 먹고
도리어
믿는 자들과 함께 자기들의 손으로
자기들의 집을 때려부셨다.
그러므로 너희들도 눈을 가졌다면 이를 교훈으로 삼아라.
그리고 하나님께서
우선 추방으로 벌을 그쳤으나,
그렇지 않았더라면 이 세상에서
무서운 벌을 받았을 것이다.
여하튼 내세에서 그들에겐
불지옥의 벌이 결정되어 있으니,
이런 것도 그들이 하나님과 그의 사도에
반항하기 때문이다.
하나님에 반항하는 자 누구에게나
하나님은 징벌에 준엄하신 분.
그때 너희들이 야자대추나무를
잘라 넘어뜨리거나 마구 자르거나
뿌리 위에 세운 것도

이것은 모두
하나님이 허락하신 일이고,
위반하는 자를 창피를 당하게 하신 일이다.
그리고 하나님이
저들(유태인)로부터의 전리품을
그의 사도에게 주신 것에 대해서
이것은 너희들이 말이나 낙타를 몰고
손에 넣은 것이 아니었다.
어쨌든 하나님은 뜻대로 모든 사람을
그의 사도의 권한 밑에 두셨다.
하나님은 자기가 즐기시는 일은
무엇이든지 할 수 있는 분이시다.
하나님께서 곳곳의 마을 주민으로부터의 전리품을
사도에게 주신 물건은
첫째로 하나님의 것, 사도의 것,
그 다음에 근친, 고아, 가난한 자,
여행자의 것이다.
너희 가운데 부유한 자에 국한되지
않기 위함이다.
너희는 사도가 주는 것을 받아라.
안된다는 것에 손을 내밀지 말라.
하나님이 두려우니라.
하나님의 징벌은 준엄하시다.
―《코란》 59장 1~7절

8절과 9절에 의하면 약탈품은 가난한 이주자와 원조자들의 것이고 무기는 원조자에게 속했다. 이것은 메디나 거주의 원조자들이 메카에서 온 이주자보다 무기를 더 좋아했기 때문이다. 10절은 사이비신자 이븐 우바이가 유태 나디르부족과 약속한 것의 기록이다.

> 만일에 너희가 추방되면
> 우리들도 함께 나가겠다.
> 우리는 당신들의 일에 관해서
> 누구에게서도 지휘를 받지 않으리라.
> 당신들이 공격받으면 반드시
> 우리는 당신들의 편에 들겠다.
> 그들은 새빨간 거짓말쟁이다.
> 이 사실을 하나님이 증언하셨도다.
> ―《코란》 59장 11절

13절부터 15절은 요새화된 도시 안을 제외하곤 유태인들의 가슴속에 공포를 일으켜서 이슬람교도들과 싸우지 못하도록 했었다는 것을 기록했다.

16절은 위선자들을 악행자들에 비교하여 '믿지 말라'고 사람들에게 경고한다. 인간이 믿지 않을 때에 사탄은 발동하여 불신도들을 제멋대로 버려둔다.

이래서 불신도들은 하나님을 속임으로써 스스로 자기들의 무덤을 파는 것이다. 아무도 하나님에게 대항할 수는 없다.

일어난 여러 일

무함마드는 군사만이 아니라 외국어를 아는 저술가를 필요로 했다. 그는 외국 저술가들이 침략적임을 알았다. 그래서 자이드 빈 사빈트로 하여금 히브리어와 시리아어를 배우게 하였다. 이 두 언어로 자기 지식을 널리 통신케 하고, 이 두 언어로 쓰인 외국 문서를 자기에게 번역해 보이도록 했다. 《코란》의 여러 장을 수집해서 첫 칼리프(아부 바크르가 되었다) 직을 결정하는 데 도움을 주게 한 것은 바로 이 자이드였다. 이슬람교도들은 《코란》을 순화(醇化)하고 보존하는 데 무함마드의 추종자들 중에서 어느 누구보다도 이 아부 바크르에게 힘을 입고 있다.

무함마드는 하나님이 유태인에 대해서 연기를 허락한 것에 감사했다. 이슬람교도의 이주자와 원조자는 또 무서운 가난의 걱정에서 구제되었다. 이슬람교도들은 나디르부족이 남기고 떠난 토지를 경작하기 시작했다. 그러나 실제로 평화는 오지 않았다. 무함마드는 바드르에서 다시 아부 수피안과 싸울 위험에 직면해야 했다. 이 해는 식량을 확보하는 해가 되었다. 아부 수피안은 마음속 깊이 다음해까지 싸움을 연기할 생각을 하고 있었다.

아부 수피안은 메디나에 있는 이슬람공동체를 위협할 계획을 세우고 있었고, 누아임부족 일행을 메디나에 보내서 이슬람교도에게,

"쿠라이시부족은 아라비아반도 전체에서 어떤 군대도 대적할 수 없는 병정들을 소집했다. 이 새 군대와 싸우는 사람은 우후드에서 일어났던 전쟁이 이제 앞으로 일어날 전쟁에 비하면 아무것도 아닌 것을 알게 될 것이다."

고 전하게 하였다.

이 소식을 들은 결과가 바로 나타났다. 이젠 메디나인들은 싸움에 싫증이 나고 싸움에 지쳐 있었다. 대다수는 집에 머물러서 땅이나 가꾸고 싶어했다. 그러나 드디어 무함마드는 신앙과 불신 사이의 분쟁을 끝내기 위해 바드르에서 만나자는 말을 아부 수피안에게 전했다. 무함마드는 사람들이 분쟁을 피하려는 것을 보고 맹세했다. 다른 전

통에 따르면 무함마드는 자기의 살이 뼈에서 떨어질 때까지 싸우겠노라고 선언했다 한다.

무함마드는 자기가 없는 동안에 압둘라 빈 라와하에게 메디나를 관리하게 했다. 군병 천5백 명의 선두에 서서 무함마드는 바드르를 향해 출발했다. 그는 이번엔 기병 열 명을 가졌으며, 알리 빈 아부 탈리브를 기수(旗手)로 삼았다.

아부 수피안은 이 군대의 소식을 듣고 병사 2천 명을 거느리고 출발했으나 보릿가루 외에 식량은 갖지 못했다. 그래서 이 군대를 가리켜 사람들은 '대맥군(大麥軍)'이라 불렀다. 기병이 50명이었다. 아부 수피안은 아스판에 도착했을 때 이슬람군의 충분한 세력을 알았고, 이슬람군이 바드르와 우후드에서 어떻게 싸웠는가를 알았고, 무함마드의 추종자들의 용기와 헌신에 깊이 감명을 받았다. 그래서 그는 신중을 기하는 것이 보다 훌륭한 용기라 생각하고 메카로 돌아갔다.

그의 구실은 식량이 부족하고 기근이 든 해에 싸움을 하기란 어렵다는 것이었다. 무함마드는 8일 동안이나 바드르에 머물고 추종자들은 적당하게 물품을 거래했다. 이것은 헤지라 제4년의 일이었다.

무함마드는 이에 메디나로 돌아왔다.

두 번째 바드르 원정에 관한 《코란》

(전쟁에서) 부상한 후에
하나님과 예언자의 부름에 응한 자
정의를 행하고 경건한 자에겐
큰 보수가 있으리라.
이 사람들에게 사람들이 말하기를
"너희와 대적할 사람들이 모였다.
그러니 두려워하라"고.

이 말은 그들의 믿음을 더하였도다.
그들은 대답했다.
"우리에겐 하나님이면 충분하다.
그리고 그는 뛰어난 보호자이시다."
그들은 어려움을 만나지 않고
그래서 그들은 하나님의 축복과 은총을
받고 돌아갔다.
그들은 하나님의 허락에 따랐다.
하나님이 위대한 은총을 가지신 분이기에,
그의 친구와
그대를 두렵게 하는 것은 악마뿐이다.
그리고 너희들이 믿는다면
그러니 그들을 두려워하지 말고
나(하나님)를 두려워하라.
　　　　—《코란》 3장 171~174절

　메카의 아부 수피안은 무함마드와 그의 추종자들과의 싸움에서 성공하지 못했으나, 그가 성공한 것은 바드르까지 가기에 필요한 식량이 부족하고 자기 군병들을 두려움에 몰아넣은 일이다. 아부 수피안은 대단히 교활한 자였다. 그는 무함마드와 그에게 헌신하는 추종자들의 무리를 공격할 유리한 때를 기다리고 있었다. 그 때가 사람들이 생각했던 이상으로 놀라운 모습으로 다가왔다.
　이 해에 예언자의 손자가 여섯 살로 죽었다. 닭이 소년의 눈을 쪼아서 그 상처가 썩어 마침내 죽었다.
　자이나브 빈트 후자이마도 이 해에 죽었다. 아브둣 살람 마하주미는 그의 아내 움 살라마를 남겨두고 죽었다. 이 해에 예언자는 이 과

부와 결혼했다.

예언자와 이슬람교도들은 이제 사태를 살피기로 결심했다.

넉넉지 못한 재산으로 생활해 나가느라고 애쓰는 신자들에게 《코란》을 가르치고 설교했다. 바드르 제2차 원정은 이슬람의 적에게 공포를 일으켰다. 그러나 실상 유태인들과 믿지 않는 아랍인들의 증오심의 불꽃은 꺼져 갔었고, 야생적인 아랍부족들이 온통 새로 기름을 부은 큰 횃불과 같이 번지고 있었다.

15. 헤지라 5년(626~627)에 생긴 일

자르 알 레카 및 무스타리크부족으로 원정

메디나의 이슬람교도들은 유태인, 사막의 유목 아랍부족, 메디나의 배신자들로 뭉친 동맹군에 의해서 여전히 포위되어 있었다. 무함마드는 끊일 줄 모르는 공격을 받는 그때그때마다 이를 물리치고 음모를 효과적으로 분쇄시켰다.

헤지라 제5년은 조용히 밝기 시작했다. 무함마드도 활동을 게을리 하지 않았다.

그는 '너희 믿는 자들아! 너희는 준비하고 있어라'고 하는 하나님의 명령에 복종하면서 언제나 위험을 지켜보고 있다가 미리 선수를 씀으로써 위험을 피했다. 그는 이슬람이란 배의 선장이었다. 무함마드는 모든 암초가 있는 얕은 물을 피해서 배를 올바른 항로에 올려야 했다. 그는 시시각각으로 일어나는 폭풍우를 피할 수 없었으나 키 자루를 단단히 붙잡고 의심, 불신, 당황이란 여러 바닷물을 헤쳐 가면서 배를 안전하게 몰아 갔다.

그는 카트판부족의 한 사람이 무함마드를 공격하기 위해 병정을 소집하고 있다는 정보에 따라 때를 놓치지 않고 부하 4백 명을 인솔하여 자트 알 레카에 도착했다. 거기서 그는 카트판부족의 무하리브부족과 살라바부족 일행이 모여 있는 것을 발견했다. 그러나 그들은 무함마드가 이곳에 나타나리라고 예기치 못하였다.

그들은 마을에 갑자기 무함마드가 나타난 데 적지 않게 놀랐다. 이들은 싸울 각오가 되어 있지 않았기 때문에 부녀자들만을 남겨두고 흩어졌다. 원정의 목적은 다만 적이 메디나를 침략하지 못하게 하는 데 있었기에, 무함마드는 도망치는 그들을 추격하지 않았고 부녀자들을 한 사람도 체포하거나 그들의 재산에 아무런 해를 입히지도 않았다. 이슬람교도들은 명색만의 전리품을 가슴에 간직하고 빈손으로 메디나로 돌아왔다.

무함마드는 자기가 예배를 올리는 동안마저도 언제나 경계하였다. 그를 갑자기 습격하는 불신도들이 나타날까봐 예배가 중단되기도 하고, 절반이 무함마드와 함께 예배를 올리면 다른 절반이 경비하고, 이것이 끝나면 나머지 절반이 앞으로 나가서 무함마드와 함께 예배를 올리곤 했다.

그러나 적은 이슬람들이 메디나로 돌아오는 길을 방해하지 않았다. 이해 봄 무함마드는 북쪽에서 위험이 닥쳐온다는 소식을 어렴풋이 들었다. 이때는 볕이 뜨거운 계절이었다. 아랍인은 겨울에만 북으로 여행했다. 여름에 남쪽으로 여행하는 것은 죽음의 심판을 받는 것이나 다름이 없었다. 그러나 무함마드는 때를 기다리지 않고 적들을 놀라게 했다.

그는 이슬람 부대를 이끌고 홍해와 페르샤만 사이에 있는 두맛 알잔달이란 곳으로 진군했다. 메디나에서 꼬박 10개의 역(驛)의 거리에 있었다. 무함마드는 아자라부족에서 안내자 한 사람을 얻었다. 그는 밤에 여행하고 낮에는 쉬어야 했다. 낮에는 더위가 심했기 때문이었다. 그와 그의 추종자들만이 이런 험한 여행을 감행할 수 있었다.

이슬람교도들은 두맛 알 잔달에서 하루를 야영하고 적의 가축을 잡았다. 이곳의 수장은 도망쳤다. 무함마드는 정찰대를 여러 지역에 보낸 다음에 메디나로 돌아왔다. 이해엔 비가 오지 않았다. 물과 초원이 부족했다. 돌아오는 길에 아랍 유목부족 족장 한 사람을 만났다. 그는 메디나 근방에서 가축에게 풀을 먹여도 좋은가고 그에게 물었다. 예언자는 그렇게 하라고 즐거이 승낙했다. 이 족장의 이름은 우우야이나 빈 히슨이다.

이때쯤 어느 베두인부족이 후자부족의 한 지파(支派)인 무스타리크부족이 무함마드를 죽이려는 목적으로 메디나 침공대를 모집중이라는 소식을 그에게 전했다. 이들은 하리스 빈 아비 지라르의 지휘하에 있었다. 이 소식은 다른 첩보에서 확인되었다. 무함마드는 민첩하게 바로 출발했다. 아부 바크르는 천행자들의 기수가 되고 사드 빈 우바다가 원조자의 기수가 되었다.

무함마드는 바누 무스타리크부족이 사는 곳에 가까운 무라이시란 곳에 도착했다. 전투는 벌어졌다. 무스타리크부족 열 명과 이슬람 전사 한 명이 살해되었다. 그러나 적은 이슬람교도들의 공격에 견디지 못해서 부녀자와 아이들을 뒤에 남겨둔 채 도망쳤다. 이슬람교도들은 여자와 아이들과 뒤에 버려진 여러 물건들을 갖고 메디나로 돌아왔다.

싸움이 끝난 뒤에 오마르 빈 핫타브의 마부와 하즈라즈부족의 이슬람교도 한 사람이 물가에서 말다툼을 하다가 서로 때리고 치고 싸우기 시작했다. 오마르의 하인이 이주자의 도움을 청하고 하즈라즈부족의 사나이는 그의 동료들을 불렀다. 압둘라 빈 우바이는 이때 무함마드의 곁에 있었다. 그는 그들의 고함 소리를 듣고 그의 유태인 친구들에게 이렇게 말했다.

"우리들은 우리 땅에서 메카에서 온 이주자를 내쫓으려 한다. 맹세코 우리 경우와 그들의 경우는 '너의 개를 배부르게 하라. 그 개가 너를 잡아먹을 것이다'는 옛말과 똑같다. 맹세코 우리들이 메디나에 돌아가면 메디나의 귀족(유태인을 뜻함)은 천한 사람(이주자를 뜻함)을 메디나에서 쫓아야 한다."

이 소식이 무함마드와 그의 동료들에게 들려왔다. 오마르는 당장 그 자리에서 이븐 우바이를 죽이려 했으나 무함마드가 그를 진정시키고,

"무함마드가 자기 동료를 죽이더라는 소문을 넌들 듣기를 좋아하겠느냐?"

고 말했다.

무함마드는 지체없이 병사들에게 진군을 명했다. 그들은 강행군하여 메디나로 돌아왔다 — 지친 데다 이븐 우바이의 말에 흥분되어서. 이븐 우바이는 그가 말했다고들 주장하는 말을 모두 부인했다. 그러나 하나님은 그가 거짓말을 하고 있다는 것을 무함마드에게 계시했다. 《코란》 63장 첫 부분은 이 사건과 관련되어 있다. 다음은 이븐 우바이의 말을 인용한 것이다.

"우리들이 메디나에 돌아가면 힘있는 자가 천한 자를 메디나에서 쫓을 것이다."

이븐 우바이의 음모

압둘라 빈 우바이(훌륭한 신자)는 자기 아버지가 명예롭지 못한 행위를 범한 사실을 알고 무함마드를 찾아갔다. 아버지를 변명하고 구명하기 위한 것이 아니다. 우바이는 예언자 무함마드의 목숨을 노렸기 때문에 죽음이 마땅하다. 우바이의 아들은 눈물을 흘리며 자기 손으로 아버지의 사형을 집행할 수 있도록 해달라고 애절하게 호소하는 것이었다.

"아버지께 사형의 판결이 내려졌을 때에는 저에게 명령해 주십시오. 아버지의 수급을 갖고 올 것입니다. 저만큼 아버지를 존경하는 자가 없다는 것은 온 메디나에서 알고 있습니다. 그러나 다른 자가 아버지를 처형할 경우, 그 자를 군중 속에서 발견하는 대로 그를 죽여 복수하고 싶다는 저의 마음을 억제할 수 없습니다. 그때는 이교도를 위해 신도를 죽인 것이 되며 저는 지옥으로 떨어지고 맙니다."

이는 만일 어떤 사람이 대신 아버지를 죽인다면 자기가 또 아버지의 원수를 죽여야 하고, 그렇게 함으로써 자기는 지옥에 떨어지므로 지옥에 가지 않기 위해서 청한 것이다.

전쟁에 진 부족의 포로나 부녀자들은 노예로 병사들에게 나눠 주는 것이 당시 아랍부족의 관습이었다.

이슬람교도들은 메디나에 도착해서 전리품을 분배했다. 포로들 중에 쥬와이리야 빈트 하리스가 끼어 있었다. 이 여자는 무함마드의 적 무스타리크부족의 지도자였는데, 그 여자의 운명은 메디나 원조자의 손에 맡겨졌다.

이 여인은 족장의 딸이었다. 자기 배상금을 치르기 위하여 아버지에게 편지 한 장을 보냈다. 그 여자는 자기 아버지가 무엇이든 배상해 주리라고 믿었다. 그 여자는 무함마드에게 와서(그는 아이샤의 집에 있었다),

"제가 누구이며, 누구의 운명에 맡겨져 있는가를 당신은 알고 있을 것입니다. 저는 저를 배상하고자 아버지에게 글을 보냈습니다. 그러나 기대에 어긋났어요. 저는 당신의 도움을 바랍니다."

라고 말했다. 무함마드는 그 여인을 구제했다. 그후 곧 하리스 자신이 메디나에 왔다. 딸과 아버지는 이슬람교도가 되었고, 하리스는 쥬와이리야를 무함마드와 결혼시켰다.

그의 교우들은 이 소식을 듣고 자기들의 포로를 모두 석방하여 이 결혼을 기념하고 그의 아내의 친척을 존경하고자 전리품을 원래의 소유자들에게 돌려주었다. 아이샤는 쥬와이리야에게 말했다.
"나는 쥬와이리야와 같이 자기 부족에게 큰 축복을 준 여인을 일찍이 보지 못했다."
무함마드는 욕망을 채우기 위해 그녀를 살 수도 있었으며 노예로서 곁에 두고 첩으로 삼을 수도 있었다. 그런데 쥬와이리야와 결혼한 것이다. 이슬람교도들이 무함마드의 의도를 이해할 수 있었던 것은 결혼식 다음날부터였다. 그는 이슬람전사 전원을 모아 그의 장인이 노예로 있다는 것은 창피스런 일이라고 명예롭지 못하다고 말했고 이 점에 모든 병사들이 동감하였다.
족장으로 포로로 잡혀와 노예가 되었던 하리스는 그의 딸 덕분에 노예에서 해방되었다. 그를 노예로 삼았던 병사가 그를 해방시킨 것이다. 이 혼인을 통해서 무스타리크부족은 예언자와 혼인관계를 맺게 되었고, 무스타리크부족 전원이 해방되었다. 해방된 노예들은 감사의 표시로서 곧 이슬람에 귀의했고 예언자 무함마드에 충성을 맹세하고 동맹을 맺기를 제의했다. 이에 비로소 이슬람 전사들은 무함마드가 갑자기 노예와 결혼을 결의한 동기를 이해했다.
무스타리크부족에서 메디나로 돌아오는 여행의 마지막 날에 휴식소에서 머물고 있을 때, 무함마드가 갑자기 출발을 명한 일이 있었다. 어두운 밤이었다. 무함마드의 아내 아이샤가 이 원정에 무함마드를 따라갔다.
그녀는 자기에게 배당된 낙타에 얹힌, 위가 모두 덮인 마하말이라고 부르는 가마 안에 앉아 여행했었다. 아이샤는 자연의 부름에 응답하러 나갔다가 일행이 떠나는데도 돌아오지 않았다. 아이샤의 몸은 퍽 가벼웠다. 낙타몰이는 아이샤가 안에 탄 줄만 알고 빈 마하말을 들어 낙타 등에 얹고 떠났다. 다들 떠난 뒤에야 아이샤가 돌아왔다.

밤이 깊었다. 아이샤는 낙타몰이가 자기를 찾으러 돌아오리라고 생각하면서 거기에 머물러 있었다. 그러나 아무도 오지 않았다.

날이 밝았다. 사프완 빈 무앗탈이 무함마드의 명령에 따라 뒤에 남은 일행을 돌보면서 얼마간의 거리를 두고 무함마드 일행을 따라가던 중에 아이샤를 발견했다. 사프완은 아이샤로부터 사정 이야기를 들었다. 그 부인에게 낙타를 주고 자기는 낙타를 몰면서 도보로 메디나로 돌아왔다. 아이샤는 안전하고 건강하게 집에 돌아왔다. 사정 이야기를 듣고 모두들 다행이었다고 만족해했다.

그러나 사이비 신자 이븐 우바이와 이에 가담한 사람들은 이 사건을 악용하여 아이샤의 인격에 영향을 주는 풍설을 퍼뜨렸다. 아이샤는 이것을 두렵게 여겼다. 아이샤는 마침내 병들었다. 무함마드도 큰 곤경에 빠지고 사람들의 악선전에 고민했다.

아이샤는 심장이 터질 듯이 울고만 있었다. 아이샤는 친정어머니에게 가 있었다. 어머니는 딸의 결백을 알고 위로했다.

무함마드는 그의 교우들이 있는 앞에서 이 사건을 철저히 구명한 끝에 아이샤의 결백을 알았다.

무함마드는 아이샤를 위로하러 갔다. 회개하면 하나님께서 모든 죄를 용서하신다고까지 암시하면서 위로했다. 이 말에 아이샤는 이렇게 대답했다.

"제가 결백한 것은 제 자신이 알고 있어요. 저는 사람들의 말에 아무렇지도 않아요. 이 일에 대해서 용서를 구하지 않겠어요. 하나님이 저의 결백을 알고 계실 테니까요. 그리고 저는 요셉의 아버지가 한 말을 하고 싶습니다. '참고 견디는 것이 고귀하니라. 나는 너희가 말하는 것에 대해서 하나님에게 도움을 바랄 뿐이니라.'"

—《코란》 12장 18절

아이샤는 온갖 비난에도 굳게 견디어 냈다. 그 여자는 모든 사람들에게 '나는 나의 결백을 알고 하나님이 부정(不正)하시지 않다는 것을 알고 있다'고 한 마디만 말했다. 아이샤는 심한 시련에서 모든 결백한 부인들의 모범이 되었다. 결백한 때엔 인간의 비난에 굴복해서는 안된다. 하나님이 결백한 자들의 보호자이니까 신도들은 아이샤의 무죄를 믿었고 하나님은 이 여인의 결백을 확신하고 다음과 같은 계시를 내렸다. 이것은 또 그 여자를 비난한 자들에게 내린 하나의 경고이기도 했다.

> 그런 거짓말을 퍼뜨린 것은
> 너희 중의 몇 사람이니라.
> 이것이 너희에게
> 재앙이 되었다고 말하지 말라.
> 반대로 덕이 되었다고 생각하라.
> 비난자들은 각각 자신이
> 범한 죄책을 지느니라.
> 장본인은 이제
> 슬픈 고통에 빠지리라.
> ―《코란》24장 11

이에 따른 뒷구절은 그런 거짓 선전을 믿는 것에 대해서 이슬람교도들에게 경고하고 있다. 주모자들은 그들의 거짓 비난에 대한 벌로 각각 80대의 매를 맞았다. 이후 아이샤는 자기 집으로 돌아가서 행복하게 살았다. 돌아가서도 이런 모함에 잘 견뎌낸 아이샤에 대해서 온 이슬람교도들은 감사했다. 증거의 법칙은 언제나 이런 터무니없는 비난에서 판가름의 길을 열어 주기 마련이다. 유태인들이 옛적에 예수의 어머니 마리아를 비난한 것처럼 아이샤는 비난을 받았다.
하나님께서는 또 아이샤의 결백을 선언했다.

> 그들은 신앙을 등지고
> 마리아를 중상하였다.
> ─《코란》 4장 156절

마리아가 '진실한 부인'이라고 불리듯이 아이샤도 그렇게 불렸다. 그 아버지 아부 바크르는 메카에 있을 때 '진실한 자'로 불리었다.

16. 참호 전투

쿠라이시부족과 유목부족 및 유태부족 동맹

헤지라 제5년은 무함마드와 이슬람교도들에게 매우 영광스러운 해였다. 이슬람교도들은 예언자의 선견과 정력 덕분으로 자신들의 모든 모험에서 성공했다. 무함마드는 모든 적들을 분쇄하였고 메디나는 침략에서 해방되었다. 무함마드는 교우들이 자기들의 계획을 전적으로 지지하고 노력한 결과로 자기들이 안전한 것을 보고 매우 흐뭇했다.

이슬람교도들은 행복했다. 물질적으로 전보다 나아졌고, 이슬람교도들의 수효도 늘었다. 유태 나디르부족과 카이누카부족은 메디나에서 추방되었다. 메카인들은 감히 바드르 제2차전에 출전할 생각을 못했다.

전쟁의 폭풍이 이슬람이란 배를 치고 갔으나, 이제부터 무함마드도 '청명한 날씨'를 기대할 수 있게 되었다. 그렇게 믿을 만한 까닭도 있었다.

메디나 공격은 무함마드와 이슬람군사들이 시가지에서 멀리 떨어져 있을 때 감행되어야 하는 게 전술상의 작전이다. 이 때문에 메카측의 온갖 수단을 다하여 메디나의 이슬람 공동체를 도발하고 무함마드를 원정에 끌어내려고 했다.

그도 적의 작전을 모르는 것이 아니다. 그러나 대상의 북방 통로가 완전히 차단된 지금 예언자 무함마드는 위험을 무릅쓰지 않을 수 없는 것이다. 시리아, 이라크로의 대상통로를 개척하기 위해 이슬람 공동체가 동원할 수 있는 모든 병력을 이끌고 북방으로 도보로 2주간 걸리는 지점을 향해 출전했다. 이슬람으로서는 위험이 너무 컸다. 그러나 북방으로의 왕래의 자유를 확보하지 않으면 메디나는 전멸할 뿐이다.

무함마드는 천 명의 군사를 인솔하고 메디나를 떠났다. 행군 도중 메카군이 이미 메디나로 향하고 있음을 알았다. 무함마드는 정보를 자세히 살폈더니 쿠라이시부족을 비롯한 여러 부족 동맹군이 메디나를 공격할 것이라는 결론을 얻었다. 무함마드는 즉시 원정을 중지하여 메디나로 돌아왔다.

유태부족 나디르부족은 메디나에서 추방되고 하이바르에 가서 살았다. 나디르부족은 재산이 많은 부족으로 무함마드에 대한 적개심은 뿌리깊은 것이었다. 그 일단의 지도자는 후야이 빈 아하타브였다.

후야이는 무함마드에 반대하는 전유태인과 전신도들의 연합을 형성코자 아라비아반도 전국에 밀사들을 보냈다. 회담이 극히 비밀리에 성공적으로 진척되었다. 무함마드는 이 회담에 대해서 아무것도 몰랐다. 유태인들은 자기들이 무함마드의 종교보다는 이교도들의 종교를 좋아한다는 이유로 무함마드와 절대로 화평을 맺지 않는다고 이교도 아랍부족을 설득했다.

저들(유태인)은 믿지 않는 자를 선택한 자들을

좋아한다고 말한다 —
'불신자들이 신자보다
더 올바른 길을 걷고 있다'고 말한다.
— 《코란》 4장 51절

서명 승낙이 시작되었다. 유태인과 메카인들은 모두 서명했다. 나디르부족은 이름난 이교도인 아랍부족을 하나도 남기지 않고 그들의 동맹에 끌어넣었다. 유태인들과 동맹을 맺은 부족들은 카트판부족, 무라부족, 파자라부족, 아슈자부족, 술라임부족, 사드부족, 그리고 아사드부족 들이었다.

이 부족들은 모두 무함마드에게 복수하려고 했다. 무함마드는 차례차례로 그들의 영지로 갔다. 그러나 그들은 일제히 무함마드가 있는 메디나로 왔다. 이것은 무함마드가 아랍부족 전체에 대항하는 전쟁이었다. 적군은 다음과 같이 구성되었다.

아부 수피안 지휘하의 쿠라이시부족
  4천 명의 보병. 모두 완전히 무장되었다.
  갑옷을 입은 기마병 3백 명.
  양식을 실은 낙타 천 5백 필.
  쿠라이시부족의 기수로는 오스만 빈 탈하가 임명되었다.

후자이파 빈 히슨(무함마드로부터 메디나 근처의 목초지를 허락받았던 자)의 지휘하에 파자라부족은 수백 명의 추종자들과 낙타 천 마리를 가지고 있었다.

아슈자부족은 전사 4백 명.
무라부족은 전사 4백 명을 갖고 있었다.
하리스 이븐 아우프가 무라부족의 지휘자였고 미스아르 빈 루하일라가 아슈자부족의 지휘자였다.

술라임부족(이슬람교도 70명을 살육한 악명 높은 샘 마우나)은 전사 7백 명을 데리고 왔다.

그리고 이 군대가 메디나로 진군해 올 때 사드부족과 아사드부족이 병력을 추가해 만 명의 병사가 가담했다.

아부 수피안은 아랍이 여태까지 보지도 못했고 저항할 수도 없는 대군대를 형성할 수 있게 한 수완을 자랑했을 것이다. 그리고 이에 비하면 우후드에서의 쿠라이시부족 전사(戰士) 3천 명은 아무것도 아니었다. 그리고 무함마드에 대항하는 이 대군단(大軍團)을 지지하는 놀라운 사기가 있었다. 이제 불신도들에게는 무함마드의 생명이 끝장난 것 같았고, 무함마드에게 남은 것이라곤 항복 아니면 죽음만이 남은 것 같았다.

메디나의 무함마드와 이슬람교도들은 수백의 기마병, 수천 마리의 낙타와 무기, 군수품의 저장, 전 아랍부족과 유태족이 단합했다는 소식을 듣고 깜짝 놀랐다. 아라비아반도가 이슬람교도들의 목을 조르고 이슬람을 지구의 표면에서 아예 소탕해 버리려고 무장, 동원되었다. 적을 들판에서 맞을 가능성은 이제 사라졌다. 이슬람들은 쥐덫에 든 쥐와 같이 메디나 안의 함정에 빠져서 그들의 부녀자와 아이들과 함께 살육될 것이다. 그들의 심장과 간장은 도려내어져 힌드와 여자 동료들에게 씹혀질 것이다. 힌드는 아부 수피안과 함께 있었다.

그러나 이슬람교도는 신앙을 가졌다. 이슬람교도들은 충격을 가라앉히고 일에 착수했다. 이슬람교도들이 소식을 전해 들었을 때에는 적의 연합군은 이미 진격해 왔다. 엿새 후에는 메디나에 도착할 수 있었다. 이래서 이슬람교도들은 엿새 동안 전쟁 준비를 할 수 있었다.

메카에서 메디나까지는 11일간의 행정이다. 메카를 떠난 병력은 1만이며 완전무장이었다. 무함마드도 전투에 대비했다. 1만의 메카군이 메디나의 오아시스에 도착한 것은 627년의 3월 말이다. 이 싸움은 '한다크(도랑) 전쟁'으로 불린다. 쿠라이시부족군은 우후드의 싸움 때 와 똑같은 길을 택하여 우후드 언덕의 중허리에 진을 쳤다.

무함마드는 회의를 소집하고 메디나를 요새화하기로 급히 결정했다. 페르샤 사람이고 이슬람교도인 살라마는 적에게 열려 있는 참호 하나를 메디나 쪽에 파자고 제의했다. 길이, 폭, 각각 5야드가 되는 도랑을 파는 것과 메디나에 열린 쪽의 전부를 덮는 일이 엿새 동안에 완성되었다. 이 도랑 뒤에서 이슬람병사들은 한쪽은 메디나의 가옥들에 의해서 보호되고, 또 한쪽은 높은 언덕에 의해서 방비되었다.

이 진 속에 무함마드는 빨간 천막을 쳤다. 도랑을 똑같이 여러 부분으로 나누고 각 부분을 활 쏘는 병사 열 명이 지켰다. 아직도 무함마드와 동맹을 맺고 있고, 땅을 파는 도구를 빌어간 유태인의 한 부족 쿠라이자부족은 요새화된 지역의 한쪽에 살고 있었다. 무함마드는 나이 58세인데도 원기있고 강건했다. 도랑을 팔 때 둥근 돌이 도랑 속에 있었는데, 아무도 파내지 못하는 것을 무함마드는 혼자 힘으로 파냈다. 그는 아직도 열 명의 기운을 가졌고 천 명이 상의해야 겨우 얻는 결단심을 가지고 있었다.

이슬람교도들이 이 도랑, 즉 참호 공사를 거의 끝냈을 때 아부 수피안이 메디나로 접근해 왔다. 그는 아무런 저항을 받지 않은 것에 의기충천했다. 이제 메디나는 눈 아래에 있다. 그는 칼과 활을 빼들고 북을 치고 우상을 찬양하였다. 여인들은 승리의 확신과 복수의 기쁨을 외치면서 메디나로 빨리 쳐들어갈 것을 명령했다. 무함마드는 그들을 가까이 오게 했다. '무함마드는 오늘 감히 우리들과 싸울 수 없을 것이다. 우리는 그를 간단히 처치할 테다'고 불신자들은 생각했다.

갑자기 말이 멈추더니 뒤로 물러났다. 낙타는 전진하지 않았다. 병사들은 눈앞에 도랑이 있는 것을 보고 깜짝 놀랐다. 병사들은 이런 것을 본 적이 없었다. 만 명의 완전 무장병이 건널 수 없는, 사람이 만든 기적이었다.

부족연합군의 메디나 포위

승리를 확신하는 1만의 메카군은 서서히 메디나 시가지를 공략해오기 시작했다. 멀리 메디나의 집들을 보자 승리의 예감에 몸이 달아오르고 전리품을 생각하여 기쁨에 젖어 어찌할 줄 몰랐다. 그런데 갑자기 뜻하지 않은 것으로 발견하고 얼이 빠졌다.

7세기의 아랍인에게는 요새라는 개념이 존재하지 않았다. 때문에 뜻하지 않은 참호의 출현에 침략군은 당황했으며 지휘관 아부 수피안은 진격을 위해 전군을 질타하고 격려해야만 했다.

아부 수피안은 장사에 능했으나 군을 지휘하기에는 자질이 없었다. 예기치 않은 장애물에 어찌할지 몰랐다.

부족연합군은 무기와 양식의 공급이 충분했다. 이슬람군의 보급은 보잘것없었다. 이슬람군은 한쪽에서는 연합군의, 또 한쪽에서는 위선자와 쿠라이자부족의 협공에 처해 있었다.

아부 수피안은 나디르부족의 유태인 연합군으로 하여금 메디나를 포위케 했다. 그러나 이 군대의 열성은 식어 갔다. 이 연합군의 병사들은 하루의 싸움, 안이한 승리, 복수와 약탈을 위해 왔지, 여러 주, 여러 달 동안 포위를 하기 위해 오지는 않았다. 그리고 이슬람군 방비가 철저하였기 때문에, 적들은 어느 한 곳을 뚫고 이 도시에 들어올 수 없었다. 그들의 앞에 있는 이 도랑이 너무 넓고 깊어서 도보로나 말을 타고 넘을 수 없었고, 거기에다 그들을 쏘아댈 강력한 무함마드의 궁술병 3천 명이 있었다.

오, 슬프도다, 쿠라이시부족들. 도랑의 무덤으로 유태인은 그들을 데리고 온 것이다. 오, 슬프도다! 그들은 되돌아가서 다른 날 싸워

보는 것이 더 좋지 않았을까? 아니다. 다시는 하나님의 적들의 마음과 돈을 이렇게 단결시킬 수는 없을 것이다.

유태 나디르부족의 지도자는 연합군을 조직하고 그 힘을 통합하는데 무함마드와 경쟁해 볼 생각이었다. 이 지도자는 무함마드가 곧 아사(餓死)하고 승리가 자기들의 것이 된다고 말해서 자기 병사들을 격려했다. 이러는 동안에 이슬람교도들의 보급은 극도로 부족해졌다. 연합군의 보급은 충분했고 아라비아반도 전체는 연합군에게 개방되어 있었다. 적들은 천막을 쳤다.

이슬람군은 밤낮으로 도랑을 지켜야 했고, 배가 고파서 죽을 지경인데도 자기들의 위치를 지켜야만 했다.

한편 메카의 1만의 병사도 넘지 못하는 도랑을 보고 넋이 빠졌다. 도대체 이 도랑을 넘으려면 어찌해야 할 것인가. 그들이 예상했던 것은 집요한 반격, 명예를 건 방위전이었다. 1대 1의 싸움으로 맞붙는 것이었다. 그런데 지금 넘긴 힘든 도랑이 그들의 전진을 막고 있는 것이다. 사막에서 자란 그들에게 이 난관을 어찌 넘어야 할지를 몰랐다. 그들을 가로막는 도랑 앞에서 천막을 치고 야영 태세를 취해 포위전, 지구전에 들어갔다.

한 주일, 두 주일이 지났다. 연합군은 한 치도 진군하지 못했다. 이슬람군이 약화될 징조는 보이지 않았다. 겨울이 시작되는 밤은 춥고 세찬 북풍이 불었다. 비가 내리기만 기다려졌다.

연합군은 갈라졌다. 드디어 그들은 도랑이 그다지 깊지도 않고 넓지도 않은 곳 하나를 찾았다. 유태 나디르부족은 유태 쿠라이자부족과 타협하기 시작하고 연합군이 곧 무함마드를 배후에서 공격할 것임을 병사들에게 알렸다. 연합군의 사기도 높았다. 백병돌격(白兵突擊)으로 도랑을 점령하려고 했다. 연합군은 아므르 빈 아브두드, 이크라마 빈 아부 자할, 디라르 빈 핫타브에 의해 지휘되었다.

아므르가 맨 먼저 도랑을 건넜다. 그는 이슬람 군사들에게 단독으로 싸우자고 도전했다. 이 도전에 알리 빈 아부 탈리브가 응했다. 아므르는 '너를 죽이고 싶지 않다'고 말했으나, '맹세코 나는 너를 죽이고 싶다'고 알리는 대꾸했다. 아므르는 이 싸움에서 살해되었다. 그는 아라비아반도에서 제일 강하고, 전술 있는 전사로 알려져 있었다.

그의 기마병들이 패하고 뒤로 물러섰다. 이곳에서 도랑은 크게 무너졌다. 날이 어두워진 뒤에 나우팔 빈 압둘라 빈 무기라는 이 무너진 곳을 건너려고 했으나 그의 말과 함께 살해되고 말았다. 이들은 절벽 속에 파묻혔다. 아부 수피안은 나우팔을 죽인 피값을 관습대로 청했으나, 예언자는 이 시체거래(屍體去來) 제안을 거절했다.

유태 쿠라이자부족과 연합군의 음모

연합군은 부족 연합군에 대항한 무함마드를 죽일 수 없었다. 그래서 반란을 일으켜야 한다고 유태인들은 생각했다. 후야 빈 하타브는 쿠라이시부족과 카트판부족에게 자기들의 계획을 털어놓고 한마음으로 싸움터에 갔다. 그는 쿠라이자부족의 지도자인 카브 빈 아사드와 회견했다. 카브는 아주 조심성 있고 치밀했다. 그는 유태인에 제안된 협상에서 이득을 알지 않고는 문호를 후야이에게 열어 주지 않았다. 후야이는 그에게 말했다.

"오, 카브여! 너는 불쌍도 하구나! 나는 네게 가장 고귀한 사람들과 바다와 같이 큰 군대 —— 그들의 지도자들과 귀족들을 가진 쿠라이시부족과 카트판부족을 데리고 왔다. 그들은 무함마드와 그의 사람들을 죽일 때까지 메디나에서 떠나지 않으련다고 맹세한다."

카브는 처음엔 주저했으나 불쌍했다. 그는 드디어 후야이에게 가서 자기 부족의 운명을 결정했다. 후야이는 유태 쿠라이자부족에게 많은 보수를 하겠다는 여러 가지 약속을 했다. 후야이는 도랑이 메디나를 정복하는 길에 있고 쿠라이자부족이 자기들의 문호를 연합군에게 열어 주면 무함마드는 끝장날 것이라는 사실을 카브에게 확신시켰다.

이 청을 받았다는 배반의 소식이 무함마드에게 들렸다. 무함마드는 바로 카브에게 자기 밀사들을 보내서 무함마드가 쿠라이자부족과 맺은 약속 중에 자기가 책임진 부분을 얼마나 건전하게 실행했는가를 그에게 환기시키도록 했다. 무함마드는 아우스부족의 지도자, 하즈라즈부족의 지도자를 파송했다. 이들의 뒤에 압둘라 빈 라와하와 하와트 빈 쥬바이르가 따랐다.

사드 빈 마즈는 유태 쿠라이자부족과의 동맹자였으나 무함마드의 동맹을 그들에게 환기시키고 유태 나디르부족을 자기들의 집으로 돌려보내도록 청했다. 그러나 유태인들은 가상된 승리의 축배에 벌써 도취되어서 모든 충고를 거절했다. 하나님의 예언자라는 말을 듣자 그들은 '하나님의 예언자란 누구냐. 우리들과 무함마드와의 계약이나 담보 같은 것은 없다'고 말했다. 회담은 서로의 비난으로 끝났다. 연합군과 쿠라이자부족 세 지대(支隊)와 기마대가 각각 무함마드를 공격토록 정비되었다.

그 세 지대는 다음과 같다.

① 이븐 울 아와라 살라미는 높은 곳에서 무함마드의 배후를 공격한다.
② 우야이나 빈 히슨은 옆에서 공격한다.
③ 아부 수피안은 도랑에서 쳐들어간다.

이 약정(約定)에 따라 메카인들은 도랑을 공격하기 시작했다. 이 공격이 어떻게 될 것인가를 시험해 본 것이었다.

연합군은 반역자들을 무함마드에게 돌려보내면서 쿠라이자부족의 소식에 대단히 기뻐하고, 따라서 연합군의 용기는 크게 고양되었다. 무함마드와 함께 있었던 위선자들은 무함마드로부터 떠나 자기 집으

로 되돌아갈 구실을 찾았다. 이때의 무함마드 군대 상황이 《코란》에
정확하게 기록되어 있다.

> 적이 너희 무리 안에서도 발 밑에서도
> 공격해 왔을 때, 눈동자는 뒤집혀지고
> 심장은 목구멍까지 치밀어오르고
> 하나님에 대해서 이러쿵저러쿵
> 쓸데없는 생각을 했다.
> 그때에야말로 신자는 모조리 시험당하고
> 치가 떨릴 정도로 교란되었다.
> 사이비 신자나 마음이 병든 무리들은
> '하나님과 사도의 약속은 엉터리라'고
> 쫑알거렸다.
> 그때 어떤 자들은
> '메디나 사람들아! 견딜 수 없으니,
> 도망치는 것이 상책이다'고 하였다.
> 또 예언자에게 집에 돌아갈 허가를 청하면서
> '실은 우리집이 방어되지 않아서'라고
> 말하는 자들도 있었다.
> 방어되지 않는 집이란 없었다.
> 무엇보다 도망치고만 싶었을 뿐이다.
> 그리고 적군이 사방에서 힘차게 침입해서
> 전쟁에 가담하고 반역을 요구했으면
> 그것들은 거리낌없이 그렇게 했을 것이다.
> 그런 주제에 그것들은 절대로 적에게
> 등을 돌리지 않겠다고

전부터 굳게 하나님께 약속했다.
하나님과의 약속은 이제 반드시 신문되리라.
　　　　—《코란》 33장 10~15절

　무함마드를 따르는 신자들이 긴장한 것은 참으로 기적이었다. 그들에겐 이젠 하루에 웬만한 식사조차 할 수 없을 만큼 양식이 없었다. 그래서 사람들은 배고픔의 고통을 견디느라고 배에 돌멩이를 매달았다. 하나님의 성령만이 그들로 하여금 하나님에 대한 믿음을 지키게 했다. 하나님은 말한다.

그래서 믿음이 깊은 사람들은
연합군을 보고 말했다.
"그것이야말로 하나님과 그의 사도가
우리들에게 약속하신 것,
두 분은 진리를 말씀하신다."
그래서 신앙, 모든 것을 맡기고자 하는
신앙은 더욱더 두터워져 간다.
　　　　—《코란》 33장 22절

　유태인과 연합군은 승리를 확신했다. 틀림없이 그들은 무함마드가 도망치고 이슬람교도들은 분리되리라고 생각했다. 그들은 무함마드를 위아래로부터 둘러쌌다. 무함마드의 교우들은 전에 나디르부족을 값싸게 도망시켰던 것에 분노하면서 이를 갈았다. 그들이 놓아주었던 뱀으로 하여금 놓아준 사람들을 물어 죽이게 하려 했다.
　그뿐이 아니다. 그 뱀은 독 있는 동료들을 초대해서 먹이를 물어 달라고 했다. 그들은 어떤 적을 너그럽게 대하는 것이 자신의 적을 만드는 것이 된다고 생각했다. 그러나 하나님은 무함마드의 편이었다. 쿠라이자부족 유태인들은 자기들의 진지에서 뛰어나와서 이슬람교도들의 부인과 아이들을 괴롭히기 시작했다. 탐정도 하기 시작했다. 이 유태인 중 한 사람이 사피아 빈트 아브드 울 뭇탈리브에게 발각되어 이 여자에게 살해되었다.

무함마드는 다만 적과 싸우는 것 이상의 무엇인가를 하여야 했다. 카트판부족의 누아임이란 남자는 이슬람교도가 되었는데, 그의 개종(改宗)이 적에게 알려지지 않았다. 그도 쿠라이자부족의 친구였다. 무함마드는 이 남자를 카트판부족에게 보내서 그들이 퇴각하면 메디나에서의 야자대추 생산물의 3분의 1을 제공하겠다고 약속하게 하였다. 다음 무함마드는 그를 또 쿠라이자부족에게 보냈다. 누아임은 그들에 대한 자기의 옛 애정과 그들의 자기에 대한 관심을 쿠라이자부족에게 말하고, 그들에게 카트판부족이 포위를 오랫동안 계속할 수 없다는 것과, 그들이 무함마드와 타협하고 있다는 것을 설명했다.

누아임은 카트판부족과 쿠라이자부족이 쿠라이자부족의 훌륭한 행동에 대한 확고한 저당물을 주지 않는 한 카트판부족의 편에 들지 말라고 쿠라이자부족에게 충고했다. 누아임은 다음에 쿠라이자부족 측으로 가서 — 이들도 역시 그의 개종을 몰랐다 — 그들에게 이렇게 말했다. 즉 쿠라이자부족은 자기들이 무함마드를 탈주시킨 것을 부끄러워하더라는 것과, 무함마드의 친선을 얻기 위해서 쿠라이자부족이 쿠라이시 귀족들의 수급을 무함마드에게 보내기로 제의했다는 것을 말했다. 누아임은 만일에 쿠라이자부족이 어떤 저당물을 요구하면 쿠라이시부족은 아무것도 보내서는 안된다고 쿠라이시부족에게 충고했다.

다음에 누아임은 자기 족속인 카트판부족에게 가서 그가 쿠라이시부족들에게 했던 말을 그대로 그들에게 했다.

쿠라이시부족과 카트판부족은 유태부족 쿠라이자부족의 신용도를 의심하기 시작했다. 이것을 시험하기 위하여 아부 수피안은 사절을 유태부족 쿠라이자부족의 사드에게 보내서 알아보게 했다.

그 사절은,

"오, 사드여! 우리들의 체류와 이 남자(무함마드)를 포위한 것이 다소 연장되었소. 당신네들이 내일 그를 공격하면 우리들이 당신네 뒤를 따르기로 나는 결정했소."

라고 말했다.

쿠라이자부족의 답은 '내일은 금요일이오. 우리들은 일도 하지 않으며 우리의 안식일에 싸우지도 않을 것이오'였다.

아부 수피안은 격분하여 밀사를 다시 보내서,

"당신들은 안식일을 그 자리에서 지키시오. 우리는 내일 꼭 무함마드와 싸울 필요가 있소. 만일 우리들이 전진해서 싸우고 당신네들이 우리들과 함께 있지 않으면 우리는 당신들과 약속했던 우리의 담보에서 해제할 것이오!"

라는 말을 전하게 했다. 쿠라이자부족은 이 말을 듣고 화가 머리끝까지 치밀었다. 메카의 아랍다신도의 쿠라이시부족과의 담보를 요구했다.

아부 수피안은 누아임의 말이 옳았다는 것을 의심하지 않았다. 또 아부 수피안은 카트판부족의 마음을 떠보았으나 그들 나름의 이유로 무함마드를 향해서 진격하기를 꺼렸다.

한편 이슬람측은 이 사이를 이용하여 1만 명의 쿠라이시부족편의 적군에게 소문을 퍼뜨렸다. 유태교도는 쿠라이시부족에게 대해 몇몇 요인의 인질을 요구한 모양이다.

이러한 소문의 사실 여부에 대한 질문을 받자 무함마드는 '그렇게 해보라고 그들에게 부탁한 것 같기도 하지만'하고 대답했다.

무함마드의 말은 바로 아부 수피안에 전해졌다. 이 애매한 표현은 어떻게든지 해석할 수 있다. 아무튼 쿠라이시부족과 유태 쿠라이자부족은 서로 의심에 사로잡혔다. 메카측은 누구 하나 유태 쿠라이자부족이 사는 지역에 들어서려고 하지 않았다. 유태교도의 포로가 되어 무함마드에게 인도되는 것을 두려워한 것이다. 반면 아부 수피안에게 짙은 의심을 갖고 있는 유태교도는 쿠라이시부족에게 인질을 요구하며 일단 싸움이 벌어졌을 때는 결코 그들을 버리지 않겠다는 보증을 요구한 것이다.

이러한 서로간의 오해, 즉 유태 쿠라이자부족과 메카 쿠라이시부족 사이의 의혹이 날이 갈수록 심각해졌다.

메카측의 사기가 저하되기 시작했고 식량 결핍이 문제가 될 무렵인 도랑을 사이에 두고 대진한 지 27일만의 일이었다. 공포의 밤이었다. 바람은 폭풍이 되고 비는 또 하나의 대홍수(大洪水)가 되기나 할 듯이 쏟아졌다. 번개는 사람의 눈을 멀게 하고 천둥은 불신자들의 마음을 공포에 떨게 했다. 그들의 천막은 바람 때문에 벗겨졌다. 동물들은 머물 곳을 찾지 못하고 뿔뿔이 흩어졌다. 포위자들의 음식 그릇들은 깨어지고, 깨어지지 않은 것이라 해도 모두가 온통 흙으로 뒤덮였다.

무함마드의 적들은 공포에 떨었고 교란되어 기력을 잃었다. 거기에다 이슬람군이 도랑을 건너서 자기들을 공격해 온 것으로 생각했다. 툴라이하 빈 화일라드는 일어나서,

"무함마드의 병정들이 우리들 속에 있소. 우리를 도와주시오, 우리를 도와주시오."

하고 외치고, 아부 수피안은 이렇게 외쳤다.

"쿠라이시 사람들이여! 내일 아침까지 이곳에 머물 수 없소. 동물들은 죽고 쿠라이자부족은 우리들을 속이고 불쾌한 말을 했소. 바

람의 힘이 우리들에게 무엇을 하는가를 여러분들도 아는 바요. 자 떠납시다."

쿠라이시부족군은 아부 수피안의 마음과 똑같았다. 그들은 될 수 있는 대로 많은 사람이 낙타를 타고 물건을 적게 가졌다. 카트판부족은 아부 수피안이 하는 대로 따랐다. 이들이 메디나에서 안전한 거리에 올 때까지 계속 비는 퍼붓고 바람이 거세게 불었다. 무함마드의 교우들은 다음날 아침까지 그들의 후퇴를 몰랐다. 이슬람교도들은 아침에 적들과 대전할 준비를 했다. 그러나 섭섭하게도 적을 만날 수 없었다. 불신도들의 악몽은 날이 개자 사라졌다. 하나님의 약속은 성취되어갔다.

이슬람교도들이 도랑을 파다가 아무도 파낼 수 없던 돌에 부딪혀서 그 돌을 무함마드가 혼자 힘으로 치우던 그때 무함마드는 환시(幻視)했다. 무함마드가 자기 철제 도구로 돌을 때렸을 때 불꽃이 돌에서 튀었다. 첫 불꽃에서 무함마드는 코스로에스 제국(帝國)이 그의 추종자들에게 주어졌던 것을 보았고, 두 번째 불꽃에서 케사르 제국이 그의 추종자들에게 주어졌던 것을 보았다. 무함마드는 이슬람교도들에게 자기가 본 소식이 적에게 전달되었다고 말했다. 그의 적들은 포위하고 있는 동안에 그를 비웃으면서 말했다.

"무함마드는 그의 추종자들에게 위대한 제국 두 개를 약속했다. 그러나 그는 낮에는 자기 편히 쉬게 할 곳을 찾지 못하고 기다려야 했다."

적은 무함마드를 조롱했으나 하나님은 적들에게 보복을 가했다. 적은 비가 억수같이 쏟아지고 폭풍이 몰아치는 밤중에 후퇴해야만 했다.

하나님은 믿지 않는 자의 마음속에
공포를 던져주었다.

그들은 아무것도 얻지 못했다.
믿는 자는 하나님만으로도 충분하다.
— 《코란》 33장 25절

무함마드와 그 추종자들은 적의 후퇴를 하나님에게 감사하면서 메디나의 자기 집으로 돌아갔다.

하나님은 자기 말씀을 성취하시나
인간들은 대부분 그것을 모른다.
— 《코란》 12장 21절

무함마드는 미래의 일을 생각하기 시작했다. 이번에 적을 격퇴한 것은 하나님이었다. 그러나 유태인들은 다시 올 수 있었다. 그들은 혹독한 추위도 폭풍도 없을 계절을 택할는지 알 수 없었다.

그리고 다음 유태 쿠라이자부족은 어떠했던가?

하나님의 도움이 없었다면 무함마드와 그 병사들은 어디에 있게 되었을까 — 몸이 갈래갈래 찢겨서 무덤 속에. 그들의 부녀자와 아이들은 어떻게? — 노예로 팔렸거나 불신도들의 손안에. 그리고 또 아랍은 어떻게 되었을까? 아랍은 다시 야만, 노예, 주정, 간통, 도박에 빠졌을 것이다. 이런 일은 모두 끝내야 했다. 그러나 굶주리고 지친 추종자들은 어떻던가. 확실히 그들에게 휴식이 필요했다. 아니다, 하나님 말씀이 이 땅에 건설될 때까지 휴식은 없다.

무함마드가 도랑에서 돌아오던 날 오전 예배를 알리는 찬교자의 소리가 시가를 돌면서 외쳤다.

"듣고 복종하는 사람은 쿠라이자부족의 지역을 제외하곤 정오 예배를 올리자."

이슬람교도들은 이 말을 듣고 복종했다. 그들은 무함마드의 사촌 알리의 인도를 받으면서 유태 쿠라이자부족의 지역에 접근했다. 후야이 이븐 하타브가 쿠라이자부족과 함께 있었다. 그들은 가장 더러운 말로 무함마드에게 욕질하기 시작했다. 그들의 행패는 한정이 없었다. 그들은 여전히 무함마드를 죽일 생각에 여념이 없었다. 알리는 그들의 지역에 접근하려는 무함마드에게 너무 가까이 가지 말라고 했다.
"왜? 그들이 나를 죽이려 한다는 말을 나도 들은 듯한데."
하고 그는 말했다.
"바로 그래요."
라고 알리는 대답했다.
이에
"그들은 나를 만나도 그런 말을 내게 하지 않을 거다."
라고 무함마드는 말했다. 그의 정당한 분노는 절정에 달했다. 그의 분노는 하나님의 노함이었다. 그가 노할 때엔 감히 눈을 치떠 그를 바라볼 수 있는 사람이 없었다. 그의 분노를 억제하는 유일한 길은 《코란》 몇 구절을 독송하는 일이었다. 그러나 이 독송의 효과는 무함마드가 자기 교우들과 함께 있을 때만이었다. 오늘 그는 유태인과 얼굴을 맞대고 있는 것이다. 그는 그들의 요새로 가서,
"하나님이 너희들을 저주하고 너희들에게 복수하시기를 바라느냐?"
하고 외쳤다. 이에 대한 그들의 대꾸는 '무함마드야! 당신 말이 옳은가 두고보자'였다.

이슬람교도들은 해가 있는 동안에 메디나 근처의 유태 쿠라이자부족 지역에 왔다. 무함마드는 그들을 포위하라고 명했다. 포위당했던 이슬람교도들이 이제 포위한 자가 된 것이다.

쿠라이자부족의 포위는 15일 동안 계속되었다. 돌을 던지고 화살을

쏘는 외에 전투는 별로 잦지 않았다. 쿠라이자부족은 나디르부족이 추방되었을 때 하나님이 미리 말씀하신 대로 감히 자기들의 요새 바깥으로 나오지 못했다.

도망할 가망이 없어지자 쿠라이자부족은 아우스부족의 한 사람 아부 루바바를 무함마드와 상의하도록 보냈다.

무함마드가 메디나로 이주하기 전 메디나에는 아랍부족인 아우스부족과 하즈라즈부족이 있었다. 아우스부족은 유태부족 쿠라이자부족과 동맹을 맺었고 하즈라즈부족은 유태부족 나디르부족과 동맹을 맺고 있었다.

아부 루바바가 쿠라이자부족에게로 돌아갔을 때 쿠라이자부족의 남자, 부녀자, 아이들은 고함을 지르면서 말했다.

"오, 아부 루바바여! 너는 우리가 나가서 무함마드에게 항복해야 한다고 생각하느냐?"

그는 '그렇다'고 대답했다. 그리고 그는 자기 목을 손으로 가리켰다. 이것은 항복하지 않으면 살해된다는 뜻이었다.

다음에 그들의 지도자 카브 빈 아사드는 쿠라이자부족에게 가서 무함마드를 따르고 모든 것 —그들의 목숨, 재산, 여자들, 아이들— 을 건지라고 충고했다. 그러나 그들은 이 충고를 싫어했다.

다음에 카브는 말했다.

"너희들의 부녀자와 아이들을 죽이고 나와서 무함마드와 싸워라. 이기면 너희는 부녀자들과 아이들을 도로 찾게 될 것이다. 만일에 지면 너희들의 죽음을 애도할 사람이란 한 사람도 없을 것이다."

그들은 그것도 거절했다. 실상 그들은 전에 유태 나디르부족에게 허용되었던 것과 같이 메디나를 떠나도록 허용해 주기를 바랐으나, 무함마드는 그것을 거절하고 나디르부족에 대해서 이 이상 참을 수 없었고 유태인들과 쿠라이시부족의 또 하나의 동맹에 자기와 자기 추종자들의 생명을 희생시킬 생각은 도무지 없었다. 아우스부족 몇 사람은 전에 맺었던 그들과의 동맹의 정으로 그들에게 관대한 처리를 호소했다.

무함마드는 재판관 한 사람을 선택하도록 했다. 유태인은 아우스부족의 사드 빈 마즈를 뽑았다. 그러나 유태인은 사드가 유태인에게 가서 유태인들이 나디르부족의 말을 듣지 말라고 부탁했을 때 유태인은 사드를 욕하고 나디르부족의 행동 때문에 사드를 노하게 했던 사실을 잊고 있었다.

사드는 재판하기에 앞서 그들이 사드의 결정에 따를 것을 양측에 가장 엄숙하게 맹세케 했다.

양측 모두 그렇게 맹세했다. 사드는 무함마드에 대항하여 싸운 사람들을 처벌하고 재산, 부녀자, 아이들을 싸움에 이긴 상품으로서 분배하기로 결정했다. 이 명령은 실행되었다. 후야이 이븐 하타브는 쿠라이자부족과 함께 있으면서 쿠라이자부족의 운명을 갈라놓았다.

무함마드와 메디나에 있었던 유태부족과의 조약에 의하면 무함마드는 최고의 심판이어야 한다. 하지만 그는 이 사태를 유태부족 쿠라이자부족과 동맹관계를 가졌던 아우스부족에게 맡기고 그 부족의 한사람을 유태부족 측에서 선택하여 심판하도록 했던 것이다.

메디나의 모든 부족은 외부로부터의 공격을 받으면 서로 돕도록 조약으로 의무가 주어져 있었다. 그런데 유태부족인 쿠라이자부족은 메디나를 침입해 오는 외적에 대한 도시의 방위에 참가를 거부했을 뿐만 아니라 적과 비밀리에 손을 잡고 도시와 이슬람공동체에 대항한 것이다. 쿠라이자부족에게 사형이 선고되었다. 상고도 인정되지 않았다.

쿠라이자부족에 내린 선고의 정당성을 왈가왈부할 수 있는 사람은 아무도 없다. 쿠라이자부족이 이슬람을 받아들이지 않고서도 자기들의 목숨을 구제하려는 용기는 찬양받을 만하나 이 선고의 정당성에 불평을 털어놓을 수 있는 사람은 없다. 반역자는 자기가 용서를 구하여, 그 용서가 허락될 사정의 정당성을 인정받지 못하면 언제나 처형되기 마련이다. 이것은 인류가 창조된 때부터 오늘날까지의 인류 역사였다. 반역자와 간첩에게는 관대한 용서란 있을 수 없다. 반역자와 간첩은 자기들이 무엇을 하였다는 것과, 잡히면 어떻게 된다는 것을 알고 있다.

그들은 자기들의 뒤에 쫓아다니는 죽음에 대해서 불평할 수는 없다. 그의 전 통치자를 죽이는 것이 반역자의 소망이고, 그 반면에 반역자를 죽이는 것이 현 통치자의 할 일이다. 그렇지 않으면 이 세상에 평화가 있을 수 없다. 왜냐하면 반역자들이 용서되리라는 것을 미리 안다면 모든 정복은 그들의 손으로써 이루어지는 반동에 부딪히게 되기 때문이다. 만인을 만족시킬 수 있는 정체(政體)는 없다.

이 비극의 진짜 죄인은 후야이 이븐 하타브였다. 이 비극은 가장 무서운 비극이었다. 하나님을 두려워하는 사람은 누구나 이런 일이 혹시 일어난다 하더라도 절대로 일어나지 않기를 바라야 한다. 후야이 이븐 하타브는 쿠라이자부족을 충동하여 연합군에 가담케 했다. 자기 진영으로 돌아와서 그들을 다시 선동한 것도 그자였다. 무함마드가 그들의 요새에 갔을 때 그들이 후야이 이븐 하타브를 용서하라고 청했더라면 예언자는 용서했을 것이다. 그들은 거만해서 그를 죽이라고 했다.

그러나 가장 중요한 점은 사형선고가 그들이 뽑은 사람에 의해서 선고되었다는 사실이다. 후야이 이븐 하타브가 쿠라이자부족을 해방시켰다면 무함마드는 그의 심판에 묶였을는지 알 수 없다. 어떤 작자들은 사드가 이미 쿠라이자부족의 연합군으로부터 중상을 입고 걸을 수 없어서 사람들의 부축을 받고 재판정에 끌려갔다고 전한다. 만일 그렇다면 그것은 쿠라이자부족의 가장 통탄할 일이었다.

그러나 쿠라이자부족이 저지른 따위의 잘못을 범한 사람은 자기가 그 범한 잘못의 정당한 보복을 받는다면 그 잘못의 책임을 다른 사람에게 전가할 수 없다. 쿠라이자부족 자신들이 자기들에게 선포된 선고에 조금도 불평하지 않은 것은 그 부족의 자랑이요 명예라고 할 수 있다. 이 선고를 부당하다고 불평하는 것은 무함마드의 적들이다.

한 나라를 다스리는 사람은 누구나 폭동을 진압하는 등 여러 수단을 써서 나라의 평화를 유지해야 한다. 그래서 무함마드는 메디나 정부를 반역과 부패에서 지켜야 할 책임만을 다했을 뿐이었다. 무함마드의 이름은 더럽혀지지 않았다.

헤지라 이후의 무함마드의 정책은 모두 메카 정복이라는 지고의 목적에 봉사하는 것이었다. 도랑(한다크) 전투의 승리는 메카 정복을 약속하는 것이었는데 무함마드는 이때부터 메카의 무혈정복과 그후에 올 아랍민족 통일이라는 문제를 진지하게 생각하기 시작했다고 할 수 있다.

쿠라이자족을 처형한 627년 후 약 10개월간에 이슬람교도의 원정은 여러번 있었다. 이 중 두 번은 무함마드 자신에 의해 지휘되었다.

627년 9월 자이드 빈 하리사가 인솔하는 170명의 이슬람교도는 통상 교통로에 의거치 않고 홍해 연안에 따라 메카에 돌아가는 도중의 쿠라이시부족의 대상을 습격하고 싣고 가는 짐을 모두 빼앗고 여러 명을 포로로 잡았다.

원정의 대부분은 도랑 전투시 메디나 포위를 하려 쿠라이시부족편에 서서 연합군에 참가한 부족이나 연합군에 참가하지 않았지만 전에 이슬람교도들에게 적대적 행위를 하고 습격한 부족에 대해 행해져 이슬람 공동체에 적대하는 징벌이 의도되고 있다.

이해 제 9월에 무함마드는 메카에서 탈출해 온 이슬람교도 3백 명으로 구성된 원정대를 아부 오바이다의 지휘하에 홍해 방면으로 보내서 그곳 주민들의 사정을 알아보게 했었다. 이 원정에서 이들은 극심한 식량 부족으로 고통을 받고 1일 1식을 하고, 그 1식도 야자 몇개로 끼니를 때웠으며, 홍해의 바닷가에서 큰 물고기를 잡아서 먹었다.

같은 달에 또 무함마드 빈 마슬라마가 이끄는 이슬람군이 킬라브부족을 벌하기 위해 그곳에 파견되었다. 겨우 30명의 원정대가 50마리의 낙타와 3천 마리의 산양을 몰고 돌아왔다.

아카샤 빈 무후신을 정찰병으로 메카에 보내어 메카 정정을 살피었다.

무함마드는 아비시니아에 망명갔던 많은 이슬람교도들을 불러왔다.

무함마드가 메디나에 이주해서 생활하던 중 가장 결실이 있는 1년은 이렇게 해서 지나갔다.

도랑의 전투는 그를 아라비아 전국에서 덕있는 통치자로 만들었다. 그러나 승리는 아직도 완수되지 않았다. 하나님은 모든 일을 위해 자신의 시간을 가지고 계신다.

17. 헤지라 6년(627~628)에 생긴 일

이슬람의 여러 지역 원정

 아랍부족의 배반 중에서 가장 악랄한 것 중의 하나는 우야이나 빈 히슨 사건이었다. 그는 메디나 가까운 초원지에서 그의 가축에게 풀을 먹이도록 무함마드의 허락을 얻었었다.
 그런데 이 자는 연합군이 메디나로 진격했을 때 수많은 병사와 낙타 천 마리를 몰고 이슬람의 적 연합군에 가세했다.
 이해 일찍이 그는 메디나에 침입해서 이슬람교도인의 낙타몰이를 죽이고는 그의 아내를 납치하고 낙타를 약탈해 갔다.
 이것을 제일 먼저 발견한 사람이 살라마 빈 아므르였다. 그는 메디나인에게 도움을 외치고 혼자서 이 도적을 추격했다. 무함마드가 이 외침 소리를 제일 먼저 듣고 살라마의 뒤를 쫓았다.
 그의 뒤를 따라 많은 사람들이 침략자를 추격하고 질서있게 샅샅이 사방을 뒤졌다. 주 카라드란까지 가서 무함마드와 그를 따른 사람들은 낙타를 도로 찾고 유괴된 부인을 데리고 왔다.
 이 성과를 올린 사람은 무함마드의 기마병인데, 이는 메디나 부인이 타고 있는 낙타와 다른 낙타들에 매였던 밧줄을 기민하게 자름으로써 부인과 낙타를 구하는 데 성공했다. 우야이나는 적(敵) 부족의 구역으로 도망쳐서 피신했다.

메디나로 돌아오는 길에 무함마드는 주 카라드란 곳에서 낙타 한 마리를 잃었을 뿐 아무 일 없이 메디나로 돌아왔다.

무함마드가 메카를 탈출한 이후 쭉 바크르부족은 무함마드의 가장 혹독한 적 중의 하나였다. 바크르부족은 메카인들이 대(對)이슬람 원정에서 그들의 편을 들었다. 이 부족은 또 이제 무함마드에 반대하는 하이바르 지역의 유태인들과 정보를 교환하고 있었다. 만일 그들의 계획이 성취된다면, 이슬람교도들이 참화(慘禍)를 입을 것은 틀림없었다.

그래서 평상시와 다름없이 무함마드는 미리 원정에 올랐다. 그는 그의 적에게 자기들의 계획을 성공시킬 시간을 갖지 못하게 하는 건전한 원칙에 따라 일을 처리했다. 미리 경고하는 것은 미리 무장하는 일이다. 무함마드는 재빠른 공격으로써 먼저 적을 분쇄하기로 결정했던 것이다.

알리 빈 아부 탈리브, 즉 하나님의 사자(獅子)는 바크르부족을 벌하고자 2백 명과 함께 파견되었다. 그는 이 부족을 쫓아 버렸다. 알리는 전리품으로서 백 마리의 낙타와 산양 2천 마리를 몰고 메디나로 돌아왔다.

이해 정월에 무함마드는 압둘 라하만 빈 아우프를 다우맛 알 잔달 지방으로 파송하고 이 지역 사람들에게 이슬람을 전도하도록 하였다. 이 부족의 족장의 한 사람인 아스바그 빈 아므르 칼비는 기독교도였으나 이슬람으로 개종하여 그의 딸 타마자르를 이슬람교도 압둘 라하만 빈 아우프와 결혼시켰다.

사막의 유목족 주칼부족에 속하는 몇 사람이 메디나에 와서 이슬람을 믿겠다고 고백했다. 이들은 얼마 동안 메디나에서 살다가 가려움 병에 걸렸다. 예언자는 이들을 언덕으로 이사시켜서 우유를 먹였다. 그들은 깨끗이 병이 나아서 건강한 몸이 되고 살도 쪘다. 그러나, 이 사람들도 우야이나와 같이 이슬람교도의 낙타몰이를 죽이고 낙타를 몰고 도망쳤다.

무함마드는 쿠르즈 빈 할리드 피히리를 시켜 그들을 추격케 했다. 이 배반자인 위선자들은 잡혀서 처형되었다.

무함마드의 봉사

그러나 위에서 말한 원정은 무함마드 일생의 사업 중에서 보잘것 없는 사소한 일이었다. 그의 필생의 목적은 이슬람을 전도하는 일이었다. 전쟁은 부차적 문제였다. 전쟁은 그의 적들로부터 강요당한 것이었다. 만일 적들이 그를 가만히 두었더라면 전쟁이란 있을 수 없었을 것이다.

메디나에 도착한 이래 무함마드는 6개월 동안 계속해서 평화를 가져 보지 못했다. 무함마드가 메디나로 이주한 후 메디나 사람으로서 적들에게 괴로움을 받은 사람은 하나도 없었다. 무함마드의 재주, 하나님의 도움과 그의 추종자들의 실패 없는 봉사는 그들과 이교도 아랍과 유태인들을 제압하고 복지와 안녕의 몇해를 갖게 했다.

그리고 그는 모든 일에 성공했다. 그는 적을 멸망시키고 그의 추종자들인 이슬람교도들은 전에 없었던 사랑을 그에게 바쳤다. 하나님의 섭리에 따르는 무함마드와의 관계는 완전히 일치했었다. 어떻게 소란한 가운데서 짧은 시간에 그렇게 많은 일을 완성시킬 수가 있었겠는지 참으로 대답하기 어려운 일이다. 하나님의 말씀이 암시하는 답은 단지 몇 마디 낱말에 포함된다. 즉,

'인간 영혼의 깨끗함'

이 깨끗함은 어떻게 가져지는가.

예배, 단식, 자비와 사랑.

무함마드가 쿠라이시부족과 싸우는 데 무슨 사랑을 베풀었다는 것인가고 생각하지 말라. 무함마드는 쿠라이시부족의 일원이었고 메카에서 자랐다. 그의 친지와 친구들이 메카에 있다. 그들의 몇몇 광란적인 지도자는 미워하지만 왜 그외의 다른 사람을 미워하겠는가? 쿠라이시부족에 대한 무함마드의 사랑은 날로 증가했다. 그는 그들을 만나기를 간절히 바랐고 그들을 껴안고 싶어했다. 그들은 그의 동포였고, 그는 그들의 것이었다. 전 세계의 이슬람교도들은 일생 동안 하나의 교훈을 배우게 하라. 모든 인류, 더욱이 자기 나라 사람, 친척, 가까운 일가 되는 사람들을 사랑한다는 것은 신자 모두에게 짊어지워진 의무다. 이슬람은 사랑의 종교이지 증오의 종교는 아니다.

인간 무함마드

메디나에 거주한 첫 8년 동안에 무함마드는 다음《코란》의 장을 계시받았다.

2, 3, 4, 5, 8, 24, 33, 47, 48, 57, 58, 59, 60, 61, 62, 63, 64, 65장.

2, 3, 4, 5, 8장은《코란》전체의 거의 30분지 7에 해당하고, 57장부터 65장은《코란》전체의 30분지 1에 해당되며, 24, 33, 47장과 48장은 약 30분지 1에 해당된다. 그러므로 무함마드가 이주 후 첫 8년 동안 계시받은 것은《코란》의 거의 3분지 1이 된다. 이 계시는 계속해서 그에게 내려졌다. 그는 이것을 외우고 다른 사람들에게 가르치고 기록하게 했다. 각 구절은 각 장의 적절한 곳에 삽입되었다. 그는 언제나 감사하면서 기도를 올렸고 단식을 그치지 않았으며 희사를 위해 하루 종일 아무것도 소지하지 않았다. 다만 다른 사람들의 저장품이나 그가 진 부채를 제외하곤 아무것도 갖지 않았다.

사람들은 무함마드가 많은 부인과 결혼했다고들 한다. 그러나 그렇게 말하는 사람들은 그가 메디나의 관리자이긴 했어도 때때로 그의 집에 몇 주일씩 또는 몇 달씩 불이 없었다는 것을 알고 있을까. 그는 한줌의 야자와 우유로 살았다. 그는 이런 것들만을 얻을 수 있었다. 어떤 전리품이나 선물이 그에게 들어오면 그는 이것들을 그 자리에서 분배했다. 오늘의 부자는 누구나 다 그렇듯이 내일 이 땅에서 거지가 될 것이다. 그의 아내들은 지상의 안위를 요구했다. 세상은 하나님이 그 아내들에게 한 대답이 무엇인지를 알고 있을까.

여기에 그것이 있다.

예언자여!
그대의 아내들에게 일러주라.
너희들이 이 세상과
겉만의 미(美)를 바란다면
내가 얼마든지 주고
헤어질 테다.
— 《코란》 33장 28절

세상 사람은 부(富)를 바란다. 무함마드는 부를 많이 가졌으나 자기와 가족들을 위해 가진 것은 아니었다.

세상 사람은 안위와 사치를 바란다. 무함마드는 그것이 다른 사람들을 행복하게 하지 않으면 사치가 아무런 의미를 갖지 못한다는 사실을 알고 있었다. 세상 사람은 그의 주위사람들로부터 존경을 받기를 바라나 무함마드는 예수를 하늘에까지 높이 올려 보낸 기독교도들의 태도와 같이 자기를 칭찬하지 말라고 그의 추종자들에게 엄격히 일렀다. 그리고 겸손의 모범을 보이기 위해서 무함마드는 자기 신발을 손수 고쳤고 옷을 꿰매고 빨았다. 그의 부인과 아이들에게 봉사하고 다른 평범한 교도들과 함께 똑같은 일을 하였다.

그는 그의 말과 낙타를 길렀다. 그는 병자와 초상당한 자를 한 사람도 빼지 않고 방문했다. 그는 언제나 가난했어도 만족했고, 그의 적들에게 미움을 받았으나 의연했다. 그는 아이들을 사랑하고 노인들을 존경했으며 부인들에게 친절하고 모든 사람에게 관대했다. 이런 덕을 가졌으면서도 무함마드는 하루에 적어도 일흔 번, 때로는 몇백 번씩 하나님의 용서를 구했다. 그는 자기를 한낱 티끌과 먼지의 알갱이와 같이 생각하고 하나님 앞에서 스스로를 낮추었다. 그는 추종자들이 자기를 사랑하는 이상으로 추종자들을 사랑했다.

> 그는 너희가 잘살기를 바라고
> 모든 신앙자에 대해서
> 상냥하고 자비로왔도다.
> ―《코란》9장 128절

무함마드의 봉사, 사랑, 겸손과 관용은 모두 겉치장을 위한 것이 아니었다.

그로 하여금 있게 하신 그의 주님을 기쁘게 하려 했다 ― '맑고 밝은 보석의 가장 순수한 빛'.

이 모든 것과 그 이상의 많은 것을 기술할 수 있는 사람은 없다. 이런 모든 것이 그를, 하나님이 사랑하는 자, 모든 피조물을 사랑하는 자, 그의 추종자들을 자석(磁石)과 같이 끌어당기는 영혼으로 만들었다. 무함마드는 그의 영혼을 순결하게 했다. 아부 바크르, 오마르, 오스만과 알리, 그리고 그밖의 교우들도 또 순결하게 되고 그들의 가족은 깨끗해졌다.

집에 조용히 있고 이전처럼
너희들 —— 너희 가족들 —— 이
눈에 띄게 해서는 안된다.
그리고 하나님은 어떻게 하든지
완전히 깨끗하게 하고자 하신다.
　　　　——《코란》 33장 33절

 이 깨끗함은 그의 평생의 사업이었다. 사람들이 그를 올바르게 따를 때에는 항상 깨끗할 것이다.

무함마드의 메카 순례 시도

 무함마드는 모든 일에 빈틈이 없었다. 그것은 초인간적인 정력이었다. 그는 태만을 몰랐으며 따라서 추종자들의 태만을 조금도 용서하지 않았다. 우후드 전투가 끝난 다음날 병사들이 산산이 흩어졌을 때, 이들을 다시 모아서 적을 추격하기 위해 진군시킨 무함마드였다. 메디나의 도랑에서 적들이 후퇴하던 바로 그 아침에 무함마드는 쿠라이자부족에게로 진군을 명했다.

 또 정신 문제에서도 무함마드는 더 한층 엄격했다. 신자들과의 5일간에 걸친 예배, 집에서의 심야의 예배, 매년 30일간의 단식, 이드 축제 이후의 특별한 7일, 최소한도의 매달의 세 차례의 단식, 매년 70일간의 단식을 권장했다. 그러면서도 그는 한 달 동안 단식해야 하는 이슬람력 제9월을 제외하곤 하루 걸러 단식하는 것이 이상적 생활이라고 말했다. 이런 봉사로써 무함마드는 자신과 추종자들을 훈련시켰다.

 무함마드는 메카 주위 성지를 순례하라는 계명(《코란》 2장 197~210, 22장 26~38절)을 받았으나 메카인들은 '하나님의 집'으로 가는 길을 막고 있었다. 무함마드는 여느 때와 같이 안내해 주시기를 하나님께 기도했다. 그는 자기가 순례한 후에 삭발하는 꿈을 꾸었다. 순례에는 두 종류가 있다. '우므라'는 순례 때 이외에 행해지는 카바신전 참배인데, '하나님의 집'을 찾아가서 카바신전을 돌고 그후 기도하고 사파와 마르와 언덕 사이를 일곱 번 뛰어서 돈 다음에 머리카락을 깎는 예(禮)이다.

이보다 큰 순례는 제12월 9일에 행하는 공동의례이다. 이날에 순례자는 아라팟으로 가고 그후 메카와 아라팟 중간에 있는 미나에서 2, 3일 머물면서 동물의 희생제를 드린 후에 메카로 되돌아가서 마지막으로 카바신전을 돌고 삭발하는 것이다.

무함마드는 '우므라'가 알라의 이름으로 사람들에게 바쳐진 희생 동물과 함께 싸움 없이 메카에 입성하는 것을 꿈에서 보았다.

그의 꿈이 하나님으로부터 온 것이라고 믿었다. 따라서 그가 행할 일의 시기와 예법에 관해서 직접 명을 받지 못했으나 성취되어야 한다고 생각했다. 그는 바로 순례자로서 메카를 순례할 준비를 하였다. 그러나 그가 간다면 그의 추종자들이 따라야 했다.

사람들은 무함마드에게 쿠라이시부족이 무함마드를 평화리에 메카에 들여놓을 것이냐고 물었을 때, 무함마드는,

"싸움을 걸지 않고 평화리에."

라고 대답했다.

사람들은 그의 이 대답에 매우 놀랐다. 그들은 창, 활, 화살을 몸에 지니면 안되느냐고 물었다.

"안돼, 절대로 안돼. 칼집에 넣어 과일 깎는 칼 외에는."

라고 무함마드는 말했다.

그는 모든 이웃 부족들에게 말을 전하여 자기를 따라가도록 그들에게 권했다. 그리고 신성월(神聖月)에 순례할 것이니 절대로 싸움은 없을 것이라고 그는 말했다.

628년 3월 어느 날, 무함마드는 카바순례를 행하는 꿈을 꾸었다. 바드르 승리 후 또 도랑(한다크) 승리 후 메디나의 이슬람과 메카의 쿠라이시부족과의 힘 관계에도 상당한 차이가 있어 무함마드는 순례의 성공에도 꽤 자신을 갖게 되었다. 이보다 더 중요한 것은 비록 메카가 이슬람의 지배를 받는다 하더라도 이슬람교도의 순례 대상인 하나님의 집 카바신전을 끼고 있는 메카는 결코 그 중요성을 잊어버리지 않는다는 것을 쿠라이시부족민에 강한 인상을 주는 것도 좋다고 무함마드는 여기었다.

그의 진정한 목적은 쿠라이시부족과 화평하고, 따라서 아라비아 전체가 화평하는 일이었다. 그러나 일반 사람들은 보통 동기를 가지고는 위대한 사람의 영혼의 깊이를 실현하지 못한다.

무함마드의 순례 시도와 후다이비야 조약

628년 2월 무함마드는 하나님의 전당 카바신전에 경건한 순례를 행하기 위해 메카를 향해 메디나를 떠났다. 이슬람 이전시대에도 이러한 순례는 실행되고 있었다.

순례를 떠나는 사람은 목욕재계하고 메카 성역에 도착하면 삭발하고 이흐람이라는 흰 천으로 상반신과 하반신을 둘러 감싼다. 그리고 카바신전의 둘레를 일곱 번 돌며 순례한다.

무함마드는 신도들에게 이번에 함께 순례할 것을 호소했다. 처음에 겁을 먹은 자는 유목민들이었다. 그들은 무함마드가 이끄는 메디나의 이슬람 공동체가 메카 주민들과 적대관계에 있는 것을 알고 있었으며 전쟁에 휘말리는 것을 두려워했던 것이다. 한편 메카에서 망명해 온 이슬람교도들은 이 호소에 환희했다. 메카는 자기들의 고향이고 성스런 곳이다. 하나님의 전당이 있는 곳이다. 카바신전이 있는 곳이다. 당시에도 카바신전의 순례는 모든 종교에 인정되고 있었다. 때문에 이슬람교도에 한해 순례를 금지시킬 수 없는 것이 메카 쿠라이시부족 지도자들의 입장이었다.

사람들의 마음은 6년만에 메카를 순례하게 될 수 있다는 기대에서 기쁨에 찼다. 아랍부족의 관습에 따라 특별히 골라놓은 70마리의 희생동물을 가지고 무함마드에 합류한 사람은 1천4백 명이었다.

무함마드는 바느질을 하지 않은 흰 천으로 한 조각은 상반신을, 한 조각은 하반신을 두르는 순례복장 이흐람을 입고 메카에 있는 카바 신전을 순례할 목적으로 메디나를 떠났다.

카바신전은 아브라함과 이스마엘에 의해서 세워진 하나님의 집이고 또 한편 쿠라이시부족에 의해서 재건된 하나님의 집이다. 이곳은 재차의 재건에서 무함마드가 현석(玄石)을 적절한 한 모퉁이에 놓음으로써 대단히 큰 역할을 했던 곳이다.

그가 줄 훌라이파에 도착했을 때 그의 동료들도 순례복을 입었다. 그들의 희생동물은 준비되었다. 이 희생동물 중에는 특별히 바드르에서 잡힌 아부 자할의 낙타도 있었다. 움 살라마(예언자의 아내)는 이 여행에서 무함마드와 함께 있었다.

무함마드가 메카를 순례하려는 소식을 듣고 메카의 쿠라이시부족은 극도로 흥분했다. 그들은 이것을 다음과 같이 생각했다.

즉 쿠라이시부족과 그 연합군은 메디나에 들어갈 수 없었지만, 무함마드는 메카에 들어갈 수 있다는 것을 보이려는 군사 시위로 생각했다. 그들은 무함마드가 순례하러 오는 것이 신성월에 싸우기 위해서 오는 것이 아님을 모두에게 공표할 것이라는 것을 잘 알고 있었다.

그들은 할리드 빈 왈리드와 이크라마에게 각각 2백 명의 기마병을 주어서 무함마드를 메카 근방에 들어서지 못하게 하도록 했다. 그는 이 소식을 아직 듣지 못하고 아스판까지 왔다가, 여기서 예언자는 카브부족 한 사람을 만나 쿠라이시부족의 소식을 낱낱이 들었다.

무함마드는 메카의 기마대와의 충돌을 피하기 위해 보통 사용치 않는 산길을 거쳐 메카로 향하고 메카 성역 외곽의 후다이비야에서 야영하기로 했다. 메카 성역에서는 모든 전투가 금지되어있어 쿠라이시부족은 무함마드가 순례를 감행한다면 공격한다고 위협했다. 그들이 이슬람교도를 저지할만한 실력을 갖고 있지 않다는 것을 충분히 알고 있었지만 종래의 관행과 체면에 걸려 쉽게 무함마드를 메카에 들여놓을 수 없었다.

한편 메카의 무혈정복을 염원하는 무함마드는 무력을 갖고 카바신전을 순례한다고는 전혀 생각하지 않았다.

무함마드는 이 말을 듣고 쿠라이시부족을 매우 불쌍하게 생각했다. 여기서 무함마드는 화평을 기도하고 그들을 위해 구원을 하나님께 청했다. 그러나 그들은 무함마드를 죽일 준비를 하고 있었다. 쿠라이시부족은 무엇을 생각할까.

그러나 무함마드는 평화의 사도였고 비무장의 사도였다. 쿠라이시부족은 이것을 알면서도 할리드와 이크라마를 보내서 그와 싸우게 했다. 그러나 그 자신은 어떤 일이 있더라도 싸우기를 바라지 않았다. 그는 그의 하나님의 전당을 방문하고 참배하고 메디나로 돌아가는 것을 다하기 위해 왔다.

그가 이런 생각에 잠겨 있는 동안에 두 기마병이 지평선에 나타났다. 그들은 메카군의 전방호위였다. 무함마드의 앞길이 차단되었다. 그는 곧 후퇴하거나 무장하지 않은 채 싸움할 수밖에 없었다. 신도들은 최후의 한 사람까지 죽을 각오를 했다. 그들에겐 무기라곤 여행자용 과도 외엔 아무것도 없었지만 그들은 싸우려고 했다.

그러나 그것은 무함마드의 의사도 아니고 바라는 바도 아니었다. 그는 이 난국에서 빠져나갈 수 있는 길을 발견했다.

무함마드는 소리를 질렀다.

"적을 피해서 우리들을 안내할 수 있는 자가 있느냐?"

한 사람이 앞으로 나와서 무즈니야 계곡길로 통하는 거친 바위길로 그들을 안내했다. 이슬람교도들은 이 길을 넘느라고 극심한 고통을 겪었다. 메카의 아래쪽이면서 성역 내에 있는 후다이비야에 도달했다. 그래서 할리드와 이크라마는 되속았다. 하나님이 싸움을 원하셨다면, 무함마드는 그날에 메카를 강습하여 점령할 수 있었을 것이다. 메카 군대는 무함마드의 행군에 의해서 메카와 단절되었다. 그러나 하나님은 이 성월에 신역에서의 유혈을 원치 않았다. 무함마드의 낙타 카스와는 후다이비야에서 멈췄다. 사람들은 이것이 피곤 때문인 것으로 알았다.

그러나 무함마드는 말했다.

"아니다. 코끼리를 세운 하나님이 낙타를 세우신 것이다(무함마드가 탄생한 해에 아브라하가 메카를 공격했다. 그래서 이 해를 코끼리해라 한다). 만일 쿠라이시부족이 나에게 화평을 청한다면 나는 그들과 화평할 것에 찬성하고 동복 형제의 단결에 찬성할 것이다."

"하나님의 예언자여! 이 골짜기에 물이 없습니다. 어떻게 여기에 진을 칩니까?"

하고 군병들이 말했다. 무함마드는 한 사람의 화살통에서 화살 하나를 뽑아 그 화살로 옛 우물 속을 쏘니 물이 솟기 시작했다.

후다이비야 조약

이슬람 순례자들은 후다이비야에 머물렀다. 쿠라이시부족은 이슬람 순례자들이 메카에 들어오게 하는 것보다는 죽음을 택하겠다고 선언했다. 이러는 동안에 할리드 빈 왈리드와 이크라마도 메카에서 돌아왔다.

　메카의 쿠라이시부족은 후자부족인 부다일 빈 와라카와 그밖의 몇 사람을 파견해서 무함마드의 군사력과 그가 의도하는 바를 탐지케 했다. 이 밀사들은 자기들의 눈으로 사태를 탐지하고 돌아와서 무함마드가 단순히 종교적 의무를 실천하러 왔으므로 그에게 간섭하지 말도록 쿠라이시부족에게 보고했다. 싸움은 신성월 동안엔 금지되어 있었으므로 무함마드는 싸울 의사가 없었다. 그러나 쿠라이시부족은 밀사들의 말을 듣지 않고 그들을 책망했다.

　또다시 그들은 다른 밀사를 보냈으나 그들도 역시 똑같은 이야기를 했다.

　다음에 그들은 훌라이스부족을 보냈다. 무함마드는 자기 병사들 앞에 70마리의 가축 희생물(목을 장식하여 희생물임을 표시했다)을 내어놓았다.

　훌라이스는 이 광경을 바라보고 깊이 감명을 받아 무함마드를 보지 못한 채 돌아와서 쿠라이시부족에게 본 대로 이야기했다. 쿠라이시부족은 노했다. 훌라이스도 노해서,

　"만일 너희들이 무함마드를 해친다면, 우리 부족은 한 사람도 메카에 오지 않겠다."

고 말했다.

　쿠라이시부족은 훌라이스의 위협에 겁을 먹었다. 그들은 현명한 우르와 빈 마수드를 무함마드에게 보냈다. 아부 바크르, 무기라 빈 슈바와 그외 사람들은 우르와가 도착했을 때 무함마드 가까이에 모였다. 우르와는 사교적인 용어로 메카가 달걀과 같다고 무함마드에게 말했다. 만일 달걀이 깨어지면 그를 따르던 젊은이는 그를 떠날 것이고, 전쟁이 그이와 쿠라이시부족 사이에 일어나면 무함마드에게 미치는 결과는 중대할 것이라고 말했다.

아부 바크르는 노해서,
"아니다. 절대로 그렇지 않다. 우리 중에서 예언자 무함마드 곁을 떠날 사람은 한 사람도 없다."
고 말했다. 우르와는 이야기하는 동안에 지나치게 예언자의 수염 가까이로 자기 손을 내밀고 있었다. 그가 그렇게 손을 내밀 때마다 무기라는 그의 손을 뒤로 밀어냈다. 무기라는 우르와에게 자기 몸값을 치러야 하는 빚을 지고 있었는데도 그의 손을 쳐서 밀어낸 것이다.

우르와는 돌아가서 무함마드와 그 추종자들이 평화적이란 것과, 하나님의 전당에 참배하러 왔음을 쿠라이시부족에게 확신시키고 또 다음과 같이 말했다.

"쿠라이시 사람들이여! 나는 케스라, 케사르, 네구스를 보았소. 이들은 제각기 왕국을 가지고 있소. 그러나, 나는 내가 무함마드의 교우 중에서 무함마드를 경애하는 것과 같은 왕을 어느 나라 사람에게서도 본 적이 없소. 만일 무함마드가 목욕재계하면 그들은 그 물을 땅 위에 떨어뜨리지 않을 것이요, 머리카락 하나라도 땅 위에 떨어지면 그들은 그것을 주울 것이요, 또 어떤 경우에도 무함마드를 배반하지 않을 것이오. 당신들은 마음대로 하시오."

시간은 흘렀다. 협상이 진행되었으나 아무 일도 일어나지 않았다. 무함마드는 사절 한 사람을 보내서 쿠라이시부족을 보고 오라고 했다. 쿠라이시부족은 이 사절이 타고 온 말을 죽였다. 그들은 훌라이스부족 중의 몇 사람이 말리지 않았더라면 그 사절마저도 죽였을 것이다. 쿠라이시부족의 4, 50명이 작당해서 밤에 무함마드의 진영으로 가서 병사들에게 돌팔매질을 했다. 그러나 그는 그들을 용서하고 메카의 성역 내에서의 유혈을 금했다. 메카인들은 무함마드를 선동해서 싸우려고 했으나 실패했다.

무함마드는 카바신전의 순례를 하기 위하여 수단 방법을 다하기로 결심했다. 그는 오마르를 보내서 쿠라이시의 귀인(貴人)들을 만나게 했다.

오마르가 말했다.

"하나님의 예언자시여! 저는 쿠라이시부족의 반감이 두렵습니다. 나를 거기에서 보호해 줄 아디 빈 카브부족이 하나도 없습니다. 당신은 쿠라이시부족에 반대한 내 말과 쿠라이시부족의 적개심을 이해해 주실 겁니다. 제가 당신에게 저보다 적합한 사람 오스만 빈 아판을 제의합니다."

무함마드는 오스만을 아부 수피안과 쿠라이시부족의 지도자들에게 보냈다. 오스만은 맨 먼저 아반 빈 사이드를 만났다. 오스만은 그의 보호 아래 협상을 여러번 거듭했다. 그가 쿠라이시부족의 지도자들을 만났을 때, 그들은

"오 오스만아! 네가 하나님의 집을 순회하려면 그렇게 하라." 고 말했다. 오스만은,

"하나님의 예언자가 그렇게 하시기 전에 나는 그렇게 못하겠소. 우리는 하나님의 집을 참배하러 왔소. 희생동물을 가지고 왔소. 우리는 희생물을 드린 다음에 메디나로 돌아가겠소." 라고 대답했다.

쿠라이시부족은 자기들이 무함마드를 메카에 돌아오지 못하게 하기를 맹세했다고 말했다. 협상이 지연되니 '오스만이 살해되었다'는 풍설이 퍼졌다.

이 풍설은 이슬람측에도 들렸다. 전에 없던 소동이 이슬람 진영에서 일어났다. 예언자도 오스만이 살해된 것으로 생각했다. 그렇다면 쿠라이시부족은 신성월 중에 성역 내에서 아랍족장을 죽인 가장 흉악한 죄의 책임을 져야 한다.

그에게 폭력을 휘두른다는 것도 신성월의 휴전기간이며 더욱 순례

를 하려고 오겠다는 사절을 업신여긴다는 것은 하나의 종교를 다른 종교와 차별한다는 것이며 이는 메카가 메카임을 포기하는 것이 된다. 다시 말해서 관용의 피난처로서의 메카 카바신전의 존재이유를 부정한다는 것을 의미한다. 그렇다고 하더라도 2천 명의 이슬람교도와 그들의 예언자에게 도시에 들어오는 것을 허용한다면 메카지도자들이 메카주민들에게 대할 낯도 없게 된다. 먼저 취해야 할 조치는 무함마드가 인솔하는 이슬람교도의 순례 앞길을 막는 것이다. 그래서 쿠라이시부족은 40명의 기병대가 급파되었다.

무함마드는 후다이비야라는 곳에 야영지를 정하고 한 그루 나무 아래로 순례에 나선 신도들을 모두 모았다.

정의의 열정이 무함마드의 마음을 점령했다.

'우리는 이 사람들과 싸우는 일이 있더라도 하나님의 성전을 순례하려는 우리의 목적을 달성할 때까지 떠나지 않겠다'고 무함마드는 결심하고, 사람들을 모두 불러놓고 나무 아래서 서약했다. 서약하는 사람들의 손의 맨 위에 그의 손이 얹혔다. 각자는 '죽을 때까지 싸우겠다'고 서약했다. 한 사람도 빠지지 않고 모두 서약했다. 오스만의 죽음에 대해 복수하려는 사람과 같이 모두들 죽을 결심과 신앙에 충만했다.

'하나를 위한 전체, 전체를 위한 하나'의 모범을 이것보다 더 훌륭하게 보여준 역사는 없었다.

하나님은 이 서약에 관해서 이렇게 말씀하고 계신다.

> 그때 하나님도 신도들에게 만족했다.
> 모두가 나무 아래서 네게 충성을 맹세하던 때
> 하나님은 그들의 마음속에 있었던 것을 알았다.
> 그 때문에 하나님은 그들에게

편안함을 베풀고
계속해서 곧 승리로서 보상했다.
하나님은 힘이 있고 현명하시다.
　　　—《코란》 48장 18~19절

 이 구절에서 미리 언급된 승리는 나중에 언급될 하이바르의 승리이다. 그의 추종자들이 모두 맹세를 끝냈을 때, 무함마드는 자기 오른손으로 왼손 등을 때리고 오스만도 참가한 것같이 맹세의 형식을 반복했다.
 칼은 칼자루에서 뽑혔다. 전쟁은 틀림없이 일어날 것이고, 이 전쟁에서 이슬람교도는 승리가 아니면 순교자가 될 것이었다. 교도들의 가슴은 곧 천국에 있을 기쁨으로 뛰었고, 영혼들은 성공이 확실한 모험을 찾아 하늘 높이 솟았다. 저것 봐, 오스만이 쿠라이시부족으로부터 안전하고 건강하게 돌아오지 않는가! 아 반가워라!
 그러나 오스만의 말을 듣고는 또 한 번 낙심하였다. 쿠라이시부족이 그가 싸움을 위해서 메카를 방문한 것이 아님을 확신하고 있으면서도 할리드 빈 왈리드가 기마대를 이끌고 길에 있다는 것과, 이 길 외에 다른 길이 발견되지 않으면 전쟁이 일어날 수밖에 없다고 무함마드에게 말했다. 일단 메카와 대립된다면 전쟁이 일어날 수 있다.
 쿠라이시부족은 그들의 가장 현명하고 유창하고 세력 있는 사람 중의 한 사람인 소하일 빈 아므르가 인솔하는 대표단을 보냈다.
 "이때에 나무 아래서의 충성 표시가 있었다. 무함마드는 순례자들의 손을 잡음으로써 순례자들이 무함마드와 생사를 같이한다고, 그를 위하여 맹세했다. 쿠라이시부족의 사자들은 맹세의 광경을 목격하고 큰 충격을 받았다. 무함마드가 받은 열정적 복종, 무함마드가 훈도한 것과 같은 마음을 휘어잡는 일은 다른 데서는 생각할 수 없었던 것이었다. 메카 사절들은 돌아가서 메카주민들에게 문제를 악화시키지 않도록 강력하게 말했다. 따라서 쿠라이시부족은 무함마드에게 유리한 것을 제안하는 편이 가장 좋다고 판단했다. 조건은 무함마드가 입시(入市)를 강행했다고 말하지 않기 위해 금년은 무함마드가 순례를 행하지 않고, 내년에는 그가 돌아오되 순례를 하기 위해서 성역 내에 사흘 동안 머물 수 있다는 것이다.

…… 동의서(同意書)가 씌어질 때 무함마드는 다음과 같이 썼다. 즉 '자비하신 하나님의 이름으로써.' 즉 '이것은 하나님의 사도와 메카와의 평화 조약이다……'고. 메카의 사절 소하일은 항의했다. 무함마드를 하나님의 사도로 인정하는 것은 자기들을 그의 추종자로 선언하는 것이 될 것이다. 그래서 명칭은 단순히 무함마드 빈 압둘라로 해야 했다. 교도들은 전보다 더 소리 높이 불평을 말했고 변경할 것에 동의했으나 거절되었다.

메디나의 두 부족장 오사이드 빈 호자이르와 사드 빈 오바다는 서기의 손을 붙잡고 하나님의 사도 무함마드라고 씌어져야 하며, 그렇지 않으면 칼이 결정하여야 한다고 선언했다. 메카의 대표들은 놀라서 서로 귓속말을 주고받았다. 그러나 무함마드는 신도에 화평을 유지하는 서명을 하고 메카측에 양보했다."

이 말은 담대한 무함마드가 그를 따르는 사람들의 마음을 점령하고 그들이 무함마드에 복종했다는 것을 보여주고 있다는 점에서 값어치가 있다. 적들이 문제를 양보할 마음이 스쳐 가고 있었는데도 이슬람교도들은 무함마드에게 복종을 하여 문제를 전쟁으로까지 끌어가지 않았던 것이다. 무함마드의 사람들이 조약에 대해서 반대한 크나큰 조건은 다음과 같았다. 즉 만일 쿠라이시부족의 한 사람이 그의 보호자의 허가없이 무함마드측에 간다면 그 쿠라이시부족은 인도(引渡)되어야 한다. 그러나 반대로 이슬람측 사람 중의 한 사람이 쿠라이시부족에게로 온다면 그 사람은 인도되지 않는다.
　그러나 그의 추종자들은 미래의 지혜와 지식에 의존되는 개인문제 마저도 무함마드의 의견에 복종했다. 그러나 무함마드는 더 잘 알고 있었다. 이것은 나중에 증명될 것이다. 조약의 내용은 다음과 같다.
　"오 하나님, 당신의 이름으로! 이것은 무함마드 빈 압둘라와 소하일 빈 아므르에 의해서 결론을 본 평화조약이다. 그들은 10년 동안 무기를 휴대하지 않는다는 데에 찬성했다. 이 시기 동안에 양측은 안전할 것이고 서로 다른 측을 해치지 못한다. 비밀리에 파괴할 수 없다. 그러나 정직과 명예는 우리들 사이에 퍼진다. 무함마드와 조약을 맺거나 계약하려는 사람은 누구나 그렇게 할 수 있고 쿠라이시부족과 조약을 맺으려는 사람은 누구든지 그렇게 할 수 있다. 그러나 쿠라이시부족은 그의 보호자의 허락 없이 무함마드에게 가면 그 사람은 인도되나, 반대로 쿠라이시부족 편에 온 무함마드 편의 사람은 인도되지 않는다. 무함마드는 이 해에 그의 동료들과 함께 돌아가야 한다. 그러나 내년에 무함마드 사람들은 우리에게 와서 사흘 동안 머물 수 있으나 여행자가 휴대할 수 있는 무기는 여행용 칼로 한정하며, 그 칼도 칼자루에 들어 있어야 한다."
　무함마드에게 소중한 것은 10년간 효력을 갖는 불가침 협정이었다. 이 기간에는 필요로 하는 누구라도 동맹을 맺을 수 있으며 원하는 상대와 싸울 수도 있는 것이다. 더구나 메카측에서 간섭하지 않는다는 것이다.
　무함마드가 메카의 대표와 조인한 협정에 이슬람교도들은 불평을 가졌다. 메카의 문전까지 오면서 싸움에 패한 것도 아닌데 되돌아간다는 치욕적인 의무를 자진해서 받아들인 것이다. 아랍사람의 자존심으로는 참기 어려운 굴욕으로 느낀 것이다.
　그러나 여기에 무함마드가 앞날을 내다보는 슬기로움이 있었다. 그의 추종자들에게 하나님의 뜻을 집행하겠노라면서 제각기 엄숙하게 서약하도록 그들에게 요구했다.

쿠라이시부족은 약 12년 전에 아부 탈리브에게 무함마드가 이슬람을 선교하는 것을 그만두거나, 그렇지 않으면 두 파 중의 어느 한 파가 죽을 때까지 싸움이 계속되어야 한다고 선언한 이래, 이번에 처음으로 무함마드와 쿠라이시부족이 화평조약을 맺었다는 사실을 기억하여야 한다. 쿠라이시부족이 무함마드에 대한 선전포고를 갱신한 것은 한두 번이 아니었다.

그뿐이 아니었다. 그 부족들은 아랍 관습을 어기면서 신성월인 제11월에 메카에 들어오는 무함마드를 막았다. 그들은 메디나 가까운 곳에서 두 번, 한때는 바드르에서 세 번이나 무함마드를 공격했다. 그들이 무함마드를 불구대천의 원수로 삼았다는 것이다. 이런 환경 아래서 무함마드가 쿠라이시부족과 또 그들의 동맹자와 음모자에게 선수를 썼다면 무함마드는 전쟁법과 도덕법의 견지에서 볼 때 절대로 정당했다. 후다이비야 조약은 그가 평화를 위해 얼마나 걱정하고 그의 적 쿠라이시부족을 얼마나 사랑했는가를 보여주는 증거이다.

이 조약의 한 결과로서 무함마드의 상습적인 원한 깊은 적 바크르부족은 쿠라이시부족에 가담했고, 쿠자부족은 그에게 가담했다.

후다이비야 조약의 잉크도 미처 마르기 전에 메카의 대표로 온 소하일 빈 아므르의 아들 아부 잔달이 와서 이슬람 신앙을 같이하는 형제에게 보호를 청해 온 것이다.

소하일은 아들을 붙잡고 때리면서 뒤로 질질 끌어갔다. 아부 잔달은 고함을 쳤다.

"신도들아! 너희는 나를 이교도에게 밀어 보내서, 그들로 하여금 나를 신앙 문제로 처형케 할 셈이냐."

이슬람교도들은 그의 호소에 심장이 찢기우는 것 같았으나, 무함마

드는 그의 조약을 완수하기 위해서 버티고 서 있었다. 그는 아부 잔달에게,

"오 잔달아! 참고 너 자신을 억제하라. 확실히 하나님은 너와 약한 자를 위하여 어떤 길을 열어 주실 것이다. 우리는 우리 자신과 쿠라이시부족과의 사이에 평화하기를 바랐다. 우리는 그들에게, 그들은 우리에게 '하나님의 계약'을 주었다. 우리는 그것을 깨지 않을 것이다."
고 말했다.

아부 잔달은 수감되어 메카로 압송되었다.

이슬람교도들은 그를 돌려주어서는 안된다고 주장했다. 그러나 무함마드는 듣지 않고 잔달의 아버지 소하일을 불러 아부 잔달의 신병을 넘겨주었다. 그는 이렇게 설명했다.

"우리 가운데 누군가 메카로 도망친다면 그는 변절자에 지나지 않으며 우리는 배신자 따위를 필요로 하지 않는 것이다. 그렇기 때문에 그자를 넘겨 달라고 요구하지 않는다. 도망자를 인도해야 한다는 조항이 일방적인 것은 이 때문이다. 우리에게로 온 메카주민이 이교도에게 맡겨졌을 때 그는 박해를 받겠지만 순교자로서 죽는 것이다. 최고의 영예가 주님 측에서 그를 기다리고 있는 것이다."

무함마드는 동물들을 희생하여 제를 드리고 메디나에로의 귀환의 예정에 올랐다. 이슬람교도들은 후다이비야 조약을 논의했다. 몇 사람은 만족했으나 만족하지 않은 사람도 있었다. 메카와 메디나의 중간에서 하나님은 무함마드에게 '승리'란 제목의 《코란》(48장)을 계시했다. 무함마드는 만족했다.

그 까닭은 하나님이 그에게 뚜렷하게 이 《코란》 계시에서 후다이비야 조약이 승리였다고 말하고, 하나님이 승리를 약속하고, 무함마드가 행한 모든 것을 확인시키고, 이슬람교도들의 마음을 위로하였

기 때문이었다. 독자는 이 장을 대단히 조심스럽게 연구해야 한다. 다음의 간단한 분석은 그 연구에 약간 도움이 될 것이다.

틀림없이 우리들(하나님)은
너에게 승리를, 크게 빛난 승리를
주었도다.
—《코란》 48장 1절

이것은 조약에 관한 것이며, 이 조약을 깨끗한 결단 혹은 결정적인 도덕적 승리라고 부른다.

하나님은 그대에게 힘센 도움으로
도우려고 하신다.
—《코란》 48장 3절

이것은 무함마드가 만 명의 군대와 함께 저항을 받지 않고 메카로 들어갔을 때 메카를 정복할 것임을 예언한 말이다.

4절과 5절은 이 여행에서의 사소한 괴로움에 대해서 이슬람교도들을 위로하고, 6절은 이교도와 위선자의 운명을 예고한다. 10절은 '나무 아래서의 맹세'가 하나님의 맹세였음을 말한다.

11절부터 15절까지는 무함마드가 다음 정복을 계속할 때에 뒤에 남은 사람이 무함마드에 가담하긴 하나 뒤에 남을 구실을 내세울 것이요, 그 구실들이 믿을 수 없는 것을 하나님이 무함마드에게 보여준 것을 예언하고 있다.

16절은 페르샤와 로마와의 전쟁을 예언한다.

뒤에 남은 베두인부족들에게 말해 주라.

너희는 앞으로
무서운 적을 대하리라.
너희가 용감하게 싸움을 걸든지
저편에서 굽혀 오든지
어느 한 쪽이다.
만일 그때 너희가 복종하면
하나님은 너희에게
훌륭한 상을 주리라.
─《코란》 48장 16절

'큰 힘을 가진 민족'이야말로 아라비아반도를 둘러싼 두 제국의 무장군들이다. 그들은 베두인 유목부족과 대항할 것이나, 이 베두인부족은 뚜렷이 아랍부족이다.
 눈먼 사람, 절름발이, 병자는 군대에의 참가에서 제외된다. 18절은 이미 인용된 대로 나무 아래에서의 맹세와 관계가 있다.
 20절은 하이바르에서 얻은 것과 같은 큰 상을 한 달 후에 다가올 전쟁에서 약속한 말이다.
 21절은 인용할 값어치가 있다.

너희는 지금 달성하지 못한 다른 승리를
너희에게 하나님은 약속하신다.
그러나 하나님은 그것을 둘러쌌다.
하나님은
모든 것을 행할 수 있을 뿐이니까.
─《코란》 48장 21절

이것은 하이바르의 승리의 말이다. 이 예언은 무함마드가 《코란》을 위조하지 않았고 《코란》을 무함마드에게 계시하신 분이 하나님이시라는 것을 올바른 마음의 소유자에게 인정시키는 하나의 징조이다.

22절과 26절은 하나님이 메카 가까이에서 이슬람교도들로 하여금 싸우지 못하게 하신 까닭을 말하고 있다. 이 장의 끝절 27절은 무함마드의 꿈의 실현과 적에 대한 두려움 없이 카바신전에 들어갈 것과, 이슬람 공동 사회의 물질 및 정신적 발전의 약속을 예언하고, 이슬람교도들이 모세와 예수를 믿은 사람들과 똑같이 만들어졌다는 것을 그들에게 말해 주고 있다.

그것은 토라(유태교 경전)를 믿는 자의 속성이고 복음을 믿는 자들의 속성이다. 말을 바꾸면, 이슬람교도들은 모두 계시된 계전에서 말하는 신도들이다.

이 무렵에 아부 바시르란 청년이 그의 주인의 허락 없이 메카에서 메디나로 도망해 왔다. 메카인은 아부 바시르의 보호자와 또 다른 한 사람과 함께 조약에 따라 그 청년을 데리고 가려고 편지를 갖고 메디나로 왔다. 아부 바시르는 아부 잔달이 하던 호소를 이슬람교도들에게 외쳤다. 무함마드는 그때와 똑같이 대답하고는 그를 돌려보냈다. 돌아가는 길에 아부 바시르는 그의 감시자 한 사람을 죽이고 다시 메디나로 도망해 왔으나 무함마드는 이 청년에 대해 상관하지 않았다. 그래서 아부 바시르는 시리아를 향해 해안선 쪽으로 도망쳤다.

이 사실을 듣고 메카에서 이슬람에 귀의한 자들이 무함마드로부터 아무 도움을 받을 수 없음을 알고 그들의 지도자가 된 아부 바시르에게로 도망쳐 버렸다.

이 사람들은 자신들을 자랑할 기회를 이제야 갖게 되었다. 이들은 쿠라이시 대상(隊商)을 공격하기도 하고 혹은 길을 막거나 하여 복수했다. 그러므로 쿠라이시부족은 부득이 쿠라이시부족의 개종자는 쿠라이시부족에게 인도되어야 한다는 강제 조항을 해소할 것을 무함마드에게 요구했다. 70명의 이슬람교도들은 메디나에 돌아오게 되었고, 베두인부족은 사방에서 무함마드에 가담하기 시작했다. 이리하여 이슬람교도들에게 가장 장해가 되었던 조약의 한 조항은 쿠라이시부족에게 가장 손해가 되는 조항이 되었다. 무함마드의 교우들, 특히 오마르는 이 조항에 아주 불만을 품고 공공연하게 이를 무시했었지만, 그제서야 무함마드의 지혜와 선견에 감탄했다.

처음에 그것은 마치 무함마드가 수치스럽게 양보한 것같이 보였으나, 이득이 이 편에 있음이 명백해졌다. 아부 바크르는 다음과 같이 말하곤 했다. '후다이비야 조약보다 더 중요한 이슬람의 승리는 없다'고. 사람들은 여러 일을 추진시키나, 그 일의 열매를 맺게 하는 것은 언제나 하나님이다. 전에는 이슬람교도들과 그밖의 사람들의 사이에 칸막이 벽이 있어서 서로 이야기하지 않았고, 가는 곳마다 싸움이 벌어졌었다.

그러나 조약의 결과로 적개심은 없어지고 안전과 서로의 선심이 생겼다. 이슬람에 대해서 바르고 참다운 지식을 가진 사람은 누구나 이슬람에 가담하게 되었다. 휴전이 성립된 22개월 동안의 개종자의 수효는 전기(前期)의 전체 수보다 많았다. 이 신앙은 아라비아반도의 사방에 퍼졌다.

이 말은 아부 바크르의 말인데, 다른 이슬람교도의 말은 다음과 같다.

"후다이비야 조약은 두 전투인들에게 숨을 돌릴 수 있는 여유를 주었다. 이 조약의 이득을 예언자가 거두었다. 거의 2년 동안 계속된 휴전은 메카인들에게 거의 끊임없는 일련의 굴욕과 손실을 가져왔다. 이슬람교도들에 대한 모든 기대와 메카인에 대한 반대로 무함마드 측으로 탈주해 온 메카인의 아들들을 돌려보내도록 무함마드를 묶었던, 메카인에게 유리한 조항은 메카인의 해로 변했다.

그래서 메카인들은 그 조항을 바꾸도록 무함마드에게 요구하게 되었다."

그런데 이 협정은 메디나 귀환 직후부터 눈부신 효과를 발휘하는 것이었다. 사막의 유목 아랍부족들은 메카의 군사, 경제, 종교적 힘에 대해 미신적이라 할 수 있는 공포심을 품어 메카를 향해 무기 들기를 망설이고 있었다. 그러나 무함마드가 메카와 협정을 맺은 지금에 와서는 유목 아랍부족과 이슬람 사이에는 메카라는 방해가 없었다. 유목부족은 잇따라 이슬람에 개종했다. 이슬람으로서는 이 협정이 분명한 승리였던 것이다. 무함마드의 교우들은 예언자 무함마드가 옳았음을 인정했다.

이미 메카는 이슬람을 승인했다. 내년 헤지라 7년에 이슬람교도는 참다운 민족 공동체로서 메카의 카바신전을 찾아가게 될 것이다.

무함마드가 있는 메디나로 돌아온 도망쳐 온 쿠라이시 부녀자를 돌려보내야 한다는 조항이 규정되지 않았다. 하나님은 이 사항에 대해서 가장 공정한 계시를 내렸다.

믿는 자들아! 신앙 깊은 여인이
불신자의 남편으로부터 너희 앞으로
도망쳐 왔을 때, 먼저 잘 조사하라.
하나님은 그 여인들의 신앙의 정도를
잘 알고 계신다.
진정한 신앙자임이 밝혀지면
그들을 절대로 돌려보내지 말라.
그런 부인들은 불신자의 남편에
적당치 않으며 또 그 남편도
그런 여인을 아내로 할 수 없나니라.

그러나 그런 경우에 그 남편이
그 아내에게 준 혼자금을 너희가
그 남편에게 갚아 주라.
그렇게 하면 너희는
그 여인을 아내로 삼아도 좋다.
물론 지불할 것을
먼저 그 여인에게 지불한 뒤의 일이다.
그러나 여인이 무신앙인 경우에는
그전의 연정에 매달리지 말지어다.
자기가 내어 준 돈을
주저하지 말고 도로 받아라.
그들은 자기들이
지불한 만큼 요구하여도 좋다.
하나님은 너희들 사이를 이렇게 재판하셨다.
하나님은 알고 계시는 현명하신 분이시다.
　　　　　—《코란》60장 10절

 이 이상 공정한 법률이 또 어디에 있을 수 있겠는가. 믿지 않는 부녀자들은 불신자들에게 돌려보내져야 했으나, 믿는 부녀자들은 돌려보내져서는 안되었다. 모든 사건에 있어서 결혼 혼자금이나 그밖의 비용을 소비한 쪽은 반대쪽에 그 금액을 요구할 권리가 주어져 있는 것이다.
 《코란》60장 12절은 유명한 맹세이다. 남녀가 이슬람교도가 되었을 때, 그들이 취하는 맹세이다. 다음은 여자의 맹세이다.

 오, 예언자여!

믿음 깊은 부녀자가 당신에게 와서
'알라 외의 신들을 숭배하지 않겠습니다.
도둑질하지 않겠습니다.
간음하지 않겠습니다.
나의 손발로 빚어 만든
거짓말을 퍼뜨리지 않겠습니다.
훌륭하고 올바른 것이면
당신의 말에 배반하지 않겠습니다.'
하고 맹세하면
그대도 충심으로 그 맹세를 받아들이고,
그 여자들을 위해
하나님의 용서를 빌어 주라.
— 《코란》 60장 12절

무함마드는 후다이비야 평화조약을 체결한 후 헤지라 제6년 12월에 메디나로 돌아왔다. 후다이비야 조약을 끝내고 돌아올 때까지 3주일이 경과했다. 그는 메카에 사흘 동안 머물렀고, 돌아와서 이 해의 나머지를 앞날의 계획을 수립하는 데 충당했다. 이 계획이 수립되자 그 계획의 실현을 위해 그는 곧 일에 착수했다. 무함마드는 겨우 보름 동안의 휴식을 메디나에서 갖고는 새로운 전도를 위해 메디나를 떠났다. 이때가 제11월 1일이다.

18. 헤지라 제7년(628~629)

하이바르 공격

 메카에서 메디나로 옮긴 7년째부터의 무함마드의 생애에 관한 기록은 여러 곳에, 그리고 전통적인 서적에 상세하고 풍부하게 실려 있으나, 우리는 그 생애의 주류에 주목하여 순수한 정신적 발전과 이슬람의 정치적·역사적 발전을 분간할 필요가 있다.
 이슬람교도들은 이제 무함마드의 노력으로 읽고 쓰기를 배웠다. 《코란》을 설교할 필요성 때문에 배우려는 자극은 대단히 강했다. 무지하고 주정뱅이인 베두인부족은 급속히 학자, 설교자, 역사가, 정치가, 관리자, 장군 등등으로 대단히 재주 높은 사람들이 되어갔다.
 하나님에 대한 무함마드의 지혜, 정력과 믿음, 그리고 절대로 실패하지 않는 선견(先見)은 아랍 유목부족에도 그의 추종자들이 생기었고 그들의 영혼 속에서 싹터서 그들을 페르시아 케사르왕이나 로마의 코스로에스왕보다 위대하고 보다 강하게 만들었다. 이들은 제각기의 우상이나 아류의 신들 앞에 절하지 않고 직접 하나님에게 예배를 올렸다. 그들은 그들이 인간으로서 하나님 외에 아무것에도 점령되지 않은 영혼에 붙잡혀 있음을 알았다. 하나님은 그들에게도 실재하는 분이 되었고, 그들은 이 세상의 어떠한 힘에도 무서워하지 않았다.

"하나님 외에 신이 없다."

이 고백은 하나님을 제외한 모든 존재의 명령으로부터 그들을 해방시켰다. 무함마드는 그가 무함마드였기 때문이 아니라 '하나님의 사도'였기 때문에 사람들의 복종을 받았던 것이다. 무함마드의 명령은 자기의 것이 아니라 하나님의 것이었다.

628년 헤지라 7년에 무함마드는 메카와의 후다이비야 휴전 협정을 계기로 유태부족이 거주하는 하이바르에 원정키로 결의했다. 하이바르는 메디나에서 북쪽으로 150킬로미터 지점에 있는 오아시스이다. 비옥한 땅을 가진 하이바르는 2만 명의 병사를 전시에 동원할 수 있는 태세와 요새 여덟 개를 갖고 있는 곳이다.

하이바르로 진격하는 무함마드로서는 그의 부재중에 메카가 메디나를 점령할 염려는 없어진 것이다.

후다이비야 조약의 결과로서 무함마드의 깊은 마음은 유감없이 입증되었다. 이를 알아차리지 못한 많은 이슬람교도들은 무함마드가 쿠라이시부족에 타협을 지나치게 했다고 불만을 토해냈다. 무함마드가 하이바르 유태교도 공격을 결의했다. 하이바르에 추방된 유태교도의 나디르부족이 여전히 이슬람교도에 대한 적대를 그치지 않고 도랑(한다크) 전투시에도 적측에 서서 한몫을 했다. 무함마드는 이같은 나디르부족에게 징벌을 가해야겠다고 생각했다.

무함마드가 받은 복된 소식은 앞장에서 언급되었다. 그 소식이란 하나님이 이슬람들을 위해서 또 하나의 승리를 둘러싸고 있었다는 소식이다. 이 승리는 여태까지 이슬람교도들이 관리해 본 적이 없는 것이었다. 그것은 후다이비야 여행에서의 이슬람교도들의 고난의 대가로 특별히 미리 결정했던 하나님의 보상이었다. 무함마드는 이것이

하이바르 유태인에 대한 승리인 것을 알고 있었으나, 그 이름을 밝히지 않았다.

헤지라 제7년 1월 1일에 그는 신도들과 함께 메디나를 출발했다. 그들은 무함마드를 따라서 후다이비야에 갔었던 사람들뿐이었다. 일행은 사흘 동안 강행군해서 하이바르에 도착했다. 이 하이바르는 유태인 중에서도 가장 강하고 튼튼하게 요새화된 지역이었다. 유태 나디르부족은 이 요새를 믿고 무함마드를 반대하는 조약을 맺고 괴롭혔다. 유태인들은 무함마드와의 전쟁을 각오하고 있었으나 바로 싸우려고는 하지 않았다. 628년 3월 15일쯤(헤지라 제7년 1월 4일이나 5일)에 유태인들은 모두 평상시와 같이 들에 나가 있었다.

바로 이때, 놀랍게도 저 지평선 위에 무함마드와 이슬람전사들이 있지 않은가.

원정 도중에 카트판부족을 무함마드는 회유하려고 했다. 그들은 제의를 거부했다. 하이바르의 유태부족으로부터 대추야자 열매의 수확 중 자기네들이 필요하는 것을 공급받고 있었기 때문이다. 무함마드는 1천5백 명의 병사를 진격시켰다.

하이바르의 성채는 석조로서 점령하기가 불가능한 것처럼 보였다. 그러나 이슬람군의 규율과 승리로 향한 의지는 카트판부족에게 강한 인상을 주었다. 하이바르 유태부족과의 동맹을 파기하여 이슬람측에 가담하는 것만은 거부했으나 이 유목 아랍부족은 전투하는 동안 중립을 유지하기로 결정했다.

그들은 재빨리 카트판부족에게 연락을 취했다. 그들은 난공불락의 요새를 많이 가지고 있었기 때문에 무함마드가 메디나를 떠나서 이곳에 온 것을 미쳤다고 생각했다. 무함마드는 생전 처음으로 기마병 백 명의 군대를 거느려 보았다. 유태인들은 즉시로 자기들의 요새로 뛰어들어갔다.

위치는 무함마드에게 매우 불리했다. 아랍부족은 무함마드의 성공에 돈내기를 했다. 만 명의 군대가 전혀 요새화되지도 못하였던 메디나의 고약한 도랑을 통과하지 못하여 침공할 수 없었다면, 무함마드는 거대한 벽과 철문으로 된 유태인의 강력한 요새를 공격하는 데 어떻게 성공할 수가 있겠는가. 그것은 도저히 불가능했다. 그러나 무함마드는 드디어 뱀구멍 속에 자기 한 팔을 넣은 것이다. 이제 밥상 위의 음식이 무함마드의 차례에 온 것임은 조금도 의심할 바 없었다.

이것은 무함마드에 대한 유태인의 마지막 저항이었다. 유태인들도 이에 패하는 날엔 유태 쿠라이자부족의 경우와 같이 취급될 것이라는 것쯤은 알고 있었다. 모두들 상의했다. 유태인들은 족장의 지시에 따라 재산과 가족들을, 그리고 보물을 나임이란 요새에 넣어두고 전사들은 나탓이란 요새로 피신했다.

유태인들에게는 튼튼한 요새 여섯과 요새화된 지역 몇 군데가 있었다. 그들은 요새를 하나하나씩 공격케 하여 무함마드의 전사들로 하여금 지치게 하려는 심산이었다. 유태인들은 요새 하나 속에 모든 것을 넣었다가 단번에 그것을 잃으면 싸움이 끝장날 것으로 생각했었다. 1천4백 내지 1천5백 명의 작은 무함마드의 군대는 단번에 요새 전체를 포위할 수는 없었다. 어차피 전쟁을 연장하다간 이슬람군은 패할 수밖에 없었다.

이슬람군은 오랫동안 포위만을 계속할 수 없었다. 적들이 메디나로부터 차단할 위험이 있었기 때문이다. 그래서 무함마드는 나탓 요새를 공격하라고 명령했다. 치열한 전투가 벌어졌다. 이슬람군 50명이 부상했다. 유태인의 족장이 죽었다. 족장의 자리에 다른 사람이 그 대신으로 들어섰다. 나임 요새에 있던 적들이 뛰어나왔다. 하즈라즈부족이 중심이 된 이슬람군 유태인들을 요새로 되밀어놓고 그 요새를 엄중히 포위했다. 유태인들은 이것이 무함마드에 대한 최후의 저항으로 알았으며 요새의 견고함을 믿고 온갖 힘을 다해서 싸웠다.

며칠이 지났다. 그러나 이슬람군은 요새 하나도 점령하지 못했다. 예언자는 아부 바크르를 선발대로 임명하고 요새를 공격하게 했다. 그는 용기백배 분투했으나 성공하지 못했다. 다음날에 오마르 빈 핫타브도 지휘자로 임명되어 요새를 공격했으나 요새에 들어갈 수 없었다. 3일째 예언자는 알리 빈 아부 탈리브를 이슬람군의 지휘자와 선발대로 임명하고, '하나님이 너에게 승리를 줄 때까지 이 깃발을 들고 가라'고 말한 뒤에 요새로 보냈다.

이슬람군 선발대 알리가 요새에 도착하자 포위된 적들이 요새에서 뛰어나왔다. 맹렬한 싸움이 벌어졌다. 유태인 한 사람이 알리를 공격했다. 알리의 방패가 쪼개졌다. 알리는 방패를 내던지고 요새의 철문 한 개를 부셔서 그 철판을 방패로 썼다. 공격하던 적을 죽였다. 알리는 이 부순 철문으로 요새로 들어가는 다리를 놓았다. 이슬람교도들은 이 다리를 건너서 요새 속으로 쳐들어갔다. 유태인의 족장 하리스가 넘어졌다. 이슬람군은 이 요새를 쳐서 점령했다. 그러나 이슬람군의 승리는 아직 멀었다. 아직도 점령되어야 할 요새가 넷이나 남았다. 이슬람군들의 식량은 대단히 부족했다. 드디어 이들은 말을 죽여 그 고기를 먹어야 했다.

시간은 절박했다. 유태인들이 카무스란 요새로 옮겨갔다. 이 요새도 이슬람군에게 점령되었으나 그 요새에는 양식이란 한 톨도 없었다. 이슬람군의 식량은 더욱 부족했다. 이제 유태인들은 군력을 알 사브 요새로 이동시켰다. 이슬람군은 또 이 요새를 포위했다. 유태인들은 전보다도 더 힘을 다하여, 한 치의 땅도 양보하지 않고 될 수 있는 대로 많은 이슬람 전사들을 죽이고 쓰러지곤 했다.

그러나 유태인들은 하나님의 영혼의 도움을 받아 싸우는 이슬람군들에게 끝내 대적할 수는 없었다. 드디어 이 요새도 함락됐다. 이 요새에서 이슬람교도들은 많은 식량을 얻었다. 유태인의 지휘자 마르하브는 요새로부터 나와서 그의 용기와 하이바르의 힘을 자랑하는 시를 읊었다. 무함마드는 그의 부하들에게 '이에 대적할 사람이 없느냐'고 외쳤다. 마슬라마가 예언자의 앞에 나와서 허가를 얻고 그와 싸웠다. 마르하브가 마슬라마에게 칼을 던졌다. 이것이 마슬라마의 목숨을 앗아갈 뻔했다. 순간적으로 마슬라마는 쓰러지면서 그 칼을 방패로 막고 마르하브에게로 달려가서 그를 쳐서 죽였다. 치열하게 계속되는 싸움 속에서 양군의 병사들은 영웅답게 싸우다 쓰러져 갔다.

또다시 유태인들은 알 주바이르 요새에서 방어전에 들어갔다. 싸움은 아비규환 속에 계속되었다. 드디어 두 요새 와티히와 살람이 남았다. 이 두 곳은 아이들과 재물이 있는 곳이다. 적에게 남은 것이란 이제 이것뿐이었다.

적들도 싸움이 끝장나는 것을 알았다. 유태인들은 무함마드에게 세 가지 조건으로 평화를 제의해 왔다. 그들의 생명, 재산, 부녀자와 아이들에게 해를 끼치지 말 것, 땅에서 생산되는 물품의 반을 무함마드에게 바친다는 것, 그리고 자기들이 무함마드에 예속한다는 조건이다. 이 조건은 무함마드에게 수락되었다. 이제 유태인들은 자유의 몸이 되었으나 무함마드의 적이 될 수 없게 되었다. 유태인들은 자기들의 신앙적 교훈을 갖고 있었다. 무함마드는 유태인들을 자기 계명대로 내버려두었다. 이것이 현명했다는 것은 다음 사실로 밝혀진다.

즉 만일 무함마드가 유태인들을 죽이거나 그들을 추방했더라면 그들의 땅을 경작하고 이용할 만한 사람들을 얻지 못했을 것이고, 그의 승리가 그에게 아무런 도움을 가져오지 않았을 것이다. 유태인들은 그들의 생명을 앗아가지 않은 데 대해서 무함마드에게 감사했고, 한편 무함마드는 메디나의 이주자와 가난한 사람들을 위한 양식을 얻게 된 것이다. 매년 압둘라 빈 라와하는 하이바르에 와서 생산물을 나누

어 주었다. 무함마드가 요새 속에서 노획한 전리품을 모조리 저장했
으나 토라 사본만은 유태인들에게 돌려주었다.
 무함마드는 하이바르에서 평화 협상을 하고 있는 동안에 원정대를
피다크에 파견했다. 이곳 사람들은 하이바르 유태인들과 같은 조건으
로 협상했다. 싸움으로 점령된 것이 아니므로 피다크의 생산물 절반
은 예언자가 특별히 처분토록 저장되었다.
 하이바르에서 떠나 무함마드는 와디 울 쿠라로 갔다. 이곳 유태인
들은 무함마드와 싸웠으나 패했다. 다른 부족들과 같은 조건으로 복
종해야 했다. 타이마 유태인들은 싸우지 않고 화평을 수락했다. 이와
같이 몇주일 동안에 이슬람군은 북아라비아반도 전토를 석권하고 이
슬람교도들과 유태인들 사이의 적개심과 긴장은 후다이비야 화평으로
써 남아라비아반도에서의 적개심과 긴장이 해소된 것과 똑같이 제거
되었다.
 유태인들은 기묘한 방법을 가진 민족이다. 그들은 무함마드와 평화
조약을 맺고서도 그를 죽이려고 했다.
 살람 빈 미시캄의 아내 자이나브 빈트 하리스는 무함마드를 연회
에 초대하고 그를 위해 구운 양고기를 마련했다. 무함마드와 그의 동
료들은 연회석상에 앉았다. 무함마드는 고기 한 조각을 씹다가 뱉으
면서,
 "이 뼈들이 나에게 이 고기에 독이 있다고 가르쳐 주었다."
고 말했다. 무함마드의 옆에 앉았던 바사르 빈 브라는 고깃조각을 삼
켜 버렸기 때문에 그 자리에서 쓰러져 죽었다.
 자이나브 여인이 독살하려는 생각을 품은 것이다. 고기에 독이 있
는 것인지 혹은 이 여인이 요리할 때에 일부러 독을 넣은 것인지는
분간하기 어려우나, 아마 독살을 기도하였던 것이 틀림없다. 자이나브
는 여하튼 의심을 샀다. 그 여자는 자기에게 죄가 있음을 시인했다.

이 여인은 브라를 살해한 죄로 사형되었다고도 하며, 남편이 죽고 자기 아버지가 전사한 뒤의 정신상태 때문에 용서받았다고도 전한다. 그러나 독살은 유태인들의 배반이란 깊은 인상을 이슬람교도들의 마음에 심었다.

이런 얘기도 전해지고 있다.

하이바르 전쟁의 상품 속에 바누 나지르의 후야이 이븐 하타브의 딸 사피야와 나디르 유태인의 창고를 맡고 있던 키나나 빈 라비의 아내가 있었다. 예언자는 이 아내의 남편에게 비밀 창고의 소재를 물었으나 그는 모른다고 대답했다. 예언자는 '우리가 그것을 발견하면 너의 목숨을 빼앗겠다'고 말했으나 그는 '그렇게 하라'고 대꾸했다. 그러나 인색한 자의 마음은 무함마드를 배반했다.

이 인색한 자는 아무도 저장물을 끄집어내지 못하는 것을 보면서 그 물건이 묻혀 있는 곳을 배회하기 시작했다. 소식이 무함마드에게 전해졌다. 패인 곳에서 저장물이 발견된 것이다. 키나나는 자기의 거짓에 대한 죄값을 치렀다. 그의 아내는 무함마드의 동료 한 사람의 것이 되었으나, 이 여인은 그와 같이 있기를 싫어하고 예언자에게 차지되기를 바랐다. 예언자는 이 여인을 되사서 석방한 다음에 이 여인과 결혼했다.

여태까지 예배, 단식, 희사, 순례에 관한 하나님의 말씀이 계시되었다. 이제 도박과 음주가 금지되었다. 하나님은 이것이 아랍사람에게 하루에 단념될 수 없음을 알고 음주와 도박에 흥미와 이득이 있더라도 그에의 탐닉에 큰 죄와 손실이 있음을 먼저 가르쳤다. 가르친 다음에 하나님은 이슬람교도들이 술을 마시고 예배에 참석하는 것을 금했다. 술 마신 사람은 《코란》 구절을 이해할 수 없기 때문이다. 이 사실에서 우리가 무엇을 위해 기도해야 하는가를 알아야 하고, 알지 못하면 예배의 효과가 없다는 것을 알 수 있다.

취중에 예배를 하지 말라는 훈시는 큰 효과를 거두었다. 대부분의 이슬람교도들은 자진해서 술을 끊었다. 이것은 그들이 예배에 빠지기를 싫어했기 때문이다.

끝으로, 하나님은 어떤 환경에서도 도박과 음주를 이슬람교도들에겐 불법적인 것으로 단정했다. 이 금지는 이슬람교도들을 재산의 낭비와 불필요한 싸움에서 구했다. 싸움은 이 두 습성에서 일어났던 것이다. 또, 기왕의 행위도 용서되었다. 굳건한 신앙을 가진 자는 그 믿음과 하나님의 길에서 행한 행위에 대해 하나님이 보상한다는 것을 확신했다.

각국 지배자에 사절 파견

무함마드는 한편 하이바르를 정복할 준비를 하면서, 또 한편으로는 이름난 열국의 지배자들을 이슬람에 초빙하기 위해서 사절들을 각지로 파송했다. 그는 사절을 인도와 중국에까지 보냈다. 가장 잘 알려진 사절문서(使節文書)를 이 책에 수록해 보았다.

아라비아반도와 관계가 깊은 제국은 헤라클레스 제하(帝下)의 비잔티움 제국과 케스라 제하의 이란 제국이었다. 두 제국은 서로 싸우고 있었다. 예멘과 이라크는 페르샤의 세력 밑에, 이집트와 시리아는 동로마 제국 밑에, 이렇게 아라비아반도는 이들에게 포위되었다. 그러나 갓산, 예멘, 이집트, 아비시니아의 지배자들은 다소 독립을 유지했다.

무함마드는 이들을 이슬람에 초빙하기로 결심했다. 그는 결과를 두려워하지 않았다. 각 국의 이목은 첫째로 이슬람의 아라비아반도에서의 위치를 굳건히 할 것이고, 다음에 해외 진출을 모험할 것이라는 것을 알려줄 것이다. 그러나 무함마드는 하나님의 사도, 단순한 지상의 지배자만이 아니다. 그것은 하나님이 하실 역사이므로 성취되어야만 했다.

그는 그의 교우들을 보내면서 다음과 같이 말하였다.
"오, 여러분들! 하나님은 온 인류를 축복하고자 나를 보내셨다. 그러므로 여러분들은 마리아의 아들 예수의 제자들과는 달리하라."
"어떻게 예수의 제자들과 다릅니까?"
하고 무함마드의 교우들은 물었다. 그는,
"예수는 내가 여러분들을 부르듯이 제자들을 불렀으되, 예수가 가까운 곳에 보낸 사람은 복종하고 자기 사명을 다했으나, 먼 곳에 파송된 사람은 그렇지 못했다."
고 대답했다. 그리고 무함마드는 사절들을 다음 곳에 보내려고 한다고 교우들에게 알렸다.

비잔티움의 헤라클레스, 이란의 케스라, 이집트의 마쿠카스, 히라왕인 잣산의 하리스, 예멘왕 하리스, 아비시니아의 네구스, 기타.

무함마드는 은가락지를 만들었다. 그 가락지에 '하나님의 사도 무함마드'라고 새겼다. 편지는 이 가락지로 봉했다. 편지 몇 개는 같은 내용이었다. 하나의 본보기로 헤라클레스에게 보낸 편지를 번역하여 여기에 수록해둔다.

"알라의 이름으로, 자비 깊은 무함마드 빈 압둘라로부터 로마의 주인 헤라클레스에게.

평화가 인도하심에 따르는 분과 함께하시기를. 귀하를 이슬람의 회합에 초빙하고자 하나이다.

귀하가 감수하면 안전(이슬람이라는 뜻)을 즐기게 될 것이고 하나님께서 갑절의 보답을 허락하실 것이외다. 그러나 귀하가 등을 돌리시면 귀하의 신하들의 죄는 귀하와 함께할 것이외다.

그대들 계전을 받은 자들이여!
와서 말하라.

우리와 너희 모두를 위해서
하나님 외에는 믿지 않으며
하나님 외에 아무와도 결탁하지 않는다고.
또 누구도 하나님 외에 주님으로
생각하지 않는다고.
그러나 저희들이 듣지 않으면
그때에 말해 주라
'우리가 이슬람을 믿는 자들이라고
그대들이 입증하라'고.

이 편지를 디히야 빈 칼비가 받았다. 이때 헤라클레스는 《코란》(로마 30장 1~7)에서 예언되어 있듯이, 성지(聖地)가 페르샤를 이긴 개선을 축하하기 위해서 팔레스타인에 있었다. 디히야 칼비는 헤라클레스에게 가는 편지를 부스라에 있는 헤라클레스 총독 하리스 갓사니에게 전달했다. 하리스는 편지를 그의 주인에게 보냈다.

헤라클레스는 아랍인 몇명을 불러들였다. 참으로 오묘하게도 무함마드의 잔인한 적 아부 수피안(여전히 불신도)이 상업상의 모험죄로 이 자리에 불려 와 있었다. 아부 수피안은 법정에 끌려 나왔다. 헤라클레스는 교구장, 사제, 승려들의 시중을 받으면서 법정을 열었다. 이 법정에 헤라클레스의 영토에서 사는 아랍부족장도 참석했다. 헤라클레스는 아랍부족에게,

"너희 중의 어느 쪽이 예언자와 관계가 있는가?"
고 물었다. 아부 수피안이,
"접니다."
하고 대답했다.
"예언자의 가문은 무엇인가?"

"귀족입니다."
"그분 외에 누가 이 가문에서 예언자의 지위를 주장했는가?"
"없습니다."
"이 가문에 왕이 있었던가?"
"없었습니다."
"이 종교를 받아들인 사람들은 약한가 강한가(즉 가난한가 부유한가)?"
"그들은 약합니다(즉 가난합니다)."
"그 추종자들의 수효는 느는가 줄어드는가?"
"늘고 있습니다."
"너는 그가 거짓말을 하는 것을 들은 적이 있는가?"
"없습니다."
"그는 그가 맺은 계약에 위반한 적이 있는가?"
"그렇지 않습니다마는, 우리는 그와 맺은 새 계약을 그가 실천하느냐의 여부를 두고보아야 하겠습니다."
"너는 전쟁에서 그와 싸운 적이 있었는가?"
"네."
"그 결과는 어떠했는가?"
"우리가 이긴 적도 있고 그가 이긴 적도 있습니다."
"그는 무엇을 가르쳤는가?"
"하나님은 하나이니 그분을 믿으라, 신들과 짝짓지 말라, 너희 예배를 하나님께 드려라, 정결하라, 진실을 말하라, 친척끼리 단결하라였습니다."
헤라클레스는 다음에 통역자를 통해서 묻기를 다음과 같이 했다.
"너희가 말하듯이 그는 귀족이다. 예언자들은 언제나 귀족 출신이다. 너희 말대로 전에는 그 가문에서 예언자의 직분을 주장한 사람이 없었다. 사실이 그렇다면, 나는 그가 전통의 영향을 받아서 지금 그런 짓을 하고 있는 것으로 생각해 보노라. 그 가문에 왕이 없었다는 너희의 말이 옳다면, 그는 나중에 왕의 자리에 오르리라고 생각된다. 그에게 거짓이 없다는 것은 너희가 인정하는 대로이다. 사람들에게 거짓말을 하지 않는 사람이 어떻게 하나님께 거짓말을 할 수 있는가. 가난한 사람들이 그를 따른다는 것은 너희가 목격한 것이다. 다른 사람들보다 예언자들을 따르는 사람은 언제나 가난한 사람들이다.

너희 말에 따르자면 그의 추종자들이 늘고 있다. 참된 신앙은 언제나 그런 것이다. 너희는 그가 계약을 깨뜨리지 않는다고 말했다. 예언자들은 절대로 속이지 않는다. 너희들의 고백대로 그는 예배, 경건, 정결을 가르쳤다. 이것이 모두 사실이라면 나는 그의 왕국이 내가 걸고 있는 이 나라에 전파될 것임을 확신한다. 나는 이 나라에 한 예언자가 오리라고 확신했었지만, 아라비아에 탄생하리라고는 꿈에도 생각지 못했었다. 내가 거기에 갈 수 있다면 나는 그의 발을 씻어 드릴 것이다."

이 연설이 끝나고 편지가 통역, 낭독되었다. 헤라클레스가 이 편지를 선언할 때 장내에 놀라운 센세이션이 일어났다. 반대하는 소란이 들끓었다. 헤라클레스는 법정을 폐하고 어떤 정치적 구실로써 조신들로 하여금 평정시키도록 했다. 무함마드는 그의 사명을 다하는 데 성공했다. 하나님의 말씀은 왕위에 있는 케사르로부터 길을 걷는 사람에 이르는 모든 관련자의 귀에까지 퍼졌다.

두 번째 편지는 페르샤의 케스라 페르베즈와 압둘라 빈 하자파에게 전달되었다. 그 내용은 다음과 같다.

"알라의 이름으로, 가장 자비하고 자애로우신 분, 하나님의 사도 무함마드로부터 페르샤의 주인 케스라에게.

평화가 하나님을 믿고 그 지도에 따르는 분과 함께하시기를.

나는 알라 외에 신이 없음을 증언하나이다. 나는 정신적으로 생활하는 모든 사람을 위한 하나님의 사도입니다. 이슬람교도가 되십시오. 그러면 귀하에게 화평이 있을 터이나, 거절하면 신도들의 죄는 귀하와 함께 있을 것입니다."

케스라는 오리엔탈의 장황한 의식에 익숙하였던 사람이었으므로 이런 무뚝뚝한 형식의 편지에 익숙지 못했다.

케스라는 그 편지를 자기의 당당한 인품을 모독한 것으로 생각했다. 그는 '그런 녀석이 나한테 이런 편지를 보내다니, 노예 같은 녀석'이라고 말하면서 격분했다. 그리고 편지를 북북 찢어 버렸다. 예언자가 이 말을 듣고 '하나님이 그 나라를 조각조각 쪼갤 것이다'고 응수했다.

케스라는 사신(使臣) 몇 사람을 예멘의 통치자 바잔에게 보내서, 헤자즈에 사람을 보내 무함마드를 체포해서 페르샤로 압송하라고 했다. 바잔은 무함마드에게 사람을 보내서 페르샤 군대에 정복되지 않도록 페르샤 황제에게 복종하라고 무함마드에게 청하게 했다.

예언자는 '이슬람이 곧 너의 수도에 도착할 것이라고 가서 말하라'고 예멘의 사신에게 말했다. 이 사신들은 예멘에 돌아가서 케사르가 죽었다는 소식을 들었다.

여러 통치자에게 편지를 보낸 것이 어느 때인가는 역사가에 따라 다르다. 하이바르 전쟁 전이라고 말하는 역사가가 있는가 하면, 그후라고 주장하는 사람들도 있다. 아마 헤지라 제6년에 썼다가 바로 모두 발송되지는 않았을 것이다. 왜냐하면 사절들이 캐러밴이나 배편을 기다려야 했고, 당시의 여행이 오늘날과 같이 쉽지 않았기 때문이다.

아므르 빈 옴마야 잠리는 네구스에게 파송된 사절이었다. 수신자의 이름을 빼면 편지 내용은 헤라클레스에게 보낸 것과 똑같았다. 자파르 빈 아부 탈리브는 무함마드의 편지가 네구스에 도착했을 때도 여전히 아비시니아에 있었다고 하며, 네구스의 사람들은 자파르의 손을 거쳐서 이슬람을 받아들였다고 한다. 아비시니아에로의 이주자 중에 아부 수피안의 딸 움 하비바가 있었다. 움 하비바의 남편은 이미 죽었다. 이 남편을 대신해서 무함마드는 움 하비바와 결혼했다. 이것은 무함마드가 쿠라이시부족, 특히 아부 수피안과의 관계를 굳건히 하기 위해서였다.

이집트의 지배자 마쿠카스에게 보낸 편지는 하티브 빈 아비 발타에게 전달했다. 마쿠카스는 아랍어로 답장을 보내왔는데, 그것은 다음과 같다.

"키브트의 족장 마쿠카스로부터 무함마드 빈 압둘라에게.

평화가 당신과 함께하시기를.

그후에 나는 당신의 편지를 읽고 그 속에 말하고자 하는 것과 우리를 무엇 때문에 부르는가를 알았습니다. 나는 한 예언자가 나타나리라는 것을 알고는 있었으나, 시리아에서 나타날 것으로 생각하였습니다. 나는 당신의 사절에게 영광을 돌렸습니다. 나는 당신에게 이집트에서 대단히 존경받고 있는 두 젊은 여인을 당신에게 드리는 옷 몇 벌과 함께 보내드리며, 당신이 타고 다닐 암말 한 필을 보내드립니다. 평화가 당신과 함께하시기를 축원합니다."

이 젊은 여인 중 한 사람은 마리아인데, 무함마드는 마리아를 거두고, 또 한 여인 세리인을 시인 핫산과 결혼시켰다.

야마마의 장(長)인 호자 빈 알리로부터의 답장이 왔다.

"당신이 말한 것은 모두 훌륭하오. 당신의 왕국에 나를 위해 할당된 몫이 있다면 나는 따를 각오가 되어 있소."

무함마드는 그에게 이를 부정하는 답장을 보냈다.

시리아의 통치자 하리스는 로마 제국 치하에 있었다. 그는 무함마드의 편지를 읽고 극도로 분격했다. 무함마드를 공격하라는 명령을 군대에 내렸다. 이슬람군은 그들의 공격을 매일 기다렸다.

예멘 족장의 답장은 매우 호의적이었다. 그는 그와 메디나 사이에 메카만 없었더라면 자기 군대를 무함마드의 군대와 합쳤을 것이다. 페르샤 제국의 중요한 지방 중 하나는 케스라가 무함마드의 편지를 찢은 바로 후에 페르샤로부터 독립했다.

무함마드는 하이바르로부터 메디나로 귀환했다. 무함마드의 사절들과 함께 이주민들이 아비시니아에서 돌아왔기 때문이었다. 이들은 메카 쿠라이시부족의 핍박을 피해 아비시니아에 망명했던 사람이다. 무함마드는 그들을 모두 받아들이고, 특히 자파르를 만나게 된 것을 기뻐했다. 그는

"나는 어느 것이 더 행복한지 모르겠다. 하이바르에서의 승리인지 또는 자파르와 상봉하게 된 것인지."

라고 때때로 말했다.

무함마드와 그의 동료들은 생애 중 한 번 절박한 위험 속에서 해방되었다. 후다이비야 조약은 무함마드와 그의 추종자들을 남쪽에 있는 쿠라이시부족으로부터 해방시켰고, 유태인들의 굴복은 북쪽에서 그들에게 평화를 가져다 주었다. 그러나 유태인이나 쿠라이시부족의 위험보다 훨씬 큰 위험은 국경 너머에서 그들을 기다리고 있었다.

그리고 모든 사막의 유목민 베두인부족은 이 국경의 경비를 준비해야 했다. 하나님은 이미 무함마드에게 소식을 알려주었다.

곧 너희는 큰 힘의 백성을
대하기 위해 소집되리라.
너희가 먼저 싸우든가
그들이 굴복하든가이다.

하나님은
너희에게 훌륭한 상을 주리라.
　　　　— 《코란》 48장 16절

　이 구절은 동로마 제국의 무장군과 관련된 것이다. 사막의 베두인 부족에게 할당된 이 구절의 뜻은 이렇다. 즉 이 전쟁은 여태까지 무함마드를 위해 싸우기를 꺼려했던 베두인부족들에 의해 치러져야 했고, 무함마드가 그들 속에 있지 않더라도 계속되어야 할 것이다.
　당분간 무함마드는 그의 모든 정력을 아랍부족의 개혁을 위해 바칠 수 있게 되었다. 자기 자신의 인격이나 자기를 따르는 사람들의 인격에 무함마드보다 한층 더 위대한 정신적 교양을 일으킬 수 있었던 지배자나 예언자는 없었다. 이슬람 예배당이 메디나와 그밖의 여러 곳에 세워지고 있었다. 무함마드는 종교 교사들에게 《코란》과 '지혜'를 가르치고 그들의 영혼을 깨끗이 하고, 교훈을 줌으로써 그 교사들은 하나님의 말씀과 그의 영혼의 힘을 입어 이스라엘의 예언자들에게 못지 않게 학식을 갖게 되고 경건하여졌다.
　"나의 추종자 중의 학식 있는 자들은 이스라엘부족의 예언자들과 같다."
고 무함마드는 말한다. 그리고 이 말은 진정이었다. 메디나는 빛나는 학식의 중심지가 되었다. 이곳에서 무함마드와 교통하고, 무함마드는 신앙의 아름다움, 하나님의 속성, 그리고 묘(墓)를 넘어 알지 못하는 위대한 생명의 영역에 관해서 그의 추종자들과 교통했다. 이슬람교도들은 하나님을 기억하고 있을 때 그들의 영혼은 지상의 모든 짐에서 자유롭게 되었고, 지상의 이득이나 개인의 허영을 생각지 않음으로써 속박되지 않는 '전능자'의 영역 속으로 높이 솟아올랐다. 하나님은 경건한 신자들의 영혼을 공포와 탐욕으로부터 해방시켰다. 해방된 영혼은 하나님의 의지만을 계속 찾는 데 만족하고 행복하게 움직인다.

이 행복한 상황은 무함마드와 그의 추종자들의 경우였고, 헤지라 제7년의 일이었다. 그리고 이들은 쿠라이시부족과 협의한 대로 이해 말엽에 '하나님의 집'을 순례할 준비를 했다. 거기서 그들은 카바신전을 순회하고, 아브라함이 약 2천5백 년 전에 집을 세우고 그의 첫 아들 이스마엘이 섰던 자리에서 예배할 예정이었다. 사람은 빵으로써가 아니라 자신과 그의 선배들이 행한 거룩한 행동을 기념함으로써 살아가는 것이다. 선한 영이 죽어 있는 사람들은 그들의 묘 속에 머물면서 여전히 이 땅을 걷고 있는 것이다. 살아갈 가치가 있는 유일한 생명은 하나님 속에 있고, 하나님과 더불어 있는 생명이다. 그리고 무함마드는 언제나 하나님 속에서 살고 하나님과 함께 살았다.

무함마드의 입에서 떨어진 말은 하나하나가 아름다운 보석이었다. 그가 생각한 사상은 모두 정의의 원천이었고, 그가 행한 행위 하나하나가 인격화된 선(善)이었다. 무함마드를 따르는 사람들의 각자가 천 개의 생명을 가졌다면, 무함마드를 위해서 천 번이나 목숨을 바칠 각오를 했다는 것은 그리 놀라운 일이 아니었다. 그것은 그의 비밀이고 사람들을 그에게 끌어당기는 자석이었다.

그는 가장 비천한 추종자와 가장 가난한 자에게 교만하지 않았다. 반대로, 그가 자랑한 단 하나는 그의 가난이었다. 인류를 위해 책임을 맡은 왕, 지배자, 통치자, 지사, 관리자, 족장, 그밖의 여러 사람들은 무함마드에게서 겸손과 고귀와 이상과 봉사의 교훈을 배워라. 이들이 그렇게만 하는 날에는 세상은 곧 행복하게 될 것이다.

알리 빈 아부 탈리브는 한때 예언자의 '순낫'(생활법칙)이 무엇인가고 물었을 때 예언자는 다음과 같이 답했다.

하나님의 지식은 나의 자본,

이성은 나의 신앙의 뿌리,
열성은 나의 말,
하나님에 대한 기억은 나의 친구,
견고는 나의 재산,
슬픔은 나의 동료,
과학은 나의 무기,
인내는 나의 겉옷,
만족은 나의 전리품,
가난은 나의 자랑,
인내심은 나의 옷이다.
봉사는 나의 기술,
확신은 나의 힘,
진리는 나의 조력자,
순종은 나의 충족,
분투는 나의 태도,
나의 만족과 평화는 예배에 있다.
그리고 나의 기쁨은 나의 예배 속에 있다.

그는 이 원리를 실천하였다. 그의 추종자들은 앞에서 말한 교훈을 실천함으로써 오늘날까지도 역사학도들에게 하나의 영감인 도덕적 높이에 도달했다. 한 사람이 열 내지 백과 같이 일했다. 기적은 이 땅 위에서 이루어지고 있었다. 인간사회의 가장 더러운 찌꺼기, 즉 방탕적인 아랍부족은 가장 순결한 인간의 금강석으로 변해 갔다. 이 세상에는 정복자, 개혁자, 시인, 학식 있는 자가 몇천 명이나 있었으나, 무함마드와 같이 인간의 정신을 개혁시키는 데 성공한 사람은 하나도 없었다. 그리고 이 문화의 물굽이는 메카였고 이슬람교도의 눈과 마음은 메카에 향하고 있었다.

무함마드의 메카 순례

드디어 신성월이 다시 왔다. 무함마드는 열렬한 교우 2천 명과 함께 하나님의 집으로 떠났다. 꼬박 7년 동안 메카의 소식은 무함마드에게 알려지지 않았다. 이제 그는 기회를 가졌다. 그와 그의 교우들은 칼자루에 든 여행용 칼 외에는 아무 무기도 갖지 않았다.

그의 교우 중에는 메카에서 망명해 온 이주민과 아비시니아에서 돌아온 사람들이 있었다. 이들은 쿠라이시부족에게 강제로 억류된 자기들이 사랑하는 집과 부인들과 아이들을 얼마나 그리워했던가. 그들과 얼굴을 마주 대할 때의 행복이란 얼마나 클까. '평화가 당신과 함께 있기를 바라오. 평화가 당신과 함께 있기를 바라오'의 인사를 서로 나누는 그 기쁨!

이들 중에 메디나의 원조자들이 있었다. 이들은 무함마드의 탄생지와 무함마드가 하디자와 함께 행복하게 살았던 집, 가브리엘이 영광 속에서 처음 그에게 나타났던 히라산(山), 무함마드가 하심부족과 함께 만 30개월 동안 살았던 계곡을 찾아보고 싶었다. 그들은 그 역사가 이루어진 신성한 지역을 이제 보게 될 것이다. 그들이 메카에 가는 것은 천국으로 가는 길과 같았다.

629년 신의 휴전기간인 신성월을 이용하여 무함마드는 무장하지 않은 이슬람교도 2천 명을 이끌고 메카로 들어갔다. 그들은 순례복 흰 천으로 상반신과 하반신을 두른 순례자였다. 메카 주민 모두는 거리에서 자취를 감추고 모두 메카 주위의 산으로 들어갔다.

메카 시내로 들어가는 이슬람 순례자의 규율이 엄격한 모습을 보고 쿠라이시부족은 두려움을 느끼었다. 일찍이 무함마드와 그의 추종자들의 핍박에 앞장섰던 아부 자하르의 손으로 모래 위에 벌거벗겨 묶였던 흑인 노예였던 비랄이 언덕에 서서 예배시간을 알리는 소리를 경건하게 부르지 않는가. 예배를 마친 후 이슬람교도들은 메카에 들어왔다.

마음의 즐거움과 영혼의 행복을 기대하면서 그들은 메카에 한 발짝씩 가까이 갔다. 그러나 메카인들이 그들을 멈추게 한다면 어떻게 하나? 유태인들은 쿠라이시부족에게 배반을 가르쳐 주었다. 무함마드는 무기가 없으니 모험을 감행할 수 없었다.

그는 무함마드 빈 마슬라마의 지휘 아래 백 명의 기마병을 먼저 보내어 정찰하게 했다. 그러나 그들은 메카 성역을 건널 수 없었다. 그들은 만사가 순조로워서 메카 근처에 있는 마라자란 계곡으로 내려갔다. 이슬람교도들은 카스와란 이름의 낙타를 탄 무함마드를 선두로 하고, 희생의 표적으로 목에 화환을 두른 낙타 60마리를 끌고 그들의 언덕 위로 걸음을 옮겼다.

그들은 메카에 도착했다. 여기서 조금 지나서 내렸다. 이주민은 메카에서의 지난 생활에 대한 이야기를 메디나의 원조자들에게 들려주었다. 그들이 탄생한 곳이 어디라느니, 어떻게 살았고 어떻게 싸웠다느니, 누구의 집은 어디이고, 놀러다니던 곳, 친구와 어울려서 이곳저곳 다니던 일, 참 변했다느니 등등. 모든 기적은 단 한 사람 ─ 무함마드 ─ 에 의해서 이루어졌다.

그러나 이슬람신도들이 행복했었더라면, 쿠라이시부족은 지금과 같은 불행을 당하지 않았을 것이다.

쿠라이시부족은 메디나로 들어가려 했으나 격퇴되었다. 이 부족이 증오하는 적 무함마드는 오늘 아무런 타격도 없이 2천 명의 열렬한 추종자들의 선두에 서서 그들의 도시에 들어온 것이다. 이것은 모두 그들이 후다이비야 조약에 날인했던 덕분이었다. 쿠라이시부족의 눈에는 이슬람교도들의 이 평화스러운 군대와도 같이 미움의 눈초리는 하나도 없었다.

쿠라이시부족들은 자신들과 자신들의 운명을 저주하면서 자신들의 집에서 떠났다. 이것은 매혹자 무함마드가 쿠라이시부족의 부녀자들과 아이들을 이슬람 속으로 매혹하여 끌어넣지 못하도록 하기 위해서였다. 그들은 자기들이 돌아와야 할 때까지 분초(分秒)를 계산하면서 메카를 둘러싼 히라산, 쿠바이스산, 그리고 그밖의 여러 언덕으로 올라갔다. 무함마드는 조약에 따라 겨우 사흘을 허가받았다.

이슬람교도들은 북쪽으로부터 메카에 내려왔다. 압둘라 빈 라와하는 카스와의 고삐를 잡고 나머지 이슬람교도들은 걸어서 따라갔다. 이 광경은 마치 노래가 들어 있는 한 폭의 그림이었다. 그러나 그 노래는 입으로 부르는 것이 아니라 순례자들의 마음속에서 솟아오르는 몇 마디의 노래였다.

보라! 카바신전이 눈앞에 보였다. 이제 이슬람교도들은 카바신전의 시야 안에 있지 않는가. 하나님과 그의 천사들이 이 광경을 지켜보았다. 갑자기 '저는 당신을 숭배하기 위해 여기 있습니다. 저는 여기에 있습니다. 오 하나님! 여기에 있습니다. 당신은 홀로 계시는 분. 당신을 뵙고자 여기에 왔습니다'의 소리가 일제히 터져나왔다. 이것은 2천 명의 목에서 터져나오는 폭포 소리와 같았고, 그 소리는 하늘을 찔렀다.

메카인들은 이 소리를 들었다. 그들도 이 소리에 깊이 감명되었다. 그리고 또 이슬람교도는 어떠했던가! 이들의 영혼은 일곱 하늘에 있었다. 이것은 대낮의 빛, 승천이었다. 그들의 영혼은 하늘 높이 치솟아 올라가서 우주를 보았다. 무함마드의 꿈이 실현되고 있었다. 그의 꿈 한 조각은 다음과 같다.

하나님은 그의 사도에게

환상을 곧이곧대로 실현시켰다.
언젠간 하나님의 뜻이면
너희의 거룩한 신전에
안전하게 들어가리라.
너희는 아무런 두려움 없이(순례를 위해)
삭발할 것이다.
—《코란》 48장 27절

 하나님의 신앙은 다른 모든 우상 신앙에 대해 승리했다. 하나님이 증인이었다. 틀림없이 참된 믿음으로써 무함마드를 보내신 이는 알라 하나님이었다. 이것에 의심이 있을 수는 없다. 그러나 불신도는 싫어했을 것이다.
 상술한 '저는 여기 왔습니다'하는 순례를 고하는 '랍바이크, 랍바이크'의 외침은 사람들의 고막을 뚫고 신자들의 마음을 기쁘게 했다.
 이때에 신자들은 성전 안에 있었다. 메카인들이 사방의 높은 곳에서 바라보는 가운데서. 메카인이 그들의 집안에 머물렀다면 그들은 이 광경의 증인이 되지 못했을 것이다. 그래서 그들이 피해서 보지 않으려는 바로 그것을 그들은 할 수 없이 증언하는 자들이 되었다. 순례자들과 무함마드는 이흐람(순례복) 속에 있었다.
 다음에 무함마드는 카바신전의 동쪽 구석의 검은 돌에 입을 맞추고 루쿰 야마니란 동쪽 구석에까지 뛰어갔다. 2천 명의 순례자들도 무함마드와 함께 카바신전 주위를 뛰면서 돌았다. 이것을 끝내고 그들은 위에서 말한 두 구석 사이를 걸어갔다. 이렇게 일곱 번을 돌았다.
 쿠라이시부족은 쿠바이스산의 높은 곳에서 이 광경을 보고 있었다. 신자들의 의기는 쿠라이시부족이 자기들 앞에 내려온 것까지도 개의치 않을 만큼 절정에 달했다. 그러나 무함마드는 그들을 위로하고, 그들에게 다음과 같이 말하도록 했다.

하나님 외에 신들이 없다.
그의 종에게 승리를 주었고
그 하나님이 홀로 '연합군'을 물리쳤다.

압둘라 빈 라와하가 목청 높이 이것을 부르고 2천 명의 이슬람교도들이 따르니, 하나의 코러스가 되었다. 언덕의 벽들이 이 코러스에 메아리쳤다. 두려움이 쿠라이시부족의 마음속을 뚫고 들어갔다.
카바신전을 일곱 번 돌고, 무함마드와 그의 추종자들은 사파와 마르와 언덕 사이를 일곱 번 뛰어서 돌았다. 무함마드가 산에 올라갔다. 그리고 그는 마르와 가까이에서 제물을 올리고 삭발했다. 우므라라는 소순례의 의식이 끝났다.
이슬람교도들은 피곤해서 잠깐 쉬었다. 다음날 예언자는 일찍이 모스크에 가서 정오 예배까지 그곳에 있었다. 이 예배 시간에 비랄이 카바신전의 옥상에 올라가서 예배시간을 알리는 찬교(贊敎)를 외쳤다.
2천 명의 순례자들은 예언자와 함께 예배했다. 7년 동안 그는 이곳에서 예배를 올리지 못하였다. 쿠라이시부족은 언덕 위에서 이 예배 광경을 지켜보았다. 그들은 어떤 사람들이었는가. 그들은 술을 마시지 않았고 노름을 하지 않았고 가희(歌姬)나 무희들과 섞여서 음탕한 생활을 하지 않았다.
그들의 유일한 노래는 '하나님은 위대하신 분. 하나님은 위대하신 분. 알라 외에 신은 없다'였다. 몇십 종의 다양한 신들이 아직도 카바신전 안에 군림하고 있었다. 그 신들은 잠들었던가? 이 신들은 자기들의 존재를 부정하고 있는 무함마드에 복수할 능력이 없단 말인가? 아니, 아주 무력한가? 불신의 기초가 크게 흔들렸다. 이때의 우므라라는 소순례는 쿠라이시부족에게 깊은 인상을 주었다.

압바스 빈 압둘 뭇탈리브의 아내 움울 파달에겐 26세의 여동생이 있었다. 이 동생은 이슬람교도들이 경건하게 예배드리는 광경을 보고 이슬람에 귀의했다. 압바스는 예언자에게 누이동생을 아내로 삼아 달라고 부탁했다. 예언자는 이를 받아들이고 큰 잔치를 준비했다. 이 여동생은 할리드 빈 왈리드의 아주머니였다.

마이마나를 아내로 맞이한 것은 메카의 평화적 정복을 위해서는 매우 중요했다. 그녀의 자매 8명은 모두 메카의 유력자에게 출가했기 때문이다. 마이마나의 친족은 곧 메카의 친족이기도 했다.

마이마나와 결혼함으로써 무함마드는 무엇보다도 할리드와 손을 잡을 수 있기를 원했었다. 그는 용맹한 아랍전사로서 우후드의 싸움에서는 기병대를 이끌고 이슬람 측에 타격을 준 사람이다.

아랍의 불신도 족장 두 사람은 무함마드에게 와서 '너희에게 허락된 사흘은 끝났다. 이곳에서 떠나라'고 말했다.

예언자는 그들에게 정중히 인사말을 하며 잔치를 끝내게 하여 달라고 부탁했다. 그리고 그들을 잔치에 초대했으나, 그들은 거절했다.

"우리는 너희들의 음식이 필요하지 않다. 이곳에서 떠나라."

무함마드는 메카를 떠날 수밖에 없었다. 마이마나는 무함마드를 따라 메디나로 갔다.

무함마드는 아주 안전하게 메디나에 도착했다. 그의 꿈이 실현되었고 쿠라이시부족에게 영원히 잊지 못할 인상을 남긴 것을 매우 기뻐했다.

예언자 무함마드가 쿠라이시부족을 완전히 장악하는 것은 시간 문제였다. 예언자가 출발한 바로 후에 쿠라이시부족 기병대장이고 우후드 전투의 영웅인 할리드 빈 왈리드가 쿠라이시부족 회의에서 일어나서 다음과 같이 말했다.

"이성(理性)을 가진 사람이면 누구나 무함마드가 시인도 아니고 요술쟁이도 아니고 그가 하는 말이 '우주의 주님'의 말씀인 것을 뚜렷이 알았을 것이다. 그를 따르는 것이 지혜 있는 사람의 의무이다."

이크라마는 공포에 사로잡혀서 응수했다. 그는 우후드 전투에서 할리드의 전우였다. 그는 '오 할리드야! 어린애 같은 소리 작작 해라'고 응수하였다.

"나는 아기가 된 것이 아니라 이슬람교도가 되었어."

"맙소사! 너는 그렇게 말할 수 있는 쿠라이시부족의 마지막 사람이 될 것이다."

"왜?"

"왜냐고? 바드르 전투에서 너의 아버지를 죽인 사람이 누구인데? 그란 말이다. 하나님께 맹세코 나는 이슬람교도가 되지 않기를 바란다. 그 따위 말은 하지 않도록 해라. 쿠라이시부족은 그를 죽이는 길 외에는 그와 아무 관계가 없어."

"그것은 모두 무지의 탓이고, 무지에서 온 헛소문이다. 맹세코, 나는 이슬람을 받아들이겠다. '진리'가 내 영혼 속에 있음을 알았다. 이것은 틀림없는 사실이란 말이다."

그리고 할리드는 자기가 신앙인임을 무함마드에게 보였다.

아부 수피안은 할리드의 개종을 듣고 사람을 보내서 그에게 '내가 들은 소문이 사실이냐'고 묻게 했다.

할리드는 그렇다고 그 사자에게 말했다.

아부 수피안은 이 대답에 참을 수 없이 격분해서 말했다. 그 말은 다음과 같다.

"알 라트와 알 웃자(둘 다 우상신)에 맹세코, 무함마드의 말이 진실이라면 내가 너보다 먼저 그를 믿었을 게 아니냐?"

사이드 할리드가,

"진리는 진리이다. 마음대로 말하시오."

라고 말하니, 아부 수피안이 분해서 그를 치려고 했으나 이크라마가 말리면서,

"모든 쿠라이시들이 할리드와 같은 생각인데 당신은 할리드의 의견 때문에 사람을 죽이는 거요? 맹세코, 당신이 그렇다면 쿠라이시부족은 모조리 메디나로 이사할까 두렵소."

라고 말했다.

할리드는 메카에서 환영을 받지 못할 것을 알고 메디나로 가서 이슬람교도들과 합류했다.

아므르 빈 아스와 오스만 빈 탈하(카바신전 관리인)와 그밖의 여러 사람들이 신앙적으로 할리드의 뒤를 따랐다.

바야흐로 이슬람은 아라비아의 무한한 사막에서 가장 중요한 세력이 되었다. 무함마드가 인접한 곳에 영토를 갖고 있는 제후, 페르샤의 황제, 비잔틴 황제, 이집트의 군주에게도 친서를 보낸 것은 기술한 바이다. 무함마드가 하나님의 예언자 이름으로 친서를 보낸 상대 중에는 아라비아 서북쪽에 있는 갓산국의 알리 할리드왕이 있었다. 할리드왕은 비잔틴 제국의 보호 아래에 있었다. 친서를 휴대한 무함마드의 사자는 갓산의 영토 아래 들어서기 무섭게 살해되었다. 628년의 일이다.

무함마드는 보복조치로써 3천의 군사를 파견했다. 할리드왕은 응전태세를 갖추는 한편 비잔틴에게 원조를 요청했다. 이에 비잔틴 황제는 10만의 병력을 파견했던 것이다. 이슬람군의 지휘관은 무함마드의 양자 자이드였으나 전사하고 그를 뒤이은 지휘관인 무함마드의 사촌 자파르도 쓰러졌다. 이슬람군은 섬멸당할 위기에 놓였다.

그러나 그들에게는 할리드가 있었다. 할리드는 이제 이슬람에 개종

해 이슬람의 승리를 위해 검을 뽑아들고 전군을 지휘하는 것이다. 그는 적장을 쓰러뜨렸으며 적군은 패주했다. 이슬람군은 대량의 전리품을 노획하여 개선했다. 이 전투에서 용장 할리드는 결전을 승리로 이끌기까지 아홉 자루의 검이 부러졌다고 한다. 자이드와 자파르의 죽음에 무함마드의 슬픔은 컸다. 이 전투 무타 원정에 대한 자세한 내용은 차례로 상술하기로 한다.

헤지라 제7년은 신앙을 위해 영광과 행복 속에서 저물어 갔다. 이슬람이란 나무는 이제 튼튼하게 뿌리를 박았다. 그 나무가 고개를 들고 그밖의 잘못된 신앙을 덮어 그늘지게 할 날이 멀지 않았다. 그러나 이 나무는 아직도 조심스럽게 돌보아져야 했다. 즉 하나님의 사랑과 인류의 우의(友誼)란 성스러운 물을 줄 필요가 있었다.

두 사람의 죽음이나 비잔틴과의 고전도 이슬람의 팽창을 막지 못했다. 이해에 히자즈(아라비아반도 중서부) 지방의 모든 부족이 이슬람에 개종했다. 히자즈는 홍해 연안으로 1천킬로미터나 뻗친 지역이다. 히자즈를 제압하는 자가 아라비아 전토를 제압한다. 그리고 이슬람은 이제 히자즈를 지배했다. 다만 메카만을 제외하고.

19. 헤지라 제8년(629~630)에 생긴 일

무타 원정

무함마드는 헤지라 제8년에 아라비아의 전반도에 선교사를 파견하는 일과 사람들을 이슬람에 초청하는 데 바빴다. 여러 지방의 지배자들과 족장들은 초대되었으나 이것은 만족스러운 것이 못 되었다. 사람들 자신이 하나님의 말씀을 들어야 했다.

이 선교사들 중 몇 사람은 훌륭한 대접을 받고 안전하게 귀국했으나, 하나님의 적들로부터 반항을 받고 살해된 사람도 있었다. 이것은 무함마드가 사명을 다하는 데 불가피한 일부분이었다. 모험하지 않는 자는 절대로 승리를 얻지 못한다. 그리고 '신앙'의 포교(布敎)는 여전히 조금도 변함 없이 어려웠다.

무함마드는 열다섯 명으로 구성된 전도단 하나를 시리아 국경에 있는 자트 우트 탈라에 파송하여 그곳 사람들을 이슬람에 모이도록 하였다. 이 전도단원은 도망한 지도자 외에는 모두 살해되었다. 무함마드는 또 사절 한 명을 헤라클레스 치하에 있는 부르사의 치자(治者)에게 보냈다. 이 사절은 갓산(시리아 왕국)의 한 남자에 의해서 헤라클레스의 이름으로 살해되었다.

갓산의 통치자 하리스는 무함마드가 하리스를 이슬람에 초대했을 때 이미 무함마드를 침공할 위험을 주었다. 한 사람이 감행할 수 있는 일대 모험은 이웃 고을과 제국의 지배자들을 이슬람에 포섭하도록 하는 초대장을 그들에게 발송하는 일이었다. 이 초대는 공격을 초래(招來)했으나 하나님이 하실 일이었다. 하나님이 무함마드에게 말씀하신 것은 다음과 같다.

말해 주라.
"보아라 인간들! 진정으로 나는
너희 모두를 위해 알라께서 보낸 자이다."
알라는 하늘과 땅을 다스리는 분.
그 외에 하나님은 없다.
— 《코란》 7장 158절

그리고 다시

이봐 사도야!
너의 주님이 그대에게 보낸 것을 알려라.
그리고 네가 알리지 않으면
그대는 하나님의 사명을
전하지 않는 것이 되느니라.
— 《코란》 5장 67절

그러므로 무함마드는 그의 사명을 다하기 위해서 이것저것을 고르지 않았다. 그의 생명과 그의 추종자들의 목숨은 전적으로 하나님의 것이었다. 그들은 목숨을 바치고자 살았고, 모험을 계산에 넣고 살지는 않았다. 그들은 하나님의 양이었고, 하나님은 자기가 원하실 때에는 언제나 그들의 영혼을 자기에게로 데려갈 수 있었다. 이것이 이슬람교도들의 생활 목적이었다.

이미 기술한 것처럼 무타 원정은 이슬람의 포교정책의 하나였다. 무타는 현재 요르단 왕국 남부의 요충 마안지역 북방, 사해의 남동쪽에 있는 지역으로 이 원정에는 3천 명의 이슬람교도가 종군했다.

헤지라 제8년 3월에 무함마드는 자이드 빈 하리스 지휘하에 이슬람교도 3천 명을 소집하여 원정을 준비하고 있었다. 이것은 북쪽에 가서 자기들이 동로마인들을 두려워하지 않았다는 것을 그들에게 입증해 주려는 것이었다. 여느 때와 다름없이 무함마드는 이 일을 비밀에 붙였으나 적의 간첩들이 메디나에 있었다.

이 원정의 정보가 원정하기 훨씬 전에 미리 동로마인에게 탐지되었다.

무함마드는 이 원정에서 어떤 일이 일어날 것임을 마음속에서 경고했다. 그래서 그는 이슬람군에게 자이드 빈 하리스(아랍의 지휘관)가 전사하면 명령권이 자파르 빈 아부 탈리브에게 양도되고, 자파르가 전사하면 압둘라 빈 라와하가 그 자리에 있어야 한다고 했다.

이슬람으로 새로 개종한 할리드 빈 왈리드도 이 원정에 따라갔다. 무함마드는 원정대가 메디나 구역을 벗어날 때까지 원정대와 함께 걸었다. 무함마드는 그 사람들에게 부녀자나 아이들, 혹은 비전투인들을 죽이지 말 것과, 어떤 나무라도 자르지 말 것, 그리고 건물을 파괴하지 말 것을 명령했다. 그래서 부녀자, 아이들, 비전투원, 나무와 건물이 전쟁의 횡포에서 구제되었다.

무함마드는 언제나 그렇게 하였지만, 싸움에서 먼저 공격하지 않았고, 또 전투를 시작하기에 앞서 이슬람의 참된 신앙을 받아들이도록 평화스러운 예비 교섭을 할 것을 명령했다. 이것은 무함마드에게 있어 변할 수 없는 규칙이었다. 첫 공격 화살은 적으로부터 와야 한다. 이슬람들은 신도들의 승리를 기도했다.

군대는 아무에게도 들키지 않고 진군하여 마침내 시리아의 무안에 도착했다.

시리아의 통치자 슈라 하비일은 무함마드의 원정 소식을 듣고 나서 자기 밑의 모든 부족을 소집하였다. 헤라클레스 황제의 지휘하에 있는 군대는 슈라 하비일의 군대에 합류했다. 이 병정수는 10만 내지 20만 명이었다.

이슬람전사들은 이틀 밤을 무안에 머물면서 자기들이 할 일을 생각했다. 이슬람교도들이 자기들의 멸망이 확실한 그런 불평등에 대해서도 굴하지 않았다는 것은 보통 말대로 참으로 현명한 일이었다. 이슬람전사들은 야만적인 베두인족과는 부딪치지 않았으나 큰 전투에 능숙한 무사들과 군대에 부딪혔다. 무함마드가 문서로나 구두로 적의 수효의 통치를 받고 이에 따라서 이슬람교도에게 지시해야 했다는 시사는 매우 정당한 시사이다.

그리고 이 시사적 의견은 압둘라 빈 라와하의 웅변을 빌지 않더라도 퍼졌을 것이다. 압둘라는 위대한 시인이었고 정신적인 사람이었다. 그는 다음과 같이 말했다.

"여러분! 우리는 수효나 힘으로나 혹은 우세한 물자를 갖고 적과 싸우지는 않았다. 영광 속에서 우리에게 내리시는 '신앙'을 갖고 싸웠고 또 싸우고 있다. 자, 가자. 두 훌륭한 일 중 어느 하나를 위해 ―승리 아니면 순교를 위해."

이 웅변적인 연설은 사람들의 마음을 정복하고, 힘을 그들의 영혼 속에 불어넣었다.

이때 사람들은, '이븐 라와하의 말이 옳다. 전진하자'고 외쳤다.

하나님의 양떼들은 희생을 각오했다. 하나님은 양떼들을 하나님의 사자(獅子)로 만들었다. 그들은 죽음을 확신하고 계속 진군하여 발카에 도착했고, 마샤라프란 도시에 집합된 헤라클레스의 군대를 발견했다. 이슬람들은 적이 있는 지역에 접근한 후에 무타로 횡단했다. 이곳은 마샤라프보다 훌륭한 곳이었다. 이곳에서 이슬람군 3천 명과 로마인(혹은 그리스인) 10만 내지 20만 명 사이에 가장 피비린내 나는 싸움이 벌어졌다.

이슬람군의 머리 위를 따갑게 내리쬐는 여름 낮의 햇빛 아래에서도 마음속에는 천국의 확신을 가지고 전사들은 최소한 10만 명대 3천 명의 싸움터로 진군했다.

대장 자이드 빈 하리스가 공격을 개시했다. 그와 그 동료들을 격려했다. 그는 가까운 능선에서 한 번, 두 번, 세 번 화살을 받았다. 그의 몸은 화살에 꽂힌 몸뚱이가 되었다. 드디어 최후의 숨을 거뒀다. ― '라 일라 일 알라'라는 말을 하면서.

자파르는 예언자의 지시에 따라 자이드의 손에서 깃발을 빼앗아 들었다. 그의 나이 겨우 서른세 살이었고 용기와 기술과 담대성에 있어서는 그의 동생 알리에 다음갔다. 그는 사방의 적으로부터 포위되었다. 그는 말에서 내려 말의 다리를 자르고는 칼을 들고 적 위에 쓰러졌다. 그가 쓰러질 때 그의 몸 앞부분 위에 아흔세 개의 상처가 있었다. 자파르가 싸우는 동안에 그의 오른팔이 잘려져 나갔다. 그래도 왼손에 깃발을 들고 있었다. 왼팔마저 잘려지자 그것을 남은 두발로 붙잡고 있었다. 그의 몸이 두 조각 났을 때 깃발은 떨어졌다.

다음에 압둘라 빈 라와하가 깃발을 들고 싸우다가 몸을 잠깐 뒤로 돌렸다. 이 찰나에 그의 양심은 그를 따끔하게 찔렀다. 그는 말에 올라탔다. 그는 다시 내려 혼자 중얼거렸다.

"오 나의 영혼! 나는 네가 천당을 기뻐하지 않음을 알았다. 나는 너를 때려눕히겠다."

그는 적을 향해 몸을 돌리고 선배들과 같이 싸우다가 죽었다.

무함마드가 임명한 두 장군은 모두 싸움에서 목숨을 잃었다. 그러나 싸움은 계속되었다. 이쯤 되면 세계의 어느 군대라도 적에게 등을 돌렸을 것이다. 그러나 이슬람의 용사들은 그러지 않았다.

아즐란족인 사빗 빈 아르캄이 이슬람의 깃발을 들고,

"여러분 이슬람교도들이여! 모두 상의해서 너희 중에서 한 사람 택하라. 모두들 상의하라. 지휘자가 있어야 한다."

고 말했다.

그들은 '너다'라고 대답했다. 그는

"아니다. 나는 이 일에 적합치 않다."

고 말했다.

사람들은 할리드 빈 왈리드를 지적했다. 이는 깃발을 들었으나 곧 이슬람 군대에 극단의 위기가 닥쳐온 것을 알았다. 그는 후세의 역사가에 의해서 증명될 것이다. 전술에서나 용기와 기술에서나 비할 자 없는 사나이였다. 이와 비등한 용감한 사람은 많았을 것이나, 전쟁과 그 기회를 이해하는 데 이 사람보다 뛰어난 사람은 없었다. 이슬람 군대는 모두 하나가 되어서 그들의 선배 어느 누구의 지휘 밑에서보다도 더 유리하게 적과 싸웠다. 저녁때가 되기 전에 그의 손에서 칼이 여덟 개나 부러졌다. 다음날까지 싸움은 연기되었다.

무타 전투의 다음날 아침이 되자마자 할리드는 마치 적을 포위하려는 듯이 병사들을 길게 한 줄로 세워 놓았다. 로마인들은 원조군이 이슬람군한테 도착해서 새로운 기동을 일으키려는 것으로 생각했다. 로마인들은 싸우려 하지 않았다.

그러는 동안에 그의 계획에 따라 할리드는 무타에서 메디나로 자기 휘하의 군대를 후퇴시켰다. 로마인들은 할리드에 대적하려 하지 않았다. 그들은 이슬람들을 뒤쫓지 않았다. 반대로, 그들은 이슬람군을 아주 무서워했다. 3천 명이 10만 명과 싸울 수 있었으니, 만일 3천 명의 수효가 만 명으로 늘어났다면 어떠했을까. 로마 제국에 화가 있을지어다! '하나님의 길'에서의 죽음을 자기들의 크나큰 행복으로 삼는 초인간(超人間)들에게 감히 대항하는 자들에게 화가 있을지어다!

할리드는 자파르의 시체를 메디나로 옮겨왔다. 무함마드와 이슬람교도들은 메디나 교외에서 이들을 맞았다. 장군과 병사들은 높이 어깨 위에 운반되고 찬양 속에서 공중 높이 치켜올려졌을 것이다. 그러나 메디나인들은 돌아오는 병정들의 얼굴에 흙을 던지면서,

"이 도망자들아! 하나님의 길에서 도망한 이놈들아!"
하고 욕설을 퍼부었다.

예언자는 그들을 위해서,

"도망이 아니다. 하나님이 기뻐하시면 다시 돌아가라."
고 말했다. 진정으로 병정들은 낯을 사람들 앞에 들 수 없으리만큼 부끄러웠다. 아이들과 청년들은

"이 도망병들! 하나님의 길에서 도망친 자들!"
하면서 울었다.

예언자와 그의 동료들은 많은 용사들, 특히 두 장군을 잃은 것을 크게 슬퍼했다. 자파르는 예언자의 형제와 같았다. 그리고 그는 실제로 다른 사람들의 손실보다 그의 손실을 더욱 애석하게 생각했다. 자파르는 아내와 아이들도 그가 외국에서 돌아온 지 얼마 안 되어서 그를 잃은 것을 매우 슬퍼하며 울었다.

이렇게 무타 전투는 끝났다. 이것은 보통 말의 뜻으로 보면 이슬람 측의 승리는 아니었다. 그러나 이슬람 '신앙'의 큰 승리였다. 이 싸움은 로마인을 위협했고, 이슬람교도들에게 확실하고 결정적인 승리로 판결났다. 말하자면 동로마 제국은 예언자가 병에 걸리기 12년 전에,

그리고 무타 전투를 끝낸 지 15년 이내에 그 이름만을 남기고 모든 것을 잃었던 것이다.

할리드가 시리아에서 돌아온 지 몇 주일 후에 무함마드는 아므르 빈 아스를 시리아에 보내서 북아라비아반도 국경상에 있는 시리아군을 위협하게 했다. 아므르는 유잠 지방의 살살에 도착했을 때 적을 만났는데, 자기 군대의 수효가 너무 적은 것을 알고 놀랐다.

그래서 그는 원병을 청하였다. 예언자는 아부 바크르와 오마르를 포함한 메카에서 메디나로 온 이주민 군대를 아부 오바이다 빈 자라의 지휘하에 두어 파견했다. 그는 특히 아부 오바이다에게 아므르를 차별하지 않도록 경고했다. 아므르 빈 아스는 매우 강한 마음의 소유자였기 때문이다. 아부 오바이다가 아므르를 만났을 때 아므르는 오바이다에게,

"너는 조력자로 왔으니 내가 군의 지휘자다."

고 말했다. 아부 오바이다는,

"우리들이 서로 불화하지 말라고 예언자는 말했다. 설혹 네가 나와 대립하여도 나는 너를 따르겠다."

고 대답했다.

이것이 초기 이슬람교도들의 정신이었다. 아므르는 그의 예배(이슬람교도들은 정오 예배를 끝낸 후에 싸웠다)를 올리고 시리아 군대를 분쇄했다. 그는 로마인들의 마음속에 공포를 심고 메디나로 돌아왔다.

후다이비야 조약 파기와 메카 정복

무타 전투는 여러 가지로 묘한 영향을 끼쳤다. ─ 이슬람전사들은 극도의 패망에서 피한 것을 기뻐했어야 함에도 불구하고 만족해하지 않았다. 이들에게는 두 길 ─ 승리와 순교 ─ 만이 열려 있으나 순교가 먼저였다. 아무런 승리 없이 안전하고 건강하게 귀국한 것은 그들

에게 이해될 수도 없었던 일이었다.

 그 전투를 승리로 계산했어야 했던 동로마제국 기독교도들은 수세기에 걸친 전쟁을 경험하였기 때문에 이슬람교도들의 용기를 크게 평가했다. 그와 같은 국민과 싸우는 것은 확실히 참화(慘禍)를 초래하는 것이었다. 사자와 같이 싸웠던 국민, 한 사람이 일곱 명의 생명을 가진 듯한 국민, 두 팔이 잘려도 용감히 싸운 자파르와 같은 사람들과, 오후 몇 시간 동안에 그의 적들의 머리를 내리쳐서 여덟 개의 칼을 부러뜨린 할리드는 육체로가 아니라 철로 만들어진 사람들이었다. 군대의 일반 관습으로는 장군이 없어지면 병졸들은 도망하는 게 상례이다.

 그러나 이슬람교도들의 병정 한 사람 한 사람이 장군에 비적(比適)되었다. 이렇기 때문에 로마인은 현명한 자와 같이 이슬람교도들을 그냥 내버려두었다. 그러나 로마인들은 너무 교만해서 화평을 맺지 않았다. 따라서 전쟁은 계속되었다. 그러면 무함마드는 어떤가. 그는 흥정으로 후퇴하는 인간은 아니었다.

 유태인들과 메카 불신자들은 이슬람교도들이 무타에서 경험한 뚜렷한 재난을 기뻐한 머저리 같은 사람들이었다. 그들에겐 교훈이란 쓸데없었다. 무함마드의 생애가 얼마 남지 않았다. 그리고 로마인들은 그를 곧 멸망시켜 버릴 것으로 생각했으나, 이것은 허황된 생각이었다. 이즈음 남쪽에서는 무함마드를 괴롭히기 시작할 때였고, 또 한편 북쪽에서 무함마드의 군병들은 교전했었다.

 그러므로 무함마드의 적 쿠라이시부족은 후다이비야 조약을 위반하고, 자기들의 연합군인 바크르부족을 선동하여 무함마드의 동맹군인 쿠자부족을 공격하게 했다. 이크라마와 쿠라이시부족 외의 지휘자들은 바크르부족에게 무기를 공급하면서 그들과 비밀리에 음모했다. 이 음모에 따라 어느 날 밤 바크르부족은 와티르 물가에서 잠자고 있는 쿠자부족을 습격하여 죽이고 그들의 재산을 약탈했다.
  쿠자부족은 피신하여 쿠라이시부족에게 불평을 말했으나 구제책을 얻지 못했다. 쿠자부족의 아므르 빈 살림은 그의 불평을 털어놓으려고 무함마드에게 달려갔다. 그는 40명의 낙타몰이를 데리고 모스크 밖에서 고래고래 소리를 질렀다.
  이때 그가 올린 기도는 다음과 같다.

오 하나님! 나는 무함마드에게
우리를 묶어두는 사랑의 약정을
상기시키려고 왔소이다.
오 하나님의 예언자여!
당신의 도움이 필요하오.
하나님의 종들을 이 목적에 부르시오.

  무함마드는 그들의 불평 소리를 듣고 그가 맺은 조약대로 그들을 돕기로 약속했다. 무함마드는 쿠라이시부족에게 이렇게 말을 전했다.
  • 부당하게 살해된 사람들에게 보통대로 배상금을 지불할 것
  • 바크르부족에게 제공하는 조력을 중단할 것
  • 조약의 해소를 선언할 것
  쿠라이시부족은 마지막 조항에만 동의했다. 그러나 이것은 쿠라이시부족이 파약(破約)의 책임을 지게 된 것을 직접적으로 뜻하기 때문에 그들은 이 조항을 후회하고 아부 수피안을 보내서 조약을 갱신토록 했다.
  아부 수피안은 그의 딸 움미 하비바(예언자의 아내)의 집에 가서 그 여자의 비위를 맞추려고 했다. 그는 예언자가 언제나 앉는 주단 위에 앉으려고 했다.

"비키세요."
라고 그의 딸이 말했다.
"이것이 아버지에 대한 예의냐?"
하고 아부 수피안이 말했다.
"그런 것이 아니라, 여긴 하나님의 예언자를 위한 곳인데, 아버지는 이교도니까 부정합니다. 그러므로 그의 주단을 더럽히지 마세요."
라고 그녀는 말했다.
아부 수피안은 낙심하고 가 버렸다. 무함마드는 그를 보려고 하지도 않고 그와 이야기하려고도 하지 않았다. 아부 수피안은 아부 바크르로 하여금 자기를 위해 잘 말해 달라고 부탁했으나 거절당하였다. 이번에는 다시 아부 수피안은 오마르에게 부탁했으나 오마르는 노기를 띠고 다음과 같이 대꾸했다.
"내가 너를 위해 하나님의 예언자에게 잘 말할 것 같은가? 맹세코, 내가 너와 싸울 한 가닥의 이유를 찾는다면 그렇게 하지."
아부 수피안은 알리와 예언자 무함마드의 딸 파티마를 시험했으나 아무도 감히 예언자에게 말하려고 하지도 않고, 그런 마음조차 품지 않았다. 알리는 그를 업신여기면서,
"당신은 메카인의 주인이시오니, 모스크에 임하시어 당신 자신의 권유로써 조약 갱신을 위하여 사람들의 도움을 청하라고 선언하소서."
라고 그에게 말했다. 그런 후에 무함마드는 메카로 돌아가서 메디나에서 일어난 일을 사람들에게 알렸다. 쿠라이시부족은 그를 보고,
"너에게 저주가 내리기를! 너는 조롱감에 지나지 않는구나."
라고 말하면서 비웃었다. 아부 수피안의 우상숭배와 사람들의 신앙은 크게 동요했다.
무함마드는 전쟁 준비를 극비밀리에 추진하도록 그의 추종자들과

동맹군에게 전했다. 그러면서도 그는 자기가 가는 곳을 아무에게도 알리지 않았다. 모두 이슬람군의 기수들을 무타에서 살해한 로마인들에게 교훈을 주려고 시리아로 향하는 것으로 알았다. 추측하건대, 무함마드의 친한 친구 몇 사람은 그의 비밀을 알았거나 짐작했을 것이다.

바드르에서 무함마드의 군대와 함께 있었던 하티브 빈 아비 발타는 메카에 있는 그의 친척에게 무함마드의 계획을 알리려고 했었다. 이 사람은 자기의 여자 노예에게 이 편지를 주어 메카로 보냈다. 무함마드는 이 사실을 알았다. 그는 이 편지를 빼앗도록 알리 빈 아부 탈리브와 주바이르 빈 아우왐에게 일렀다. 그들은 그 여자 노예를 쫓아 붙잡았다. 그러나 편지가 나타나지 않았다. 알리는 편지를 내놓지 않으면 몸을 뒤지겠다고 그 여자를 위협했다. 그 여자는 이 어려움에서 벗어날 길이 없음을 알고 머리카락 속에서 편지를 끄집어 냈다.

그 편지는 무함마드에게로 전해졌다. 이 편지의 내용은 그가 쿠라이시부족에 남겨둔 외아들이 죽을까봐 걱정이 된다는 것이다. 무함마드는 그가 '바드르 전투의 동료' 중의 한 사람이었으므로 그를 용서했다.

그러나 하나님은 이슬람교도들에게 반대하는 불신도들과 연합한 사람의 목숨을 앞으로 구해 주지 않도록 그에게 경고했다.

메카 정복

도랑(한다크) 전투의 패전 후 어두운 패배감이 메카사람들의 마음을 지배했다. 노인들은 좌절감에 휩싸였고 젊은 세대는 메카의 장래에 절망을 느끼었다. 아부 자할이 바드르 전투에서 전사한 후 메카의 지도자가 된 사람은 압두 샴수씨족의 아부 수피안이었다. 그도 도랑 전투 후에는 영향력을 잃고 있었다.

629년 3월 메카 순례 때 무함마드는 친척인 하심씨족의 사람들과 관계회복에 노력했다. 그를 박해했던 숙부 압바스가 하심씨족의 족장이 되었다. 그는 바드르 전투에서 메카군으로 참가했다가 포로가 되어 무함마드와 그 사이에는 껄끄러운 것이 있었을 수도 있다. 무함마드는 압바스의 처제 마이마나에게 결혼을 신청함으로써 압바스와 하심씨족의 친척의 화합에 성공했다.

이 무렵 무함마드는 아부 수피안과도 접촉했다. 아부 수피안의 딸 움미 하비바에게 결혼 의사를 비추었고 그녀도 이에 동의하여 메디나로 옮겨왔다. 이는 당연히 아부 수피안의 사전 양해가 있었던 것으로 생각된다. 무함마드는 착착 메카의 무혈정복의 포석을 한 것인데 시세가 돌아가는 것을 일찍 알아차린 노련한 정치가 아부 수피안도 메카의 무혈정복을 이슬람이 함으로써 메카의 장래를 장밋빛으로 하는 유일한 길이라고 생각하였을 것이다.

무함마드는 만 명의 군사를 급속히 조직하고 훌륭하게 장비하는 데 성공하여 이 군사를 이끌고 메카 정복에 올랐다. 무함마드와 같은 수의 군병을 이끌고 메카측과 부족 연합군은 메디나를 정복하고자 메카를 출발했었다. 정세는 메카측에게 역전되었다. 메카측은 무함마드가 메카에서 반 나절의 여행 거리에 있는 마라자란에 왔을 때까지 무함마드군의 진격을 전혀 모르고 있었다. 부족마다 제각기의 지휘자와 제각기의 진영이 있었다. 무함마드는 이들에게 사막에 흩어져 큰 모닥불을 피우도록 일렀다.

메카측은 앞으로의 일을 서로 의논했다. 왜냐하면 무함마드의 일족 하심족과 압바스가—이들이 무함마드의 접근을 미리 알아챘는지 또는 그 정보를 얻었는지 알 수 없었으나—쿠라이시부족으로부터 이탈하여 무함마드에 합세하려 했기 때문이다.

그러나 무함마드는 우선 이들을 받지 않기로 하고 그들에게 화를 냈다. 이것은 무함마드가 메카를 떠난 뒤에 자기 친척으로부터 받았던 멸시에 대한 분노였다. 압바스는 아부 수피안과 압둘라 빈 아비 오마야 빈 무기라를 따라서 왔다. 압바스 일행은 무함마드가 거절할 것을 알고,
"자네가 이제 우리들을 받지 않는다면 우리들은 이 땅에서 굶주림과 목마름으로 죽을 수밖에는 없네."
하고 말했다. 무함마드는 그들을 안으로 데리고 갔다. 압바스는 그의 조카가 장비시킨 군병들을 보고 메카인을 걱정했다. 무함마드가 불신도 메카인들을 동정하지 않았다면, 메카인들은 곧 학살되고 말았을 것이다.

예언자 무함마드의 숙부 아부 압바스는 금융업에 종사하여 민감한 정보망을 갖고 있었기 때문에 이미 메카의 패배를 확신하여 무함마드의 도착을 기다리지도 않고 모든 것을 팔아치우고 가족과 함께 이슬람군에 참가하기 위해 메카 시내에서 나왔다. 그리고 무함마드 앞에서 이슬람을 받아들였다.

압바스는 마음씨가 부드러운 사람이었다. 그는 전에 이교도 때에도 그의 형 아부 탈리브와 함께 언제나 무함마드의 친구였다. 이 숙부는 지난달 쿠라이시부족이 메디나를 공격할 때에 그때그때 유리한 정보를 무함마드에게 알렸다. 그래서 쿠라이시부족의 독수로부터 조카를 구했었다. 그 숙부가 이젠 자기의 충고와 친절한 경고를 메카인들에게 줌으로써 그들을 무함마드의 독수로부터 구해야 했다. 숙부와 조카는 상황을 서로 의논했다. 무함마드는 경건하게 예배를 올렸다. 압바스는 피를 흘리지 않고 메카를 정복할 수단이 될 수 있었다.

그리하여 압바스는 평화의 여행에 올랐다. 그는 이집트의 지배자가 무함마드에게 보낸 둘둘의 암말을 빌어 타고 메카 쪽으로 향했다. 그의 목적은 무함마드가 무적 군대의 지지를 받고 있기 때문에 무함마

드에 대한 저항이 쓸데없다는 것과, 메카인들로서의 최선의 길이 그에게 굴복하는 것임을 메카인들에게 전하는 일이었다.

다행히도 아부 수피안 빈 하르브와 부다일 빈 와라카가 메카에 닥쳐오는 위험이 풍문인지 사실인지를 알고자 미리 교외에 나와 있었다. 압바스는 이들의 이야기를 들었다. 아부 수피안이,

"나는 그런 불과 그런 군대를 본 적이 없다."

부다일이,

"그건 틀림없이 전쟁에 열중한 쿠자부족일 거다."

라고 말하자 아부 수피안은,

"쿠자부족은 그만한 불과 군병을 가질 만한 수효도 없을 뿐 아니라 힘도 없다."

고 말했다.

압바스는 아부 수피안의 음성을 알아채고,

"참 너는 불쌍도 하구나. 아부 한잘라(아부 수피안의 별명)야."

하고 말을 건넸다.

"아불 파잘(압바스의 별명)아."

"이 못난 아부 수피안아, 여기까지 왔어. 무함마드 말이다. 그는 힘으로 메카에 들어오려고 한단 말이다. 그렇게 되는 날에는 쿠라이시부족은 몰살되는 것이다."

메카인들은 몇천 마리 속에서도 쉽게 알아챌 수 있는 무함마드의 암말을 보았다. '이럴 수야 있나'하고 아부 수피안은 물었다.

그 세 사람은 무함마드에게 항복하라고 메카인들에게 권하고자 메카로 되돌아갔다. 이들이 오마르 빈 핫타브가 들고 있는 봉화 옆을 지나갈 무렵에 발각되어서 아부 수피안은 체포되었다. 압바스는 그의 목숨을 구하고자 했으나 오마르는 아부 수피안의 목을 자를 허가를 얻고자 예언자의 막사 속으로 들어갔다. 압바스는 천막 속으로 뛰어

들어가서 아부 수피안이 자기의 보호 안에 있다고 말했다. 열을 뿜는 토론이 압바스와 오마르 사이에 오고갔다. 결국 예언자는 아부 수피안을 다음날 아침에 자기 천막으로 데리고 오라고 명했다.

무함마드는 다음날 아침에 천막에서 재판을 열었다. 무함마드는 끌려온 아부 수피안에게,

"저주받을 아부 수피안아! 하나님 외에 신들이 없음을 알 때가 되지 않았느냐?"

고 물었다.

"나는 부모가 당신에게 희생되었소. 맹세코, 내가 하나님 외에 또 하나의 신이 있다고 확신한다면, 그것은 나에게 어떤 도움이 되어 주었을 것이지만."

"오, 가엾다. 아부 수피안아, 내가 하나님의 사도임을 네가 알 때가 되지 않았느냐?"

"그렇소. 이 순간까지 마음속에서 그렇게 생각하고 있었소."

아부 수피안은 《코란》을 들은 적이 있었다. 그는 무함마드를 따르는 신도들의 열성을 증거했다. 그는 헤라클레스가 무함마드에 대해서 말했던 것을 듣고 있었다. 무함마드 사명의 진리를 가르치는 하나님의 놀라운 징조를 보았다. 아부 수피안의 우상숭배가 흔들려 왔던 것이다. 그러나 그는 아랍부족에서의 자기의 명예로운 지위를 잃을까봐 걱정했고 또 그들의 신들을 두려워했었다.

그는 신앙을 인정했으나 분명히 말한다면 신자는 아니다. 압바스는 오마르가 예언자를 설복하여 아부 수피안을 처형할까봐 무서워했다. 그래서 압바스는 아부 수피안에게,

"너는 너의 신앙을 인정하고, 목숨을 잃지 않도록 '하나님 외에 신들이 없고 무함마드는 하나님의 사도이시다'고 말하는 편이 좋다."

고 권유했다. 아부 수피안이 그의 신앙을 공인하였다.

압바스는 다음에 무함마드에게,
"오, 하나님의 예언자여! 아부 수피안은 이슬람을 자랑하고 있으니 그에게 긍휼을 베풀어 주오."
라고 예언자에게 말했다. 예언자는,
"좋다. 아부 수피안의 집에 들어가는 자는 안전할 것이다. 그 자신의 집에 들어가서 그의 문을 잠그는 자는 안전할 것이다. 메카에 있는 모스크에 들어가는 자는 안전할 것이다."
고 말했다.

메카를 눈앞에 두고 무함마드는 메카를 굽어보는 언덕에 야영준비를 하도록 명령했다. 진격할 군의 규모를 쿠라이시부족이 알 수 있도록 이슬람전사 전원이 불을 밝혔다.

밤중에 아부 수피안도 시내에서 나와 이슬람측에 가담하려고 마음먹었다.

무함마드가 그의 교우 몇 사람의 소원에 따랐다면 메카는 이날 약탈을 면하지 못했을 것이다. 그러나 무함마드가 무혈의 승리를 기원하던 터였다. 하나님은 양측이 결정할 수 있는 중재자 압바스라는 동맹자 한 사람을 그에게 보냈던 것이다. 이것은 명백한 사실이다. 그러나 아부 수피안이 미리 짜여진 계획에 따라서 들어갔는지 혹은 우연히 무함마드의 천막에 들렀는지에 대해서는 의견이 구구하다.

이 문제는 이 연극의 주연자들이 결코 자기들의 의견을 피력하지 않았기에 영원히 수수께끼로 남을 수밖에 없다. 저자는 아부 수피안이 후다이비야 조약을 갱신하는 사명을 갖고 왔으나 성공하지 못하고 메디나로 되돌아갔을 때 그가 진심으로 이슬람교도가 되고, 압바스가 자신과 무함마드 사이에서 이 연극의 회합을 위해 조절했다고 말하는 사람들의 의견에 찬성한다. 그러나 더 잘 알고 있는 이는 하나님이다.

다음날에 무함마드는 메카 진군을 명했다. 마라자란은 메카에서 얼마 되지 않는 거리이다. 그는 될 수 있는 대로 싸움을 피하라는 것과 이슬람군이 메카에 모두 입성하고 평화의 메시지를 다할 때까지는 아부 수피안이 도망하지 못하게 감금하도록 명했다. 그가 이슬람을 가장하였는지도 모르기 때문이다.

이슬람 군대는 예언자의 녹색 깃발을 선두에서 휘날리면서 진군했다. 무함마드는 말과 살찐 낙타에 올라탄 메디나의 장병에 둘러싸인 군대를 인솔했다. 이슬람측에 가담한 부족마다 인도자가 있었고, 부족마다 제각기의 깃발이 있었다.

이슬람군이 아부 수피안의 앞을 지나갔다. 이로써 아부 수피안은 무함마드에 대한 낡은 교만함과 질투, 그리고 그의 새로운 신앙으로 자기의 가슴을 뒤흔들어 놓았다. 그가 자기 자신과 자기 가족을 위해 탐냈던 지위는 이제 무함마드의 것이 되고 말았다. 그의 이슬람은 지상의 가치를 넘은 어떤 것을 생각하리만큼 아직 강하였다. 그래서 그는 압바스에게,

"오 압바스 숙부님! 이 군대에 대항할 수 있는 군대가 없고, 그렇게 할 수 있는 힘을 가진 사람이 하나도 없어요. 맹세코, 아불 파잘아! 숙부의 동생의 아들은 내일 위대한 일을 성취할 것입니다."
라고 말했다.

다음에 무함마드는 이 광경을 보러 모여든 사람들에게로 가까이 가서 온갖 힘을 다해서 외쳤다.

"쿠라이시부족 여러분들! 아무도 대항할 수 없는 군대를 이끌고 무함마드는 지금 여러분들 앞에 왔소. 아부 수피안의 집에 들어가는 사람은 누구나 안전할 것이요, 자기 집에 들어가서 문을 잠그는 사람은 누구나 안전할 것이요, 모스크에 들어가는 사람도 역시 그러하리라."

무함마드는 자 트와에까지 진군했을 때 눈앞에 메카를 바라볼 수

있었다. 그의 깃발들은 공중에 휘날리고 그의 병사들은 하나님의 성
령에 충만하여 하나님의 길로 진군하고 있었다.
 그는 언덕 위에서 말을 멈췄다. 메카 성문이 열렸다. 예언자와 그의
추종자들이 평화스럽게 안전하게 들어갈 수 있음을 진심으로 하나님
에게 감사하였다.
 무함마드는 하나님이 언제나 돌보아 준 데 감사했다. 그러나 그는
이슬람교도들을 보호하는 자신의 책임을 절대로 잊지 않았다. 그는
군대를 네 방면으로 나누고, 저들에게 싸우지 말고 절대로 강요되지
않는 한 피를 흘리지 않도록 하라고 엄중히 명했다.
 왼편의 책임자 주바이르 빈 아우왐은 북쪽으로부터 메카에 입성
했다.
 할리드 빈 왈리드는 오른쪽을 담당하고 아래쪽에서 메카에 입성하
도록 되어 있었다.
 사드 빈 우바다는 메디나인인데 서쪽으로부터 들어가도록 명령을
받았다. 아부 우바이다 빈 자라는 이주자의 앞장에 서서 무함마드와
함께 자발 힌드 언덕에서 메카로 들어가게 되었다.
 그러나 아부 우바이다는 이날이 전투의 날이 될 것이고 그들이 그
날에 메카, 자유를 가질 것이다(유혈이 그들에게 허용될 것이라는 뜻)
라고 말했다는 소식을 듣고 무함마드는 곧 아부 우바이다의 아들 카
이스의 손에 깃발을 옮기도록 명했다 — 무함마드는 어떤 전쟁의 구
실도 허용하려 하지 않았다.
 이슬람군의 전군은 할리드의 군대만 제외하고 평화리에 메카에 입
성했다. 할리드는 메카의 아래쪽에서 입성하고 있었다. 이곳이 쿠라이
시부족 중에서도 가장 완고했다. 도랑 전투의 패전으로 메카측의 지
도층도 바뀌었다. 쿠라이시부족의 실권을 장악한 사람은 쿠라이시부
족 내의 쥬마흐씨족의 사프완, 아미르씨족의 수하일, 마흐줌씨족의 이

크라마인데 이크라마는 바드르 전투에서 전사한 아부 자할의 아들이다. 이들은 집단 지도체제를 취하고 있었으나 의견 대립이 많아 쿠라이시부족민을 심복시킬 수가 없었다. 적의 지휘자들은 도망했다.

무함마드는 자발 힌드 언덕 꼭대기에 도착했다. 그는 오른편에서 여러 칼이 번쩍이는 걸 보고 화를 냈다. 그는 사건 전말을 듣고,

"하나님이 선택하도록 우리에게 주시는 것 중에서 우리는 선택할 권리가 있다."

고 말했다.

무함마드는 아부 탈리브와 첫 아내 하디자의 무덤이 가까이 있는 자발 힌드 언덕 위에 천막을 쳤다.

그는 '당신의 집에서 쉬시지 않겠습니까'란 청을 받고, '아니다. 메카 사람들은 나를 위해 집 한 채도 남겨두지 않았다'고 말했다.

그는 자기 천막에서 쉬었다. 어린 시절, 청년 시절, 결혼했던 때의 기억들이 하나하나 되살아났다. 마흔 살이 되었을 때 '하나님의 부르심'이 그에게 내렸던 일, 무서움과 소망이 엇갈린 가슴을 안고 집에 돌아왔던 일, 하디자가 위로하여 주던 일, 천사 가브리엘이 가져다 준 기쁜 소식 등등이 이제 새로이 떠올랐다.

> 틀림없이 내세는 그대에게
> 현세보다 나으리라.
> 틀림없이 때가 되면 그대의 주님은
> 그대가 만족할 만큼 그대에게 채워 주시리라.
> ―《코란》 93장 4~5절

이제 '하나님의 약속'은 이 세상에서 이루어지고 있었다. 이후에는 더욱 그러할 것이다. 그는 어떻게 하나님이 주신 것을 만족하게 하나

님께 감사할 수 있었던가. 아무것도 못했다. 그는 자기가 받은 모든 핍박, 그에게 소낙비와 같이 퍼부어진 가지각색의 욕설, 그리고 그의 생활 위에 세워진 모든 계획을 깨끗이 잊었다. 하나님에게 순종하는 눈물이 어렸다. 하나님은 진리이다. 모든 일은 하나님의 처분 속에 있었다. 인간은 하나님의 조그마한 티끌에 지나지 않았다. 어떤 운명을 가진 아주 작고 보잘것없는 물건이다. 하늘과 땅에 있는 모든 것은 하나하나가 하나님의 찬양과 하나님의 영광을 가지고 돌고 있었다. 모든 것은 앉아 있는 인간을 위해 있는 것이 아니었다.

  8년간에 걸쳐 메카는 반이슬람의 온상이었다. 그들은 무함마드가 이주하여 건설한 이슬람 공동체를 파괴하려고 몇번씩이나 병력을 동원하였고 싸웠다. 아라비아반도 어느 곳에서건 이슬람과 분쟁이 발생할 때면 메카측은 이슬람의 적을 돕고, 선동하고, 격려하고 도왔다. 이슬람교도들은 인내에 지칠대로 지치어 급기야 이 고통의 뿌리를 자기들의 손으로 뽑아 버리기로 결의했던 것이다. 그리하여 대군을 집결하여 메카 진격을 단행한 것이다.

  초기 이슬람교도 사회의 격차는 여태까지 너무나 컸기 때문에 이슬람 교도들은 그들의 영역 밖을 나서는 경우에 이르면 두려움을 느끼지 않을 수 없다. 그러나 이제 사정은 달라졌다. 이슬람의 명성과 힘은 이미 커져 있어서 이슬람군의 진군을 막거나 간섭하는 무리는 없었다. 그들은 목적지에 거의 다 와서 진군을 멈추고 야영을 했다.

  무함마드는 명령을 하달하여 각 분대 단위의 군부대에 횃불을 밝게 비추게 하여 메카 사람들에게 이슬람의 군세가 많다는 것을 알리고 메카의 저항이 쓸데없는 일일 것이라고 생각하게 했다. 무함마드는 언제나 불필요한 유혈전을 피할 것에 유념했고 메카 앞에서도 그러했다. 메카와의 유혈 충돌은 없었다. 이슬람군은 메카에 들어왔다.

  이슬람교도들은 카바신전을 일곱 번 돌았다. 무하마드는 오스만 빈 탈하를 불러서 카바신전의 문을 열게 하고 거기에 서 있었다. 사람들이 모스크 안에 있는 무함마드의 주변으로 모였다. 무함마드는 입을 열어,

"하나님 외에 신들이 없다. 그는 중개자 없이 홀로 존재하신다. 그는 자기의 약속을 다하셨고 그의 종을 도우셨다. 하나님이 홀로 연합군을 치셨다. 유혈의 복수와 요구의 옛 관습은 폐했다. 카바신전의 관리와 순례자들을 위한 급수 외에 남은 것이란 하나도 없다. 오, 쿠라이시 여러분들! 확실히 하나님은 여러분들에게서 옛 시대의 교만과 선조들의 교만을 없앴도다. 모든 인간은 아담에게서 왔으며 아담은 흙으로 만들어졌다."

고 말했다.

> 오, 너희 인간들! 확실히 우리(하나님)는
> 너희를 만들고 민족으로 했다.
> 그리고 우리(하나님)는 너희를 서로
> 구별할 수 있게끔 하기 위해서이다
> 확실히 하나님의 눈에서 볼 때
> 너희 중 가장 귀한 사람은
> 가장 경건한 자이다.
> ─《코란》 49장 13절

무함마드의 생애를 공정하게 알고자 하는 사람은 무함마드의 이 설교를 깊이 생각해야 한다. 이날에야 비로소 무함마드는 군대를 갖고 메카, 메디나와 그외 아라비아반도 전역을 정복한 의심할 바 없는 지배자가 됐다. 이 군대는 당분간 그의 의지를 주장하기에 충분했었다. 이 사람 무함마드가 자기에게 절하고 수입금과 세금을 바치게 하거나

혹은 자기에게 복종하지 않는 사람을 고통과 처벌로써 위협하는가. 그가 평화롭게 정복해서 얻은 지역에 계엄령을 선포하는가. 여러 사람은 지켜봤다.

무함마드는 부족이나 전통이나 혹은 재물에 대한 모든 자랑을 폐기한다. 인간이 모두 바로 이 땅에서 방출(放出)되는 것과 같이 모든 인간은 하나님의 눈으로 볼 때 평등하다고 무함마드는 선언한다. 하나님을 가장 공경하는 자만이 하나님의 눈앞에서 가장 명예롭다. 하나님에 대한 공경과 하나님의 법칙에 따르는 순종은 인간을 위대하고 고귀하게 만드는 유일한 길이다.

무함마드는 설교를 끝마치고 거기에 있던 쿠라이시부족을 바라보고,

"오, 쿠라이시부족 여러분들이여! 여러분들은 내가 무엇을 할 것 같소?"

하고 물었다. 그들은,

"고귀한 형제, 고귀한 형제의 아들이여! 자비를!"

하고 외쳤다. 무함마드는,

"오늘부터 여러분들에게 부끄러움이 없으리라. 가라. 여러분들은 자유이다."

라고 선언했다.

쿠라이시부족에 대한 무함마드의 대승리는 자신에 대한 승리이기도 했다. 그는 자기를 냉대하고 핍박하면서 목에 현상금까지 걸게 하여 추방케 한 메카의 전 시민에게 대사면을 내렸다. 병사들은 그의 명령에 따라 정연하게 조용히 평화스럽게 입성했고 약탈과 부녀자의 능욕도 없었다.

무함마드는 전에 그에게 욕을 하고 돌팔매질하고 그를 내쫓았던 적들 속에 서 있었다. 그 적들이 무함마드를 포위해서 죽이려고 했던

일이 한두 번이 아니고 싸우기 또한 한두 번이 아니었으나 무함마드는 이제 생사를 쥐고 있는 권세를 가졌으므로 적을 갖지 않게 되었고, 죄를 벌하지 않았고 권세를 부리지 않고 '가라! 너희는 자유다'고 선언한다. 이 선언으로써 역사의 전과정은 바뀌어진다. 사실 그 인류를 사랑했다. 미워한 사람이 없었다. 사람의 힘에 겨운 일이 몇 가지 있다. 그에게서 잘못을 발견하는 사람은 아무 일도 하지 않는 사람이고, 자신에 대해서 부정스러운 사람이다.

무함마드는 적들에게 연설하고 자유를 허락한 다음에 카바신전에 들어가서 그림고 우상이 많은 것을 알았다. 여자들, 예언자들, 천사들의 그림이 있었다. 아브라함의 그림이 으뜸을 차지하고 있었다. 메카인들의 주신(主神) 후발의 석상이 있었다. 무함마드는 이것들을 모두 치우게 하고 카바신전을 불결한 모든 것으로부터 문자 그대로 깨끗하게 했다.

카바신전에서 무함마드는 군중에게 이슬람 이전의 무지했던 때의 특권은 모두 폐지된다고 발표했다. 이어서 무함마드는 우상의 파괴를 명했다. 우상의 수는 360개였다. 쿠라이시부족민들은 이같은 행위가 독신행위라 생각하고 눈을 가리었다. 우상은 파괴되지 않는다는 확신이 있었던 것이다. 그러나 그것은 돌에 불과했다. 우상들은 저항하는 일도 없이 이슬람교도의 손으로 모조리 파괴되었다. 우상은 돌이나 나무에 불과했다.

이때 그는 《코란》의 구절을 계시받았다.

진리는 나타나고 거짓은 사라졌다.
거짓은 반드시 사라지기 마련이다.
—《코란》 15장 1절

그러므로 메카의 점령은 사실상 거짓에 대한 진리의 승리 외의 아무것도 아니다. 이 진리 속에서 무함마드와 이슬람들은 자기 일을 다했고, 이 진리에서의 참다운 승리는 '하나님의 의지'였다.

'하나님의 의지'를 믿지 않거나 혹은 그것을 믿는 사람은 그 의지의 힘의 값어치를 모르고 이슬람, 《코란》, 무함마드를 전혀 모를 것이다. 이슬람 철학 전체는 '하나님의 의지'에 따라서 발견하고 행하려는 데 있다. 이슬람의 이 근본 원리에서 방황하는 자는 존재하는 사물 속에서나 자신의 영혼 속에서나 위안을 모르는 것이다.

무함마드가 메카 주민들에게 얼마나 착했고 자비스러웠는가, 또 그의 하나님의 집에 대한 사랑과 근심 걱정이 얼마나 컸는가를 알고 메디나 출신의 이슬람교도들은 무함마드가 거기에 영원히 머물지나 않을까 하고 두려워했다. 무함마드는 이것을 알아챘다.

무함마드는 '하나님은 나의 방패이다. 나의 삶과 죽음은 너희들과 함께 있으리라'고 말했다. 이 말을 무함마드가 아카바 맹세에서 사용했었다. 무함마드는 무슨 일이 있든 간에 언제나 약속을 지켰다.

무함마드는 카바신전이 깨끗하게 된 뒤에 비랄에게 카바신전 지붕에 올라가서 사람들에게 예배를 알리는 찬교(아잔)를 하라고 명했다. 이날부터 오늘날까지 찬교는 모스크에서 하루 다섯 번 되풀이되고 있다.

그리고 이 찬교는 세상이 계속되는 한 메카와 그외 여러 곳에서 계속될 것이다. 신도들의 예배에로의 찬교와 같이 그 이상이 깨끗하고 언어의 간결함에 비교할 수 있는 인간의 작품은 하나도 없다. 무함마드는 그를 따르는 몇천 명과 함께 예배를 드렸다. 그의 기쁨이 그의 예배에 있었다는 그의 말은 이미 앞에서 언급하였다.

무함마드는 죽음에 해당하는 범죄자 열 명을 지적했으나 네 명을 빼고 나머지 사람은 모두 용서되었다. 함자의 간장을 날로 삼킨 수피안의 아내 힌드마저도 용서를 받았고, 이크라마도, 사프완 빈 옴마야도 용서받았다. 네 명 중에서 세 명이 살해되었는데, 이들은 살인자들이었다. 한 사람은 시인이었다. 이는 자기의 시를 갖고 예언자에 반대하도록 사람들을 선동했다고 전해진다.

위에 언급된 모든 일은 메카에 체재한 첫날에 완성되었다. 다음날 무함마드는 쿠자가 성역에서 후자일족 이교도 한 사람을 죽였다는 말을 들었다. 그는 노해서 사람들에게,

"너희들! 하나님은 그가 천지를 만든 그날에 메카를 거룩한 곳으로 만들었다. 그러므로 메카는 '부활의 날'까지 한 번, 두 번, 세 번 성역(聖域)으로 선언되었다. 하나님을 믿고 앞날을 믿는 자에게는 그 안에서 피를 흘리거나 또는 나무를 자르는 것이 허용되지 않았다. 내 앞에서도 허용되지 않거니와 내 뒤에 오는 누구에게도 허용받지 못한다. 그런 일은 오늘날까지 나에게 허락되지 않았다. 이것은 하나님이 거기에 거주하는 사람에게 분노하기 때문이었다.

그러나 메카의 성역은 전과 같이 거룩하게 되었다. 여기에 있는 사람들은 이곳에 없는 사람에게 이 말을 전하여라. 만일 하나님의 사도가 그 안에서 피를 흘렸다고 어떤 사람이 너희들에게 말하면, 그들에게 하나님은 그에게 허락하였으나 너희들에게는 허락하지 않았다고 말하라. 오 쿠자부족들이여! 너희들은 유혈에서 손을 떼라. 내가 너희들을 위해 배상금을 지불해야 한다. 금후 유혈의 죄를 범하는 자는 누구든 그의 가족이 그에 대한 책임을 져야 한다. 그들은 살해자를 죽이거나 혹은 살인자를 교살하여도 좋다."

고 선언했다. 무함마드는 배상금을 지불했다. 살해된 사람은 이교도였다. 메카 사람들은 무함마드에 의한 무함마드 동맹군의 처벌과 그의 공명성과 관용성에 놀랐다.

그들은 떼를 지어 와서 이슬람에 개종했다. 힌드마저 이슬람이 되었다.

더 선한 것으로써 악을 쫓으라.
그러면 불구대천의 원수도
부드러운 친구같이 되리라.
　　　　――《코란》 41장 34절

　무함마드는 우상을 섬기지 말라고 명하고 메카 개종자들에게 이슬람 신앙의 원리를 가르쳤다. 그는 또 피를 흘리지 않고 우상을 파괴하라는 명령을 가지고 선교사들을 파송했다.
　할리드는 자기가 숭배했던 웃자상(像)을 파괴하고 사이반족에 갔다. 사람들이 할리드의 팔을 잡아당겼다. 할리드가 팔을 놓으라고 했으나 그들은 그의 말을 듣지 않았다. 할리드는 그들의 몇 사람을 묶고 몇 사람을 자기 명령에 복종하지 않았다고 하여 처형했다. 무함마드는 이것을 듣고 말했다.
　"오, 하나님이여! 할리드가 행한 것을 내가 미워한다는 것을 하나님께 선언합니다."
　다음에 그는 돈을 주어 사이판족이 있는 유자이마로 알리를 보냈다. 알리는 배상금을 모두 치른 다음에 사람들에게 나머지 돈을 나누어 주었다. 사람들은 무함마드가 모든 사람에게 ― 이슬람교도와 비이슬람교도들과 비모슬렘들과 똑같이 ― 공정한 것에 경탄했다. 보름 되는 날 무함마드는 2천 년 이상이나 서 있던 우상 숭배의 흔적을 모두 씻어 버렸다.
　그는 오스만 빈 탈하와 그의 아들을 영원한 카바신전지기로 임명하고 순례자에 대한 급수의 일은 압바스와 그의 아들들에게 맡겼다.
　시대는 변했다. 메카는 무함마드의 결정에 좌우되고 있었다. 이슬람은 메카 이상으로 강대해진 것이다. 이슬람은 아라비아반도의 무한한 사막에 솟아난 오아시스처럼 신선한 의미를 아라비아반도 전체에 주고 아라비아반도 주위에도 영향을 주었다.

무함마드가 메카를 평화리에 정복한 것이, 무함마드와의 싸움은 이 이상 쓸데없다는 사실을 이교도 아랍부족에게 확신시켰다고 사람들은 곧잘 생각해 왔다. 그러나 사실은 그렇지 않았다.

아랍부족은 여태까지 왕이나 지배자 한 사람에게 복종하지 않았다. 그들의 피 속에는 싸움의 피가 흐르고 있었다. 수제기 동안의 옛 관습이 하루아침에 사라질 수는 없었다. 그들이 무함마드를 싫어한 까닭은 많았다. 족장들이 신들의 이름으로써 자신들의 생계를 이루었던 그 신들을 대표하는 우상을 무함마드는 파괴했다. 무함마드는 아랍사람들을 훈련시키고 있었다. 그 훈련은 절제(節制)였다. 그는 이슬람교도에게 단식, 예배, 희사(喜捨)를 실천케 했다. 아랍사람은 의심이 많은 민족이었다. 이 민족은 무함마드가 아라비아반도 전체를 개종시킬 때까지 만족하지 않으리라는 것을 직감적으로 알았다.

아라비아반도의 여러 부족들 사이에는 단결이나 훈련이 없었다. 하나님은 아랍에게 이 단결과 훈련을 쌓게 하고자 무함마드를 보내셨다. 이 훈련은 그의 유일한 임무가 아니었다. 이 임무는 모든 것을 이슬람에 귀착시키는 데 성공하는 일이다. 그는 이것을 실현시켰다. 아랍부족은 무함마드와의 싸움으로써 이 임무를 무함마드에게 용이하게 하였다. 이런 방법으로써 아랍부족은 '하나님의 의지'에 복종했다.

독자 여러분들은 사키프부족이 메카에서 얼마 떨어지지 않은 고원도시 타이프에서 지배적인 부족이었고 이때 무함마드가 이 도시를 찾아가서 이슬람을 설교했다는 사실을 기억하고 있을 것이다. 이 사키프부족은 무함마드에게 돌팔매질을 했었다.

메카와 타이프와의 사이에 하와진부족이 있었다. 이 부족은 힘이 대단히 강하고 호전적이었다. 하와진부족은 메카의 남쪽 고원지대에 자리잡고 그들의 영토는 메카의 남쪽 변두리에서 예멘에 이르기까지 아라비아반도 남부에 펼쳐져 있었고 메카의 쿠라이시부족과는 사이가 좋지 않았다. 그러나 우상을 섬긴다는 점에서는 아랍부족으로서의 쿠라이시부족과 공통점을 갖고 있었다.

하와진부족의 일부는 히자즈지방 서쪽 홍해와 사막 사이에서 유목생활을 영위하고 있으며 또 일부는 정착민으로서 타이프에 상점을 갖고 상업에 종사하고 있었다. 타이프에는 유명한 여신 앗라트를 섬기고 있었다. 이미 기술하였다시피 일족인 쿠라이시부족에게 쫓겨나 이 고원 도시 타이프에서 비호를 요청했으나 이들 주민들한테 돌로 맞아 상처입은 채 한밤중에 내쫓겼던 바도 있다. 고지대(高地帶)에 살고 있었던 관계로 메카에 복종한 적도 없었다. 무함마드가 갑자기 메카를 점령하지 않았더라면 하와진부족과 사키프부족은 무함마드에 대항하고 쿠라이시부족에 가담했을 것이다. 그러나 무함마드는 평상대로 이 부족의 기선(機先)을 제압했다.

무함마드가 메카에서 이슬람을 설교하는 동안에 이 두 부족은 무함마드가 이끄는 이슬람군과 싸울 준비를 하였다. 나스르부족과 유심족도 이 두 부족에 가담했으나 카브부족과 킬라브부족은 그들에게 가담하지 않았다.

쥬삼족에 두라이드 빈 삼마란 지도자가 있었다. 그는 나이가 많아서 싸울 수 없었으나 지혜 있는 사람이었다. 말리크 빈 아우프는 실제로 하와진부족과 사키프부족을 인도하고 있었다. 이 두 부족은 새로운 전투 계획을 세웠다. 그들은 아랍부족이 무함마드에 대항하는 여러 전투에서 번번이 패했다는 것을 알았다. 그들은 지도자를 잃으면 도망했기 때문이다. 그러므로 말리크 빈 아우프는 한 사람도 도망하지 못하게 그들 자신의 아내, 아이들, 가축, 재산을 가지고 가도록 그들에게 명했다.

그들은 메카에서 하루나 혹은 반나절의 여행거리에 있는 메카 남동 아우타스 언덕 쪽으로 진군했다. 두라이드 빈 삼마는 말, 양, 낙타가 우는 소리와 아이들의 고함소리를 듣고, 말리크 빈 아우프에게 이것이 무슨 소린가고 물었다. 말리크는 전투원들을 도망치지 못하게 막는 소리라고 대답했다. 두라이드는 그의 대답을 믿지 않고 말했다.

"승리하기 위해서 너희들은 전투원, 칼을 쓰는 전사, 활을 쏘는 전투원이 필요하다. 너희들이 서로 싸운다면 이 사태는 너희들에게 가장 불리한 것이 될 것이다."

사람들은 말리크에 찬성했다. 그들은 승리를 확신했다. 말리크는 실패하지 않을 계획 하나를 세웠다. 두라이드도 말리크의 안(案)에 찬성하고 군에 따라갔다. 그것은 참으로 훌륭한 것이었다.

하와진부족과 사키프부족은 후나인 계곡에 진을 치고, 그들의 활부대를 앞세우고 계곡의 길을 덮었다. 무함마드와 그 군대는 길을 건너야만 다른 쪽에 도달할 수 있었다.

말리크는 좁은 통로 속으로 이슬람군을 몰아넣고 화살을 퍼부어서 분쇄하려는 계획을 세웠다. 그래서 하와진부족은 이슬람군이 후퇴할 때에 이들을 공격하고, 그리 멀지 않은 메카를 쉽사리 정복하려 했다. 말리크의 활을 쏘는 병사들은 바위에 몸을 감췄다. 이 궁술병들을 무함마드의 병사들은 이동시킬 수 없었다. 이 계획은 극비밀이었다. 이제 성공은 확실히 무함마드가 후나인에 도달하기 훨씬 전에 모든 필요한 위치를 점령하는 데 달렸다.

후나인 전투

무함마드가 하와진부족과 사키프부족의 전쟁 준비 소식을 들은 것은 그가 메카에 체류한 지 두 주일 후였다. 무함마드가 이 소식을 들었을 때 대전할 시간적인 여유를 갖지 못하였으므로 병사 만 2천 명을 데리고 급히 떠났다 — 만 명은 메디나에서 그와 함께 온 사람이고 2천 명은 메카에서 새로 개종한 사람들이었다.
 이슬람군은 그들의 수효와 장비에 의기양양했다. 아부 바크르 같은 신중한 사람마저도 '이번엔 우리들은 적보다 많다'고 말했다고 전해진다. 어떤 사람들은 '수효에서 우리를 능가할 수 있는 자는 아무도 없다'고 말했다고 전한다. 이 말들은 무엇이 그들을 위해 준비되어 있는지를 모르고 한 말들이었다.
 아부 수피안과 압바스와 그밖의 메카 족장들은 이 군대를 완전 무장시키고 전투에 참가했다. 기병, 낙타를 탄 자, 그리고 식량과 무기를 실은 그밖의 낙타들도 이 군대에 끼어 있었다. 각 부족은 그 앞에 깃발을 가졌고, 전군은 의기양양하게 진군했다. 저녁때 후나인의 맞은편에 도착했다. 이슬람군은 아침에 승리할 기대 속에 계곡 어귀에 진을 쳤다.
 631년 1월 무함마드는 이슬람군을 지휘하며 메카를 떠난 이슬람군은 후나인 계곡 산악지대에 야영을 한 것이다. 거의가 유목민인 적의 병력은 2만이다. 당시로서는 최강의 유목부족 군단이었다.
 새벽녘에 무함마드의 군대는 계속 이동했고 그는 군대의 뒤에서 백마(白馬) 둘둘을 타고 따라왔다. 술라임 족장의 자리에 있는 할리드 빈 왈리드가 선두에 섰다. 이 군대는 좁은 길에 들어서서 이 통로의 양벽 사이에 갇혔다. 날은 반쯤 저물어서 어둑어둑했다. 이슬람군은 적들을 볼 수 없었으나 위치를 잘 알고 있었다. 말리크 빈 아우프의 미리 짜여진 계획에 따라서 하와진부족과 사키프부족은 규모있게 화살을 이슬람군에 빗발치듯 쏘아댔다. 이슬람군은 속수무책이었다. 맨 먼저 메카의 보충병들이 후퇴하고 그 나머지 군사들도 도망했다.
 이른 새벽녘에 일어나 잠을 설친 이슬람군은 아직 잠이 덜 깬 상태에서 기습을 받고 냉정을 잃었다. 이같은 후나인 전투에 대해《코란》은 이슬람의 패배가 그들이 메카에 대한 성공, 군세, 장비를 과신했기 때문이라고 계시했다.

　　하나님은 수많은 전장에서도 그러했거니와 후나인의 싸움이 있던 날도 그대들을 도와주셨다. 보아라, 그대들은 스스로의 많은 병력을 믿고 뽐내고 있었으나 그런 것은 아무 소용도 없었다. 대지는 그 광대함에도 불구하고 그대들에게는 비좁은 것이 되었으며 마침내 등을 보이고 후퇴하였다. 그때 하나님은 사도 및 신자들 위에 모습을 나타내시고 또 눈에 보이지 않는 군대를 내리셔 배신자들을 벌하셨다. 이것이 배신자에 대한 보상이다.
　　　　　　　　　　—《코란》9장 25~26절

　무함마드가 사명을 수행한 생애 중에서 이런 일은 없었다.
　메카에서 이슬람군에 들어온 자들은 그의 외치는 소리를 듣지 않고 다른 병사들과 함께 지나쳐 도망했다. 무함마드는 혼자 뒤에 남았다. 그의 앞에는 적 외에 아무도 없었다. 하나님은 사도들을 시험하나 사도들은 그 시험에 실패하지는 않는다. 파라오군이 모세의 인솔 아래 이집트에서 도망하는 이스라엘족을 뒤쫓았을 때 이 민족은,

　　이제 우리는 별 수 없이
　　붙잡혔구나.
　　모세는
　　"천만에! 하나님이 나와 함께하시니
　　반드시 나를 인도하시리라."
　　　　　　　　　—《코란》 26장 61~62절

고 말했다.

하나님은 곤궁에 빠져 있는 노아, 아브라함, 모세, 예수와 함께하셨고, 이제 모든 사람이 도망쳐도 하나님은 무함마드와 함께하셨다. 이와 같이 하나님은 언제나 자기 사도들과 함께하신다. 무함마드는 하나님의 도움을 확신하고 한 걸음도 뒤로 물러서지 않았다. 그 자리에 머물고 있다는 이 사실이야말로 무함마드가 하나님으로부터 온 자이고 자기 자신에서 난 자가 아니라는 사실을 입증한다. 그가 거짓말쟁이였다면 이때 도망했을 것이다. 하나님의 사도는 바위같이 굳건한 사나이였다.

그러나 그의 메카 동료들은 그러한 확신이 없었다.

아부 수피안 빈 하르브는 비웃는 얼굴로 '이제 쿠라이시부족을 정복한 사람들이 바닷가까지 도망칠 것이다'고 말했다.

사이반 빈 오스만 빈 아비 탈하는 '오늘 나는 무함마드에게 복수했다'고 말했다. 그의 아버지가 우후드 전투에서 살해되었던 것이다.

칼다 빈 한발은 '요술쟁이야! 이제 꺼졌구나'하고 욕지거리를 했다.

18년 동안의 무함마드의 사명의 실천은 위기에 빠졌으나, 어느 쪽으로도 결판이 난 것이 아니었다. 그의 하나님이 그를 버렸던가고 의심하는 사람이 있었다. 버리지 않았다면 그의 도움은 어떻게 되었으며, 이 당황과 도망은 도대체 무엇이란 말인가.

모두들 도망하고 무함마드만이 홀로 남았다. 메디나 출신의 교도 원조자 몇 사람과 무함마드의 친척 하심족이 예언자의 곁에서 떠나지 않았다.

하와진부족과 사키프부족은 이슬람군이 모두 도망치는 것을 보고 자기들의 위치에서 내려와서 이슬람군에게 바싹 가까이 다가서면서 공격할 준비를 갖추었다. 수피안 빈 하리스 빈 압둘 뭇탈리브가 무함마드의 백마(白馬) 둘둘의 고삐를 붙잡고 압바스가 고함을 질렀다.

"이슬람교도들을 보호하고 도와 온 메디나의 원조자 여러분들! 나무 아래서 맹세하던 메카에서 메디나에 이주한 이주자들이여! 무함마드가 여기에 살아 있다. 여러분들, 이리 오시오!"
고래고래 지르는 이 고함 소리는 메아리쳤다. 다음엔 예언자가,
"나는 하나님의 예언자다! 나를 따르라. 나는 압둘 뭇탈리브의 후손이다."
고 외쳤다.

이때다. 기적이 나타났다. '무함마드가 살아 있어······ 원조자들······ 이주자들······ 나무 아래에서의 맹세······'가 울리지 않는가. 도망가는 이슬람교도들의 마음속에서. 이 부름에 교도들은 쏜살같이 되돌아오지 않는가! 이제 이들의 마음은 평안했다. 그들의 용기는 회복되었을 뿐만 아니라 백배로 늘어났다.

예언자의 호소에 이슬람 전사들은 다시 일어나 전투는 재개되었다. 예언자 무함마드의 말에 용기를 얻어 궐기한 것이다.

이때 아침 안개가 하늘에서 걷히기 시작했다. 의심과 불안의 안개도 이슬람군 병사들의 마음에서 사라졌다. 그들의 적들이 보이기 시작했다. 예언자는 한 주먹의 흙을 들어 적의 얼굴에 던지면서 '너희 얼굴에 흠이 되라'고 말했다. 금방 자랑하던 정복자들이 갑자기 땅에 머리를 대고 비볐다. 이슬람군은 적들을 맹렬히 공격하는 이슬람군 앞에서 하와진부족의 계획과 자랑은 모조리 사라졌다. 그들은 부녀자, 아이들을 버리고 재산을 고스란히 남긴 채 도망했다. 이슬람교도들의 손에 들어온 이날의 전리품은 낙타 2만 8천 마리, 양 4천 마리, 은 4천 개, 포로 6천 명이었다.

포로들을 와디 알 지라나에게 맡기고 무함마드는 도망치는 적의 추격에 나섰다.

이슬람들은 아우타스에서 도망가는 하와진부족을 체포했다. 이곳에서 다시 큰 싸움이 벌어졌으나 적은 도망했다. 말리크 빈 아우프와

몇 사람은 타이프로 도망쳤기에 그 이상 추격당하지 않았고, 말리크 빈 아우프는 타이프에 있는 사키프부족과 함께 피신했다.

이슬람교도들이 완전한 승리의 주인이 되고, 쿠라이시족이 이슬람들의 안락한 가정을 억압하지도 않았고, 또 그렇게 할 수도 없었다는 사실을 제외하면 후나인 전투와 우후드 전투는 아주 똑같았다.

후나인 전투에서 말리크 빈 아우프는 무함마드가 우후드 전투에서 행했던 대로 그의 궁술병들을 언덕 위에 배치했었다. 이슬람군은 쿠라이시부족이 우후드에서와 마찬가지로 도망쳤다. 쿠라이시부족은 우후드에서 돌아와 싸웠고, 이슬람교도들은 후나인에서 돌아와 싸웠다. 양쪽이 모두 활쏘는 궁술병들이 자기 위치를 이탈했기 때문에 자기편에 파멸을 가져왔다. 우후드 전투에서 이슬람군이 승리했으나 패했고, 후나인 전투에서 하와진부족이 승리했다가 패했다.

그러나 이 이상 두 쪽을 비교할 수는 없다. 무함마드는 여태까지 꿈꾸지 못했던 전리품을 후나인에서 획득했다. 쿠라이시부족은 우후드에서 빈손으로 돌아갔다. 후나인 전투에서 이슬람교도들은 가장 참혹한 전쟁을 치렀다는 증거가 될 수 있다. 이 두 전투에서 이슬람군을 곤경에서 구한 이가 누구였는가. 깊은 믿음을 가진 교도들은 하나님이라고 대답한다.

그러나 하나님은 그의 힘을 무함마드와 그의 신앙 있는 추종자들을 통해서 나타내셨다. 그리고 하나님은 이슬람들이 자기들을 자랑하지 못하도록 하기 위해 승리에 앞서 패배를 맛보이고, 또 어느 때에는 격퇴에 앞서 승리를 맛보게 했다.

> 이날 이때까지 하나님은 싸울 때마다
> 너희를 도와 왔도다.
> 후나인 회전(會戰)에서도. 이 싸움에서 처음엔

> 너희는 다수를 믿고 교만한 얼굴을 지었으되
> 그들은 너희를 헛되게 하였노라.
> 넓은 땅인데도 너희는 몸을 돌리지 못하였다.
> 그래서 너희는 발을 돌려 도망하였느니라.
> 그래서 너희는 발을 돌려 도망하였느니라.
> 그때 하나님은 성령을
> 사도와 신도에게 내리셨다.
> 또 하나님은 너희에게
> 보이지 않는 군병을 내리시고
> 불신도들을 곯렸도다.
> ―《코란》 9장 25~26절

후나인에서의 승리는 큰 대가를 치르고 얻은 승리였다.

무함마드는 그의 적을 쉽게 하지 않았다. 말리크 빈 아우프를 쫓아 타이프까지 가서 그곳을 포위하였다. 그러나 적은 무함마드의 한 달 동안의 포위에도 나와서 그와 싸우려고 하지 않고 고작 화살을 쏘아대기만 했다. 이 화살에 맞아 죽고 부상을 입은 전사들이 많았다.

그래서 무함마드는 요새를 구축하려고 했으나 성공하지 못했다. 포위는 오랫동안 계속되었으나 승리의 대가는 생명의 손실에 비해서 적었고 신성월이 가까워지고 거기다 메카와 메디나에서 자기를 기다리는 더 긴급한 일이 생겼으므로 무함마드는 포위를 풀었다. 포위를 풀어 주기에 앞서 예언자는 항복하지 않으면 다시 오겠다면서 떠났다.

무함마드는 메카로 가는 도중에 포로들과 전리품이 있는 와디 알 지라나에 머물렀다. 전리품은 《코란》의 명시에 따라 분배했다 ― 5분의 1을 하나님과 그의 사도에게, 나머지는 이슬람 전투원들에게 분배되었다. 이 분배 후에 하와진부족을 대표한 사람이 여기에 와서 그 부족 중에 자기 친척이 있고, 포로 중에 할리마의 딸이며 양매(養妹)가 되는 샤이마가 있다면서 무함마드에게 자비를 구했다. 무함마드는 샤이마의 원대로 많은 선물을 주어서 그 여자를 자기 집으로 돌려보냈다.

그들이 자비를 애원하는 데 감동되어서 예언자는 압둘 뭇탈리브씨족의 몫뿐만 아니라 포로에게 주는 자기의 몫까지도 애원자들에게 방출하되, 정오 예배 후에 자기 사람에게 와서 다음과 같이 말하라고 일러주었다.

"우리는 하나님의 예언자가 우리들을 대신하여서 이슬람교도들에게 잘 말해 주시기를 바라며, 이슬람교도들이 우리들의 부녀자와 아이들에 대해서 우리를 대신해서 하나님의 예언자에게 잘 말해 주시기를 부탁드립니다."

하와진부족은 일러주는 대로 했다. 그때 무함마드는,

"나와 압둘 뭇탈리브부족으로 말하면 너희가 부탁하는 것이 너희 것이다."

고 말했다. 몇 가지 개별적인 것을 제외하고 모든 것이 그들이 바라는 대로 찬성되고 포로들도 석방되었다.

하와진부족은 아무런 변상 없이 그들의 사랑하는 사람들을 데리고 돌아가게 된 것을 무한히 기뻐했다. 이와 같은 관대성은 아라비아반도 내의 어떤 정복자에게서도 일찍이 보지 못했던 것이다.

압둘 뭇탈리브씨족은 무함마드가 속하는 씨족이다.

무함마드는 하와진부족의 말리크 빈 아우프가 항복한다면 그의 재산과 양 백 마리를 덧붙여서 그를 돌려보내겠다고 약속했다.

이슬람전사들은 예언자와 함께 메디나에서 돌아왔다. 이슬람전사들은 예언자가 말리크에게 약속했던 것을 주기 위해서 자기들에게서 자기들의 몫을 빼앗지나 않을까 하고 두려워했다. 그러나 예언자는 엄격하고도 공평하게 전리품을 분배했었다.

약탈품의 다섯 몫은 무함마드의 처분에 일임되었다. 그는 모든 것을 자신을 위해서 간직하지 않았다. 그의 옛 적들을 이슬람에 개종하기 위해서 그는 약탈품 가운데서 자기 몫의 대부분을 그들, 한때는 그를 죽이기로 음모했던 사람들에게 나눠 주었다. 그 중의 몇 가지 예를 들면 이렇다.

- 아부 수피안은 양 3백 마리와 은 천 개를 얻었다.
- 하킴 빈 후잠은 낙타 2백 마리.
- 나디르 빈 하리스 빈 칼다는 낙타 백 마리.
- 사프완 빈 옴마야는 낙타 백 마리.
- 카이스 빈 아디도 낙타 백 마리.
- 후다이비야의 아므르도 역시 낙타 백 마리.
- 화이타브 빈 아브드 울 우자도 역시 낙타 백 마리.
- 이크라 빈 하비스도 낙타 백 마리.
- 메디나족의 낙타 약탈자 우아이니야 빈 히슨은 낙타 백 마리.
- 후나인에서의 적의 지휘자 말리크 빈 아우프도 낙타 백 마리를 각각 얻었다.

이밖에 많은 사람들이 각각 낙타 50마리씩을 얻었다. 이 자비는 하나님과 하나님의 사도에게 배당된 5분의 1의 몫에서 베풀어졌던 것이다. 무함마드는 그의 메카의 옛 적들이 요구하는 것 가운데서 줄 수 있는 것을 모두 다 주었다.

메디나의 이슬람교도(원조자)들은 무함마드가 자기 혈족에게 관대한 것을 보고 몰래 불평을 털어놓으면서 공평치 못하다고 말했다. 사드 빈 우바다는 이 소식을 무함마드에게 전했다. 무함마드는 사드에게 메디나 원조자들을 모두 모이게 했다. 사드의 사람들이 모인 데서, "메디나에서 이슬람을 받아들인 너희로부터 들리는 이 말은 무슨 말이며, 너희들이 너희들의 영혼 속에서 새로 발견하는 이것은 도대체 무엇인가? 내가 너희들에게 왔을 때 너희들은 잘못하지 않았고 하나님이 너희들을 인도하시지 않았던가. 너희는 가난하지 않았으며, 하나님이 너희 마음속에 사랑을 불어넣지 않았느냐?"
고 말했다. 원조자들은,
"네. 하나님과 그의 사도는 가장 많이 가지신 분이고, 가장 은혜로우신 분입니다."
고 대답했다.
"그러나 너희는 내 앞에서 대답을 하지 않으려느냐?"
"우리들이 무슨 대답을 할 수 있겠습니까. 오, 하나님의 예언자시여! 전리품과 은총은 모두 하나님과 사도의 것입니다."
"그러나 하나님에게 맹세하여 말하련다. 너희는 원하는 것이 있다면 나에게 말해야 했을 것이고, 또 그렇게 하는 것이 너희에게 마땅하였다. 그러나 나는 너희들이 이렇게 말하는 것이 옳다고 굳게 확신해 왔다. 즉 '당신은 우리들을 속여 왔소. 우리는 당신의 진리를 확신했소. 당신은 버림을 받았으나 당신을 우리는 구했소. 쫓겨난 당신을 우리는 보호했고, 가난한 당신을 위안했소.'

오 원조자들! 나는 사람들이 이슬람교도들이 되도록 이 세상에서 모은 돈을 이용하여 그들의 사랑을 얻었으나 너희들에겐 이슬람을 맡겼다. 원조자들! 사람들이 양과 낙타를 훔쳐갔는데 하나님의 사도를 너희 집으로 빼앗아 간 것을 기뻐하던 너희들이 아니었더냐? 무함마드의 생명이 그의 손에 달려 있는 하나님에게 맹세한다. 메디나에로의 이주자가 없었더라면 나는 원조자의 한 사람이 되었을 것이다. 만일에 원조자들이 한 길을 택하고 그밖의 사람들이 또 하나의 길을 택했을 때 나는 언제나 원조자들의 길을 택하곤 했었다. 오 하나님! 원조자, 그의 아이들, 아니, 아들의 아들에게 풍족하게 하옵소서."

원조자들은 이 연설에 감명을 받았다. 그들의 수염은 눈물에 젖었다. 예언자의 이 감명 깊은 연설에 감사를 표할 말을 찾지 못했다.
"저희들의 분배와 저희들의 몫에 대해서 하나님의 사도와 함께 행복할 뿐입니다."
이것이 그들이 말할 수 있었던 전부였었다.
이 무함마드의 연설은 생명의 참된 가치와 사랑에 있고 재물에 있지 않다는 것을 강조한 것이다. 자기의 민족을 사랑하는 사람은 재물로 사고 팔 수 있는 것 이상의 무엇을 간직하고 있다. 그는 '너의 적을 사랑하라'는 말이 얼마나 효과를 거둘 수 있는가를 실지로 자기 사람에게 보여주었다. 이것은 지라나에서 했던 말이다. 무함마드는 모든 사람이 만족하고 행복한 것을 보고 메카로 돌아가서 짧은 순례를 행했다. 앗타브 빈 우사이드를 메카의 대표로, 마즈 빈 자발을 메카인의 종교교사로 임명하고 무함마드는 원조자와 이주자를 데리고 메디나에 돌아와서 북쪽 아라비아반도에서 끓고 있던 다른 문제를 청취했다.
그를 뒤따르는 자는 메카의 아카바 계곡에서 무함마드 이주 전 그에게 맹세하여 그를 지키겠다는 맹세를 한 메디나의 원조자, 신앙의 형제며 벗들이었고, 메카에서부터 이슬람을 믿고 무함마드와 함께 메디나로 이주한 신자들, 이주자들이며 이제는 메디나에 이슬람 공동체를 구성했고 무함마드는 명실공히 이 공동체를 통솔한 것이다.
이렇게 하여서 무함마드에 대항하는 아랍부족의 전쟁은 끝났다.
후나인 전쟁은 무함마드와 이슬람교도에게 번영을 가져다 주는 성공적인 전쟁이었다. 그는 아랍부족 중에서 가장 호전적인 세 부족을 정복했고, 그가 왼쪽 손으로 그들에게서 얻은 것을 오른쪽 손으로 그들에게 갚아주고는 전과 다름없이 가난 속에서 살았다. 무함마드가 이 세상의 재물을 좋아하는 사람이었다면 전리품만을 가지고도 몇천 마리의 낙타와 양을 자기 하나를 위해 간직할 수 있었을 것이다.

그러나 인류를 축복하기 위해 이 세상에 왔지, 세리나 폭군으로서 이 지상에 오지는 않았다. 메디나에 있는 그의 부인들은 보석 하나 갖지 않았고, 가구(家具)래야 돗자리와 보잘것없는 겉옷[外衣] 몇벌 뿐이었다. 인간 무함마드는 보통 때보다 좀 오래 잠을 잤다. 잠자리의 돗자리가 전보다 넓고 부드러웠기 때문이었다. 그는 가족에게 전의 낡고 딱딱한 잠자리와 바꿔놓도록 명령했다.

그를 속이고 그에게 욕지거리하는 사람을 우리는 동정할 수밖에 없다. 하나님은 인간을 쓸모없게 창조하시지는 않았다. 하나님의 창조를 증오하는 사람은 하나님을 증오하는 것이다. 한 종교의 고백자들이 다른 것을 고백하는 사람을 욕하고 미워하는 것은 옳지 않다. 종교는 하나님의 것이고 전적으로 하나님만이 자기에 속한 것 중에서 인간의 심판자가 될 수 있다. 인간의 것이란 사랑과 겸손의 정신과 착한 행위이며, 하나님이 마지막에 모든 것을 영원 속에서 한 번 결정지으실 것이고 자기가 믿는 종교가 무엇이든 간에 불공평하게 심판한 사람은 하나도 없다는 사실을 믿는 일이다.

무함마드는 이슬람을 위하고 이슬람교도들의 전쟁을 위한 자기의 노력에 크게 만족하고 메디나에 돌아왔다. 그뿐만이 아니라 아랍부족도 전쟁이 아라비아에서 이미 끝난 것을 알았다. 시리아에서 예멘에 이르는 무함마드의 권위는 이제 의심 없는 하나의 사실이 되었다. 번영이 따르지 않는 성공은 있을 수 없다.

무함마드가 공식적으로 이슬람을 전할 선교사들을 파송하고 밀사들을 보내서 동맹을 맺게 하여야 했다. 그리하여 아라비아의 여러 부족들은 메디나로 물밀듯이 들어와서 동맹을 맺기를 청하기 시작했다. 7년간의 여러 아랍부족과의 싸움은 이슬람을 전도하는 데 큰 힘이 되어 주었다. 설사 무함마드가 아라비아반도의 전역에 선교사 만 명을 파송하였다손치더라도 그는 그가 성공적으로 치른 전쟁수단으로 얻은 바와 같은 충성을 하나님에게 바치지 못했을 것이다. 사방에서의 무함마드에 대한 대항은 마치 요술쟁이의 지팡이와도 같이 사라졌다.

이해에 일어난 다른 일들

무함마드의 언행록을 수집한 이맘 부하리는,
"아랍족들은 쿠라이시부족이 이슬람들이 되기를 바랐다. 그들은 '무함마드와 쿠라이시부족은 그대로 두어라. 무함마드가 쿠라이시부족을 정복하면 진짜 예언자임이 증명된다'고 늘 말하곤 했다. 그래서 메카가 정복되자 부족마다 앞을 다투어 가면서 이슬람교도가 되었다."

고 말한다. 무함마드의 전기를 쓴 이븐 히샴은 무함마드의 생애에 대한 권위자의 한 사람인데, 다음과 같이 말하고 있다.

"아랍부족은 쿠라이시부족과 하나님의 예언자와의 전쟁이 판가름나기를 기다렸다. 그것은 쿠라이시부족이 그들의 지도자이고 안내자이고 하나님의 집과 신성한 모스크의 보호자였기 때문이다. 그들은 또 이스마엘을 통한 아브라함의 후손들이고, 인정된 아라비아족의 지도자들이었다. 하나님의 예언자와 싸우고 때때로 반항하기 시작한 것은 쿠라이시부족이었다. 메카가 정복되고 이슬람이 메카를 점령했을 때, 아랍부족은 무함마드와 싸울 힘이 남지 않았다는 것과 무함마드가 자기들의 적이 아니라 친구였었다는 것을 인정했다."

하나님이 말한 바와 같이 하나님의 신앙에 들어온 사람은 수없이 많았다.

하나님의 도움으로 승리가 나타날 때,

하나님의 믿음에 누구나 다
속속히 들어오는 것을 보리라.
그때야말로 너는 소리 높이
주님의 영광을 찬양하라.
　　　　　—《코란》110장 1~3절

이슬람이 전파된 수효를 개산(槪算)하면 다음과 같다.

　헤지라 2년, 무함마드는 바드르에서 쿠라이시부족과 대결하기 위해 소집할 수 있는 사람은 겨우 305명이었다.

　헤지라 3년째에 쿠라이시부족 3천 명과 대결할 수 있는 병사의 수가 7백 명이었다.

　헤지라 5년째에 만 명의 연합군을 도랑에서 막은 메디나 사람의 수효는 3천 명이었다.

　헤지라 6년째 후다이비야에서 1천4백 명의 순례자가 생겼다.

　같은 해에 유태인과 하이바르 전쟁에서 1천5백 명의 전사(戰士)가 있었다.

　헤지라 8년째 메카 정복을 준비한 병사는 만 명이었고,

　같은 해 후나인 전쟁의 이슬람군사들은 만 2천 명이었다.

　헤지라 9년째 풍설에 떠돌던 로마인들의 아라비아반도 침략에 대비한 병사는 3만 명이었다. 이때는 극도로 궁핍한 해였고 1년 중에 가장 뜨거운 계절이었다.

　헤지라 10년째 그와 함께 메카에 순례한 사람의 수효는 10만 명이었다.

　무함마드가 세상을 떴을 때 시리아에서 예멘의 아덴까지, 그리고 젯다에서 이라크까지의 전 아라비아반도는 이슬람이었고 아무런 공포 없이 아주 안전하게 아무 데로나 여행할 수 있게 되었다.

여러 부족으로부터 파견되어 온 대표단 일행은 나중에 언급될 것이다.

무함마드가 메카의 핍박을 피하여 야음을 틈타서 메카를 탈출한 지 9년째 되었다. 여러 곤경을 뚫고 무함마드는 이슬람 공동체를 메디나에 구축하고 반석 위에 올려놓았다. 그리고 이제 메카는 무혈정복됐다. 무함마드를 없애려고 싸우던 자들은 모두 이슬람에 귀위하여 충실한 이슬람의 전사가 되었다. 무함마드를 그렇게 못살게 굴던 아부 자할의 아들 이크리마는 이슬람군의 지휘관이 되어 이윽고 영웅으로서 싸움터에서 숨지게 된다. 그들도 말한다.

"우리는 그전에 모든 힘을 다하여 하나님의 진실에 도전해 왔다. 이제는 이 진실을 옹호하기 위하여 더욱 힘을 다해 싸울 것이다. 하나님의 길을 위해!"

메카는 정복되고 쿠라이시부족은 모두 이슬람으로 개종했다. 메카뿐만 아니다. 3백만평방킬로미터의 모래, 아라비아반도의 전토도 제패되었으며 이슬람화한 것이다.

예언자가 메카를 성공적으로 정복한 것에 행복을 느끼고 있었을 무렵 그는 메카에서 메디나로 탈출하려고, 두 차례의 쿠라이시부족으로부터의 공격에서 입은 상처로 계속 병상(病床)에 있었던 그의 딸 자이나브를 머리에 떠올렸다. 이미 딸의 영혼은 어머니 하디자의 영혼과 합치게 되었다. 둘째 아내도 세상을 떴다.

이제 딸 파티마만이 예언자에게 남게 되었다. 예언자는 첫 아내와의 딸 자이나브의 죽음을 몹시 슬퍼했다. 이 딸은 바드르에서 포로가 된 남편에 대단히 충실했고 남편을 극진히 공경했으며 어머니 하디자로부터 물려받은 목걸이를 남편에게 보내주었다. 이 목걸이는 무함마드가 아내 하디자에게 보내준 것이다.

무함마드의 나이 60에 아들이 없었다. 하나님의 은총으로써 그는 이집트의 지배자가 그에게 보내온 부인 마리아에게서 아들 하나를 얻었다. 무함마드는 이 아들의 출산을 퍽 기뻐했다. 아이의 이름을 하나님의 은총에 감사한다는 뜻에서 '이브라힘'이라고 지었다. 마리아는 남편으로부터 사랑을 받았고 따로 집 한 채를 받았다. 남편은 이 아내에게 애정과 사랑을 쏟았으나 온 인류를 사랑한 무함마드는 늘그막에 가장 사랑스러운 아들을 낳아준 그 한 사람만을 사랑할 수는 없었다.

그러나 이 사실은 무함마드의 다른 아내들이 마리아를 시기하게 했다. 이 부인들은 무함마드의 아이를 낳지 못했다. 무함마드는 이브라힘이 탄생할 무렵에 이슬람 교단에 희사를 해 돈을 분배했다. 그래서 아기를 간호할 사람을 두거나, 아기 어머니에게 우유와 그밖의 일용품을 공급하는 데 지장을 받았다.

남편은 매일 이 아내의 집을 찾아와서 아기를 간호하고 마리아를 돌보는 데 적지 않은 시간을 보내곤 했었다. 이런 일로써 무함마드와 마리아는 몹시 미움을 샀고, 무함마드의 다른 아내들 사이에 심한 갈등이 생겼다. 이 아내들은 무함마드가 머저리와 같이 마리아를 편애(偏愛)한다고 생각하고 예언자에게 질투하였다.

20. 헤지라 제9~10년(630~632)

무함마드의 아내들

무함마드의 아들 이브라힘에 대한 무함마드의 사랑이 날이 갈수록 두터워지자, 이브라힘의 어머니 마리아에 대한 다른 아내들의 시기가 일었다. 다른 아내들은 아이를 낳지 못했다. 무함마드는 이브라힘을 아이샤를 비롯한 다른 아내들에게 데리고 가서 아이가 자기를 퍽 닮았다고 보여주곤 했었다. 무함마드는 이 아이에게 진심을 다하고 새 사랑에 빠졌다. 그래서 그는 아무런 죄 없이 무심하였기 때문에 그의 아이와 아기 어머니에 대한 사랑이 그의 다른 아내들의 악감을 일으키리라고 생각지 못했었다. 그러나 악감은 드디어 폭발했다. 아내들이 악감을 표면에 나타낸 것이다.

오마르의 딸 하프사는 우후드의 싸움에서 남편을 잃었다. 그녀는 감정이 풍부하고 정서가 넘쳐흐르며 또 학식도 있었다. 오마르는 과부가 된 딸 하프사를 아내를 잃은 오스만에게 시집보내려고 했는데 오스만이 거절하여 오마르는 모욕받았다고 생각하고 오스만을 죽이려고까지 생각했다. 사람의 마음을 잘 아는 무함마드는 상처를 입은 오마르의 자존심을 살리는 길은 무함마드 자신이 하프사를 아내로 받아들이는 것이라 여기고 청혼했다. 이러한 명예로운 해결에 오마르는 감격했다.

오마르 빈 핫타브는 이렇게 말했다.

"이슬람 이전시대에서 하나님이 부인들의 권리와 책임을 내리실 때까지 우리는 부인들에게 관심이 없었다. 어느 날 나의 아내와 나 자신이 서로 이야기하고 있었다. 이때 아내는 나에게 '당신은 왜 이런저런 일을 했소?'하고 말했다. 나는 '내가 원해서 하는 일에 당신이 무슨 상관이오?'하고 말하니, 아내는 '참 훌륭해요. 핫타브의 아들이여! 당신은 당신의 딸(하프사)이 예언자에게 묻고 있는데도 당신은 질문을 받기 싫어하오?'라고 말했다.

오마르는 외투를 입고 하프사를 만나러 나갔다. 딸을 만나서 '너는 예언자와 싸울 참이냐'고 했더니 딸이 '네, 그래요'라고 대답하기에, 나는 다시 딸에게 '얘야, 하나님의 저주와 사도의 분노가 너에게 미칠까 두렵다. 너무 주제넘게 나서지 말라'고 타일렀다. 다음에 나는 친척 움 살라마(예언자의 다른 아내)에게 가서 같은 말을 했더니 움 살라마는 '핫타브의 아들이여! 당신은 참 훌륭해요. 당신은 만사에, 아니 예언자와 그의 아내들의 사이까지를 간섭하시려 하나요'하고 말했다. 나는 부끄러워서 떠나왔다."

무함마드가 마리아에게 특별히 대우한 것이 그의 다른 아내들을 한데 뭉치게 하고 그 아내들이 가졌던 이상의 것을 남편에게 요구하게 한 것은 사실이다. 무함마드는 아내들의 요구를 듣지 않고 혼자 간직했다. 여자건 남자건 아무에게도 아무 말을 하지 않았다. 오마르와 아부 바크르는 자기 딸들로 하여금 무함마드에게 더 요구하지 못하게 했다. 문제는 불공평하게 결정되었다.

그러나 인간의 본성은 하나님만이 좌우할 수 있는 것이다. 그 본성은 자기가 질투 시기하는 여자를 자기 남편이 사랑할 때 더욱 걷잡을 수 없게 나타나기 마련이다.

　무함마드는 마리아에게 꿀을 갖다 주었다. 이것을 보고 아내들은 무함마드가 마가피르('림스'라는 나무에서 나오는 液) 냄새를 맡고 있는 거지라고 하면서 무함마드를 놀리기 시작했다. 예언자는 입에서 고약한 입김을 내기 싫어했을 뿐이다. 이것은 아내들이 조작한 이야기에 지나지 않는다. 이 때문에 그는 꿀을 먹지 않았고, 그 아내들을 한 달 동안 보지 않기로 맹세하고 아내들로부터 떠나서 혼자 살았다. 이런 가정싸움에 시간을 낭비할 수는 없었다. 이 한 달 동안에 그는 안락한 침대, 좋은 음식 등 지상의 모든 안위를 금했다. 그는 예배만을 드리고 초라한 침대에서 잤다. 그래서 그의 피부는 거칠어지고 말았다.

　교도들은 무함마드가 아내들과 이혼한 것으로 생각했으나 실상 그렇지는 않았다. 그는 잘 생각할 시간적 여유를 주어서 아내들의 질투를 가라앉히려고 했다. 그들은 마치 메디나가 로마인들에게 침략 당한 것같이 큰 혼돈 속에 빠졌다. 오마르는 예언자가 그의 아내들과 이혼하지 않았다는 소식을 무척 애쓴 끝에 예언자로부터 알았다. 오마르는 모스크에서 이 소식을 기다리고 있다가 이슬람교도들에게 전했다.

　이 사건 후 바로 하나님은 다음과 같은 계시를 내렸다.

> 오, 예언자여!
> 그대 아내들에게 만족을 주도록
> 하나님이 그대에게 허락한 것을,
> 어찌하여 그대는 멋대로 금하였는가.
>
> 　　　　　—《코란》66장 1절

예언자가 자신에게 스스로 그러한 행위를 못하게 딱 잘라 끊는 까닭은 그것을 마가피르의 냄새라고 조롱했기 때문이다. 예언자가 그의 아내 자이나브나 마리아와 꿀을 같이 먹고 있었다는 모함은 무함마드가 이 두 아내의 집에 가서 그들과 함께 꿀을 먹지 못하게 하려는 아이샤와 하프사의 날조였다. 무함마드가 마가피르의 냄새를 맡았다는 음모도 악의없는 단순한 거짓말이었다.

하나님은 너의 맹세를
버려도 좋다는 명을 내리셨다.
그리고 하나님은 너희 보호자이다.
―《코란》66장 2절

한 달 동안 그의 아내들을 피하려는 것이 예언자의 맹세이다. 이 맹세를 지키지 않을 경우의 보상이 《코란》 5장 89절에 언급되어 있다. 그 배상은 가난한 자 열 명에게 의복을 공급하든지 혹은 노예 한 명을 해방시키는 일이다. 그러나 무함마드는 그의 맹세를 지켰고 한 달 동안 아내들을 피했다.

예언자가 아내 한 사람에게 어떤 일을
비밀로 해두라고 말했을 때,
그리고 그 아내가 이를 다른 사람들에게
말한 것을 하나님이 그에게
모두 알렸을 때, 그는 아내에게
그 한 가닥만을 알리고
한 가닥은 감추었다.
그가 아내에게 그것을 말하니, 그 아내는

'누가 이것을 당신께 알렸소'라고 물었다.
'현명하고 모든 것을 알고 계시는
하나님이 가르쳐 주셨다'고 대답했다.
—《코란》66장 3절

아무도 이 비밀 이야기의 뜻은 알지를 못했다. 그것은 당사자들과 하나님만에게 알려져 있었다. 주석가들은 그것이 복음의 진리로 믿어지지 않는다고 상상했다. 그러나 이 말을 들은 아내는 하프사라고 전한다. 또 이것은 예언자의 다른 아내와 관계되는 것으로 추측된다. 하프사는 비밀을 지키도록 당부받았다. 그러나 하프사는 이것을 아이샤에게 누설시켜서 예언자와 아내들과의 사이에 혼란을 일으켰다. 어떤 주석가가 추측하는 바에 따르면 이 사건은 다음과 같다.

어느 날 하프사가 집에 없는 동안에 마리아가 예언자를 찾아왔다가 얼마 동안 머물렀다. 이때 하프사가 돌아왔다. 그러나 마리아가 예언자에게서 떠날 때까지 기다렸다. 이것이 하프사를 화나게 했다. 하프사는 예언자가 하프사의 상한 심정이 가라앉는 얼마 동안 마리아를 돌보지 않도록 억지로 자기에게 약속케 했다. 예언자는 하프사가 다른 사람에게 말하지 않겠다는 약속을 얻었다.

그런데 하프사는 비밀을 지키지 못하고 자기 성공을 아이샤에게 자랑했다. 그때의 계시는 다음과 같다.

만일 두 여인이 하나님께 회개한다면
둘에게 복이 될 것이다.
그리고 둘이 서로 공모하여 그에게 반항한다면,
하나님이 그의 보호자이시며
가브리엘도, 의로우신 자도,

> 모든 천사들도 모두 그의 편이다.
> —《코란》66장 4절

'두 여인'이란 하프사와 아이샤이고, 이들은 이 음모 사건의 주동자들이다. 이것은 예언자가 그의 아내들과 갈라서는 달의 거의 마지막 날이었다. 이 구절에 나오는 두 여인은 예언자를 후원한 자기들의 아버지와 친척들을 찾아다녔다. 두 여인은 벌써 자기들의 오만을 후회하였고 하나님은 이 이상 더 괴로움을 주지 않으려고 이들의 후회를 받아들였다. 다음 구절은 무함마드가 아내와 이혼하고 다른 부인들과 결혼할 수 있음을 알려준다. 그러나 그들은 이 이상의 훈계가 필요없고 화평했다. 끝이 좋으면 모든 것이 좋다.

예언자와 그의 아내들 사이도 이와 같았다. 그런데다 가정문제를 예언자의 적들은 자기들과 아무런 관계없는 문제에서 들고 일어나서 자신들의 영혼에 독소를 심으려 했다. 이것은 순전히 무함마드와 그의 아내들간의 문제이고 다른 사람들이 간섭할 권리가 없다. 무함마드는 아내들이 잘못을 깨달을 때까지 자신을 그의 아내로부터 인퇴하는 현명한 방법을 쓰고 상의하지 않았다. 무함마드는 하나님의 사도였지만 그의 아내들은 하나님의 영감을 받지 못했다. 아내들은 다른 부인들과 똑같은 감정의 노예였다.

그리고 그들에게 잘못이 있다면 그 잘못은 하나님의 예언자의 두 어깨 위에 짊어지울 것이 되지 못한다. 그들에 대해서 불필요한 말을 하는 사람들은 또 가장 야비하고 죄가 많은 행위의 책임을 지게 되고 그 행위의 책임을 또 그들의 창조자에게 대해 지게 된다. 이런 행위는 극단적으로 상식이 부족하고 마음을 잃은 데서 나온 것이다. 마음을 잃음으로써 무함마드의 적들은 가장 신성하고 비밀에 찬 일들을 파헤치고 자기들의 영혼의 악에 찬 욕심을 채우고 있다.

타부크 원정

무함마드가 아라비아반도를 정복했을 때 무함마드와 그의 친한 교우들은 이슬람에게 보다 큰 위험이 북쪽에서 다가오는 것을 알고, 자아드 빈 하리스 지휘하의 무타 원정(遠征)에서 할리드 빈 왈리드가 행한 대단히 오묘한 전술로써 모면했던 사실을 잊지 않았다.

그러나 그는 북쪽 원정을 계속할 수 있기에 앞서 그의 군대를 조직하고 그 군대에 급식할 병참을 준비했다. 그래서 그는 '자카트' 즉 앞에서 말한 바 있는 희사를 이슬람교도들에게서 거두도록 했다. 그들의 재산과는 아무런 관계없이 무함마드의 동맹자로부터 그들의 생산물의 10분의 1을 징수하기로 했다.

타임부족과 무스타리크부족은 이런 세금 부과에 반대하고 무함마드와 싸우려고 했으나 결국 그의 명령에 굴복했다.

무함마드가 이 세금 징수에 종사하고 아내들을 진정시키지 못했을 때에, 동로마인은 대군을 몰고 아라비아반도를 침공하려 한다는 풍설이 퍼졌다. 시리아는 정보를 빨리 얻기에는 너무 거리가 멀었다. 무함마드는 자기 나라가 침략되는 것을 보고 앉아서 기다릴 수는 없었다. 때는 630년 여름이었다. 부대는 기약할 수 없었고, 곡식의 수확은 극단적으로 나빴다. 사람들은 거의 먹을 것이 없었다. 동로마 침공의 풍설은 더욱 날개를 폈다.

무함마드는 그의 추종자들과 동맹 부족들에게 그의 밀사들을 보내서 동로마군의 침공에 대비케 하고 메디나에서 자기와 합류하게 했다. 그러나 이 큰 부대가 어떻게 이렇게 곤란한 해에, 더욱이 여름에 시리아로 갈 수 있겠는가. 무함마드는 그 병사들과 무기뿐만 아니라 음료수와 식량을 보급키 위해 운반해야 했다. 이것은 매우 곤란한 일이었다. 이슬람전사들은 의문을 갖지 않았고 하나님의 예언자의 명령을 수행하는 데 하나의 답을 알고 있었을 뿐이었다.
"우리는 듣고 복종한다."
아부 바크르는 자기 재산을 모두 가지고 와서 무함마드에게 바쳤다. 오마르는 그 중 절반을 제공했다. 오스만은 병사 만 명의 식량과 낙타 백 마리를 바쳤다. 나머지 이슬람교도들은 자기들이 갖고 있는 무엇이든지 가지고 왔다. 가장 가난한 교도들마저도 그들의 몫을 헌납했다.
이런 시련이나 시험으로써 쉽사리 성의를 가진 자와 성의를 갖지 않는 자를 가릴 수 있다. 위선자들은 '너희들은 이런 더위에 가지 말라'고 꾀었다. 이에 대해서 하나님은 대답했다.

　　지옥불은 이 더위보다 더 뜨거우니라.
　　　　　　—《코란》 9장 81절

　　아랍 유목부족의 몇 사람도
　　무엇인가를 구실삼아 면제를 청해 왔다.
　　하나님과 사도를 속이고
　　그들은 뒤에 남았다.
　　　　　　—《코란》 9장 90절

9장 73절부터 끝절까지 《코란》은 이 원정의 여러 가지 모습을 그리고 있다. 무함마드는 이 뒤에 남은 사람들의 구실에 귀를 기울이지 말라는 경고를 받았다. 이 구실로 해서 남은 사람 중 세 사람만이 참회하고 용서를 받았다. 그밖의 나머지 위선자들은 모두 이슬람교도들과 구별되어 추방되었다.
이슬람군은 메디나 교외에 소집되었다. 한편 무함마드는 자기가 없는 동안의 메디나 관리를 정비했다. 무함마드가 없는 동안 이 도시의 통치자로서 무함마드 빈 마슬라마가 임명되고 알리 빈 아부 탈리브는 이슬람교도들의 가족들과 그들이 재산을, 특히 무함마드의 가까운 친척들을 보호하는 책임을 맡았다. 무함마드가 메디나를 비우는 동안에 아부 바크르는 메디나 교외에서 예배를 인도하고 예언자의 대표로서 유덕한 일을 대행했다.

무함마드는 메디나에서 출발하고 군의 지휘권을 장악했다. 압둘라 빈 우바이는 무함마드와 함께 가고 싶었으나 무함마드는 그의 악랄한 성질을 경험했기 때문에 그를 메디나에 남겨두었다.

메디나의 부녀자들은 제각기 지붕에 올라가서 기마병 만 명, 보병 2만 명과 낙타병의 대군의 선두에 선 무함마드의 의연한 모습을 지켜보았다. 더위를 무서워하는 자들은 뒤에 남았다.

이슬람군은 하나님에게 봉사하려는 충성된 마음을 가지고 내리쬐는 햇볕 속에서 계속 진군했다. 그들은 사무드의 나라 히즈르 지방에 도착했다.

이슬람군은 히즈르의 우물가에서 쉬고 싶었으나, 예언자는 물을 마시는 것과 목계(沐戒)하는 것을 엄금했다.

이슬람군들은 그의 명령에 복종하여 진군을 계속했다. 그러나 심한 목마름으로 고생했다. 그후 곧 하나님은 이들에게 위로부터 비를 내렸다.

이슬람교도들은 무함마드에게 달려와서 이것이 기적이라고 말하면서 놀랐다. 그는 '아니다. 구름이 비를 내리게 한 것이다'고 말했다.

이슬람군은 이제 활기를 띠고 시리아 국경에서 그다지 멀지 않은 타부크에 도착했다. 동로마인들은 전국에 간첩을 파견하여 무함마드의 전쟁 준비를 알아보게 했다. 무함마드가 자기들과 대결코자 진군해 왔다는 것과 이슬람군들이 무타에서 손실을 회복했다는 사실을 탐지하고 로마인들은 갑자기 그들의 전선에서 후퇴했다. 무함마드는 아라비아반도를 방위하려 하였을 뿐 시리아를 침입하려는 것이 아니었던 까닭에 그들을 추격하지 않았다. 그러나 그는 전국을 두루 다니면서 필요하다면 싸울 수도 있고 화평할 수도 있는 태세를 갖추게 했다.

이슬람군에 적대하던 족장들 중의 한 사람은 기독교인 유한나 빈 루야였다. 그는 항복하고 지즈아(인두세)를 지불하기로 찬성했다. 무함마드는 다음과 같은 평화조약을 그와 맺었다.

"알라의 이름으로 가장 자비하시고 가장 자애 깊으신 분,

이것은 하나님과 그의 사도이고 예언자인 무함마드가 유한나 빈 루야와 자일라족에게 주는 안전 보장이다. 그들의 육지와 해상의 선박과 수송(輸送)은 하나님과 하나님의 예언자 무함마드, 그리고 시리아, 예멘의 주민들과 해안선상의 주민들과 함께 있는 사람들의 보호를 받는다. 만일 이중 어느 주민들에게라도 어떤 일이 일어나면 무함마드는 그 지역에 공격하는 무리에 대항하여 그들을 돕는 권한을 가지고, 어떤 사람이건 그들이 음료수지(飮料水地)에 오지 못하게 하거나 또는 육로나 해로를 통해서 횡단하지 못하게 할 수 없다."

무함마드는 자기 겉옷을 유한나에게 선사했다. 유한나는 또 금으로 된 선물과 굴복하는 표적으로 다른 물건을 무함마드에게 가져왔다. 지르바족, 아즈라프부족과 같은 기독교의 몇 유태부족들도 굴복했다. 할리드 빈 왈리드는 예언자의 명령에 따라 기마자 5백 명을 가진 두맛 알 잔달 지방의 지배자에게 가서 들소를 사냥하고 있는 지배자와 그의 동생을 체포하여 메디나로 데리고 왔다.

이들은 무함마드에게 항복했기에 무함마드의 동맹군으로서 석방되었다. 그러나 할리드는 이 형제들의 선행(善行)을 확인하는 뜻에서 낙타 2천 마리, 양 8백 마리, 식량 4백 부대, 갑옷 4백 벌을 가지고

왔었다.

무함마드는 타부크에서 20일 동안 체류하다가 할리드보다 앞서 메디나에 도착했다. 위선자들은 그가 빈 손으로 돌아오는 것을 보고,

"무함마드가 그의 추종자들을 데리고 가 그렇게 고생시키고 또 많은 돈을 써가면서 타부크에 20일이나 묵어오다가 겨우 이 꼴인가. 이것뿐이냐. 전쟁을 치르고 얻은 것이란 무엇인가? 가져온 것이란 게 보잘것없는 조약 두 개란 말인가."

하고 중얼거렸다. 메디나에서 겉으로 이슬람을 믿는 척하면서 속으로는 믿지 않는 자들인 위선자들은 그를 조롱하고 그의 추종자들 앞에서 창피를 주었다. 그러나 위선자들의 조롱이 심할수록 이슬람교도들의 신앙은 굳어지고 위선자들에 대한 멸시는 커져만 갔다. 이 위선자들의 조롱이 채 끝나기 전에 할리드는 포로들과 전리품을 가지고 돌아왔다. 위선자들은 갑자기 변하여 이슬람교도들과 친해지려고 했으나 하나님은 이 위선자들과 같이하시려 하지 않았다. 위선자들은 도덕적 문둥병자들이었다. 만일 그들이 자기 영혼을 회개(悔改)하고 성결케 하지 않는다면.

위선자들 중의 세 사람 카브 빈 말리크, 무라라 빈 라비와 할랄 빈 옴마야만이 하나님의 명령에 따라 용서되었다. 이 세 사람은 회개하고 이슬람의 울타리로 데리고 가 달라고 곧 숨이라도 넘어갈 듯이 애절하게 고함을 질렀다. 하나님은 이들과 기근의 해에 무함마드를 도와준 그밖의 사람들에 대해서 다음과 같이 말씀하셨다.

> 하나님은 확실히
> 예언자가 곤란받고 있을 때 그를 따르는 이주자와
> 또 곤란받고 있을 때
> 원조자들에게, 은혜를 베푸셨다.

그들 일행의 마음이 흔들린 후에도
하나님은 그들을 용서하셨다.
하나님은 그들에게
사랑과 자애하신 분이기 때문이다.
또 뒤에 남았던 세 사람들에게도 용서하셨다.
그렇게도 넓은 땅도 그들에겐 좁았고
거기다 그들의 영혼마저 좁아지니,
드디어 그들은 하나님에 향하는 외에
하나님으로부터 벗어날 길이 없음을 알았다.
그래서 하나님은 그들이 하나님께로
돌아서기 위해 용서의 얼굴을
그들에게 돌리셨다.
참으로 하나님은 용서를 잘 해주시고 가장 자비하신 분이다.
─《코란》 9장 117~118절

위선자들은 이슬람 공동체의 내부의 적으로 언제나 무함마드측에 가시가 되었다. 무함마드가 타부크로 출발하기 앞서 위선자들은 모스크 하나를 세우고 여기서 무함마드와 이슬람에 대한 비밀 회의를 열곤 했었다. 위선자들은 무함마드가 모스크 헌당식에 참석하여 그 안에서 예배해 주기를 바랐다. 무함마드는 헌당식을 잠시 연기시켰다.

그러나 하나님은 무함마드에게 위선자들의 비밀 의도를 가르쳤다. 《코란》 90장은 도덕적으로 병든 메디나 사람들의 행위, 언어, 사고(思考)에 관해서 많이 기록하고 있다. 이 특별한 예배당에 대해서 하나님은 다음과 같이 말했었다.

예배당을 세운 자들이 있도다.

> 신도 사이에
> 고통과 불신과 분열을 일으키기 위해서,
> 또 전에 하나님과 그의 사도에게
> 도전했던 자들의 복병장소로서
> 예배당을 세웠다.
> 그들은 맹세하여 말하기를
> '우리의 의도는 아주 깨끗하노라'고 한다.
> 그러나 하나님은 그들이
> 틀림없는 거짓말쟁이라고 증언하신다.
> 그대들은 그 속에 들어가 예배를 드려서는 안된다.
> ―《코란》9장 107~108절

무함마드는 그 예배당이 하나님의 말씀을 어기고 이슬람교도에 쓸모없게 사용되지 않도록 예배당을 태워 버리게 했다. 그제서야 위선자들은 무서워서 몹시 떨었다. 그후 바로 그들의 지도자 이븐 웁바이는 죽었다. 이로써 이슬람교도들의 골칫거리였던 일단(一團)은 끝장이 났다.

무함마드의 아들이 죽다

타부크 출정은 예언자가 한 군사 원정의 마지막이었다. 이제야 그는 자유의 몸이 되어 전적으로 이슬람군의 포교에 전념할 수 있게 되었다. 그러나 하나님은 그를 그의 가족에 대한 슬픔 속에 몰아넣었다. 이 슬픔은 무함마드에게 가장 어려운 시련이었다. 슬픔은 그의 영원한 동반자였다. 그것은 그가 사랑하는 가족 하나하나를 이 세상에서 잃은 슬픔이었다. 그가 사랑하던 가족들의 죽음은 이렇다.

태어나기도 전의 아버지의 죽음.

무함마드가 여섯 살 때 몇달밖에 같이 있어 보지 못했던 어머니의 죽음.

여덟 살 때까지 자기를 지켜 주신 할아버지 압둘 뭇탈리브의 죽음.

아내 하디자와 숙부 아부 탈리브의 죽음.

가장 비참한 환경에서 살았던 세 딸(움미 쿨수움, 루카이야, 자이나브)의 죽음.

자라 보지도 못했던 첫 아들 카심의 죽음.

하나님의 의지에 따른 놀랍도록 잘생긴 어린 아들 이브라힘이 태어난 지 16개월만에 병에 걸려 죽었다.

무함마드는 태어나기도 전에 아버지가 죽었다. 그는 유복자로 태어났다. 아버지 없는 아이지만 당시 메카 명문가의 자손답게 자랐다. 그는 할아버지 압둘 뭇탈리브의 집에서 모친 아미나와 함께 살았다. 태어난 후 얼마 되지 않아 사막에 사는 아랍부족의 유모에게 맡겨졌다. 메카의 명문가 자식은 메카 시내에서 양육되는 일이 없었다. 메카 시내는 돌산에 둘러싸인 분지로 공기가 탁한데다 유행병이 쉴새없이 발생하여 유아의 사망률이 높기 때문이었다. 그래서 어린아이는 사막의 유목민에게 양육되는 것이 일반적이었다.

무함마드는 할리마라는 사막 유목민의 아낙네에 맡겨져 2년 동안 양육되었다가 할아버지한테 돌아왔다. 할아버지 압둘 뭇탈리브한테 가서 살았는데 무함마드를 끔찍이 사랑하던 할아버지도 그가 여덟 살 되었을 때 세상을 떠났다. 이미 할아버지가 돌아가시기 2년 전에 어머니도 세상을 떠난 상태였다.

숙부 아부 탈리브한테서 성장했지만 숙부도 가난하여 성장하면서도 여러 고생을 다하다가 25세에 하디자와 결혼하여 가정을 꾸미고 경제적 여유도 갖추었는데 619년에 숙부 아부 탈리브와 아내 하디자도 사망했다.

이슬람을 전도하다가 메카의 쿠라이시부족의 핍박을 받아 비참한 환경에서 성장한 딸들이 결혼생활을 얼마 하지도 못하고 죽었다. 그 세 딸의 이름은 움미 쿨수움, 루카이야, 자이나브이다. 그리고 큰아들 카심도 요절했다. 무함마드가 60세 되었을 때 사랑하는 아들 이브라힘을 잃었다.

무함마드가 최선을 다해서 목숨을 건져 보려고 돌보고 간호하던 이 유아에 관한 이야기는 무척 감동적이다. 그는 인내력이 강했지만 슬픔과 애통이란 인간에겐 본능적인 것이다. 부드러운 마음씨를 가진 무함마드는 무엇이 자기에게 닥쳐오리라는 것을 느끼지 않을 수 없었다. 그의 나이 예순한 살이었다.

그는 아들을 보려고 압둘 라하만 아우프의 팔에 기대면서 간호하고 있는 마리아의 집 옆에 있는 나무 그늘에까지 갔다.

이브라힘은 그의 어머니 무릎에 안긴 채 죽음의 비통에 휩싸여 있었다. 무함마드는 아들을 가만히 자기 무릎에 옮겼다. 무함마드의 심장은 마구 뛰고 손은 무섭게 떨렸다. 슬픔이 그의 영혼을 억압하고 얼굴은 변하여 마치 자신이 죽음의 진통을 겪는 것같이 창백했다. 그는 '오, 이브라힘아! 너는 이제 하나님을 위해 쓸 수 없게 되었구나'고 괴로움의 입을 열었다. 마음속에서 솟아오르다 터지는 그 무엇 때문에 그 이상 말이 나오지 않았다. 무함마드의 눈에 눈물이 고였다.

이브라힘은 드디어 마지막 숨을 거두었다. 어머니와 아주머니는 죽은 자에 대해서 자연히 솟는 울음을 터뜨렸다.

드디어 무함마드는 정신을 가다듬고,

"오 이브라힘아! 하나님의 명령이 진리이고, 하나님의 약속이 성취되고, 우리들의 최후자가 최초자와 합일되는 일이 없다면, 우리들은 이보다 더욱더 너의 죽음을 슬퍼할 것이다."

고 말한 뒤, 잠시 있다가 다시,

"우리들의 눈은 눈물로 차 있다. 우리의 가슴은 애통으로 찼다. 그러나 하나님을 기쁘게 하는 것 외에 우리들은 입에 담을 것이 없다. 우리는 너를 애도한다. 오, 이브라힘!"
하고 말을 맺었다.

> 우리는 하나님의 것
> 우리가 돌아가는 곳은
> 그분의 품이다.
>
> ―《코란》 2장 156절

사람들은 무함마드가 슬픔에 찬 것에 의심을 품었다. 그때에 그가 한 말은 다음과 같다.

"나는 너희들에게 슬픔을 금하지 않았으나, 슬픔에 차서 소리를 내는 것을 금했다. 너희들은 사랑과 자비를 느끼는 마음을 금할 수 없고, 사랑과 자비를 다른 사람에게 표시하지 않는 자는 자신에 대해서 사랑과 자비를 받지 못하느니라."

무함마드의 아들이 죽던 날에 태양이 일그러졌다. 이것은 하늘과 땅이 이브라힘의 죽음을 애도하는 하늘의 기적이라고 사람들이 생각한 데 대해서 무함마드는 말하기를,

"태양과 달은 하나님의 징조 중의 두 가지이다. 그것들은 인간의 죽음이나 탄생을 위해 일그러지지 않는다. 너희들이 일식, 월식을 보면 예배 가운데서 하나님을 기억하기를 서둘러라."

고 말했다. 이 말을 끝내고 무함마드는 그날의 설교를 했다.

타부크 원정은 아랍 사람에게 가장 깊은 인상을 주었다. 만일 무함마드가 감히 대로마 제국에 도전할 만했고, 로마인들이 이 도전을 무서워했다면, 이밖에 또 누가 무함마드에 대항할 수 있었겠는가. 그러

므로 이슬람의 진리와 무함마드의 힘을 마음속에서 의심했던 것은 무엇이나 이제 제거되었다. 사람들은 자유롭게 이슬람을 선택하고 믿기 시작했다. 다음 장에서 좀더 이야기하겠다.

순례 대표자로 아부 바크르 임명

무함마드는 메카를 떠난 이래 여태까지 순례를 행하지 못했다. 이제까지 순례는 옛 이교도의 의식에 따라 아라비아부족에 의해서 행해졌다.

무함마드는 사람들에게 순례행사의 새로운 길을 가르치기 위해서 3백 명의 이슬람교도들과 함께 아부 바크르를 보냈다. 아부 바크르가 떠난 바로 뒤를 이어서 예언자는 이교도들이 메카의 성전에 들어가는 것을 금하라는 계시를 받았다. 새로운 개혁은 대단히 위대한 것이었기 때문에, 무함마드는 알리 빈 아부 탈리브를 보내서 아부 바크르가 인솔하는 순례단에 가담하게 하고 새로운 '선언(宣言)'을 당사자 모두에게 선포케 했다. 이 선언은 《코란》 9장 1절부터 37절에 자세히 언급되어 있다.

이 구절은 모든 지상의 권세에서 벗어나는 무함마드의 독립 포고이고, 모든 불순과 음탕과 모든 우상숭배에서 메카와 이교도적 순례를 해방시키며 모든 이교도에 반대하는 하나님의 선언이다. 우상숭배를 일소하는 무함마드와 동맹을 맺지 않은 모든 이교도는 메카에서 이주하되 4개월의 시간이 허용되었다. 만일 이 기간 동안에 지시와 도움을 원하는 사람은 누구나 지시와 도움을 받고 안전하게 자기 집으로 이주할 수 있었다. 이미 무함마드와 맺은 이교도들의 계약은 그 기간이 만료될 때까지 엄격히 준수될 것이다.

이 4개월이 끝난 뒤에는 또는 이 기간이 만료된 후에 카바신전의 통제와 순례의 관리는 전적으로 이슬람의 손에 있게 된다. 이교도들은 정신적으로 불결하였기에 하나님과 하나님의 사도에 속했던 하나님의 신성한 집에 들어갈 권리를 잃었다. 만일 이교도가 이슬람을 받아들이고 이슬람의 예배를 올리고 희사를 한다면 이교도가 아니라 이슬람교도로서 이슬람공동체에 속하게 된다.

> 그러나 그들이 회개하고 하나님에게 돌아오고
> 예배드리고
> 정한 바의 희사를 하면
> 그들은 믿음에서 형제이다…….
> ―《코란》 9장 11절

그러나 여전히 이교도로 있으면 그때엔,

> 그대들 믿는 자들이여!
> 다신교도들은 모두 부정하도다.
> 그러므로 그들을 금년 이후
> 거룩한 성전에 접근시키지 말라……
> ―《코란》 9장 28절

알리와 아부 후라이라는 순례에서 아부 바크르의 옆에 섰다. 알리는 《코란》 9장 첫 절부터 27절까지를 읽었다. 이 절들은 아랍부족들과 이슬람교도들과 카바신전과 순례에 관한 하나님의 명령을 아랍부족에게 알리는 구절이다.

이날부터 아라비아반도에 새로운 기원이 시작되었다. 사실상 이 순례는 이슬람 역사상 가장 중요한 사건이다. ―631년 2월인 헤지라 제9년 말이다.

그리고 다음해인 헤지라 제10년 1월 1일은 하나님의 밑에서 무함마드와 이슬람들이 주인이 된 날이다. 이날까지 이들은 우상숭배의 속박에서 벗어나려고 무진 애를 써 왔다. 지금은 이슬람이 하나님을 믿는 종교로서 하나님의 인도 아래 무엇을 할 수 있는가를 보여주는 때였다. 알리는 미나에서 《코란》의 독송을 마치고 거기에 참석한 모든 사람에게 다음과 같이 말했다.

"오 여러분들! 불신자는 한 사람도 천국에 갈 수 없을 것이고, 금년부터 순례에 참가하는 이교도는 없을 것이며, 아무도 헐벗은 상태로 카바신전을 도는 구보(타와프)할 수 없을 것이고, 무함마드와 조약을 맺은 사람은 누구나 그 조약에 적혀 있는 날짜에 조약한 일을 실행할 것이다."

알리는 미나에서뿐만 아니라 그밖에 집회가 있는 여러 곳에서 윗장을 독송했다. 여태까지 타이프, 헤자즈, 티하마, 나즈드, 그리고 이 밖의 여러 곳의 사람들은 이슬람 신앙을 선언했다. 아직도 이슬람의 영역에 가입하지 않았던 사람들은 그 진리에 억압되어 서둘러서 이슬람에 귀의했다.

아부 바크르, 알리, 아부 후라이라와 아부 바크르 등 3백 명은 많은 사람들과 함께 메디나로 돌아왔다. 이날부터 메디나는 예언자의 도시이고 이슬람의 수도였다. 대표단들이 아라비아반도의 사방으로부터 메디나로 흘러들어왔다. 그 대표단은 63개처의 63부족이었다.

사람들은 서로 다투면서 모여들어 새로운 신앙을 배우고 우상과 초상과 텅 빈 이름을 모조리 버렸다. 이것은 메카의 정복과 타부크 원정의 결과였다. 무함마드와 그의 추종자들은 강제가 아닌 권유의 힘을 썼다. 아랍부족은 이슬람의 깃발과 무함마드의 인도 밑에서 한 덩어리가 되었다.

무함마드의 추종자들은 그를 위하여 자기들밖에 없는 생명과 재산을 바쳤다. 그들이 이와 같이 행한 까닭은 그를 절대로 믿은 데 있다.

그들은 무함마드가 진리임을 알았으므로 그를 믿었다. 아이샤와 하프사가 무함마드와 싸웠을 때 이 여인들의 아버지 바크르와 오마르는 자기 딸을 죽일 각오까지 했었다. 그 까닭은 딸이 무함마드가 줄 수 있었던 이상의 것을 요구했었기 때문이었다. 우후드와 후나인에서 자기 목숨을 바쳐 그의 생명을 구한 사람이 한두 사람만이 아니었다. 무함마드의 사명을 입증하는 것은 무함마드의 약속과 예언이 비록 가장 역경 속에서 성취되기는 했으나 문자대로 완수되었다는 사실이다.

대표단의 해들

헤지라 제10년은 보통 대표 사절단의 해라고 불린다. 그러나 실상 대표 위원단은 제8년 말부터 시작하여 제10년 말까지 계속되었다.

대표 위원단에 대한 자세한 이야기는 또 한 권의 책을 필요로 할 것이다. 여기서는 가장 중요한 대표 위원단을 요약해서 말하려고 한다. 이것은 실지로 일어난 사건을 독자에게 충분히 알릴 수 있을 것이다.

이 대표 위원단들은 무함마드를 아라비아반도의 전 부족장들과 지배자들에게 소개하려는 자연의 결과였다.

이 사절단은 또 메카의 정복, 후나인 전투와 타부크 원정으로 나타난 것이다.

무함마드가 타이프를 포위했으나 점령하지 못했던 일이 있었다.

사정의 묘한 연속 때문에 타이프 사람들은 무함마드의 가장 흉악한 적들이면서 평화사절단을 무함마드에게 보내온 최초의 부족이었다. 그것은 이렇게 해서 된 것이다. 즉, 우르와 빈 마수드는 사키프족장의 한 사람이었다. 이는 무함마드가 타이프를 포위했을 때에 예멘에 있었다. 그는 타이프에 돌아와서 무함마드가 타부크에서 성공적으로 귀환했다는 사실을 알고 메디나로 와서 이슬람에 귀의했다.

그는 이슬람교도로 되었을 뿐만 아니라 그의 길을 가로막는 여러 곤란을 알면서도 그의 부족에게 이슬람을 설교하고 싶어했고, 또 그의 사명을 고수했다. 예언자는 이를 매우 치밀하게 시험한 뒤에 자기 부족들을 이슬람의 울타리 안으로 몰아넣으려는 열성이 그에게 있음을 알았다. 예언자는 사키프가 이슬람에 매섭게 대항적이며 자기들의 우상신 알 라트를 좋아한다는 것을 스스로 알고 있었다. 우르와가 이슬람을 설교하면 죽인다고 사키프가 벼른다는 것을 무함마드가 우르와에게 알렸다. 우르와는 이 말을 듣고,
"저는 그 부족들로부터 그들 자신의 눈보다 더 많은 사랑을 받고 있습니다."
고 대답했다.

우르와는 사키프부족에게 가서 이슬람을 전했다. 이 부족들은 서로 상의했으나 결정을 짓지 못했다. 다음날 우르와는 높은 곳에 올라와서 예배 시간을 알리는 찬교(贊敎)를 외쳤다. 그들은 이 이상 참을 수 없었다. 사람들은 몰려와서 그를 둘러싼 다음에 우르와를 화살로 찔러 상처를 입히고 목숨만을 겨우 붙여 두었다. 예언자의 예언이 사실이 되었다.

우르와가 거의 숨을 거둘 때까지 사람들은 거기서 떠나지 않았다. 우르와는 '이것은 하나님이 나에게 주신 하나의 영광이며 하나님이 나에게 맛보이신 순교이다. 나의 사건은 내가 떠나기에 앞서 이곳에서 살해된 무함마드의 순교자들의 사건과 똑같다'고 말했다.

그는 그의 원대로 무함마드의 순교자들의 곁에 파묻혔다.

그러나 우르와의 유혈은 헛되지 않았다. 타이프 주변의 부족들은 무함마드에게 와서 자기들이 이슬람을 받아들이겠다고 선언했다. 타이프부족들의 양심은 또 한 번 구멍이 뚫렸고 그들이 범한 죄는 그들의 위에서 무섭게 짓눌렀다. 그들은 아무 까닭도 없이 자기들의 죄

없는 족장 한 사람을 살해했다. 이 살해에 복수가 뒤따랐다. 심지어 로마인마저도 무함마드와 싸우기를 무서워했는데 그 무함마드와 대항해서 자기들을 구해 줄 수 있는 것이란 아무것도 없었다. 이 부족들은 자기들의 지도자 아브드 자리일에게 돌아갔다.

이 지도자는 무함마드가 사명을 받은 후 약 10년 되던 해에 이슬람을 전하고자 거기에 갔을 때 무함마드에게 욕을 퍼붓고 그에게 대항하는 폭력을 마을에서 일으켰던 세 형제 중의 한 사람이었다. 아브드 자리일은 메디나에 갔다가 돌아올 때 안전을 기하기 위해서 자기를 포함한 다섯 명을 파견하는 조건이 아니면 대표 사절단의 사업을 수락할 수 없다고 했다. 그는 각 부족에게서 대표 한 명씩을 얻었다.

그들이 메디나 근처에 왔을 때 무기라 빈 슈바가 이들을 만났다. 아부 바크르는 기쁜 소식을 하나님의 예언자에게 전했다.

이 대표 사절단은 사키프부족이 전에 예언자를 냉대하였고 우르와를 죽였기 때문에 이슬람교도들로부터 피해를 입을까봐 두려워했다. 그래서 이들은 특별히 따로 천막 하나를 쳐서 그 안에 머물면서 안전을 기했다. 할리드 빈 사이드 빈 아스가 그들과 무함마드와의 사이를 중개했다.

이 대표단 일행은 아주 조심스러웠다. 이들은 자기들을 대접하는 음식물을 할리드가 먼저 먹기 전에는 먹지를 않았다. 그들은 이슬람의 깃발 아래에서 안전과 우의를 받을 수 있다는 제안이 있었다. 그러나 그들은 이슬람교도들이 지금부터 3년 동안 알 라트 그들의 우상에 간섭하지 말기를 바랐다. 그러나 예언자는 단 하루도 이것을 양보하려 하지 않았다. 그래서 신앙과 우상숭배와의 사이에 타협이 이루어지지 않았다. 하나님과 앞날의 신앙, 그리고 불신앙 사이에 중간 길이란 있을 수 없었다. 하나님과 우상들은 이슬람에게는 결합될 수 없었다. 사절단 일행은 이제 절망하고 예배만은(우르와가 찬교 때문에 살해되었다는 것을 기억하라) 면제되기를 청했다. 그러나 무함마드는 '예배하지 않는 신앙에는 덕이 없다'고 말했다.

드디어 이 대표 사절단은 자신들의 손으로 우상을 깨뜨릴 것을 청했다. 무함마드는 이에 동의했다. 그는 언제나 이성인(理性人)이었다. 하나님의 예언자는 이 일행에게 안전을 보장해 주고 오스만 빈 아부 아스를 그들의 선교사로 임명했다. 대표 사절단은 제9월에 무함마드의 손님으로서 메디나에 체류했다.

무함마드는 오스만 빈 아부 아스에게,

"너희들은 예배를 짧게 하되, 예배시간의 길이는 가장 약한 사람들의 힘에 따라 정하라. 왜냐하면 늙은이, 너무 젊은 사람, 약한 사람, 혹은 화급한 사람이 그들 중에 있기 때문이다."

고 지시했다.

이 대표단은 귀국했다. 무함마드는 아부 수피안 빈 하르브와 무기라 빈 슈바를 이 대표단에 딸려보냈다. 이 두 사람은 사키프부족의 옛 친구였다. 아부 수피안과 무기라가 우상을 깨뜨리는 것을 보고 사키프부족 부녀자들은 울음을 터뜨렸다. 그러나 대표단이 이것에 찬성했기에 이에 대해서 말하는 사람은 한 사람도 없었다. 우상의 장식품들은 우르와와 아스와드를 살해한 보상금에 충당되었다. 헤자즈 지방 전체는 바누 사키프의 굴복으로 이제 무함마드의 명령하에 있게 되었다.

앞 장에서 이미 말한 대로, 아부 바크르가 순례에 오르기 전에 다른 대표 위원단들이 메디나에 왔었다. 예언자가 헤자즈에 체류하면서 이슬람의 신앙을 사람들에게 가르쳐 줄 필요가 생긴 까닭이었다. 이 사업을 위해 무함마드는 특별히 하나님에 의해서 임명되었다.

마지나는 대단히 큰 부족이고 헤지라 제4년에 4백 명으로 구성된 대표 위원단을 메디나로 보내서 자기들의 신앙을 인정받은 첫 부족이었다. 이스파안족을 정복한 사람 누만은 이 부족에 속했다.
 타미임족의 지도자들은 대단히 오만하게 메디나로 왔다. 메디나의 낙타를 약탈한 사람 빈 히슨이 대표단에 끼어 있었다. 이 대표단의 사절들은 무함마드를 큰 소리로 불러내서 자기들과 논쟁하자고 제의했다.
 "우리는 우리의 신에 감사한다. 우리는 그의 은총으로 왕관과 왕좌 그리고 보물을 소유한 자가 되었고, 아라비아반도 동쪽의 공동체 중에서 으뜸가는 영광의 부족이 되었다. 오늘날 우리와 대적할 수 있는 자는 누구인가? 이론이 있는 자면 우리가 설명했던 것과 같은 공적과 특징을 말해보라!"
예언자는 사빗 빈 카이스로 하여금 대꾸하게 하였다.
 "하늘과 땅을 만드신 하나님이 찬양을 받으시기를. 하나님은 우리에게 왕국을 주셨고, 세상에서 가장 참하고 핏줄이 고귀하고 말에 진리가 있고 행동에서 뛰어난 자를 여러 무리에서 뽑아 택하셨다. 이러므로 하나님은 그에게 계전을 허락하셨고 선택된 자는 인류에게 이슬람을 소개했다. 이주자가 맨 처음으로, 다음엔 우리 원조자들이 그의 부름에 응했다. 우리는 하나님의 원조자들이요, 하나님의 대사(大使)들이다."

　　우리는 고귀한 중에서 영광된 자,
　　우리의 위대함에 대적할 자가 없나니,
　　왕은 우리의 씨에서 탄생했고
　　우리는 모스크의 건설자가 되리라.

 이 시구는 타미임부족의 한 시인이 앞에 나와서 읊은 것이다.
 예언자는 이에 대항해서 핫산을 내세웠다.

쿠라이시부족의 귀족과
그들의 동포는
세상에게 모든 사람이
걸어갈 길을 보였다.

입씨름이 끝난 뒤에 이 부족은 그들의 신앙을 선언했다.
핫산이 읊은 시의 감명은 타미임부족도 메디나에 와서 무함마드를 따를 수밖에 없게 했다. 그들은 자기들이 위대했다면 쿠라이시부족의 한 후손인 무함마드가 그들을 위해 마련한 그 길을 걷지 않았을 것이다. 그러므로 쿠라이시부족은 타미임족보다 우수하다.

이와 똑같이 사빗 빈 카이스의 연설은 타미임족의 위인들이 단지 지상의 왕관을 소유하고 있는 데 대해서 무함마드가 계시의 은총을 받았다는 사실을 알려준다. 그러므로 무함마드의 연설자와 시인은 논쟁에서도 승리했던 것이다.

아샤리부족은 예멘의 고귀한 부족이었다. 아부 무사 아샤리는 이 부족의 지도자였다. 그는 헤지라 제7년에 53명과 함께 바닷길로 메디나에 도착하려고 했다. 이것은 쿠라이시부족이 아직 무함마드에게 여전히 대항하여 그들의 길을 막았기 때문이다. 바람 때문에 이 일행은 아비시니아에 표류했다. 이곳에서 그들은 자파르 빈 아부 탈리브와 합류, 그를 따라 메디나로 와서 이슬람교도가 되었다. 이들은 가장 열렬한 개종자에 속하게 되었다.

투파일 빈 아므르는 다우스 족장이다. 무함마드가 사명을 시작한 지 7년 되던 해에 메카에 와서 이슬람에 귀의했다. 그는 그의 부족을 이슬람으로 개종시켰으며, 성천 제7년에 이 부족 중 80명이 유명한 아부 후라이라와 함께 메디나로 이주해 왔다. 그는 무함마드의 언행을 잘 전한 사람으로 알려져 있다.

하리스 빈 카브 부족은 아라비아반도 남부 나즈란 사람이었다. 이 부족은 아라비아반도를 석권한 이름 있는 부족이었다. 예언자는 할리드를 보내어 그들에게 이슬람을 전도하게 했다. 그후에 이 부족의 장로들은 많은 사람을 데리고 메디나에 왔다. 예언자는 그들의 성공을 비밀에 붙여 줄 것을 그들에게 당부했다. 그들은 대답했다.
"우리는 싸워서라도 아라비아반도를 통일하려고 하오. 아무에게도 억압을 받고 싶지 않소."
예언자는 이 부족의 지도자로서 카이스 빈 히슨을 임명했다.
아디는 하팀 타이의 아들이다. 그는 기독교도이고 그의 부족의 지도자였다. 무함마드가 예멘에 병사를 보냈을 때 아디는 시리아로 도망쳤다. 그의 누이동생이 포로가 되어 메디나로 잡혀 왔다. 예언자는 이 동생에게 많은 선물을 주어서 석방하고 자기 부족에게 영광스럽게 해서 보냈다. 이 여동생은 오빠를 만나서 무함마드를 칭찬했다. 자이둘 하일을 포함한 부족원들과 함께 아디는 헤지라 제9년에 메디나로 와서 이슬람임을 신앙고백했다. 자이드 울 하일은 본래 호르세스의 자이드였다. 그런데 예언자는 그 이름을 고쳐 주었는데, 그 이름의 뜻은 '덕 있는 자이드'이다.
나즈란은 메카와 예멘 사이에 있는 대단히 넓은 지역으로서 무함마드 시대에 기독교도들이 산 곳이었다. 기독교도들은 이곳에 큰 교회를 가지고 있었고, 이것을 카바신전으로 생각했다. 그들은 예언자의 부름에 따라 이슬람교도가 되라는 초대장을 받고, 지도자 60명을 메디나로 보냈다. 예언자는 그들을 그의 모스크에 수용하고 그들의 의식에 따라 그곳에서 기도하기를 허락했다.
이들 중에 아부 하리사란 감독이 있었다. 하리사는 능력이 있고 학식 있는 사람이었다. 하리사와 무함마드 사이에 부드러운 논쟁이 벌어졌었다. 무함마드는 예수, 이슬람에 대한 그들의 질문을 받고 다음에 인용되는 구절로 대답했다. 이들은 이성적이었기 때문에 무함마드는 이들을 '무바힐라'라는 예배에 참가시켰다. 그들은 처음엔 참가했으나 다음날 무함마드가 그의 가족, 즉 딸 파티마와 손자 하삼과 후사인을 데리고 와서 맹세하게 했을 때에 기독교들은 연공을 지불하기로 찬성했다. 그들은 명예롭게 자기 나라로 돌아갔다. 관계되는 구절은 다음과 같다.

> 예수는 하나님 밑에서는 아담과 같다.
> 아담을 흙으로 만들어 놓으시고
> 하나님께서 그 흙에 명하시니 사람으로 되었다.
> 진리는 그대 주님한테서
> 다른 사람을 모방해서 결코 의심치 말라.
> 그러나 예수에 관한 지식이
> 그대에게 주어진 지금
> 아직도 그 점에 대해서 그대에게
> 토론을 걸어오는 사람이 있으면
> 말해 주라.
> '자, 우리 아들과 너희 아들을
> 우리 부인들과 너희 부인들을
> 우리 사람과 너희 사람들을 불러놓고
> 겸허하게 기도하자
> 거짓말쟁이 쪽에
> 하나님의 저주하심이 내리도록 해보세.
> ─《코란》3장 59~61절

이 마지막 구절은 무바힐라의 기도인데, 기독교도들이 약속했다가 거절한 거짓말에 대한 저주의 기도이다. 무함마드는 그들을 하나님의 말씀에 초대했다. 이 초대는 하나님의 계시를 믿는 자들의 유명한 초대였다.

> 이렇게 말하라. '오 계전의 백성이여!
> 자 우리와 너희를 —
> 우리는 하나님 외에 아무것도 결합하지 않고
> 하나님 외에는 서로들 주로 부르지 말자'고.
> 그래도 그들이 등지려고 하면
> 그들에게 말해 주어라.
> '우리가 하나님에 귀의하는 자라고 증언하리라.'
> ― 《코란》 3장 64절

사드부족은 무함마드에 대항한 쿠라이시부족의 동맹부족이었다. 그러나 이제 이 부족은 자신들의 무함마드에 대한 옛날의 적개심이 그릇된 것이었고 그들의 신앙을 인정하고 메디나에 대표단을 기꺼이 파견했다. 이들은 자신들이 이슬람교도로 된 것을 자랑했으나 하나님은 자랑하지 말고 하나님이 그들을 인도하신 것을 하나님께 감사하라고 일렀다.

이 대표단은 빈 히슨(몇 차례 말한 바 있다)을 선두에 세우고 예언자의 낙타를 훔쳤고, 연합군 전투(성천 제5년)에서 이슬람교도들에 대항하여 수백 명의 병정과 낙타 천 마리를 연합군에 바친 것으로 유명했다.

킨다족은 아라비아반도 남단의 한 고을인 하드라마트에 살았다. 그들의 지도자 아샤아스는 헤지라 10년에 기병 80명과 함께 메디나로 와서 모두 이슬람교도가 되었다. 그는 후에 카디시야와 야르무크 전투에 참가했고, 또 무아위야에 대한 사피인 전투에서 4대 칼리프 알리에 가세했다.

이슬람은 아주 일찍부터 바하라인에까지 퍼졌다. 헤지라 제5년 또는 조금 후에 바라인의 13명이 아브드 울 카이스의 인솔하에 무함마드에게로 와서 개종했다. 그들은 음주(飮酒)에 빠져 있었는데 무함마드는 한 분이신 하나님을 믿고 예배드리고 희사할 것을 권하면서 음주를 피하도록 그들에게 타일렀다.

아미르 빈 사사족에 원로 세 명이 있었다. 이 세 원로와 함께 그 부족이 메카에 왔다. 아미르는 전에 몇번이나 음모에 가담했던 자인데 이제 다시 악한 계획을 갖고 메카로 왔다. 그는 그의 동료 아르바드와 음모했다. 즉 아미르가 무함마드에게 아첨하여 그와 이야기를 주고받고 하는 동안에 아르바드가 무함마드를 죽이는 음모이다. 아미르는 사부울부족의 한 부인의 손님으로 메디나에 머물고 있었다. 그는 계획에 따라 무함마드와 이야기를 시작했다.

"당신은 우리의 주님(사이드)입니다."

무함마드는,

"하나님이 우리의 주님이시다."

고 대답했다. 또 다시 아미르는,

"당신은 우리들 중에서 가장 자애로우시고 관대하신 분입니다."

고 말했다. 무함마드(한 눈으로는 아르바드를, 또 한 눈으로는 아미르를 보면서)는,

"너는 좀더 조리 있게 말하라. 너의 아첨이 너를 그릇되게 인도하는 악마가 될까 두렵구나."

고 대답했다. 아르바드는 무함마드를 죽이려는 생각을 깜박 잊고 예언자의 평범한 이야기에 정신이 홀렸다. 아미르는 자기의 간사스러운 꾀가 쓸데없는 것을 알고 아첨의 가장을 벗고,

"나는 조건으로서 셋을 제의한다."
고 말했다. 그 조건은 이러한 것이다.
너는 사막을 지배하고 나는 도시의 주인이 된다.
너는 나를 후계자로 삼는다.
나는 카트판족의 기병을 인솔하여 너를 정복한다.
그는 이렇게 위협을 하고는 동료 아르바드를 데리고 돌아갔다. 무함마드는,
"오, 하나님은 아미르의 악에서 나를 구하셨다."
고 기도를 올렸다.
아미르는 귀국하는 도중에 병에 걸려 죽었다.
그러나 세 장로와 나머지 사람들은 모두 이슬람교도가 되었다.
하미르는 좁은 몇개의 고을로 된 아라비아반도의 한 지방이었다. 이의 주민들은 신앙의 가르침과 무함마드에 대한 굴복의 인정을 청하는 대표자들을 무함마드에게 보내왔다.
헤지라 제9년과 제10년의 두 해 동안에 한 나라의 지배자로서 거족적으로 받들어진 사람은 하나도 없었다. 하나님의 예언자로 교도들에 의해 받아들여진 무함마드는 이제 아라비아의 생명과 운명을 지배하는 지상권(至上權)을 가졌다. 그러나 이 사람은 흙집에서 살고, 돗자리와 산양 가죽이 그가 가진 가구의 전부였고, 거친 낙타털이 그의 옷이었으며, 대추야자와 말린 대맥분이 그의 식량이었다. 낮엔 그의 추종자들을 위해 일하고 밤엔 하나님께 오랫동안 예배를 올렸다.
그는 자신이 스스로 궂은일을 했고, 아첨을 미워했고, 고귀한 책임 정신에 가득찼으며, 가난이 그의 자랑이었다. 손님을 잘 대접하기로 유명했으나 자기는 단식했다. 무함마드는 정신적으로나 신체적으로나 곧 피곤해졌다. 연속적인 전쟁, 추종자들에 대한 계속적인 걱정, 하나님에 대한 두려움, 자기 아이들의 연달은 죽음으로 인한 충격은 그의

육체에 영향을 끼쳤다. 그러나 그는 그의 사명이 완수되는 것과 하나님의 영(靈)에 의해서 무함마드가 이 지상에서의 대사라는 신앙을 완성시키는 최후의 손질만이 남아 있는 것을 보고 만족했다.

 그분 외에 신이 없다.
 친히 이것을 증언하셨다.
 천사들과 정의를 수호하는 자들이
 입증한다.
 그 외에 신이 없다.
 전능하시고 전지하신 분,
 참으로 하나님 외에는 신이 없다.
        — 《코란》 3장 17절

 그리고 주님의 말은 진리이고 정의이다.
 그의 말을 바꿀 수 있는 자는 아무도 없다.
 그는 모든 것을 듣고 알고 계시는 분이로다.
        — 《코란》 6장 115절

21. 헤지라 10년(632~633)

마지막 순례

헤지라 후 10년에 거의 모든 우상숭배자 아랍부족은 하나님을 믿는 신자가 되었고 아직도 기독교도나 유태인들은 무함마드의 보호하에 있었다. 그러나 모두가 이슬람에 귀의한 것은 아니다. 무함마드는 교사들을 아라비아반도의 각 고을에 보냈다. 그의 교훈은 '사람들의 일을, 특히 신앙을 일으킬 때 그들을 안이하게 하지, 곤란하게 하지 말라'였다. 천국에 들어가는 열쇠를 묻는 사람에게는 이렇게 말해 주라고 했다.
 "하나님 외에 신들이 없다고 하나님이 증언하신다. 그는 홀로 계시고 비견되는 자 없다."
 나즈란의 기독교도 대부분은 이슬람에 귀의했으나 여전히 완강히 거부하는 사람도 있었다. 예언자는 할리드 빈 왈리드를 보내서 그들을 이슬람으로 부르게 했다. 할리드는 오마르와 같이 결단력이 있는 사나이였고, 사람들이 메디나로 대표단을 보낼 때까지 나즈란에 머물고 있었다. 예언자는 그들을 환영하고 친구로 삼았다.
 똑같이 예멘에도 아직 우상을 숭배하는 이교도 부족이 약간 있었다.

예언자는 알리를 3백 명의 기병들과 함께 그들에게로 보내어 이 무리들과 싸우게 했다. 알리는 그들을 쳐서 항복을 받았다. 그들은 무함마드에게 대표 위원단을 보내왔다. 이 대표단은 무함마드가 죽기 직전에 그를 만났다. 알리는 제11월까지 예멘에 체류했다.

타부크 전투 이후에는 전쟁이나 군사상의 원정은 없었다. 아라비아반도의 전역이 평화로웠다. 메디나는 아라비아반도의 곳곳에서 온 사람들로 붐볐다.

무함마드는 이들에게 이슬람을 가르치고 교사들을 파견하기에 분주했었다.

무함마드는 아직도 대순례(핫지)를 행하지 못했다. 그는 두 차례의 작은 순례(우므라)를 행했으나 교도들에게 대순례를 인도할 임무를 지니고 있었다. 이것은 대순례를 행하는 법을 이슬람교도들에게 가르치려는 것이었다.

이슬람력 10년 순례의 달(주알핫지)에 무함마드는 메카 순례로 향했다. 순례에 나선 이슬람교도는 하나님께 헌신하는 상태가 되어야 한다. 두 장의 흰 천으로 상반신과 하반신을 감싼다. 그 한 장은 복부에서 무릎까지 가리고 또 한 장으로는 왼쪽 어깨와 가슴을 가려 우측에서 맞대도록 하는 것이다. 머리에는 아무것도 쓰지 않으며 샌들만 신는다. 여성은 머리에서 발끝까지 가린다. 여러 금기 상황이 따른다. 성교, 화장, 사냥, 유혈 등이다.

예언자는 사절들을 아라비아의 각지로 파견해서 이 대순례에서 자기와 합류토록 그들에게 청하게 했었다. 이렇게 해서 무함마드는 자기가 태어나기 약 2천5백 년 전에 아브라함에게 내린 하나님의 명령을 실행할 뿐이었다.

만인에게 순례를 하도록 부름을 행하라.

그들은 도보로, 여윈 낙타를 타고
여러 먼 곳에서 각각 오리라
자신들에게 유익되는 것을 체득시켜
또 정해진 날 사이에
하나님이 그들에게 네발 동물을
마련해 주실 것을,
하나님의 이름으로 찬양하기 위해서······.
— 《코란》 22장 27~28절

  22장은 순례의 장이고 26절부터 38절은 특히 순례를 취급하고 있다. 아브라함의 기도(《코란》 2장 129절)는 문자 그대로 실행되어갔다. 무함마드는 《코란》을 독송하고 그 참뜻을 가르치고 그 지혜를 해석하고 인류의 영혼을 깨끗이 했다. 일찍이 이보다 위대한 일이 어떤 사람에게 주어진 적이 없었으며 그것을 무함마드처럼 철저히 이행한 사람도 없었다.
  그의 부름에 호응한 사람이 몇백, 몇천이 아니라 수십만이었다.
  메디나 교외에 천막이 쳐지고 이 천막 속으로 남에서, 북에서, 동에서, 서에서, 산에서, 골짜기에서, 사막에서, 도시에서, 10만 내지 11만 4천 명의 이슬람교도들이 모여들었다. 이제 이들은 이슬람의 우의와 이슬람 형제들의 우정이 실지로 어떻다는 것을 알게 되었다.
  서로서로 조각조각 찢고, 가장 사납고, 남녀가 몰래 정을 통하는 악행과 음주, 도박, 그밖의 여러 야만적 행위에 몰두하던 민족이 한 덩어리의 영혼을 가진 자처럼 행동했다. 각자가 선한 개혁자요, 왕이요, 정치가이고 지배자이며, 설교자이고, 서로 평화로운 가운데서 사는 사람이요, 서로에게 선을 베풀고 자기가 원하는 바를 다른 사람에게 행하는 자였다.

무함마드는 《코란》을 설교할 뿐 아니라 이 가르침을 추종자들이 실제로 행동에 옮기도록 가르침을 주었다. 그는 옛날에 자기를 괴롭힌 사람—아부 수피안, 아브드 자릴, 우야이나 빈 히슨과 그외 수백 명을 다 용서했다. 이 순례에 무함마드를 적으로 삼고 싸웠던 수만 명이 있었으나 그들은 지금은 그의 추종자들이요 친구들이다. 아니, 그를 욕하고 좋아하지 않았던 사람들이 더 사랑을 받고 있었다. 왜냐하면 이들은 하나님의 사도를 미워함으로써 자신들이나 혹은 자기 부족에게 좋은 일을 하지 않았으나 자기 잘못을 뉘우친 아라비아 민족이었기 때문이다.

20년 동안 아라비아인은 무함마드와 같이 한층 용감하게 어려운 경험을 겪고 나서 무함마드가 찬양을 받을 사람임을 알았다. 그들은 메디나에 이슬람공동체를 만든 지 10년만에 메디나에 참석함으로써 무함마드의 공적을 평가할 수 있었다. 이들은 인도 철학자들마저 무함마드의 유덕한 민족을 찬양하기에 싫증을 느끼지 않을 정도로 다시 살아났다.

10만 명이 언제든지 하나의 큰 순례자군(群)이 될 수 있었다. 이것은 무함마드 시대의 가장 큰 순례의 행렬이었다. 사람들은 재물과 음식물을 가지고 갔다. 예언자는 그의 아내와 함께 이 여행에 올랐다. 무함마드는 동서고금을 통해서 가장 실천적인 사람이었으며 편안함을 바라는 사람이 아니었다. 그의 실천적 양식은 주의 깊게 애써 가면서 모든 것을 세부까지 행하게 했다. 큰 순례에서도 그렇게 했다. 무함마드는 메디나에서 희생물 동물 백 마리를 가졌다. 그리고 그는 순례에 대해서 하나님이 내리신 지시를 세부에 이르기까지 실천코자했다.

그는 줄 훌라이파에까지 가서 진을 치고 그곳에서 그날 밤을 지냈다. 다음날 아침 그와 모든 추종자들은 이흐람이라는 순례복장을 했다. 이 옷을 입으면 모든 사람은 동등하게 하나님의 앞에 서게 된다.

왕이 거지와 다르지 않으며, 귀족이 노동자와 다르지 않다. 여기서 자유와 우의와 평등이 실제로 표현되는 것이지 계전의 어떤 권위로써 가르쳐지는 것은 아니었다.

몸을 닦아 깨끗이 하고 마음을 청결케 하고 인간의 모습 속에 천사의 백의(白衣)를 입고 순례자들은 자기들의 지도자, 아니, 자기들의 신앙의 형제 뒤를 따랐다.

무함마드는 하나님의 부름으로 왔다는 신호 '랍바이크, 랍바이크' ─'여기 당신을 숭배하는 제가 왔습니다. 여기에 제가 있습니다. 오 하나님! 내가 여기에 있습니다. 당신에겐 중개자가 없었소이다. 당신을 참배하고자 여기에 제가 있습니다. 찬양, 감사, 축복은 모두 당신의 것이올시다. 저는 여기에 있습니다. 저는 여기에 있습니다. 당신에겐 중개자가 없습니다. 오, 하나님! 당신을 참배하고자 여기에 제가 있습니다'─를 올린다.

이것이 순례를 알리는 하나님의 부름에 응하는 가장 직접적인 형식이다.

하나님에게 직접 말하고 하나님이 직접 중개자 없이 인류에게 말한다. 이것이 인간을 자유인으로 만들었다. 인간의 영혼은 하나님이 계시는 곳에 섬으로써 그 위대성을 실현하고 모든 악한 생각에서 해방된다.

무함마드가 신조를 독송하고 마디에서 그칠 때마다 그 신조를 따라 외는 10만 명의 목소리는 하나가 되어서 산과 들에 메아리쳐서 공간은 온통 이 소리로 채워졌다. 철학자들이 말하는 군중심리는 이제 하나의 숭고한 정신적 각성으로 변했다. 순례하고 독송한 경험자만이 이 각성을 느낄 수 있다. 큰 순례에는 가장 미약한 인간을 고귀한 생각과 자기 희생의 봉사에로 끌어올리는 무엇인가가 있다.

큰 순례는 희생의 상징이다. 이 순례 속에서 인간의 영혼은 하나님의 우주령(宇宙靈)을 만나기 위해서 안위, 사치, 쾌락을 희생시킨다. 이것은 마치 하나님의 사랑이란 바다 속에 빠지는 것과 같다. 그리고 몇번 순례하고도 만족하지 못하여 몇번이고 되풀이해서 순례에 참가하는 교도들도 있다. 왜냐하면 만일 그것이 그렇다면 이슬람교도들과 똑같이 돈을 가진 불신도가 그 속에서 기쁨을 찾을 것이다.

저자는 두 번의 순례에서 순례자들이 대순례를 행하는 것을 본 일이 있다. 순례자들이 하나님의 부름에 마음과 몸을 다 바치고 있는데 신심이 돈독치 않은 위선자는 카바신전의 높이, 길이, 넓이를 관찰하는 데 바빴다. 위선자들의 일기나 항목이나 책이 아무리 순례에 대해서 자세히 기록하더라도 그것은 영원히 있을 수 없다. 성천을 즐기는 것은 위선자에게는 도저히 불가능하다. 위선자는 카바신전을 순회하는 동안에 자기 영혼에 고통을 쌓아올릴 뿐이다. 사이드의 다음과 같은 말은 참된 진리이다.

"만일 예수의 나귀가 대순례에 간다면 우리는 나귀를 예수로 판단할 뿐일 것이다."

무함마드의 순례군은 고상한 이상(理想)에 감명되었다. 그들이 메카와 메디나 사이에 있는 마힐라란 곳에 도착했을 때 무함마드는 그들에게 대순례(핫지)에 참석하지 않은 사람들이 대순례를 작은 순례(우므라)로 생각할는지 모르나, 대순례에 참석한 사람은 그럴 수는 없을 것이라고 말했다.

무함마드는 전달 보름에 출발해서 제3월 4일 메카에 도착했다. 19일간의 여정이 소요된 셈이다. 이 여정 기간을 짧게 할 수도 있고 더 길게 할 수도 있고 혹 그 중간으로 할 수도 있으나 보통 낙타를 타고 열이틀로 완성된다. 그러나 수많은 순례는 부녀자, 노인, 약한 사람의 불편을 덜기 위해서 될 수만 있으면 천천히 여행할 필요가 있었을 것이다. 이 사실은 무함마드가 될 수 있는 대로 그의 추종자들을 평안하게 하려고 얼마나 애썼는가를 입증해 준다.

대집회에서 무함마드는 언제나 예배인도를 짧게 했으나, 각자의 집에서는 기도 시간을 길게 가지도록 권했다. 무함마드는 메카에 도착하자마자 카바신전에 빨리 가서 하나님의 이 집을 일곱 번 돌았는데, 이에 앞서 3년 전, 즉 헤지라 제7년에 행했던 바와 같이 세 차례 행하고 네 차례 때에는 조금 쉽게 돌았다. 다음에 그는 아브라함이 머물렀던 곳에서 기도했다.

무함마드의 순례행사의 예에 따라 메카에 도착한 순례자들도 카바신전을 왼편으로 일곱 번 돌고(타와프) 이어 이스마엘을 위해 물을 찾아 헤매던 어머니 하갈의 일을 기리기 위해 사파언덕과 마르와언덕 사이를 맨발로 뛰는 것이다.

알리는 무함마드와 합세해서 그의 이흐람을 유지하기를 고집했다. 그 때문에 알리는 자기 소유의 희생할 동물이 없었기 때문에 예언자와 합해서 희생동물을 도살해 희생행사를 했다.

무함마드는 메카에서 떠나 미나로 가서 그곳에서 밤을 지냈다. 아침 기도 후에 그는 그의 암낙타를 타고 순례달 9일에 아라팟 산밑으로 추종자들을 데리고 갔다.

예언자의 천막은 아라팟의 동쪽에 있는 나미라에 세워졌다. 정오 조금 지나서 낙타를 타고 그는 계곡의 복판에 가서 연설했다. 그 설교의 한 마디 한 마디가 큰 목소리를 가진 라비아 빈 옴마야 빈 할프에 의해서 반복되었다. 하나님께 감사 예배를 드린 후에 무함마드는 말했다.

그대들이여, 나의 설교를 들으라! 금년 후에는 내가 이곳에서 그대들을 만나지 못하리라고 생각되기 때문이다.

그대들이여, 지금부터 그대들이 주님을 만날 때까지 그대들의 피와 재산들은 이날과 이달같이 신성하다.

  정말로 그대들은 주님을 만나리라. 그때 그대들의 주님은 너희 행위를 물을 것이다. 나는 그대들에게 하나님께서 받은 사명을 실행했다.

  다른 사람에 속하는 재물에 의지하는 사람은 그 재물이 속하는 사람에게 충실해야 한다.

  그리고 이자 변으로 빌린 돈은 원금만 갚으면 된다. 그러나 너희의 원금은 너희의 것이다. 다른 사람에게 부정을 행하지 말 것이다.

  하나님은 고리대금업이 없다고 결정하셨다. 압바스 빈 아브드 울 뭇탈리브에게 줄 모든 이자는 무효로 한다.

  이날로 이교도시대에 행해진 유혈에 대한 보복은 폐지한다.

  그리고 그대들이여, 우상과 같은 해로운 것은 이곳에서 숭배하지 못한다. 사악한 영혼과 나쁜 행위에 하나님의 비호를 구하라. 그러므로 너희 신앙을 조심하라. 다른 사람들이 너희 선행을 감소하지 못하도록 하라.

  그대들이여! 신성월을 이리저리 바꾸는 일은 불신의 날을 더하는 것이 되리라. 불신을 선택하는 자들은 그로 인해서 그릇되게 안내된다. 그들은 그것을 어느 해에는 신성(神聖)으로, 어느 해에는 부정(不淨)으로 선언했다. 하나님께서 결정한 신성월을 조작한다. 그들이 하나님이 신성하게 하신 것을 부정하게 만들기 위해서 그렇게 한다. 하늘과 땅이 하나님에 의해 창조된 그날부터 형성된 대로 시간은 흐른다. 그리고 하나님과 함께 있는 달의 수효는 열둘이며, 그중 넷은 신성하다.

  그리고 또 그대들이여! 그대들은 그대들의 아내에 대해서 권리를 가지느니라. 아내들도 그대들에 대해서 권리를 가지느니라. 정절(貞節)을 따르고 부정(不貞)을 피하는 것이 부인의 의무이다. 만일 부인들이 죄가 있으면 그 아내와의 교제를 피할 수 있고, 상해를 입히지 않고 아내를 때릴 수 있다. 그러나 그들이 회개하면 너희는 공평하게 그들에게 먹을 것과 입을 것을 주어야 한다. 그리고 너희들의 부녀자를 위해 선을 행하도록 서로 가르치라. 그들은 너희들에게 할당된 것이고 자기들의 능력으로 범사를 조절하지 못하기 때문이다. 그리고 너희는 하나님의 신임으로써 그들을 얻었고, 그들은 하나님의 말씀에 의해서 너희에게 합법적으로 만들어졌다.

그러므로 그대들이여! 나의 말을 잘 이해하라. 나는 그들에게 하나님의 계전과 하나님의 사도가 바른 종교적 절차를 남겨두었다. 너희가 이것에 따라 행한다면 그 행위는 그릇되지 않으리라.

그대들이여! 나의 말을 듣고 그것을 이해하도록 확신하라. 이슬람교도들이 각각 서로 형제가 되어 하나의 형제의 의(義)를 형성하는 것을 배웠다. 어떤 사람이 다른 사람의 자유의지로서 주어진 것 외에 형제의 것을 취하는 것은 합법적이 아니다. 그러므로 서로 부정을 행하지 말라.

오 하나님, 나는 나의 사명을 다했습니까?

예언자가 말하듯이 라비아가 사람들에게 물었다.
"여러분들, 오늘이 무슨 날인지 알고 있느냐?"
이 물음에 사람들은,
"성스런 순례의 날입니다."
고 대답했다.
다음에 라비아가 물었다.
"그대들이 하나님을 만날 때까지 그대들의 피와 재물을 하나님이 이날을 거룩하게 만든 것과 같이 하나님이 거룩하게 하셨다는 것을 아느냐?"
그들은 대답했다.
"네."

그리고 이렇게 하나씩하나씩 물었다. 예언자가,
"하나님, 내게 맡긴 사명을 다한 것일까?"
고 물었다. 그들은 한 목소리로,
"네."
라고 외쳤다.
그리고 무함마드는,
"오 하나님, 당신은 나의 증인입니다."
고 말했다.
예언자 무함마드의 마지막 설교는 순례하러 온 군중의 가슴속에 커다란 감동을 불러일으켰다. 그들은 무함마드가 지상에서의 예언자로서의 사명을 완전히 수행했다고 군중은 대답했다. 그리고 예언자의 서약에 순례자들은 장엄하고 높은 격조를 곁들이며 아랍의 사막을 진동시키는 대답을 했다. 예언자의 집념으로 가득찬 이 물음은 교도들의 머리며 마음이며 육체에 깊이 새겨졌다.
예언자는 그의 연설을 끝내고 낙타에서 내려서 정오와 오후의 예배를 다 함께 올렸다. 이때 하나님은 무함마드에게 다음과 같이 계시했다.

> 나는 너희를 위해 너희들의 신앙을 완성하였다.
> 그리고 나의 은혜가 너희에게 충만하게 했다.
> 또 너희들을 위해 이슬람을
> 종교로 선택하였다.
>
> ―《코란》 5장 3절

무함마드는 바로 이 구절을 순례자들에게 독송해 주었다. 무함마드는 오후와 밤 순례자들에게 무즈달파에서 예배를 드릴 테니 모이자고 말하면서 저녁때 아라팟을 떠나 무즈달파로 가서 그 밤을 지냈다.

그는 아침에 마샤빌 하람산에서 내려와 미나로 가는 도중에 자마랏(돈을 던지던 곳)을 지났다. 이후 그는 일생 동안 매년 한 번씩 낙타 예순세 마리를 희생 동물로 바치고 알리는 무함마드가 메디나에서 가지고 왔던 백 마리의 낙타의 나머지를 희생으로 드렸다. 다음에 예언자는 삭발했다. 이로써 큰 순례는 완성되었다.

이때에 행한 순례를 '작별순례(作別巡禮)'라고 한다. 왜냐하면 이것이 무함마드의 마지막 순례가 되었기 때문이다. 또 한편 '사명의 순례'라고도 불리어진다. 그는 모든 사람들에게 그의 사명을 전했고, 거기에 참석한 사람들이 순례에 참석지 못한 사람들에게 사명을 전하여 그의 사명이 영세토록 계속되도록 가르쳤기 때문에 그렇게 불린다. 또 이 순례가 '이슬람의 순례'라고도 불리는데, 그 까닭은 이슬람이 영원히 무궁토록 이날에 완성되었기 때문이다. 이슬람교도들은 자기 신앙에 진실하고 그 신앙을 실천하고 또 그것을 자기 시대 사람들에게 전했다. 하나님은 다음과 같이 말했다.

> 하나님이야말로
> 읽고 쓰지도 못하는 무리 속에서
> 한 사도를 보내 무리들에게
> 하나님의 증거를 읽고 들려주고
> 모두 정결케 하고
> 계전(啓典)과 지혜를 가르쳐 주게 했다.
> 전에는 그들이 뚜렷한 잘못 속에 있었으나
> 또한 아직도 그들의 정도에까지도
> 도달하지 않은 자들에까지.
> 하나님은 어디까지나 힘있고 현명하신 분.
> ―《코란》 62장 2~3절

그리고 다시 하나님은 말한다.

> 말해 주라.
> '하나님은 너와 나 사이의 증인이고
> 이 《코란》이 나에게 계시된 것은
> 《코란》으로써 내가 너희와
> 《코란》이 도달할 수 있는 사람들에게
> 경고하기 위함이다'고.
> ―《코란》 6장 19절

아부 바크르는 작별 순례의 날에 신앙을 완성시킨 구절을 듣고 눈물을 흘렸다. 무함마드는 그 사명을 완수하였으므로 동료들에게서 떠나 그의 주님을 만날 날이 멀지 않았음을 알아챘기 때문이다.

그리고 그날을 예언자는 그의 연설의 초두(初頭)에서 뚜렷이 지적했었다. 하나만 제외하고 모든 것에 끝이 왔다.

> 하나님 외에 신들이 없다.
> 모든 것은 사라져 간다.
> 하나님의 얼굴만을 제하고…….
> ―《코란》 28장 88절

22. 헤지라 제11년

무함마드의 말년

작별 순례 후에 아라비아부족은 자기들의 마음속에 메디나와 메카 사이의 여행과 무함마드의 영광스러운 음신(音信)을 기억하면서 제각기의 집을 향해서 흩어져 갔다. 그들은 모두 무함마드의 음신이 이제 성취되었음을 인정했으나 무함마드 자신은 그의 생애가 멀지 않았음을 알았다. 그렇다고 그는 그의 월계수나 사명의 성취에 쉬려고 생각하는 사람이 아니었다. 그의 천국은 곧 그를 따르는 교도의 안녕에 있었다. 아라비아부족은 이슬람교도가 되었다. 그러나 시리아, 이라크, 이집트, 아비시니아는 어떤가. 이 나라들도 하나님의 음성이 하루에 다섯 번 되풀이되는 소리를 들어야 한다.

페르샤의 케스라는 무함마드의 편지를 발기발기 찢어 버렸다. 시리아의 통치자는 무함마드의 사절을 욕하고 무함마드를 공격하겠노라고 위협했다. 무타에서 이슬람군의 세 장군은 이슬람이란 이유로 목숨을 잃었다. 이들의 순교는 이슬람교도들에 대한 하나의 도전이었으며 무함마드는 로마인에게 돌릴 한 계획을 준비하기 시작했다. 그러나 이

것을 다할 수 있기 전에 새로운 위험이 아라비아반도에서 그를 위협했다. 그들은 말하기를,

"모방은 아첨의 가장 진실한 형태이다."

고 한다. 무함마드를 모방하여 자기를 예언자라고 선언하는 재주 있는 시인이나 능변자(能辯者)들이 많이 나타났다. 나즈드 지방의 툴라이하 자이임 빈 아사드는 예언자로 자칭한 사람의 하나이다. 그는 자신을 예언자이며 사도라고 주장했으나 무함마드가 두려워서 그가 죽고 난 다음 선언하려고 했다. 이때에 할리드 빈 왈리드는 그를 설복하였다. 아사드는 드디어 이슬람교도가 되었다.

그러나 거짓말쟁이 무살리마는 보다 담대했다. 그는 자기도 무함마드와 같이 예언자이고, 땅의 절반은 자기의 것이고 절반은 쿠라이시 부족의 것이라고 무함마드에게 전언했다. 예언자는 무살리마에게,

"하나님의 예언자인 무함마드로부터 거짓말쟁이 무살리마에게. 땅은 하나님의 것이고 하나님은 땅을 하나의 덕 있는 종들 중에서 하나님이 기뻐하시는 자에게 상속하게 하신다. 평화가 하나님의 인도를 따르는 사람 위에 함께하기를."

라고 대답했다. 예멘의 아스와드 안시는 또 하나의 그와 같은 부류의 사나이였다. 그는 주술사라고 주장하면서 남몰래 요술을 부려서 많은 사람들을 모았다. 그는 예멘에서 무함마드가 보낸 전도자를 추방하고 나즈란으로 가서 지배자인 이븐 바잔을 죽이고 이 사람의 부인과 결혼했다. 이의 세력이 예멘에까지 미쳤다. 그는 예멘에 파견된 무함마드의 새 대리자들을 투옥 또는 살해했다.

그러나 하나님은 그의 흉행(兇行)으로부터 이슬람교도들을 구원했다. 그의 새 아내는 자기의 첫 남편을 죽인 복수로 새 남편을 죽였다. 이로써 예멘은 가장된 주술사의 폭행으로부터 해방되었다.

무함마드와 동로마인들은 이슬람교도들과 기독교도 사이의 충돌이

불가피한 것임을 알았다. 동로마인들은 싸워서 승리하거나 그렇지 않으면 죽는 이 무서운 전사들이 없었더라면 벌써 오래 전에 무함마드의 영토를 침략했을 것이다. 동로마인들은 경험 있고 정치에 능숙한 민족이었기에 이슬람군이 업신여기는 일이 얼마나 위험한 것인가를 잘 알고 있었다. 무함마드는 역시 적은 무함마드의 추종자들이 약화되고 태만해져서 쉽사리 훈련된 비잔틴군의 밥이 되기를 기다리고 있음을 알았다.

특별한 사기를 가지고 무함마드는 자이드 빈 하리스의 아들 우사마의 지휘하에 군대를 시리아로 진격토록 했다. 자이드는 무함마드가 석방한 노예였으나 무함마드는 이를 무타 전투에서 무함마드의 모든 친척과 가장 친한 동료들의 위에 올려 세웠다. 자이드는 겨우 나이 20세인 우사마와 조금도 다름없이 행동했다.

무함마드는 아부 바크르와 오마르에게 우사마에 따를 것을 명했다. 이 두 사람은 기꺼이 무함마드의 명에 따라 보잘것없는 한 청년에게 복종할 것을 수락했다.

"우리는 듣고 복종하겠습니다."

이 말은 이슬람교도가 되겠다는 뜻이다. 이것은 하나님과의 계약이었고, 이 계약을 그들은 실천했다. 이슬람교도들이 오늘날 이와 같이 실천한다면 다시 위대해질 것이다. 그러므로 지휘자들이나 추종자들은 개인이 전체이며, 전체가 개인이라고 무함마드가 그의 추종자들에게 불어넣어준 똑같은 생명적 정신을 깨달아야 한다. 자이드와 우사마가 명예만을 위해서 지휘자의 역할을 맡게 된 것이 아님을 우리는 알아야 한다.

그들은 이슬람의 건설에 생명을 바쳐서 지휘 임무를 다했다.

예언자는 우사마에게 다음과 같이 명했다.

"발카 국경까지 가라. 그리고 무타 근처의 팔레스타인을 넘어서 적의 영토에 들어가서 아침 일찍 하나님의 적에게 치열한 공격을 가하되 하나님이 너에게 승리를 베풀었을 때엔 지체말고 거기에서 떠나 곧 귀국하라."

아랍은 여로에 오르기에 앞서 캐러밴이 모이는 곳을 교외로 선택했다. 이것은 이미 앞에서 말한 대로 아라비아부족의 관습이다. 전쟁에 출전하거나 대집회를 개최할 경우에 캐러밴과 그 식량을 준비하는 데 며칠이 걸린다.

이 관습에 따라 우사마는 무기수집과 군대 소집을 위해 메디나로부터 얼마 멀지 않은 유르프에 정거장을 마련했다.

군대 소집의 준비에 분망하고 있는 동안에 예언자가 병에 걸렸다. 사람들은 어쩔 줄 몰라했다. 군대는 사태의 변화를 기다리면서 유르프에 머물고 있었다. 그의 병환이 헤지라 제11년 2월에 일어났다. 그는 그가 하이바르에서 체류할 때 유태 여인이 무함마드에게 베푼 음식물의 독으로 앓고 있었다. 열이 오르고 두통이 일었다. 병에 걸렸어도 무함마드는 회당에 가서 기도를 인도하는 등 그의 임무를 계속했으나 그의 종말이 가까웠음을 알았다.

그는 밤에 잠을 이룰 수가 없었다. 독 때문에 그의 신경조직에 장해가 왔다. 앓기 시작한 지 나흘째 되는 날 밤인지 혹은 그후인지, 무함마드는 일어나서 부축을 받아 가면서 이슬람의 순교자들의 무덤을 찾아가서 마지막으로 그들을 방문했다. 예언자는 부축한 사람들에게,

"나는 고인이 된 영(靈)을 위해 용서를 빌도록 하나님으로부터 명령을 받았다. 나를 따르라."

그들은 따랐다. 무함마드는 고인들의 용서를 위해 하나님께 기도를 올렸다. 그는 자기를 따른 사람의 어느 한 사람도 결코 잊지를 않았다—심지어 고인까지도. 그는 인간이 여태까지 가진 사람 중에 최선의 친구였다. 죽을병을 앓고 있는 가운데서도 그는 고인이 된 동료

들에 대한 책임을 다했다. 무함마드는 이 방문을 마치고 부축하고 있는 사람에게,

"내게 세계의 보물의 열쇠와 그 보물의 즐거움과 천국에 대한 영원한 확신이 주어졌다. 나는 나의 주님과의 회견과 천국을 선택하였다."

고 말했다.

다음날 아침 무함마드는 아이샤의 집에 가서, 심한 두통 때문에 괴롭고 골치가 몹시 아프다고 아이샤에게 말했다. 그는 언제나 '아! 내 머리, 오! 내 머리'라고 말하곤 했다. 그러나 여전히 그는 침대에 누워 있으려 하지 않고 계속 아내들을 돌보았다.

이런 상태가 닷새나 더 계속되었다. 그는 마이무나의 집에서 거의 일어날 수 없으리만큼 쇠약해졌다. 그는 아내들을 불러놓고, 자기가 앓는 동안을 누구의 집에서 보내야 하느냐고 물었다. 그의 아내들, 아니 모든 사람의 감정까지 세심하게 생각했다. 아내들은 아이샤의 집에 계시기를 하나같이 바랐다. 그래서 알리 빈 아부 탈리브와 그의 숙부 압바스의 부축을 받으면서 간신히 아이샤의 집으로 옮겨 왔다.

그의 병세는 악화됐다. 그러면서도 모스크에 가서 기도를 인도했다. 며칠이 더 지났다. 무함마드는 자기가 로마인과 싸우기 위해서 원조자와 이주자를 인도할 소년을 임명했다는 사람들의 말을 들었다. 그는 이제 고통과 두통으로 인해서 몸을 조금도 움직일 수가 없었다. 그러면서도 예언자는 사람들의 의심을 살까봐 조심했다.

아내에게 머리 위에 냉수 일곱 부대를 부어 달라고 청했다. 머리를 식히고 나서 '됐다! 됐다'고 말하면서 예언자는 다시 옷을 입고 머리에 띠를 동이고는 모스크에 가서 윗자리에 앉았다. 그는 하나님을 찬양하고, 우후드와 그밖의 지역에서의 순교자의 영을 위해 기도 시간을 늘려 가면서 하나님의 용서를 빌었다. 기도를 마치고 무함마드는,

"여러분들! 우사마의 사명을 실천하라. 맹세코 말하노니, 우사마는 그의 아버지도 그랬듯이 이번엔 지휘자 격에 가장 적합한 자이다. 그러나 너희들이 그의 자격에 대해서 이러쿵저러쿵 반대한다면 그런 반대는 전에도 그의 아버지에 대해서 여러분이 행했던 바를 다시 되풀이하는 것이니라."

고 말했다.

그는 말을 잠시 멈췄다가 다시,

"하나님의 종이 있었다. 그 종에게 하나님은 이 생명이냐 혹은 하나님과 함께 있는 금후냐 어느 하나를 선택하게 하셨다. 그 종은 하나님과 함께 있는 금후를 선택하였다."

고 말을 계속했다. 그리고는 다시 말이 없었다. 사람들은 무슨 말인지 분간 못했으나 아부 바크르는 종이란 무함마드 자신을 가리키는 것임을 알고 견디다 못해서 울음을 터뜨리면서,

"아니오, 절대로 아니오. 우리가 당신을 대신하여 우리의 생명과 아들을 바치겠습니다."

고 말하면서, 그런 일이 없기를 바랐다. 무함마드는 아부 바크르에게 진정하라고 암시하면서,

"아부 바크르의 문만 남겨놓고 모스크 위에 열려 있는 모든 문을 잠가라."

고 명하고, 문이 닫히자 계속해서,

"아부 바크르보다 더 훌륭한 나의 동료가 될 사람을 나는 알지 못한다. 나는 둘도 없는 가장 친한 친구를 택한다면 아부 바크르를 택하고 싶다. 신앙상의 그 동료의 정신과 우의는 하나님 자신이 우리와 합칠 때까지 아무런 부족이 없다."

고 말의 끝을 맺었다.

무함마드는 이제 아이샤의 집으로 돌아가고 싶었으나 말을 계속

했다.

"이주자들아! 나는 너희들이 모든 착한 일에서 원조자를 도와주도록 명령한다. 왜냐하면 시간이 지나감에 따라서 사람들의 수효는 늘어가나 원조자의 수는 줄 것이기 때문이다. 그들은 너희들에게 피난처를 제공했다. 그러므로 그들을 착한 행위로 돌리고 그들의 잘못을 용서하라."

이 말은 그가 말한 한 토막에 지나지 않는다. 찬 물을 머리 위에 끼얹어서 억지로 머리를 식힐 때마다 긴장이 따랐다. 그리고 무함마드는 자리를 떠서 아이샤의 집으로 돌아갔다. 그는 이제 중태에 빠졌다. 그러나 그는 모스크에 가서 우사마의 원정과 그가 숨을 거두고 난 후의 교도들간의 단결의 필요성과 그밖의 여러 중대한 일에 대해서 말해 주려고 일어나려고 했다. 그때마다 그는 현기증을 일으켰다. 세 번이나 일어났다.

이때에 비로소 무함마드는 아부 바크르에게 그가 자기 대신 예배를 인도하라고 명했다. 앞에서 말한 설교와 함께 이 말은 자기가 죽은 뒤에 교도들의 지도자로서 아부 바크르를 원한다는 무함마드의 교시임이 틀림없다.

아부 바크르의 딸 아이샤는 예언자가 《코란》을 독송하는 동안에 다정다감하여 계속 울고 있는 아버지를 용서하라고 세 번이나 예언자에게 빌었다. 세 번이나 예언자는 그의 교시를 명했다. 그래서 아부 바크르는 책임자가 되었다. 아부 바크르가 없던 어느 날 오마르가 기도를 인도하였다. 예언자는 자기 있는 곳에서 그의 목소리를 분간하고

"아부 바크르가 어디 갔어?"

하고 물었다. 사람들은 예언자께서 아부 바크르가 칼리프가 되기를 바란다는 것을 알았다.

무함마드는 병이 걸린 지 두 주일 이상 되었다. 그의 병세는 이제

정말로 고비에 다다랐다. 그의 딸 파티마가 매일 병문안을 했다. 무함마드는 딸의 뺨에 입을 맞췄다. 아버지가 아주 위험에 빠졌을 때 딸이 왔다. 예언자는 평상시와 같이 입을 맞추고 딸에게 귓속말을 했다. 딸은 울음을 터뜨렸다. 그러니까 아버지는 다시 딸의 귀에 무엇인가를 속삭였다. 이번엔 딸이 웃음을 터뜨렸다.

아이샤는 예언자가 죽은 뒤에 그때의 울음과 웃음을 딸에게 물었다. 딸은 이렇게 대답했다.

"처음에 아버지는 병에서 소생할 길이 없다고 말씀하셨기에 울었고, 두 번째는 아버지는 내가 가족 중에서 아버지의 편이 될 첫 사람이 될 것이라고 일러주셨기 때문에 웃었어요."

이와 같이 이슬람교도는 남자이건 여자이건 죽는 것을 두려워하지 않았다. 병이 났던 초기에 예언자는 아이샤에게,

"내 생전에 내가 당신을 파묻고 그 몸 위에 기도를 올리면 당신은 어떻소?"

하고 물었더니 아내는,

"그러시다면 저는 곧 친가에 가서 신부의 옷을 갈아입고 돌아오겠어요."

라고 대답했다.

무함마드는 독의 불꽃과 그 불꽃의 열에 온 몸을 태우고 있었다. 그는 두 손을 냉수에 잠그고 얼굴을 씻으면서 열을 계속 떨어뜨려야 했다.

어느 날 이런 심한 고통에 빠져 있을 때 무함마드의 동료들이 찾아 왔다. 이들을 보고 무함마드는,

"어서들 와요. 여러분은 절대로 잘못에 빠지지 않도록 여러분들이 좀 기록해 주어야 하겠네."

라고 부탁하니 몇 사람은,

"하나님의 예언자는 괴로워하십니다만 《코란》을 가지고 계시며, 저희들에겐 하나님의 계전으로 만족합니다."
고 말하는가 하면, 어떤 사람은 기록하기를 원했다. 이렇게 서로 말이 오락가락하는 것을 듣고,
"다들 가게나. 나를 혼자 있게 해주게."
하고 예언자는 말했다.

가족들은 그가 폐렴에 걸린 것으로 알고 약을 마련했으나 그것을 무함마드는 마시려고 하지 않았다. 그가 의식을 잃었을 때 가족들이 그 약을 입에 떠넣어 드렸다. 다시 의식을 회복하고 그는 자기 명을 거역했다 하여 집안 식구에게 벌로써 그 약을 마시게 했다.

무함마드는 일곱 디나르를 가지고 있었다. 이것들이 뒤에 남을까 봐 가난한 사람들에게 나누어 주었다. 그는 주님을 만나서 자기 뒤에 남겨둔 것이란 하나도 없다고 말하고 싶었다.

헤지라 제11년 3월 11일 일요일 밤은 무함마드 생애의 최후의 밤이었다. 열은 조금 내린 듯했다. 아침에 그는 머리를 동여맬 수 있었다. 알리와 압바스의 부축으로 아이샤의 집에서 모스크로 무리하게 나왔다. 아이샤의 집은 모스크와 흙칸막이로 나뉘어져 있었다. 아부 바크르가 예배를 인도하고 있었다. 이슬람교도들은 예배중이었으나 무함마드가 나온 것을 보고 거의 예배를 중단하다시피하고 몹시 기쁘고 행복해했다. 아부 바크르는 이를 눈치채고 예배 인도에서 물러서려고 했다. 그러나 무함마드는 아부 바크르의 등을 치면서 계속하라고 하고, 자기는 그의 옆에서 자기의 예배를 올렸다.

무함마드는 기도를 끝내고는 밖에서도 들릴 만큼 큰 음성으로 사람들에게,

"여러분들! 지옥불이 타오르고 있고, 신앙의 혼란은 마치 캄캄한 밤과 같이 다가오고 있다. 여러분들에게 맹세하노니, 나에게 아무것

도 예속시키지 말라. 진정코 맹세하노니, 나는 하나님의 말씀 《코란》이 합법적이 아니라고 말한 것을 합법적이라고 선언하지 않았고, 나는 《코란》이 불법적이 아니라고 한 것을 불법적이 아니라고 말하지 않았다. 하나님은 자기 무덤을 자기의 모스크로 만드는 그런 자들을 인정하시지 않았다."

이슬람교도들은 예언자가 회복되어 위험이 사라진 것으로 알았다. 우사마가 와서 시리아에 군대를 진군시킬 허가를 청했고, 아부 바크르는 예언자에게,

"오, 하나님의 예언자시여! 하나님의 은총과 축복으로 우리들이 당신의 회복을 바란 대로 건강하신 것을 뵙게 되었습니다."

하고 반가운 인사를 드렸다. 그리고 그는 자기 아내를 데리러 메디나 교외에 나갔다 오겠다고 말하고 아내가 사는 순으로 떠났다. 오마르와 알리는 자기들의 볼일로 떠나고 이슬람교도들은 전날에 예언자의 생명에 대해 절망했었으나 이제 기쁨과 행복한 마음을 갖고 제각기 흩어졌다. 무함마드는 어느 때보다 더 몸이 쇠약해서 아이샤의 집으로 돌아갔다.

무함마드는 아이샤의 무릎 위에 머리를 얹고 쉬고 있었다. 이때 그는 칫솔을 가지고 오는 사람 쪽으로 손짓을 했다. 아이샤는 칫솔을 받아 들어서 부드럽게 했다. 무함마드는 그의 입을 말끔히 닦고,

"오 하나님, 죽음의 괴로움에서 나를 인도하소서."

라고 말했다.

아이샤는 다음과 같이 말을 전했다.

"'당신이 무릎에서 더 무겁게 느껴졌어요.' 나는 그의 두 눈이 위를 뚫어지게 쳐다보는 얼굴을 보았다. 그때 그는 '아니야, 하늘의 높은 곳에 계시는 동료를 내가 선택한다. 그대가 나에게 선택했느냐고 묻고 있으나 진리와 함께 당신을 보내신 분에 맹세하여 말하노라.

분명히 선택했다'고 무함마드가 말했다."

이것은 죽음의 천사와의 사이에 오고가고 한 말이다. 무함마드에게 회복의 선택, 즉 그의 주님과의 상봉이 이루어지고 있다. 무함마드가 하늘에 계시는 그의 주님과 만날 것을 선택했다.

이 선택은 하나님에게 용납되었다. 보라! 찬양을 받을 자, 무함마드가 언제나 찬양을 받고 계시는 하나님과 함께 있었다.

"모든 찬양은 온 세상의 주님인 하나님의 것이다."

예언자 무함마드가 사랑하는 아내인 아이샤의 곁에서 임종할 때 무함마드의 친근한 교우인 아부 바크르는 곁에 없었다. 무함마드의 죽음을 통지받고 달려온 아부 바크르는 덮어놓은 천을 벗기고 눈감은 무함마드의 볼에 입을 맞추며 속삭이듯 말했다.

"당신께서는 얼마나 축복받은 삶을 보냈으며, 이 또한 얼마나 아름다운 마지막인고."

아부 바크르가 상가를 나와서 무함마드가 서거했다는 비보를 전하자 예언자 무함마드의 인품이 사회적 존립의 주축을 이루고 있었던 메디나는 경악과 혼란에 휩싸이었다. 그들을 야만에서 문명생활로 이끌어 올려 암흑에서 광명으로, 무지에서 지식으로, 우상숭배에서 하나님을 믿게 해준 무함마드가 아니었는가.

그들에게 있어 무함마드는 영도자, 입법자, 지침, 양심, 광명이었다. 그러한 무함마드가 어찌 죽을 수 있단 말인가? 앞으로 어찌해야 한단 말인가? 그가 없는 공백을 어떻게 메울 것인가하는 걷잡을 수 없는 회오리바람이 휘몰아쳤다.

어찌할 줄 모르는 혼란한 속에 아부 바크르는 메디나에 있는 예언자 모스크의 설교대에 올라서서 무함마드의 죽음에서 야기되는 혼란을 수습하기 위해 연설을 했다.

"친애하는 형제들이여, 무함마드를 사람이 아닌 숭배의 대상으로 여러분들 중에서 그를 여기었다면 잘못이다. 그는 하나님의 말씀을 전하는 사도로 사람이다. 무함마드는 죽었다. 그러나 하나님을 믿고 숭배하는 분들이여, 하나님은 영원히 살아계시고 죽지 않는 분이시다. 사람은 하나님의 뜻에 따라 언젠가는 하나님 곁에 가는 것이다."
그리고 《코란》 구절을 낭독했다.

무함마드는 사도에 지나지 않는다. 그보다 앞서 여러 사도들도 죽어갔듯이 그도 죽었다. 만약 그가 죽거나 또는 살해당했거나 하면 너희들은 발길을 돌리겠는가, 발길을 돌린다 하더라도 하나님께서는 아무런 지장이 없다. 하나님은 감사하고 그분에게 봉사하는 자에게는 하나님은 보상을 내리신다.
—《코란》 3장 144절

이렇게 사도 무함마드는 그 인생의 대단원을 맞이하고 하나님 곁으로 갔다.

〔부 록〕

무함마드와 이슬람과 아랍

이슬람권의 어느 도시 카이로에서도, 바그다드에서도, 메카에서도, 카라치에서도, 자카르타에서도 그렇다. 아침 일찍 낯선 여행자의 아침 잠을 깨우는 소리 '아잔'(예배시간을 알리는 소리)이 모스크 첨탑에 설치된 확성기에서 흘러나온다. 동쪽 하늘이 보얗게 밝아올 때이다.

'아잔'은 아랍어로 다음과 같이 말하고 있다.

> 하나님이야말로 위대하시다. 하나님이야말로 위대하시다.
> 알라 외에는 다른 신이 없다고 증언한다.
> 무함마드가 하나님의 사도라는 것을 증언한다.
> 예배에 나오라, 구원에 나오라.
> 예배는 잠자는 것보다 좋다.
> 하나님은 위대하시다.
> 알라 외에는 다른 신은 없다.

이 소리는 마지막 두 행을 제외하고는 각 행이 두 번씩 거듭된다. 이 커다란 음성은 현재 10억이 넘게 추정되는 전 세계 이슬람교도에게는 하루의 시작을 알리는 신성한 알림이다. 독실한 신자들은 이부자리에서 일어나 멀리 메카의 성스러운 카바신전을 향해 예배한다. 아침 아잔의 '예배는 잠보다 좋다'는 아침 예배시만 행하고 하루의 정오, 오후, 일몰, 밤예배의 때를 알리는 '아잔'에는 부르지 않는다.

현재 이슬람 세계라고 불리우는 지역은 서쪽은 아프리카의 세네갈 모르타니아에서 시작하여 아프리카 대륙의 북반부를 덮고 동쪽은 아라비아반도, 서아시아, 중앙아시아, 인도 대륙부터 동남아시아의 섬들에 이르고 있다. 이 넓은 세계에는 여러 다른 민족과 인종이 살고 있다. 같은 민족이라 하여도 정주민, 유목민으로 생활형태가 다르고 같은 정주민이라 하여도 도시와 농촌간의 생활양식이 다르다. 민족의 다름 외에 사회생활의 형태나 규범도 갖가지이다.

무함마드가 하나님의 복음을 전한 지 1400년이 경과했다. 현재의 이슬람 세계는 이같이 오랜 기간동안에 구축된 역사적 소산이다. 이슬람이 넓은 세계에서 민중의 생활에 뿌리를 내리는 과정에서 각지의 전통적 신앙이나 관념과의 타협도 여러 군데에 보인다. 그런데도 이슬람은 그 믿음과 이념에서 언제나 한곳에 돌아간다. 이슬람에서의 통일의 원점은 아랍의 예언자 무함마드라는 사람이 있기 때문이다.

그를 앎으로써 이슬람을 알 수 있다. 그의 사상과 생애는 구체적인 역사 속에서 나타나고 있다. 무엇이라 해도 그는 종교인이고 경건하고 하나님의 말씀을 실천하는 예언자로 사람들을 이끌었다.

무함마드는 단지 이슬람의 원점뿐만 아니다. 다른 의미에서 그를 인간의 원점으로 부를 수 있다고 본다. 그는 영웅호걸도 아니며 비극의 순교자도 아니며 다만 하나님이 명하는 대로 생애를 성실히 살아 온 한 사람의 평범한 인간이다. 어려서 고아가 되어 장사로 몸을 세운 무함마드가 이슬람의 원점으로 위대한 발자취를 남겼다.

그는 키가 보통이고 어깨가 넓은 몸을 가져 든든한 인상을 주었다. 언제나 고갯길을 내려오는 것 같은 빠른 걸음으로 걸어 다른 사람들이 쫓아가기가 힘들었다 한다. 그의 행동은 언제나 완전하고 마음에 먹은 것을 반드시 행하고 감정을 제어할 수도 있어 곤란한 일을 당하여 어찌할 바를 모를 때는 옆으로 향하고 기쁠 때는 아래로 몸을 구부렸다 한다. 마음이 매우 착했고 악수할 때 손을 먼저 빼지 않고 말을 할 때 아래로 얼굴을 향했다. 그는 사람들의 소청을 듣고 들어 줄 수 없을 때는 못한다라는 말을 못하고 침묵했고 화가 났을 때도 있지만 큰 소리를 지르는 일이 없었다. 언제나 어린애들을 사랑했다.

무함마드는 가정에서 아내의 일을 돕고 자기의 일은 모두 혼자서 했다. 그가 여성을 좋아했다는 전승도 있는데 그의 결혼의 대부분은 정치적 배려에서 나왔다고 해도 과언이 아니다. 솔직하고 가식이 없는 적나라한 인간이라는 점에서 무함마드는 인간의 원점이라고 할 수 있다.

여기서는 그가 태어나기 전후의 환경을 시작하여 그가 걸어온 길, 특히 이슬람의 예언자로서의 그의 모습을 더듬었다.

인간 무함마드

진실로, 너희들을 위하여 알라의 사자(使者)인 훌륭한 표본이 있느니라. (코란 33 : 21)

그리고, 무함마드는 사도(使徒) 이상의 그 무엇도 아니니라. 다른 많은 사도들이 그보다 앞서 죽어갔듯이, 그도 죽느니라. 그(무함마드)가 죽거나 살해당하거나 한다 해서 너희들은 발길을 돌리려 하느냐. 발길을 돌린다 한들 알라에겐 아무런 지장이 없느니라. 그러나 (어떠한 곤경에도) 감사의 마음을 버리지 않는 사람들에겐 알라께서 상을 내리시느니라.(코란 3 : 143)

무함마드는 예언자로서뿐 아니라, 행정가, 입법자로서의 무함마드였다. 그러나 '신의 의사에 절대 복종'(그것이 바로 이슬람이다)하는 '인간 무함마드'였다.

무함마드가 630년 메카를 정복하고 입성했을 때 그는 실질적인 절대 군주일 수 있었으나, 이를 단호히 거부하고 하나의 평범한 인간으로 머물렀다.

시저는 로마 제국을 정복하고 개선하여 군주를 수락하였다.

이 두 인물은 모두 위인이었으나 무함마드는 예언자 — 인간 무함마드로 머물렀지만, 시저는 인간 영웅으로 되어 버린 차이가 있는 것이다.

무함마드는 간악한 반대자들까지도 용서하였다. 그리고 신에게 그들의 용서를 빌어 마지않았다. 무함마드에게 13년이란 긴 세월을 두고 갖은 박해와 생명의 위협을 가해 온 메카 쿠라이시부족이었으나, 무함마드는 메카를 평정하였을 때 대사령(大赦令)을 내려 티끌만큼도 보복하지 않았다.

가장 흉악했던 적장들이 무함마드의 앞에 무릎을 꿇었다.

"그대들은 무엇을 원하는가?"

무함마드의 묻는 말에, 평정된 적장들은 말했다.

"형제여, 자비(慈悲)로소이다."

정복되어 무릎을 꿇은 적장들에게 무함마드는 판결을 내렸다.

"그렇다면 너희들은 자유의 몸이니라."

무함마드는 신 앞에서 모든 인간은 평등하다는 신념을 갖고 살았고 노예를 차별 대우하지 않았다. 그 좋은 본보기로서 무함마드는 하디자와 결혼할 때 선물로 받은 노예를 해방시키었다. 세상에 노예 신분을 해방시켜 주는 주인이 있다는 말을 들어본 일조차 없는 그 노예는 자신의 의사에 따라서 다시 하인이 되었는데, 무함마드는 이 하인 자이드를 자기의 조카딸과 결혼시킴으로써, 모든 인간이 동등하다는 진리를 솔선수범하였던 것이다.

그는 노예를 소유하는 즉시로 해방시킴으로써 무함마드의 추종자들도 따르게 하여 교우들도 노예를 해방하였고, 당시 부동산의 항목으로 취급되었던 여자 노예들을 해방하여 그들을 하나의 완전한 여성으로 존중, 이들 여자 노예의 지위 향상을 위해 여자 노예들과 결혼하기 시작하게 되었던 것이다. 이것은 암흑 세계인 이슬람 이전 시대의 처참했던 여성의 인권을 향상시킨 무함마드의 시범의 하나이다.

무함마드는 그의 마지막 '작별의 순례'의 서약에서 이슬람교도들에게 설교하기를 '아내를 친절히 대우하고, 남의 생명과 재산을 소중하게 여기라'고 하였다. '너희들의 노예를 대하기를, 너희들이 먹는 음식과 똑같은 것으로 먹게 하고, 너희들이 입는 옷과 똑같은 것을 입히라. 그들은 주(主)의 종복(從僕)이니 학대하지 말라'고 하였다.

그는 구호를 필요로 하는 자와 가난한 사람을 도와주었고, 문전에 찾아드는 걸인을 빈손으로 돌려보내는 법이 없었다. 그러면서도 그 자신은 대국(大國)의 군주 못지 않게 된 후에도 늘 가난한 사람처럼 살았다.

그는 어찌나 관대하였던지, 만약 빚을 갚지 못하고 죽는 이슬람교도가 있다면 그것은 자기가 갚을 책임이 있다고 선언했다. 그는 죽을 때 자기 옷을 빚 때문에 빼앗겼다.

아라비아반도 전역을 이슬람이 장악하게 되자 사방에서 돈이 쏟아져 들어오게 되었는데, 그는 모든 재보(財寶)를 공유 재산으로 다루어 매일 이것을 분배해 주었으나, 자신과 자신의 가족에게 오는 배당은 거절했다. 추종자들이 자기를 사랑한 나머지 자신과 가족에게 우대(優待)하지 않도록 가족에게 금지령을 내려 희사를 받지 못하게 했던 것이다. 그의 가정을 다스린 조건이 이 정도였으므로, 집안에 불기 없는 날이 비일비재하였으며, 끼니를 거르지 않고 지내는 날이 거의 없었다. 무함마드는 부귀영화에 관심이 없었다.

무함마드가 일상 입는 옷은 누덕누덕 기워 입은 옷이었고, 오막살이 토옥(土屋)에 살고 있었으며 집안의 가구라고는 원목으로 만든 침대 하나와 물동이 하나뿐이었다. 이것이 정신적 지주이고 현세적 실권자이자 군주인 그의 산 모습이었다. 무함마드는 이 세상을 잠시 살다 갈 거처(居處)로 여기었고 하나의 지나가는 현상으로 보았다.

무함마드는 아이들이 노는 곳을 지날 때면 아무리 바쁜 걸음이라도 발을 멈추고 아이들의 머리를 쓰다듬어 줄만큼 아이들을 사랑했다. 옷이 떨어지면 손수 꿰매 입었고 손수 빗자루를 들고 집안을 쓸었고, 친절하고 어진 남편이자 어버이였다.

그는 참다운 민주주의적 인물이어서, 남의 집에 찾아 들어갔을 땐, 자리를 가리지 않고 아무데고 가까운 곳에 앉았다.

그는 교우(敎友)들에게 늘 이렇게 말했다.

"내게 아첨 말게. 나는 하나님의 종일세. '예언자' 그렇게 부르게."

한번은 교우들이 앉아 있는 앞을 무함마드가 지나가게 되었다. 무함마드가 오는 것을 본 교우들은 자리에서 일어섰다. 무함마드는 그들에게,

"마치 페르시아 사람들이 그러는 것처럼 자리에서 일어서지 말게. 페르시아 사람들은 그렇게 해서 서로 큰 사람으로 보이게 하려는 걸세."

라고 말했다.

그는 내일을 생각해서 집에 재물을 쌓아두지 않았는데, 이에 대하여 아랍인들은 이렇게 말하고 있다.

"무함마드는 마치 가난을 무서워하지 않는 사람인 양, 남에게 주었다."

무함마드는 인자(仁慈)하였다.

잠자리의 발치 담요 속에서 자고 있는 고양이가 잠을 깰까봐 고양이가 일어날 때까지 자리에서 일어나지 않는 무함마드였다.
 옷은 항상 간소한 것을 입고 번쩍이는 것을 몸에 걸치지 않았는데, 그렇다고 이것은 그가 은둔자(隱遁者)로 살았다는 뜻이 아니다.

 무함마드의 인품은 인자하고, 중용을 지키고, 신앙이 두텁고, 용맹하고, 가혹한 참변이나 역경에 처하여 좌절하는 일이 없고, 하나님의 가호에 대한 변치 않는 믿음을 가지고 있었다. 그렇기 때문에 그는 모든 그의 추종자들의 찬란한 규범[標本]일 수 있었다.
 생애를 통해 그는 흠잡을 곳 없는 인간이었고, 덕의 표본이었으니, 성《코란》의 가르침의 참모습이었다.
 유일신 하나님은 무함마드가 인생의 귀감(龜鑑)임을 실생활로서 시범하도록 선정한 것이므로, 추종자들은 '무함마드의 언어 행동'을 성실히 눈 익히고 명심해서 이를 후세에 낱낱이 전달했던 것이다. 그들은 그의 입에서 새어나오는 말은 신의 계시의 전달인 것이며, 변덕스럽거나 충동적이거나 사리사욕을 나타내는 말이 아님을 믿어 마지않았다.
《코란》의 다음 구절이 이를 확증한다.

 너희들의 벗(무함마드)은 길을 잃고 있거나 잘못을 저지르고 있는 것도 아니니라.
 또한 자기 마음대로 얘기하는 것도 아니니라.
 그것은 다 그에게 내려진 계시일 뿐이니라.
 그에게 가르쳐 준 것은 굉장한 힘을 가진 자로다[天使].
  ─《코란》 53장 2~5절

 너희들이 그에 복종하면 옳은 길을 가게 되리라. 사도(使徒)의

할 일은 명확한 복음을 설교하는 것뿐이니라.
—《코란》 24장 54절

그리고 예언자(무함마드)를 추종하지 않는 자에 대해서는 다음과 같은 비난을 하고 있다.

그리고, 올바른 길로 보내주었는데, 그래도 사도와 다투고, 신자가 되는 길이 아닌 딴 길을 가는 자, 이러한 자에겐 제 맘대로 택한 길을 가게 내버려두리라. 그러면 지옥에 다다르리라, 무서운 종말이여!
—《코란》 4장 115절

하나님과 사도(使徒)에 의해서 이미 결정지어진 것을 가지고 저희들 나름대로 의견을 가짐은 신자 남녀에게 적당치 못하도다. 신과 사도에 불복한다는 것은 길을 잘못 들고 있음이니라.
—《코란》 36장 36절

사도가 너희들에게 지정한 것을 취하라. 그리고 그가 너희들한테서 제지하는 것을 거부하라.
—《코란》 54장 7절

아담에서 비롯하여 인류는 위엄이 장대한 군주, 정복자의 장군, 위대한 명성을 떨친 철학자, 사상가, 세계적인 시인들을 배출하였으나, 과연 이들 인류사의 위인들 중에서 짓밟힌 인간의 사회적 지위를 향상시키고 인간의 마음의 때를 씻어 주어 정신을 향상시키는 역할을 한 자가 얼마나 될 것인가. 이들은 과연 전 인류의 향상을 위해 추앙

할 만한 모범을 남긴 것일까. 평화가 군림하는 세계적 형제애를 건설함에 기여한 바 있는가. 인류의 도덕적 향상의 초석을 놓은 바 있는가. 정복자는 그들의 발길이 닿은 곳마다 파괴와 황폐를 남길 뿐, 건설적인 것을 남긴 바 없다.

시인들은 오직 상상의 천국에서 살뿐이고, 철학자들은 하등 실질적인 공헌을 한 바 없었다. 사회악을 고치는 만능약(萬能藥)임을 입증한 것은 오직 무함마드의 인간성뿐이었다고 말할 수 있겠다.

설교자로서, 가족과 친구 속의 세속적인 인간으로서, 수도인으로서, 지도자로서, 사회 개혁자로서, 정치가로서, 행정가로서, 그리고 광대한 왕국(王國)의 통치자로서 무함마드의 생애는 삶의 온갖 면을 포함한 생애였다. '하디스'란 바로 이와 같은 인생 모든 면에 걸친 예언자 무함마드의 언행을 기록한 것으로 이슬람법의 법원(法源)이 되었다.

그러나 그의 말과 이슬람법의 부분을 구성하지 못하는 그의 사견이 혼동되어서는 안된다. 다시 말하자면, 무함마드가 예언자의 자격으로 전달한, 신의 유일성, 신의 속성, 예배, 사회, 민사, 형사, 금기에 관한 교시에 대해서 한 말은 이슬람교의 필수 부분이 되는 것이지만, 무함마드가 하나의 보통 사람으로서 말한 개인 의견과 충고는 이 범주에 들지 않는 것이다. 이 구별을 명백히 하기 위해서 흔히 다음의 두 가지가 예로 들어진다.

예언자의 처 아이샤의 여자 노예인 바레라는 노예에서 해방되어 자유를 얻었다. 그러나 남편 묵히스는 계속 노예의 신분으로 남기로 했다. 그녀는 한 사람의 자유로운 여인으로서 이슬람법에 의해 남편과의 결혼을 인정할 것이냐 거절할 것이냐를 선택해야만 하였다. 그녀는 후자(後者)의 방향으로 결정지을 것을 검토했다. 그녀의 남편은 예언자(무함마드)에게 하소연하여 부부권(夫婦權) 회복을 위해 개입해 줄 것을 애원했다. 무함마드는 바레라를 찾아가 남편이 풀이 죽어 있으니 다시 남편으로 맞이해 가도록 충고했다. 그녀는 무함마드에게, 이것은 무함마드가 예언자의 자격으로 그녀에게 내리는 방향 제시인가를 물었더니 그의 답변은 그렇지 않다는 것이었다. 그러자 그녀는 무함마드에게 동의할 것을 거부한 것이다.

또 하나의 예로서, 유태인 이슬람교도 두 사람이 어느 문제를 들고 무함마드를 찾아가 해결을 해줄 것을 바란 일이 있었다. 그는 유태인에게 유리한 결정을 내렸다. 매우 못마땅해한 그 이슬람교도는 우마르(우마르는 후에 제2대 칼리프가 됨)를 찾아갔다. 유태인은 우마르에게 말하기를 이 결정은 이미 예언자에 의해서 내려진 것이라고 말했다. 그 말을 듣자 우마르는 칼을 빼, 예언자의 결정을 받아들이지 않은 벌로써 그 목을 베어 버렸다.

어느 날 사도 무함마드와 그의 추종자인 교우들이 길을 걷고 있었다. 지나가고 있는 절세의 미인에게로 시선이 갔다.

무함마드는 '알라 — 하크발!'이란 한마디를 할 뿐이었다.(알라 — 하크발이란 '하나님은 위대하다'는 뜻)

교우들은 그 뜻을 잘 몰라서 물어보았다.

"저런 미인을 보고 어찌하여 알라는 위대하다고 하시는 것입니까?"

"알라는 아름다운 미인을 창조하시는 힘을 가졌으니 위대하지 않은가."

라고 무함마드는 대답했다.

무함마드는 향수를 퍽 좋아했다. 어느 날, 교우들이 그에게 질문을 하였다.

"사도께서는 무엇을 가장 좋아하십니까?"

교우들은 사도의 입에서 천국과 지옥에 대한 신앙, 내세관, 신관 등

심오한 종교의 철리 이야기가 나올 것을 기대하고 한 질문이었다. 무함마드는 대답했다.
 "첫째 예배, 둘째 향수, 셋째 여자이니라."
 이것은 '인간 예언자' 무함마드의 인간적 편모를 말해 주는 좋은 일화라 하겠다. 보통 사람으로선 '향수와 여자이니라'라고 하리라.
 무함마드는 향수와 여자를 좋아하는 인간이었다. 그러나 첫째 '예배'를 좋아하는 인간이었다. 어디까지나 굳은 신앙에 기반을 둔 인간 예언자였다.

 인간 예언자 무함마드에 관해서는 하등의 불가사의나 신비스러움도 있지 않다. 모두가 수정처럼 투명하다.
 이름있는 예언자들 중에서 그에게만 유독히 현저한 점은 그에게 내려진 계시인 《코란》 성전은 삭제도, 개조도, 첨가도 없는 완벽한 것으로 보존되어 있다는 그것이다.
 《코란》은 교회용이나 휴대용 《성경》과는 달리 세계의 수많은 지역에서 수많은 국어를 쓰는 수십만 수백만의 사람들이 《코란》 전권 혹은 일부를 원어 그대로인 아랍어로 암기하여, 이슬람 초기부터 오늘에 이르기까지 오랜 시대를 두고 매일 5회의 예배 때마다 소리 높여 암송하고 있다. 그것은 실로 1400년 전 무함마드가 발음하던 그대로의 발음인 것이다. 이것은 국적, 언어, 풍습의 차이 없이 지금도 동일하다.
 무함마드 자신도 말했듯이 그의 기적은 《코란》이다. 다른 예언자와 같은 기적을 보이지 않았다.
 "딴 예언자들은 기적을 가졌었다. 나의 기적은 《코란》이다. 《코란》은 영원히 남으리라."
 고 그는 말했다.

무함마드의 전도 시절에 이런 일이 있었다.

적의와 조소와 박해를 일삼던 메카 사람들이 그에게 대항해 왔다.

"사실로 예언자라면 우리에게 기적을 보이라. 우리에게 기적을 보이면 예언자로 인정할 것이고 기적을 보이지 못하면 죽음을 각오하라."

"그러면 내 기적을 보이리라."

무함마드는 아무 날 아무 때에 아무 곳으로 모이라고 하였다. 그날 약속된 장소에 많은 군중이 운집하였다. 무함마드를 살해할 뜻을 품은 메카 사람들은 무함마드에게 기적을 보이라고 독촉이 성화같았다. 운집한 군중을 헤치고 높은 곳에 올라선 무함마드가 먼 산을 가리키며 산을 움직이겠다고 하였다. 조소와 공포로 착잡해진 군중들은 숨을 죽이고 무함마드를 응시하고 있었다.

"산이여, 내 앞으로 다가올지어다!"

무함마드는 위엄있게 외쳤다. 그러나 산은 산인 채로 여전하였다.

군중 앞으로 내려와서 약속한 대로 죽음을 감수하라는 야유의 고함 소리가 하늘을 진동하는 것이었다. 그러나 무함마드는 태연자약했다. 그는 내일 다시 이곳에 모이면 기적을 보이겠다고 약속했다.

그 이튿날 사람들은 더 많이 모여들었다. 그러나 산은 움직이지 않았다. 미쳐 날뛰는 사람들의 고함 소리가 천지를 진동하는 속에서 그는 조금도 동요를 보이지 않고 군중들의 흥분을 가라앉힌 다음, 내일 한번 더 모여 준다면 꼭 기적을 보이겠노라 하였고, 군중은 마지막 기회와 목숨을 바꾸게 한다는 약속을 하고 흩어졌다.

마지막 날이 왔다. 군중은 어제의 몇배나 운집하였다. 무함마드가 먼 산을 향해 두 손을 펴고 소리 높이 부르는 것이었다.

"저 산이여, 내게로 다가올지어다!"

그러나 기적은 일어나지 않았다.

그러자 무함마드는 단을 내려가 보무당당히 산을 향해 가면서 말했다.

"저 산이 내게로 오지 않는다면 내 저 산을 향해 가리라."

그 무엇도 움직이지 못할 굳은 신념으로 엄숙하게 군중을 헤치고 산을 향해 가는 그에게 감히 행패를 가해 오는 자가 없었던 것이다. 군중은 무함마드의 굳은 신념에 감복했던 것이다.

예언자 무함마드의 특징은 이슬람 전도를 위한 여하한 종교적 특수 계급을 만들지 않았다는 그 점이다. 이슬람에는 승려 계급이나 성직자 제도가 없다. 이슬람의 전파는 교리를 받아들인 신도들의 개인적인, 학적인 노력에 의해서 이루어진 것이다.

이슬람의 유일한 기적인 《코란》이다.

이 기적의 책 《코란》의 특징은, 세상의 종합적인 원리와 법칙을 포함하고 있다는 것이다. 즉 개인적·사회적·정치적·정신적인 지도와 아울러, 인간사와 종교 사상의 기본적인 지식에 눈을 뜨게 하고, 우주관·철학관·지리학 등의 연구 조사에 대한 방법을 시사하고 있다. 《코란》은 또한 비교 종교학의 책이며 우주의 조물주에 대한 올바른 개념과 그 특성, 인간과 신과의 관계, 사회 기구에 있어서의 인간관계에 대하여 언급하고 있다.

《코란》은 법률적·역사적·사회적·정신적·도덕적·정치적 — 총괄적 내용을 구비한 책이다. 이슬람의 기원에서 최종 완성에 이르기까지의 이슬람 실록이다.

무함마드의 추종자들이 생명을 버려 가며 무함마드와 동일 행동을 취하여 갖은 고통을 겪었던 것은 오직 무함마드에 대한 추종자들의 깊은 애정과 그가 설교하는 진리에 대한 확고부동한 신념 때문으로서 그들은 예언자 무함마드를 모든 진리의 원천으로 추앙하여, 그의 언행(하디스)을 법칙(《코란》)의 해설로 믿었다.

무함마드의 행동의 전역정은 계시된 《코란》의 명령을 실현시키는 데 시종하였다. 이것이 순낫(예언자 무함마드의 실천 사항)이다. 순낫은 이슬람을 보급하기 위한 조치이며, 《코란》의 명령의 실현화인 것이다. 이 순낫은 추종자들에 의해서 전폭적으로 충실히 실천되었다. 이 순낫의 집대성이 '하디스'인 것이다.

예언자 무함마드가 사랑하는 아내인 아이샤의 곁에서 마지막 숨을 거둘 때 친근한 교우인 아부 바크르는 곁에 없었다. 아부 바크르는 무함마드가 그의 병중에 있을 때 무함마드의 지시를 받아가며 종교적인 면과 세속적인 문제를 대리했었다.

무함마드의 죽음을 통지받고 달려온 아부 바크르는 덮어놓은 천을 벗기고 눈감은 무함마드의 볼에 입을 맞추며 속삭이듯 말했다.

"그대는 얼마나 축복받은 생을 보냈으며, 이 또한 얼마나 아름다운 죽음인고."

아부 바크르가 상가(喪家)를 나와서 비보를 전하자 예언자 무함마드의 인품이 사회적 존립의 추축을 이루고 있던 메디나는 경악과 혼란에 휩싸이게 되었다.

그들을 암흑에서 광명으로 이끌어 내었고, 야만에서 문명 생활로 이끌어 올려주었으며, 무지(無知)에서 지식(知識)으로, 우상숭배에서 유일신교(唯一新敎)의 참 종교로 이끌어 준 무함마드였다. 그들에게 있어 무함마드는 주인, 영도자, 지침, 입법자, 양식, 광명(光明)이었다. 그러한 무함마드가 어찌 죽을 수 있다는 것인가? 누가 그를 계승한단 말인가? 그가 남겨놓은 공백을 어떻게 메울 것인가? 모든 사람들에게 걷잡을 수 없는 회오리바람이 불어닥쳤다.

 가장 확고부동한 신념의 소유자이며, 가장 용감하고 가장 무서운 존재인 오마르조차 평정을 잃고 칼을 빼들어 휘두르며, 감히 예언자가 죽었다고 말하는 자가 있다면 살아남지 못할 것이라고 을러대는 것이었다.

 당황과 혼란의 거친 파도 속에서 아부 바크르는 침착하고 엄숙하게 예언자의 모스크 안의 민발(이슬람 교회 내부의 설교단)에 올라서서 연설을 하였다. 그것은 참으로 무함마드 별세 후 최초의 역사적인 사건이었다.

 "친애하는 형제들이여, 진실로 여러분 중에서 (예배의 대상으로서) 무함마드를 숭배한 사람이 있었다면, 보라! 무함마드는 정말로 죽었다. 그러나 하나님을 숭배한 분들이여, 보라! 하나님은 살아 있으며 영원히 죽지 않는 분이시다."

아부 바크르는 《코란》 한 구절을 낭송했다.

 그리고 무함마드는 이상의 그 무엇도 아니니라. 다른 많은 사도들이 그보다 앞서 죽어갔듯이 그도 죽느니라. 그(무함마드)가 죽거나 살해당하거나 한다 해서 너희들은 발길을 돌리려 하느냐. 발길을 돌린다 한들 하나님에게 아무런 지장이 없느니라. 그러나(어떠한 곤경에서도) 감사의 마음을 버리지 않는 사람들에겐 알라께서 상을 내리시느니라.

—《코란》 3장 143절

 아부 바크르의 이 연설은 청중들의 혼란된 마음을 가라앉히고 사로잡아 정세를 일변시켰으며, 당황과 우수에 싸인 메디나에 자신과 평온을 돌이켜 놓았다.

무함마드 별세 후의 이와 같은 위기를 모면한 메디나의 이슬람사회는 한층 무겁고 중대한 문제 — 곧 영도자 선정 문제에 직면했다.

신생 이슬람 사회는 이제 겨우 안정을 얻은 중대시기에 적은 아직도 많고, 호시탐탐 설욕할 기회를 노리고 있는 상황 속에서 만일 이슬람사회의 대열에 분열이 생긴다거나 지도자의 영도력의 무능(無能)이나 약점을 드러낸다면 이제까지 무함마드가 성취시켜 놓은 모든 것을 무(無)로 돌리는 결과를 초래할 수 있는 것이었다. 책임은 가중해 가고 있었으나, 지도자의 어깨는 더욱 무거웠다.

그러나 이 문제도 이내 극복되었으니 오마르(후에 제2대 칼리프가 됨)가 아부 바크르를 리더십 계승자로 지명 요청하고 충성을 맹세함에 거의 만장일치로 이에 동의하였고, 아부 바크르 또한 이를 엄숙히 수락하였다.

이슬람 공동체의 지도자 인계식에 즈음한 아부 바크르의 말들은 역사에 길이 남아 있으며 당시의 이슬람사회의 기본 원리에 귀중한 광명을 주었던 것이다. 그리하여 아부 바크르는 제1대 칼리프가 된 것이다. 칼리프란 교권(敎權) 후계자, 계승자이며 이슬람사회의 최고 지도자이다.

"이제 무함마드는 타계했으나 하나님으로부터 받은 계시와 그의 가르침은 이슬람교도들을 언제나 인도할 것이다. 이것이 내게로 오게 해주십사하고 공공연히 혹은 은밀히 하나님께 기도한 적도 없다. …… 사실이지, 전지전능한 주의 도움이 없이는 이를 완수할 능력이 없는 터무니없는 사람이 중임(重任)을 맡게 됐다. 내가 여러분들 중에서 최고의 인물이 아님에도 여러분의 통치자로 임명되었다. 내가 일을 옳게 처리할 땐 여러분이 도움을 주고, 잘못할 땐 나를 바로잡아 달라. 진리는 어디까지나 진리다. 그러나 허위는 배신이다.

약자는 (하나님의 의사에 따라) 그들의 권리가 옹호될 것이므로 나와 함께 강할 것이고, 강자는 신이 원할 경우엔 강자로서의 권리를 내가 소유함으로써 나와 함께 약하게 될 것이다. 하나님의 길에서 한 사람도 지하드(성전)를 포기한 사람이 없었다. 그러나 신은 성전에다 타락(墮落)을 쌓아놓으셨으니, 누구나 파렴치한 행위에 몰두하는 자는 신벌을 받게 될 것이다. 내가 신과 신의 사도(使徒)에게 복종할 땐 내 명령에 복종하라. 그러나 내가 신과 신의 사도에 불복종할 땐 내게 복종하지 말라."

무함마드 연대기(年代記)

출생에서 히라 동굴 시기

서기 571년
4월 22일	출생
1주일 후	유모에게 보내짐
5년 후	모친 아미나에게로 다시 돌아옴
6년 후	모친 사망
8년 후	조부(祖父) 압둘 뭇탈리브 사망
12년 후	시리아로 최초의 여행
25년 후	하디자와 결혼
30년 후	'믿을 수 있는 사람'이라는 이름으로 불림
35년 후	자기의 출신 부족인 쿠라이시부족의 조정자가 됨
37년 후	히라 동굴에서의 명상

사도 시절(使徒時節)

40세	계시(啓示)
3년 후	남녀 40명이 이슬람에 입교(入敎)
5년 후	이슬람교도의 아비시니아 이민(移民)
6년 후	함자와 오마르의 입교
7년 후	쿠라이시부족의 사회적 보이콧
10년 후	사회적 보이콧 종식, 숙부 아부 탈리브의 사망

	아내 하디자의 사망
11년 후	6명의 메디나인 입교
12년 후	메디나인 12명이 또 입교
13년 후	메디나인 72명이 입교

헤지라에서 그가 별세할 때까지의 기간

53세	헤지라
1년 후	메디나의 이슬람 사회 발족
2년 후	바드르 전투
3년 후	우후드 전투
4년 후	이슬람 선교단 학살
5년 후	도랑(한다크) 전투
6년 후	후다이비야 조약
7년 후	인접 왕국의 왕과 추장에게 입교 권유 메시지 발송, 하이바르 원정
8년 후	무타 원정, 메카에 가다
9년 후	타부크 진군, 아랍 부족의 대표단 메디나 방문, 이슬람교도의 메카 순례
10년 후	작별의 순례, 최후의 설교
11년 후	와병(臥病), 사망

무함마드

初版 印刷●2003年		7月	31日	
初版 發行●2003年		8月	5日	

編著者●金 容 善
發行者●金 東 求
發行處●明 文 堂
　　　　서울특별시 종로구 안국동 17~8
　　　　대체　010041-31-001194
　　　　전화　(영) 733-3039, 734-4798
　　　　　　　(편) 733-4748
　　　　FAX 734-9209
　　　　Homepage　www.myungmundang.net
　　　　E-mail　　om@myungmundang.net
　　　　등록　1977. 11. 19. 제1~148호

●낙장 및 파본은 교환해 드립니다.
●불허복제.

값 12,000원
ISBN 89-7270-737-6　03280